第二卷

1912

孙中山全集

中国社会科学院近代史研究所中华民国史研究室
中山大学历史系孙中山研究室 合编
广东省社会科学院历史研究室

中华书局

目　　录

临时大总统誓词*

（一九一二年一月一日）

倾覆满洲专制政府，巩固中华民国，图谋民生幸福，此国民之公意，文实遵之，以忠于国，为众服务。至专制政府既倒，国内无变乱，民国卓立于世界，为列邦公认，斯时文当解临时大总统之职。谨以此誓于国民。

中华民国元年元旦　　孙　文

据中国历史博物馆藏原件照片

临时大总统宣言书**

（一九一二年一月一日）

中华民国缔造之始，而文以不德，膺临时大总统之任，夙夜戒惧，虑无以副国民之望。夫中国专制政治之毒，至二百余年来而滋甚，一旦以国民之力踣而去之，起事不过数旬，光复已十余行省，自有历史以来，成功未有如是之速也。国民以为于内无统一之机关，于外无对待之主体，建设之事，更不容缓，于是以组织临时政府之责相属。自推功让能之观念以言，文所不敢任也；自服务尽责之观念以言，则文所不敢辞也。是用黾勉从国民之后，能尽扫专制之流

---

* 孙中山于一九一二年一月一日晚十时，在南京就中华民国临时大总统职。

** 底本原标题为《中华民国大总统孙文宣言书》。

毒，确定共和，以达革命之宗旨，完国民之志愿，端在今日。敢披沥肝胆，为国民告：

国家之本，在于人民。合汉、满、蒙、回、藏诸地为一国，即合汉、满、蒙、回、藏诸族为一人。是曰民族之统一。

武汉首义，十数行省先后独立。所谓独立，对于清廷为脱离，对于各省为联合，蒙古、西藏意亦同此。行动既一，决无歧趋，枢机成于中央，斯经纬周于四至。是曰领土之统一。

血钟一鸣，义旗四起，拥甲带戈之士遍于十余行省。虽编制或不一，号令或不齐，而目的所在则无不同。由共同之目的，以为共同之行动，整齐画一，夫岂其难。是曰军政之统一。

国家幅员辽阔，各省自有其风气所宜。前此清廷强以中央集权之法行之，遂其伪立宪之术。今者各省联合，互谋自治，此后行政期于中央政府与各省之关系，调剂得宜，大纲既挈，条目自举。是曰内治之统一。

满清时代藉立宪之名，行敛财之实，杂捐苛细，民不聊生。此后国家经费，取给于民，必期合于理财学理，而尤在改良社会经济组织，使人民知有生之乐。是曰财政之统一。

以上数者，为政务之方针，持此进行，庶无大过。若夫革命主义，为吾侪所昌言，万国所同喻。前此虽屡起屡踬，外人无不鉴其用心。八月以来，义旗飙发，诸友邦对之抱和平之望，持中立之态，而报纸及舆论尤每表其同情，邻谊之笃，良足深谢。临时政府成立以后，当尽文明国应尽之义务，以期享文明国应享之权利。满清时代辱国之举措与排外之心理，务一洗而去之；与我友邦益增睦谊，持和平主义，将使中国见重于国际社会，且将使世界渐趋于大同。循序以进，不为倖获。对外方针，实在于是。

夫民国新建，外交内政，百绪繁生。文自顾何人，而克胜此！

然而临时之政府，革命时代之政府也。十余年来，从事于革命者，皆以诚挚纯洁之精神，战胜所遇之艰难。即使后此之艰难远逾于前日，而吾人惟保此革命之精神，一往而莫之能阻。必使中华民国之基础确定于大地，然后临时政府之职务始尽，而吾人始可告无罪于国民也。今以与我国民初相见之日，披布腹心，惟我四万万之同胞共鉴之。

大中华民国元年元旦

据广东省广州市博物馆藏原件

通告海陆军将士文

（一九一二年一月一日）

中华民国临时大总统孙文敬告我全国海陆军将士：

盖闻捍族卫民者，军人之天职；朝乾夕惕者，君子之用心。自逆胡猾夏，盗据神州，奴使吾民，驱天下俊杰勇健之士而入卒伍，以固其专制自恣之谋。我军人之俯首戢耳，以听其鞭策者，亦既二百六十有余年，岂诚甘心为异族效命哉？势劫于积威，则本心之良能无由发见也。乃者义师起于武汉，旬月之间，天下响应。虽北寇崛强，困兽有犹斗之念；遗孽负固，瘈犬存反啮之心。赖诸将士之灵，力征经营，卒复旧都，保据天堑，民国新基，于是始奠。此不独历风霜，冒弹雨，致命疆场之士，其毅魄为可矜；即凡以一成〔城〕一旅脱离满清之羁绁，以趋光复之旗下者，其有造于汉族，皆吾国四万万人所不能忘也。

旷观世界历史，其能成改革大业者，皆必有甲胄之士反戈内向，若土、若葡，其前例矣。吾军人伏处异族专制之下最久，慷慨激烈之气，蓄之也深，则其发之也速。同一军也，为汉战则奋，为满战则溃；同一舰也，为汉用则勇，为满用则怯。凡此攻城克敌之丰功，皆吾将士有勇知方之表证。内外觇国者，徒致叹于吾国成功之迅速为从来所未有，文独有以知吾海陆军将士皆深明乎民族、民种之大义，故能一致进行，知死不避，以成此烈也。

文奔走海外垂二十年，心怀万端，百未偿一，赖国人之力得返故土，重睹汉仪。诸君子以北虏未灭，志切同仇，不以文为无似，责以临时大总统之任。文内顾菲材，惧无以当。顾观于吾陆海军将士之同心勠力，功成不居，而有以知共和民国之必将有成也。用敢勉策驽钝，以从吾人之后。愿吾海陆军将士，上下军人，共励初心，守之勿失。弗婴心小忿而酿阋墙之讥，弗藉口共和而昧服从之义，弗怠弛以遗远寇，弗骄矜以误事机，拥树民国，立于泰山磐石之安，则不独克尽军人之天职，而吾皇汉民族之精神，且发扬流衍于无极，文之望也。敢布腹心，惟共鉴之。

大中华民国元年元旦

中华民国临时大总统（印）

据中国历史博物馆藏原件

在镇江与欢迎者的谈话*

（一九一二年一月一日）

此次光复，均赖诸君之力，本总统敬为四万万同胞致谢。

问：内阁何时可成？

云：日内即可发表。

---

* 孙中山由沪赴宁就任临时大总统，本文是车次镇江时与迎送者镇江军改使等人的谈话。

又问：何时宣告万国？

答云：万国已承认，宣告亦数日间事耳。

据上海《民立报》一九一二年一月四日

临时大总统改历改元通电

（一九一二年一月二日）

各省都督鉴：中华民国改用阳历，以黄帝纪元四千六百九年十一月十三日，为中华民国元年元旦。经由各省代表团议决，由本总统颁行。订定于阳历正月十五日，补祝新年。请布告。孙文。

据史委会编《总理全书》之九《文电》（台北一九五一年十二月版）

复袁世凯电

（一九一二年一月二日）

袁慰庭君鉴：盐电悉。文不忍南北战争，生灵涂炭，故于议和之举，并不反对。虽民主、君主不待再计，而君之苦心，自有人谅之。倘由君之力，不劳战争，达国民之志愿，保民族之调和，清室亦得安乐，一举数善，推功让能，自是公论。文承各省推举，誓词具在，区区此心，天日鉴之。若以文为有诱致之意，则误会矣。孙文叩。

据上海《民立报》一九一二年一月六日

致伍廷芳电

（一九一二年一月二日）

请每日将议和事详细电知。切盼。孙文。冬。

据观渡庐（伍廷芳）编《共和关键录》（上海著易堂书局一九一二年版）

致吴稚晖石瑛电

（一九一二年一月二日）

《民立报》转吴稚晖、石蘅青两先生鉴：现有要事奉商，即来复电，以便接车。孙。

据上海《民立报》一九一二年一月三日

致黎元洪电*

（一九一二年一月三日）

今日参议院选举副总统，经全数投票举我公充任，共庆得人，谨为民国前途贺。

据易国干等编《黎副总统政书》卷四（一九一四年八月武汉官书印刷局版）

---

* 此件据底本所署收到日期。

致陈其美电

（一九一二年一月三日）

陈都督其美鉴：今日组织内阁，各部部长人员已定：陆军部总长黄兴，次长蒋作宾；海军部总长黄钟瑛，次长汤芗铭；司法总长伍廷芳，次长吕志伊；财政总长陈锦涛，次长王鸿猷；外交总长王宠惠，次长魏宸组；内务总长程德全，次长居正；教育总长蔡元培，次长景耀月；实业总长张骞〔謇〕，次长马君达〔武〕；交通总长汤寿潜，次长于右任。以上伍、王、陈、程、蔡、张、于诸公在沪，乞告知，并派专车延请速到宁视事。总统孙文。江。印。

据黄季陆编《总理全集》下册（成都近芬书屋一九四四年版）

致各省商民通电*

（一九一二年一月三日）

中华民国改用阳历，惟念各商业向例于阴历年终结帐，设骤改章，恐有妨碍，仍以新纪元二月十七日，即旧历除夕为结帐之期。希即公布，一体遵行。

据上海《民立报》一九一二年一月八日

---

* 刘路生据《申报》一九一二年一月九日刊发的同一电文末明确有“总统孙文，江”，考证其日期为一月三日，参阅刘路生：《〈孙中山全集〉〈国父全集〉一九一二年佚文异文考略》，《中山大学学报论丛》二〇〇〇年第三期。

致伍廷芳电

（一九一二年一月四日）

议和总〔代〕长〔表〕伍廷芳鉴：国民会议地点、时期及退兵办法商有头绪否？祈电知。以后请将会议情形逐日电告为盼。总统孙文。支。

据《共和关键录》

致陈炯明电*

（一九一二年一月四日）

中央政府成立，士气百倍，和议无论如何，北伐断不可懈。广东民军勇敢素著，情愿北伐者甚多，宜速进发。总统孙文。支。印。

据上海《天铎报》一九一二年一月十五日

对外宣言书**

（一九一二年一月五日）

溯自满洲入主，据无上之威权，施非理之抑勒，裁制民权，抗违公意。我中华民国之智识上、道德上、生计上种种之进步，坐是迟缓不前。识者谓非实行革命，不足以荡涤旧污，振作新机。今幸义

---

* 陈炯明时任广东代理都督。

** 原文为英文，由伍廷芳奉孙中山命用英文电报通告各国。此为译文，经与上海《民立报》一九一二年一月七日所载同宣言参照校改。

旗轩举,大局垂定,吾中华民国全体,用敢以推倒满清专制政府、建设共和民国,布告于我诸友邦。

易君主政体以共和,此非吾人徒逞一朝之忿也。天赋自由,萦想已夙,祈悠久之幸福,扫前途之障蔽,怀此微忱,久而莫达。今日之事,盖自然发生之结果,亦即吾民国公意所由正式发表者也。

盖吾中华民族和平守法,根于天性,非出于自卫之不得已,决不肯轻启战争。故自满清盗窃中夏,于今二百六十有八年,其间虐政,罄竹难书,吾民族惟有隐忍受之。以倒悬之待解,求自由而企进步,亦尝为改革之要求,而终勉求所以和平解决之道,初不欲见流血之惨也。屡起屡蹶,卒难达吾人之目的,至于今日,实已忍无能忍。吾人鉴于天赋人权之万难放弃,神圣义务之不容不尽,是用诉之武力,冀脱吾人及世世子孙于万重羁轭。盖吾人之匍匐呻吟于此万重羁轭之下者,匪伊朝夕。今日之日,始于吾古国历史中,展光明灿烂之一页,自由幸福,照耀寰宇,不可谓非千载难得之盛会也。

满清政府之政策,质言之,一嫉视异种,自私自便,百折不变之虐政而已。吾人受之既久,迫而出于革命,亦固其所。所为摧陷旧制,建立新国,诚有所不得不然,谨为世界诸自由民族缕晰陈之。

当满清未窃神器之先,诸夏文明之邦,实许世界各国以交通往来及宣布教旨之自由。马阁[①]之著述,大秦景教碑之纪载,斑斑可考也。有明失政,满夷入主,本其狭隘之心胸,自私之僻见,设为种种政令,固闭自封,不令中土文明与世界各邦相接触,遂使神明之裔,日趋僿野,天赋知能,艰于发展,愚民自锢,此不独人道之魔障,抑亦文明各国之公敌,岂非罪大恶极,万死莫赎者欤!

① 马阁:即马可波罗。

不特此也，满清政府欲使多数汉人永远屈伏于其专制之下，而彼得以拥有财富，封殖蕃育于其间，遂不恤贼害吾民，以图自利，宗支近系，时拥特权，多数平民，听其支配。且即民风习尚，满汉之间，亦必严至竣〔峻〕之障，用示区别，逆施倒行，以迄于今。又复征苛细不法之赋税，任意取求，迹邻掳劫。商埠而外，不许邻国以通商，常税不足，更敛厘金以取益，阻国内商务之发展，妨殖产工业之繁兴。呜呼！中土繁庶之邦，谁令天然富源迟迟不发，则满州〔洲〕政府不知奖护实业之过也。

至于用人行政，更无大公不易之常规。严刑竣〔峻〕制，惨无人理。任法吏之妄为，丝毫不加限制，人命呼吸，悬于法官之意旨；问其有罪无罪也，不依法律正当之行为，侵犯吾人神圣之权利。卖官鬻爵，政以贿成。凡此种种，更仆难数。任官授职，不问其才能之何若，而问其权势之有无。以此当政事之大任，几何其不误国哉！

近年以还，人民不胜专制之苦，亦时有改革政治之要求。满政府坚执锢见，一再不许，即万不得已而暂允所请，亦仅为违心之举，初非有令出必行之意。朝颁诏旨，夕即背之，玩弄吾民，已非一次。其于本国光荣，视同秦越，未尝有丝毫为国尽力之意。是以历年种种之挠败，不足激其羞耻之心，坐令吾国吾民遭世界之轻视，而彼殆无动于中〔衷〕焉。

吾人今欲湔除上述种种之罪恶，俾吾中华民国得世界各邦敦平等之睦谊，故不恤捐弃生命，以与是恶政府战，而别建一良好者以代之。犹恐世界各邦或昧于吾民睦邻之真旨，故将下列各条，披沥陈于各邦之前，我各邦倘垂鉴之。

（一）凡革命以前所有满政府与各国缔结之条约，民国均认为有效，至于条约期满而止。其缔结于革命起事以后者，则否。

（二）革命以前，满政府所借之外债及所承认之赔款，民国亦承认偿还之责,不变更其条件。其在革命军兴以后者,则否。其前泾〔经〕订借、事后过付者亦否认。

(三)凡革命以前满政府所让与各国国家或各国个人种种之权利,民国政府亦照旧尊重之。其在革命军與〔興〕以后者,则否。

(四)凡各国人民之生命财产,在共和政府法权所及之域内,民国当一律尊重而保护之。

(五)吾人当竭尽心力,定为一定不易之宗旨,期建吾国家于坚定永久基础之上,务求适合于国力之发展。

(六)吾人必求所以增长国民之程度,保持其秩序,当立法之际,一以国民多数幸福为标准。

(七)凡满人安居乐业于民国法权之内者,民国当一视同仁,予以保护。

(八)吾人当更张法律,改订民、刑、商法及采矿规则;改良财政,蠲除工商各业种种之限制;并许国人以信教之自由。

抑吾人更有进者,民国与世界各国政府人民之交际,此后必益求辑睦。深望各国既表同意于先,更笃友谊于后,提携亲爱,视前有加;当民国改建、一切未备之时,务守镇静之态,以俟其成,且协助吾人,俾种种大计,终得底定。盖此改建之大业,固诸友邦当日所劝告吾民,而满政府未之能用者也。

吾中华民国全体,今布此和平善意之宣言书于世界,更深望吾国得列入公法所认国家团体之内,不徒享有种种之利益与特权,亦且与各国交相提挈,勉进世界文明于无穷[无穷]。盖当世最高最大之任务,实无过于此〈也〉。

中华民国临时大总统孙文(签名)

据上海《天铎报》一九一二年一月六日

劝告北军将士宣言书

（一九一二年一月五日）

民国光复，十有七省，义旗虽举，政体未立。凡对内对外诸问题，举非有统一之机关，无以达革新之目的。此临时政府所以不得不亟为组织者也。文以薄德，谬承公选，效忠服务，义不容辞，用是不揣绵薄，暂就临时之任，藉以维秩序而图进行。一俟民〔国〕国〔民〕会议举行之后，政体解决，大局略定，敬当逊位，以待贤明。区区此心，天日共鉴；凡我同胞，备闻此言。惟是和平虽有可望，战局尚未终结。凡我籍隶北军诸同胞，同为汉族，同是军人，举足重轻，动关大局。窃以为有不可不注意者数事，敢就鄙吝，为我诸同胞正告之：

此次战事迁延，亦既数月，涂炭之惨，延亘各地。以满人窃位之私心，开汉族仇杀之惨祸，操戈同室，贻笑外人。我诸同胞不可不注意者此其一。

古语云："民之所欲，天必从之。"是知民心之所趋，即国体之所由定也。今禹域三分，光复逾二，虽有孙吴之智，贲育之勇，亦讵能为满廷挽此既倒之狂澜乎？我诸同胞不可不注意者此其二。

民国新成，时方多事，执干戈以卫社稷，正有志者建功树业之时。我诸同胞如不明烛幾先，即时反正，他日若大功既定，效用无门，岂不可惜！我诸同胞不可不注意者此其三。

要之，义师之起，应天顺人，扫专制之余威，登国民于衽席，此功此责，乃文与诸同胞共之者也。如其洞观大势，消释嫌疑，同举义旗，言归于好，行见南北无冲突之忧，国民蒙共和之福。国基一定，选贤任能，一秉至公。南北军人同为民国干城，决无歧视。我诸同胞当审斯义，早定方针，无再观望，以贻后日之悔。敢布腹心，唯图利之。

据《临时政府公报》第一号（南京一九一二年元月二十九日再版）

致张謇函

（一九一二年一月五日）

季直先生大人大鉴：

昨承允任维持实业，民国之庆也。昨日晚间，陈澜生[①]（财政部）、蔡民友[②]（教育部）俱已到，王亮畴[③]（外交部）今日亦必来宁，惟内务程雪老[④]有病，司法秩公[⑤]议和。弟拟于今日先行各部委任礼，请先生于午后三时降府，幸甚。

蛰老[⑥]一信，请代致。

孙文叩　元年元月五日

据张孝若著《南通张季直先生传记》（上海中华书局一九三〇年版）

复上海广肇公所等电

（一九一二年一月五日）

广肇公所、潮州会馆诸同乡先生鉴：支电悉。民国新立，司法

① 陈澜生：即陈锦涛。
② 蔡民友：即蔡元培。
③ 王亮畴：即王宠惠。
④ 程雪老：即程德全。
⑤ 秩公：即伍廷芳。
⑥ 蛰老：即汤寿潜，字蛰仙。

重任非伍公①不可。至议和事，伍、温②两公仍为议和全权代表。孙文。微。印。

据上海《天铎报》一九一二年一月六日

致王云华电

（一九一二年一月五日）

巡防沪军营王统带鉴：沪军王锡均管带，前光复上海时，力战殉国，勇烈可敬，谨电追悼。孙文。微。

据上海《民立报》一九一二年一月七日

在南京答《大陆报》记者问*

（一九一二年一月六日）

孙：内阁今已组织完善，各部大臣③均一律受职，且昨日已开首次会议。除伍、王④两君在沪有要公外，全体阁臣皆到会。

【原报道称：记者告以伍廷芳派任法部总长一事，颇滋群疑。】

孙：本政府派伍博士为法部总长，并非失察。伍君固以外交见重于外人，惟吾华人以伍君法律胜于外交。伍君上年曾编辑新法律，故于法律上大有心得，吾人拟仿照伍君所定之法律，施行于共和民国。夫外交本为一国最要重政策，第法律尚未编定，虽有俾斯

① 伍公：即伍廷芳。

② 温：即温宗尧。

* 《大陆报》驻南京记者，向孙中山询问南京临时政府成立情形。

③ 临时政府各部主管人均称总长，“大臣”及“阁臣”系记者误用。

④ 伍、王：即伍廷芳、王宠惠。

麦、拿破仑之才，掌理外交，亦将无用。中华民国建设伊始，宜首重法律，本政府派伍博士任法部总长，职是故也。

据上海《天铎报》一九一二年一月八日

复黎元洪电*

（一九一二年一月七日）

现在用兵方略，当以鄂、湘为第一军，由京汉铁道进；宁、皖为第二军，向河南进，与第一军会于开封、郑州之间；淮阳为第三军，烟台为第四军，向山东进，会于滦州、秦皇岛；合关外之兵为第五军，山、陕为第六军，向北京进。

一、二、三、四军既达第一之目的后，与第五、六军直指敌。连日内据探报，敌假议和而集重兵，力图取江淮，系分三路，一由亳州，一由徐州，一由颍州等情。南京之兵，已陆续开赴前敌。尊处如探得敌以退兵为名，意图南下，务望紧逼敌军，以牵制其兵力。并一面电饬黄州及阳逻①各军，抄击其左侧，是为至要。

据《黎副总统政书》卷四

令汪缦卿等移交川路股款筹办蜀军文

（一九一二年一月九日）

本月初四日据鄂军都督黎元洪转到蜀军都督张培爵、夏之时

---

* 此件所标时间系电报收到日期。

① 阳逻：镇名，位在黄州西北。

来电称:"蜀自赵尔丰荼毒后,糜烂不堪。重庆、成都虽各宣告独立,蒲殿俊、朱庆澜释赵不讨,反委以西藏,与以军饷五百万,以致防军溃变,任意焚掠,朱被炮伤,蒲亦窃逃,赵贼仍踞成都。土匪蜂起,民不聊生。重庆军械缺乏,不能进剿,恳赐援助"等语。察成都一隅,倡义最先,受祸最烈。光复未几,复陷水火,谁非赤子,实堪恫念!中央政府统筹全局,自应速事戡定,惟近值和议未决,北伐在即,需款浩繁,势难兼顾。

前据苏军都督程德全、沪军都督陈其美呈称:"据蜀商童子钧、陈少谷等禀称:'自武汉起义,川路停修,各省及留沪各川人,皆欲提用沪上所存股款,筹办蜀军。驻沪川路公司管款员汪缦卿穷于应付,惧祸远扬,以川路存款股票折据交与商等管理。唯自汪去后,川人提款者,皆与商等为难。窃思以川路股款筹办蜀军,亦属以公济公,商等何敢固持不与;唯名目既多,良莠不齐,若使付托非人,窃恐虚縻无补。若得中央政府作主担保,即行交出,以供军用'"等语。该商等深明大义,热心时局,殊堪嘉尚!唯念该款本系商股,若有私人借用,事前既易起纷争,事后恐难于归还。不如改由中央政府照数给与公债证券,似此办法,既有裨于大局,复无损于商本。除即委派黄复生、熊克武二员到沪接收路款外,为此令该商等妥速将所存川路股款,一律清算,点交黄、熊二员接收。俟交收清楚,即由财政部发给公债证券,以昭信用,而重商股。事关军务,幸勿迟延。此令。

驻沪川路公司管款员汪缦卿、管理折据员童子钧、陈少谷知照

据《临时政府公报》第五号(南京一九一二年二月二日版)

致法国政府电*

(一九一二年一月十一日)

巴黎。外交部长转法国政府:我荣幸地通知您,张翼枢①先生现被任命为中华民国临时政府驻法国政府全权代表,为的是使两个姊妹共和国能建立友好关系,并能为推进文明及发展工商业而共同努力。孙文。

据法国外交部藏历史档案原件(NS204 卷 105 页)译出(张振鹍译)

咨参议院请核议法制局职制草案文

(一九一二年一月十二日)

窃维临时政府成立,所有一切法律命令,在在须行编订,法制局之设,刻不容缓。应将法制局职制提出贵院议决,以便施行。除派本府秘书员李肇甫于本月十二日亲赴贵院提议外,合即先将法制局职制草案咨送贵院查核办理。此咨。

据《临时政府公报》第三号(南京一九一二年一月三十一日版)《大总统咨参议院法制局职制》

---

* 原文系法文,此为译文。

① 张翼枢:湖南醴陵人,生于一八八五年。二十岁时,受云南省当局选派,先赴越南河内学习,后去巴黎学习政治科学,并在东方博物馆做些翻译工作。一九〇六年加入同盟会。一九一一年十一月孙中山路过巴黎时,曾担任孙中山的法文翻译。他被南京临时政府任命为驻法全权代表后,在巴黎积极进行过要求法国政府承认中华民国的活动。

复参议会论国旗函

（一九一二年一月十二日）

贵会咨来议决用五色旗为国旗等因。本总统对于此问题，以为未可遽付颁行。盖现时民国各省已用之旗，大别有三：武汉首义则用内外十八省之徽志，苏浙则用五色之徽志；今用其一，必废其二。所用者必比较为最良，非有绝大充分之理由，不能为折衷定论。故本总统不欲遽定之于此时，而欲俟满虏既亡，民选国会成立之后，付之国民公决。若决定于此时，则五色旗遂足为比较最良之徽志否，殆未易言。

（一）清国旧例，海军以五色旗为一二品大官之旗。今黜满清之国旗而用其官旗，未免失体。

（二）其用意为五大民旗〔族〕，然其分配代色，取义不确，如以黄代满之类。

（三）既言五族平等，而上下排列，仍有阶级。

夫国旗之颁用，所重有三：一旗之历史，二旗之取义，三旗之美观也。武汉之旗，以之为全国之首义尚矣；苏浙之旗，以之克复南京；而天日之旗，则为汉族共和党人用之南方起义者十余年。自乙未年陆皓东身殉此旗后，如黄冈、防城、镇南关、河口，最近如民国纪元前二年广东新军之反正，倪映典等流血，前一年广东城之起义，七十二人之流血，皆以此旗。南洋、美洲各埠华侨，同情于共和者亦已多年升用，外人总认为民国之旗。至于取义，则武汉多有极正大之主张，而青天白日，取象宏美，中国为远东大国，日出东方为恒星之最者。且青天白日，示光明正照自由平等之义，著于赤帜，亦为三色，其主张之理由尚多。但本总统以为非于此时决定，则可勿详论，因而知武汉所主张，亦有完满之解说。究之革命用兵之际，国旗统一，尚非所急，有如美国亦几经更改，而后定现所行用之旗章。故本总统以为暂勿颁定施行，而俟诸民选国会成立之后。谨复，并请

公安

附粘天日旗样式两纸。

今日适得武昌来电，则主张用首义之旗，亦有理由，非经将来大会讨论，总难决定也。

据《临时政府公报》第六号（南京一九一二年二月三日版）《大总统复参议会论国旗函》

复蔡元培函

（一九一二年一月十二日）

孑民先生大鉴：

来示敬悉。关于内阁之设备及其组织用人之道，弟意亦如是，惟才能是称，不问其党与省也。但此时则不能不收罗海内名宿，来教所论甚明。然其间尚有当分别论者。康氏至今犹反对民国之旨，前登报之手迹，可见一班〔斑〕。倘合一炉而冶之，恐不足以服人心，且招天下之反对。至于太炎君等，则不过偶于友谊小嫌，决不能与反对民国者作比例。尊隆之道，在所必讲，弟无世俗睚眦之见也。专此，即颂

道安。并复。

孙文谨复　十二日

据中国第二历史档案馆藏《蔡元培个人档案》原件

致蓝天蔚电

（一九一二年一月十二日）

急。上海陈都督转关外蓝都督鉴：北伐之沪军暨海容、海琛、南琛三舰，概由贵督节制，以一事权。委任状随寄。总统孙文。侵。

据上海《天铎报》一九一二年一月十四日

复直豫谘议局电

（一九一二年一月十四日）

直隶谘议局、河南谘议局鉴：由汪兆铭转来电称："贵局往复筹商，谓非速定共和政体，早建统一政府，不足弭内忧而消外患。拟提出三条件：一、清帝退位后，能否举袁为大总统？二、共和成立后，接管清政府所有北方军队，能否不追既往，与南军一律待遇？三、优待皇室及旗民生计，能否先行议定"云云。昨经电汪兆铭，以所开三条件，临时政府早已宣布此意，自属能行，令即转复贵局矣。临时政府惟一目的在速定共和，本总统受职誓言，即以专制倾覆，民国成立为解职之条件，所以示为民服务之本心也。清帝退位，共和既定，袁有大功，为众所属，第一条件自无不能。南北既成一致，转敌为友，彼此解释嫌疑，更无不一律待遇之理。至于皇室可崇以尊号，给以年金，保其所有财产；其旗民生计，则各省正在筹议中。须知民国以专制为敌，而权位非所争，南北既可调和，则生灵免于涂炭，不分畛域，自是平等之本怀。清廷以退让而释干戈，皇室报酬，应示优异。此次贵局所开条件，早经临时政府宣布，不必置疑。本总统所必除者，为人道之蟊贼；所最尚者，为真正之和平；凡所宣言，皆为全国之大计。若复拘牵小节，反复游移，抗亿兆国民之心，保一姓世袭之位，至必重诉解决于武力，其咎当有所归。贵议局深怀大局，力愿维持，谅必洞明此意也。总统孙文叩。盐。

据上海《民立报》一九一二年一月十九日《孙总统复直豫谘议局原电》

致黎元洪电*

（一九一二年一月十四日）

飞船据称适用，但运送及试验所费甚巨，不如由尊处派人来议，并可请沪上洋工师试验较为便利。且尊处若无军粟，亦可就近借用沪军粟，如何？乞电复。

据《黎副总统政书》卷四

致伍廷芳电**

（一九一二年一月十四日）

千急。上海议和代表伍廷芳鉴：请公便宜行事，议定日数，约以十四日为期。孙文、黄兴。印。

据《共和关键录》

* 此件所标时间系电报收到日期。

** 此件所标时间系电报收到日期。

致孙毓筠电

（一九一二年一月十四日）

急。安庆孙都督鉴：顷得伍代表转来袁电称："据倪藩司[①]电称：皖北革军以革命为名，招集土匪，六安、凤阳所属及颍、霍两县，在城则苛捐勒派，在乡则掳掠奸淫"等语。查我军素称义师，中外共见，倪电所称，难保无诬蔑之处。请转饬皖北各军，务宜严守纪律，认真训练，以保义师之名誉，勿令敌军有所藉口，是为至要。总统。寒。

据上海《民立报》一九一二年一月二十日《总统府电报》

复扬州淮南运商电

（一九一二年一月十四日）

扬州淮南运商公鉴：电悉。盐为民生食用必需，非销耗品可比。美州〔洲〕各国不征税，欧西征税者，皆就场听商贩卖。满清秕政，以盐为少数商人之专卖品。若以革新政体而减轻同胞之负担，即应不征盐税，本总统曾有是言。惟饷需赔款指为大宗，一时既难另筹，不得不暂行照旧征取。将来实业发达，替代有资，定必删此前例。前者张总理[②]宣布之意见书，改征税法，正为划除苛政，听商集合公司，所谓使盐与万物同等，即使盐业与各项商业同等，旧

---

① 倪藩司：即倪嗣冲。

② 张总理：即江苏两淮盐政总理张謇。

业何至有废弃之虞。来电亦知与同胞共沾幸福，所谓同胞者，合全国国人而言也〔之〕之〔也〕。幸福与同胞共之，独盐业不可与同胞共之乎？况乎张总理改革盐法意见，尚待决于国会，并非目前办法，该商等尽可照章请运，并一面组织公司，何必自相惊疑！长此停运，饷源民食，在在攸关，如再观望不前，则无怪其另招新商贩运也。至每引缴银二十四五两之说，系赅括课厘、加价、杂捐、盐本在内，指收没清长芦运使战利品而言，非统商场存圩之盐而言也，其勿误会。此答。总统府。寒。

据上海《民立报》一九一二年一月二十日《总统府电报》

致陈其美电

（一九一二年一月十五日）

万急。沪军陈都督鉴：阅报载光复军司令陶成章君，于元月十四号上午两点钟，在上海法租界广慈医院被人暗刺，枪中颈、腹部，凶手逃去，陶君遂于是日身死，不胜骇异。陶君抱革命宗旨十有余年，奔走运动，不遗余力，光复之际，陶君实有巨功，猝遭惨祸，可为我民国前[前]途痛悼。法界咫尺在沪，岂容不轨横行，贼我良士。即由沪督严速究缉，务令凶徒就获，明正其罪，以慰陶君之灵，泄天下之愤。切切。总统孙文。

据上海《民立报》一九一二年一月十七日

复伍廷芳电

（一九一二年一月十五日）

千急。上海议和代表伍廷芳君鉴：电悉。如清帝实行退位，宣布共和，则临时政府决不食言，文即可正式宣布解职，以功以能，首推袁氏。总统孙文。删。印。

据《共和关键录》

复张振武电*

（一九一二年一月十五日）

川款已由中央政府承借，派黄复生、熊克武赴沪接收，筹办蜀军北伐队，碍难改作别用。

据上海《民立报》一九一二年一月十五日

命陆军部严加约束士兵令

（一九一二年一月十六日）

中华民国临时大总统令

民国除旧布新，原为救民起见。江宁光复以来，秩序紊乱，至今尚未就理。顷闻城乡内外盗贼充斥，宵小横行，夜则拦路夺物，昼则当街卖赃。或有不肖兵士，藉稽查为名，私入人家，擅行劫掠，以至行者为之戒途，居者不得高枕。此皆兵士约束不严，警察诘奸不力所致。除令卫戍总督、巡警总监外，为此令仰贵总长速筹防范方法，转饬各军一体加意约束，以靖闾阎而肃军纪。此令。

陆军部总长黄兴知照

孙　文

* 此件所标时间系《民立报》发表日期。

中华民国元年元月十六日

据中国第二历史档案馆藏《南京临时政府档案》原件

准颁布陆军编制表令

（一九一二年一月十六日）

中华民国临时大总统令

陆军编制表著即准此颁行。此令。

陆军部总长黄兴知照

计发交陆军编制表十四张、陆军官佐士兵阶级表一张。

孙　文

中华民国元年元月十六日

据中国第二历史档案馆藏《南京临时政府档案》原件

复黎元洪电*

（一九一二年一月十六日）

飞船及尊电嘱购之各物，已嘱前途照办，但不知价值贵贱如何，故欲尊处派人到沪面议。既属需用甚急，谨当嘱其即运往鄂。其他各物不知能全办否。已电驻沪鄂军交通所总理张复汉君接洽。

据《黎副总统政书》卷四

* 此件所标时间系电报收到日期。

致浙江都督府电

（一九一二年一月十六日）

万急。浙江都督府鉴：阅报载光复军司令陶成章君，于元月十四日上午两点，在上海法界广慈医院被人暗刺，枪中颈部腹部，凶手逃去，陶君遂于是日身殂，不胜骇悼。陶君抱革命之宗旨十余年，奔走运动，不遗余力，光复之际，尤有巨功，猝遭惨祸，可为我民国痛惜。已电令沪督严速究缉，务令凶徒就获，以慰陶君之灵，泄天下之愤。至陶君原籍会稽，应由浙督查明其家属，优予抚恤，并将其生平之行谊及光复之劳勋，详细具报，备付将来民国国史。切切。总统孙文。

据上海《民立报》一九一二年一月二十日《总统府电报》

致伍廷芳电二件*

（一九一二年一月十八日）

一

伍廷芳先生鉴：请告唐①：清帝退位，共和既定，既推让出于诚意，致〔至〕其手续，则须慎重，以为民国前途计。若两日为期[草]，不特贻外人讥笑，且南方各省或有违言转不美。今以五条件要约

* 其中第二件，《共和关键录》所标时间一月十九日，误。

① 唐：即唐绍仪。

如下:一、清帝退位,其一切政权同时消灭,不得私授于其臣。二、在北京不得更设临时政府。三、得北京实行退位电,即由民国政府以清帝退位之故电问各国,要求承认中华民国彼各国之回章。四、文即向参议院辞职,宣布定期解职。五、请参议院公举袁世凯为大总统。如此方于事实上完善。孙文。巧一。

二

伍廷芳先生鉴:请告唐:皇室优待条件:一、名号定为宣统皇帝,删去"世世相承"四字。二、退居颐和园。三、经费由国会定之。四、如议。五、包括在经费内。六、如议乙,满、蒙、回、藏五条如议。孙文。巧二。

据《共和关键录》

复伍廷芳电*

(一九一二年一月十八日)

伍秩庸先生鉴:篠电悉。请即入宁面商,并邀请唐同来,以决大计。孙文。密。

据《共和关键录》

复上海商务总会等电

(一九一二年一月十八日)

上海商务总会陈作霖、沪南商会王震、商务总所朱佩珍、全国

* 此件所标时间系电报收到日期。

商团联合会沈懋照、国民总会叶增铭、市政厅长莫锡纶鉴：电悉。陈都督为民国起义首功之人，光复上海，战功劬劳，以之督苏，必能胜重任而慰众望。惟苏督一职，向由省议会选举，倘经苏议会正式公举之，本总统无不同意也。总统孙文。啸。

据史委会编《国父全集》第三册（台北一九七三年版）（转录史委会藏抄件）

致伍廷芳电

（一九一二年一月十九日）

伍秩庸先生鉴：密。请速告唐，昨巧电第三、四、五条合并改为各国承认中华民国之后，临时总统即行辞职，请参议院公举袁为大总统。孙汶〔文〕印。

据《共和关键录》

复伍廷芳电

（一九一二年一月十九日）

伍廷芳先生鉴：啸一电悉。“相传不废”当改为“终身不废”。至交海牙存案，民国内阁反对者多，其理由：一、国内之事件，交列国国际公会，大伤国体。二、不信国民，必须存案于外，即为丧失外国人信用，牵涉于国际。三、惟有用正式公文通告各国政府，即可为将来之保证。请告唐。孙文。皓三。

据《共和关键录》

命陆军部颁行军令整顿军纪令

（一九一二年一月二十日）

中华民国临时大总统令

南京各军队纪律不整，本总统早有所闻。今阅上海《泰晤士报》十九日论说，其所登载，多系情实。该报向表同情于民国，今为恳切之忠告，若不切实警戒约束，不唯贻讥外人，后患何堪设想？该报所报下级军官及高级之官终必同受其危险者，诚非过虑。除令卫戍总督外，为此令仰贵部速即颁行军令，责成各军司令以下将校切实奉行，以后各负其责任，并将下附所译论文给与各军将校阅看，俾知警省。须知纪律严明，训练有素，然后能保军人之名誉，作民国之干城。我南京军队不乏爱国男儿，亦断不容以少数不规则之行为坏全体之名誉也。宜将此义通谕知之。此令。

陆军部知照

附：抄译上海《泰晤士报》论文一纸。

孙　文[①]

中华民国元年正月二十日

据中国第二历史档案馆藏《南京临时政府档案》原件

---

① 原件此处盖有“中华民国临时大总统印”。

致黎元洪电*

（一九一二年一月二十日）

和议成否，决于数日之内。清帝有意退位，现正商待遇之条件：一、清皇帝之名号，终身不废，以外国君主之礼待之。二、暂居宫禁，日后退居颐和园。三、其年俸若干，由新政府提交国会议决，惟不得少于三百万之数。四、陵寝宗庙，永远奉祀。五、奉安等处工程，照实用数支出。六、满、蒙、回、藏之待遇，与汉人平等。

又，对于袁内阁之要约：一、清帝退位，一切政权同时消灭，不得私授其臣民。二、在北京不改设临时政府。三、各国承认中华民国之后，文即辞职，请参议院公举项城为大总统。

以上以南北统一，民国巩固为主旨。现虽未列入正式谈判，而进行颇确。若清廷仍不肯就范，则再战有词，请仍照前电准备。

现北方已有重兵至宿迁，窥淮、扬。闽、鄂、桂之兵须到南阳，宜一面扰围铁路，一面选派洛阳、山阳之民军以牵制之。

据《黎副总统政书》卷五

致伍廷芳电**

（一九一二年一月二十日）

伍秩庸先生鉴：密。申明巧一电之意：一、清帝退位，系帝制消

---

* 此件所标时间系电报收到日期。

** 此件所标时间系电报收到日期。

灭，非只虚名。二、袁须受民国推举，不得由清授权。三、袁可对中外发表政见，服从共和，以为被举之地。四、临时政府不容有两，以避竞争，今清帝退位后，民国政府当然统一。五、袁可被举为实任大总统，不必用临时字样。如此始得民国巩固，南北一致。请告唐。孙文。

据《共和关键录》

复伍廷芳电二件

（一九一二年一月二十日）

一

伍廷芳先生鉴：皓电悉。删去“让”字及改定“满、蒙、回、藏人一〈律〉与汉人平等”，可依议；惟“相传不废”改作“终身不废”。又，如条件由民国临时政府用正式公文通告各国政府作为保证，不交海牙存案。合再告唐申明。孙文。哿一。印。

二

伍廷芳先生鉴：皓二电悉。昨改正巧一电：一、清帝退位，政权同时消灭，不得私授其臣民。二、在北京不得更立临时政府。三、各国承认中华民国之后，临时总统辞职，请参议院公举袁为大总统。此于民国安危最有关系，在所必争，请唐告前途当计及远大，毋生异议，盖袁不得于民国未举之先接受满清统治权以自重。当清帝退位，民国临时政府当然统一南北，则外国必立时承认，此其期间甚短速。文之誓词以外国承认为条件，为民国践行此条件，立即退让，举袁为实任大总统，则文与袁俱不招天下之反对也。孙文。哿二。

据《共和关键录》

致陈炯明电*

（一九一二年一月二十日）

十分急。广州陈炯明都督鉴：转邓子瑜，即将所部军械由保民来会同北伐，以符汉民原约。孙文。

据上海《天铎报》一九一二年一月二十日

致康德黎函

（一九一二年一月二十一日）

亲爱的康德黎博士与夫人：

当你们接到此信，得知我已任中国临时政府大总统时，定会感到欣慰。我以无私的热情接受此一职务，是要借此将具有四万万人口的中国从迫在眉睫的危殆和屈辱中拯救出来。我本应早写信给你们，但自我到达此地，尤其担任现在的职务以来，异常忙碌，总有各种事务妨碍我执笔，此情你们当能想象，亦能体谅。当我从现在的地位回顾已往的艰辛与苦斗，念及你们始终不渝、令人难忘的盛情厚谊时，使我更加感激你们。到目前为止，我能告诉你们的就是南京诸事进步迅速，前途有望。我或许不能如我所希望的经常写信给你们，但你们可从报上不时看到我的活动。

请向你们所认识和遇到的我在伦敦的友人致意。谢谢。

---

* 此件所标时间系《天铎报》发表日期。

谨致最良好的祝愿和最亲切的问候。

你们非常忠实的孙逸仙

一九一二年一月二十一日　南京

据康德黎与琼斯(James Cantlie and C.Sheridan Jones)：《孙逸仙与中国的觉醒》(*Sun Yat-sen and The Awakening of China*,伦敦一九一二年英文版)译出

致伍廷芳电二件*

(一九一二年一月二十一日)

一

伍廷芳先生鉴：各省都督于旆〔停〕战之期，亦俱极鼓噪。冰〔现〕时期过半，和议祥〔祇〕由唐辗转表其意见，非由正式。退位之言，日复一日，无以取信中外。谅〔请〕告北方，另派正式代表，或仍以全权并〔畀〕唐，从速解决。总统孙文。箇一。

二

伍廷芳先生鉴：和密。咠电鏖候袁回电，再行通告各国及各都督。今日开会议定里，告袁须于二十日悉将优待条件切实答复，俩再议他项靶事宴①。总统孙文。马。印。

据《共和关键录》

* 其中第二件，《共和关键录》所标时间一月二十日，误。

① 原文如此，疑有误。

致邓泽如电

（一九一二年一月二十一日）

泽如先生鉴：请兄即来南京一行，商理要事。已电家人来，能同行更妙。文叩。马。

据《总理全书》之九《文电》

命陆军部赏恤石凤鸣令

（一九一二年一月二十二日）

中华民国临时大总统令

兹据镇军第一标一营前队二排二棚副目石凤鸣禀称“因中弹受伤，请给费接换假腿”等情前来。查镇军既已出发，该副目因伤独留，情实可矜。惟该副目伤状如何，曾否已由镇军赏恤，抑应照给医费之处，仰贵部查明酌核办理，以慰士心。原禀并发。此令。

陆军部知照

孙　文

中华民国元年正月二十二日

据中国第二历史档案馆藏《南京临时政府档案》原件

致伍廷芳及各报馆电

（一九一二年一月二十二日）

万急。上海伍廷芳先生暨各报馆鉴：昨电悉。前电言清帝退位，临时大总统即日辞职，意以袁能与满洲政府断绝一切关系，变为民国国民，故许以即时举袁。嗣就后来各电观之，袁意不独欲去满政府，并须同时取消民国政府，自在北京另行组织临时政府，则此种临时政府将为君主立宪政府乎？抑民主政府乎？人谁知之？纵彼有谓为民主之政府，又谁为保证？故文昨电谓须俟各国承认后，始行解职，无非欲巩固民国之基础，并非前后意见有所冲突也。若袁能实行断绝满政府关系，变为民国国民之条件，则文当仍践前言也。至虑北方将士与地方无人维持，不知清帝退位后，北方将士即民国将士，北方秩序亦即应由民国担任。惟一转移间，不能无一接洽之法，文意拟请袁举一声名卓著之人。交接一节，满祚已易，驻使当然与民国交涉，方为正当，其中断之词〔时〕甚短，固无妨也。今确定办法如下：一、清帝退位，由袁同时知照驻京各国公使电知民国政府，〈言〉[①]现在清帝已经退位，或转饬驻沪领事转达亦可。二、同时袁须宣布政见，绝对赞同共和主义。三、文接到外交团或领事团通知清帝退位布告后，即行辞职。四、由参议院举袁为临时总统。五、袁被举为临时总统后，誓守参议院所定之宪法，乃能接受事权。按一、二两条即为袁断绝满政府关系，变为民国国民之条件。此为最后解决办法，如袁并此而不能行，则是不愿赞同民国，不愿为和平解决，如此则所有优待皇室八旗各条件，不能履行，战争复起，天下流血，其罪当有所归。请告袁。孙文。祃。

据《共和关键录》

---

① 据《共和关键录》中《复伍廷芳电》校补。

致伍廷芳电

（一九一二年一月二十二日）

万急。上海议和代表伍公廷芳鉴：烟台蓝都督[①]、沪军刘司令[②]各急电称“山东清军叶长盛违约进攻登、黄[③]，焚杀奸掠，残虐已甚，烟台可危”等语。请速电袁，相与严重交涉，是为至要。总统孙文。祃。

据《共和关键录》

致伍廷芳汪精卫电

（一九一二年一月二十二日）

万急。上海伍秩庸先生、汪精卫君鉴：今日复电五条，并由政府提出参议院，得其同意，盖尊重和平之极。前途若再不办到，则是有心反对，众怒实难犯，请告唐。总统府孙文。养三。

据《共和关键录》

命将江南造币厂归财政部管理令

（一九一二年一月二十三日）

中华民国临时大总统令

① 蓝都督：即蓝天蔚。

② 刘司令：即刘基炎。

③ 登、黄：即登州、黄县。

兹据江南造币厂总理余成烈等禀请“厘定币制，整理厂规及应否隶归财政部，以便有所禀承”等因前来。据此，查该厂为民国特设鼓铸机关，应归财政部管理，所有厘定币制及整理厂规，应由贵部议复呈核。为此令行贵部迅速妥议，呈候核夺。原禀发阅。此令。

财政部知照

孙　文

中华民国元年元月二十三日

据中国第二历史档案馆藏《南京临时政府档案》原件

复丁义华函*

（一九一二年一月二十三日）

敬复者：辱承奖饰，惭感交并。先生尽瘁敝国之社会改良，历有年所，实所心敬。此时戎马倥偬，对于禁烟一事，不免松懈，至为遗憾。一俟大局稍定，即当尽全力划除此不良之毒物。当此过渡时期，法律制裁所未及者，尚望诸君子热诚诱导，以社会之感化力补其缺憾，是所至祷。耑复。敬颂

时祺

孙文敬复

据上海《民立报》一九一二年一月二十三日《孙大总统致丁君义华书》

---

* 丁义华（Thwing Edward Waite），美国北长老会教士，一八八七年来华，时任万国改良会会长，从事禁烟工作。此件所标时间系《民立报》发表日期。

致伍廷芳电

（一九一二年一月二十三日）

急。上海议和代表鉴：据陕西特派员李良材报告："阴历十一月十七日第六镇清军已由渑池西发，其汉阳退出之清军及武卫左军均于二十一屯集恪〔洛〕阳，合谋攻陕。至升允所带兵队，由甘东出，已抵乾州境界，两面受敌，势甚危急"各等语。查此次停战展期，本出于清政府之要求，而袁世凯任豫、甘清军两路攻陕，违约失信，究何居心？前与唐代表议决条件中，载有两方政府各派委员至山、陕一带向两方宣布实行停战一条，本总统为尊重人道起见，特暂止援陕军队，拟先实行此条，以昭大信。希即电清内阁，令其实践条约，特派得力专员星夜驰赴山、陕战地，宣令停战。至山、陕民军方面，早归中央节制，自由此间派员驰往宣布。其两方所派专员，应如何保护，以及日期、地点，彼此接洽之处，即径请速电商定，以臻妥协。总统孙文。漾。

据《共和关键录》

复伍廷芳电

（一九一二年一月二十三日）

万急。上海伍秩庸议和代表鉴：养电悉。昨午电要约五事：一、清帝退位，由袁同时知照驻京各公使电知民国政府，言现在清帝已经退位；或由驻沪领事转达亦可。二、袁须宣布政见，绝对赞同共和主义。三、文接到外交团或领事团通知清帝退位之电，即行辞职。四、由参议院举袁为临时大总统。五、袁被举后，誓守参议院所定之宪法，接受事权。此五条时经参议院之同意，于马电所陈协商办法并无窒碍，即可并为正式之通告于彼方。至此次来电云云，有所未达。盖推袁一事，始终出于文之意思，系为以和平解决而达共和之目的。及见袁转唐有取消民国临时政府之电，此事于理绝对不行，要求其一不能摇动民国前途之保证，故有巧电，只保〔系〕手续稍异，并无有变初衷。继见来马电以各国承认时期为不能待，有袁与南京临时政府协商组织临时政府之说，则袁要有赞同民国之表示，以离去满洲政府之关系，彼此始有协商之地。昨电第一、二项，并不多费时日手续，第三、四、五项亦然。总之，个人名位非所愿争，而民国前途岂可轻视？前交贵代表之电，系转唐、袁磋商，并正式通告，且只保〔系〕手续之少异，亦因于事实而来，更无有失信于贵代表之事。和议解决既在数日之内，请始终其事。另派全权一节，可无置议，余详昨电。总统孙文。梗一。

据《共和关键录》

发交财政部核办公文令*

（一九一二年一月二十四日）

中华民国临时大总统令

兹有公文一件，应归贵部核办，合行钞由发交。此令。

财政部知照

计交公文一件：安徽中华银行监督申报开幕日期由。

孙　文

据中国第二历史档案馆藏《南京临时政府档案》原件

* 此件所标时间系财政部收文日期。

复国民协会书

（一九一二年一月二十四日）

国民协会诸执事鉴：

两函敬悉。所论组织国民参事院一节，自是正当办法。惟临时政府之职务，首在军事上之进行。方今虏氛未靖，战祸方延，执行政务，首贵敏速。若组织民选议事机关，必先定选举制度，及组织选举机关。而各地秩序未复，计即自今开办，至速非数月之久不能成立，揆之时势，似嫌太缓。参议院由各省都督派员组织，本一时权宜办法，而在此过渡时代，力取简易，不遑他计也。若至时局大定，全国无烽，彼时临时政府当须改造，则参议院自在取消之列，而国民参事院之设，将为必行之要政，望诸君鉴谅此意，暂缓督促，一面协助政府力谋军事进行，是所盼祷。

一月二十四日

据上海《民立报》一九一二年一月二十五日《临时大总统复国民协会书》

复南京市民函

（一九一二年一月二十四日）

兵民相疑，实光复后最大恨事。吾民经济恐慌，苦痛已甚，况复流兵抢劫，时有所闻，战后人民，何以堪此？本总统就任后，首谋统一军队，近连日与陆军当局筹议办法，不日当可军纪一新，愿诸君转达市民，少忍以待。至都督常驻一节，来函所陈甚善，此间亦拟如此办理，不日当可发表。以后关于市政诸问题，如有所见，请随时径达内务部，民意所归，无不尽力也。

一月念四日

据《总理全书》之十《函札》上册

致庄蕴宽电

（一九一二年一月二十四日）

江苏庄都督鉴：顷接江北总参谋孙岳电称：“选派参议员，系事前曾派商贵都督如何分额，迄未接复。维时已迫，故就该处选派三员前来。今经参议院均予取消，将来江北痛苦，无可代达，恳予拨额”等因。查江北地方广要，酌予参议员额一名，以便其关切陈议，亦是实情。合行电商贵都督取消一名，即由江北选充，俾得均平，而裨政要为荷。总统孙文。敬。

据《临时政府公报》第一号

致《字林西报》等书面谈话*

（一九一二年一月二十五日）

余所倡议者，系清帝一经退位，即辞职举袁世凯为大总统，而各省都督暨临时内阁均极力反对。旋经余再三勤〔劝〕解，始允承认。于是吾辈即磋商最后办法。忽袁氏电称“南京临时政府应于清帝退位后二日内即行取消”。吾人以袁氏前既有可疑之状，今又有此举，莫不为之惊讶，决定不允照准。余于是又与各都督暨内阁磋商，议定如袁氏一人或列强承认民国，即举其充大

* 此件所标时间系《民立报》发表日期。

总统。当将此意电达袁氏，且声明如袁氏不欲俟列强承认，则余当亲往北京一行，或袁氏来南京亦可，以磋商最后办法，一面仍以袁氏为大总统。余辈所不欲者，惟袁氏不承认吾人所立之临时政府，及不照吾人所定办法，任意私举代表而已。袁氏之举动，即欲反乎此。果袁氏欲余北上，余无所畏；若袁氏南来，余亦保其无虞。

据上海《民立报》一九一二年一月二十五日

致黎元洪电*

（一九一二年一月二十六日）

有电悉。和议难恃，我军战斗准备刻不可忽。凡关于湖北方面之作战计划，应请尊处相机制宜，不为牵制。惟敌人作战目标移向南京，国军行动之总方略，应由中央规定，通告各处，然后能期统一。

据《黎副总统政书》卷五

致陈炯明并广东省会及铁路公司电

（一九一二年一月二十六日）

万急。陈都督鉴并转省会暨铁路公司鉴：和议难恃，战端将开，胜负之机，操于借款。前文在外洋，本与数处有成议，乃各省代表必要临时政府，此“临时”字样，断难使各国立即承认，数处虽有成议，亦因之而阻迟，故现时借款必当以私人名义，尚不能用国家

---

* 此件所标时间系电报收到日期。

名义。今欲借各省之各种实业以为抵当而借款，以应中央政府目前之急需。其办法用中央担任偿解，订立合同，务期于不损公司利益。苏浙铁路已慨然借出，而广东铁路股东深明大义，想必不吝也。大局所关，千钧一发，务望赞同此举，俾款早有着，全局早定，是为至祷。盼切电复。孙文总统〔总统孙文〕。寝。印。

据上海《民立报》一九一二年二月四日

致伍廷芳等电

（一九一二年一月二十六日）

广肇公所董事伍秩庸、温钦甫、谭幹臣、陈司良、陈辅臣、梁纶卿、锺子垣、郑陶斋、唐翘卿、杨易初、郑业臣、邓鸣谦暨桑梓诸公同鉴：此次各同乡热心借款，以助军饷，急公好义，实深感荷。总统孙文。宥。

据上海《民立报》一九一二年一月三十日

复杜潜并烟台各界电

（一九一二年一月二十六日）

烟台代理都督杜并转各界鉴：电悉。即令胡都督[①]先行来烟。总统文。宥。

据《临时政府公报》第一号

① 胡都督：即烟台都督胡瑛。

致蓝天蔚电

（一九一二年一月二十六日）

烟台电局即送关外都督蓝天蔚鉴：迭接山东来电，促胡都督瑛赴烟，已令其即行。尊处所属海陆军，希届时饬令协同筹应一切。是要。总统文。宥。

据《临时政府公报》第一号

致陈其美电

（一九一二年一月二十六日）

上海陈都督其美鉴：赵珊林为吾党旧同志，去岁新军反正之役，颇为出力。今闻因事系狱，请念前功，即予省释。孙文。宥。

据《临时政府公报》第一号

致伍廷芳电

（一九一二年一月二十七日）

万急。上海伍秩庸议和代表鉴：和局至此，万无展期之理，民国将士决意开战。今曾提交参议院，尤极愤激，誓以同心共去共和之障碍。贵代表宜将彼方撤销唐使、不认全权所已签约之国民会议选举法及提出清帝退位之议，已以正式公文通告优待条件及各种办法又复不认，再三反复，知清廷实无心于平和，此番开战，其曲在彼之真相对于内外正式发表。总统孙文。沁。

据《共和关键录》

附:同题异文

此次议和,屡次展期,原欲以和平之手段达共和之目的。不意袁世凯始则取消唐绍仪之全权代表,继又不承认唐绍仪于正式会议时所签允之选举国民会议以议决国体之法。复于清帝退位问题,业经彼此往返电商多日,忽然电称并未与伍代表商及等语。似此种种失信,为全国军民所共愤。况民国既许以最优之礼对待清帝及清皇室,今以袁世凯一人阻力之故,致令共和之目的不能速达,又令清帝不能享逊让之美名,则袁世凯不特为民国之蠹,且实为清帝之仇。此次停战之期届满,民国万不允再行展期,若因而再启兵衅,全唯袁世凯是咎,举国军民,均欲灭袁氏而后朝食。

据《总理全书》之九《电文》

给陈兆丰委任状

(一九一二年一月二十七日)

委任状:

今委任陈兆丰充步队十六团团长。此状。

孙文、陆军部总长黄兴

据《国父全集》第四册(转录史委会藏原件影印)

祝参议院开院文

（一九一二年一月二十八日）

中华民国既建，越二十有八日，参议机关乃得正式成立。文诚忻喜庆慰，谨掬中怀之希望，告诸参议诸君子之前而为之辞曰：

人有恒言：革命之事，破坏难，建设尤难。夫破坏云者，仁人志士，任侠勇夫，苦心焦虑于隐奥之中，而丧元断脰于危难之际，此其艰难困苦之状，诚有人所不及知者。及一旦事机成熟，倏然而发，若洪波之决危堤，一泻千里，虽欲御之而不可得，然后知其事似难而实易也。

若夫建设之事则不然。建一议，赞助者居其前，则反对者居其后矣；立一法，今日见为利，则明日见为弊矣。又况所议者国家无穷之基，所创者亘古未有之制。其得也，五族之人受其福；其失也，五族之人受其祸。

呜呼！破坏之难，各省志士先之矣；建设之难，则自今日以往，诸君子与文所黾勉仔肩而弗敢推谢者也。矧为北虏未灭，战云方急，立法事业，在在与戎机相待为用。破坏、建设之二难，毕萃于兹。诸君子勉哉！各尽乃智，竭乃力，以固民国之始基，以扬我族之大烈，则不徒文一人之颂祷，其四万万人实嘉赖之。

据中国第二历史档案馆藏《国史馆档案》原件

令各行政机关购阅公报文

（一九一二年一月二十八日）

中华民国临时大总统令

临时政府成立，政事上一种公布性质，宜有独立机关经营以收其效，则发行公报是也。东西洋各国莫不有之。兹经委令创设，经始出版，应令各行政机关咸有购阅该报之义务，除将暂定则例登载该报一律照办外，为此令该部、都督、卫戍总督知照并通饬所属一体遵照。此令。

据《临时政府公报》第四号（南京一九一二年二月一日版）《大总统令各部及卫戍总督暨各都督》

致黎元洪电*

（一九一二年一月二十八日）

顷接伍代表[①]电云："沁电敬悉。停战之期，至明日上午八时为满，不再展期，已经决定。惟段祺瑞军统与北洋四十二将校联名电奏清廷，速行宣布共和。段现统第一第二两军，处武汉前敌，如黎副总统与之接洽，则明日武汉方面可联为一致，不复有战争之事。至张勋一军，唐君绍仪屡电劝其赞同共和，张回电反对。唐君又电袁内阁，嘱其严饬张军勿得暴动，倘明日停战期满，张仍违约，

---

* 此件所标时间系电报收到日期。

① 伍代表：即伍廷芳。

则兵衅非自我开，更可令天下万国知曲直所在。此处得袁内阁来电，据唐见皆系表面文字，其实内容尚无他意。廷昨致袁内阁电，谓若停战期满，尚未得清帝退位确报，则前此所订优待条件，即全行作废。来电嘱将和议无效之始末正式发表，与廷意甚合，惟须俟得复电。如仍持勿使清帝退位之意，以致兵衅再开，再行发表，如是则清廷以争一君位之故，不惜流全国之血，必为人道所不容。而我民国政府希望和平之意，更昭著于天下，对外可得友邦之同情，对内可激同胞之义愤，似尤为妥协。特此奉复"等语。特此奉闻。

据《黎副总统政书》卷五

致陈炯明及中国同盟会电

（一九一二年一月二十八日）

广东陈竞存[①]都督及中国同盟会公鉴：近闻在岭东之同盟会、光复会不能调和，日生轧轹。按同盟、光复二会在昔同为革命党之团体。光复会初设实在上海，无过四五十人。其后同盟会兴于东京，光复会亦渐涣散。二党宗旨，初无大异，特民生主义之说稍殊耳。最后同盟会行及岭外[外]暨南洋，光复会亦继续前迹，以南部为根基，推东京为主干。当其初兴，入会者本无争竞。不意推行岭表，渐有差池。盖不图其实际，惟以名号为争端，则二会之公咎也。同盟会实行革命之历史，粤人知之较详，不待论述。光复会则有徐锡麟之杀恩铭，熊成基之袭安庆，近者攻上海，复浙江，下金陵，则光复会新旧部人皆与有力，其功表见于天下。两会欣戴宗国，同仇建虏，非只良友，有如弟昆。纵前兹一二首领政见稍殊，初无关于

① 陈竞存：陈炯明字竞存。

全体。今兹民国新立，建虏未平，正宜协力同心，以达共同之目的，岂有猜贰而生阋墙。为此驰电传知，应随时由贵都督解释调处。同盟、光复二会会员尤宜共知此义。虽或有少数人之冲突，亦不可不慎其微渐，以免党见横生，而负一般社会之期许。切切。总统孙文。勘。

据《临时政府公报》第一号

致陈炯明及各省都督电

（一九一二年一月二十八日）

广东陈都督及各省都督鉴：近闻各省时有仇杀保皇党人事。彼党以康、梁为魁首，弃明趋暗，众所周知。然皆受康、梁三数人之蛊惑，故附和入会者，尚不能解保皇党名义，犹之赤子陷阱，自有推堕之人，受人欺者自在可矜之列。今兹南纪肃清，天下旷荡，旧染污俗，咸与维新，法令所加，只问其现在有无违犯，不得执既往之名称以为罪罚。至于挟私复怨，藉是为名，擅行仇杀者，本法之所不恕。亟宜申明禁令，庶几海隅苍生，咸得安堵。特此电告。总统孙文。勘。

据《临时政府公报》第一号

致贡桑诺尔布等蒙古各王公电

（一九一二年一月二十八日）

北京。喀尔沁亲王[①]、喀尔喀扎萨克和硕亲王（名彦图）那、科

① 喀尔沁亲王：名贡桑诺尔布。

尔沁辅国公(迪苏)博暨蒙古诸王公、各台吉均鉴:汉、蒙本属同种,人权原自天赋,自宜结合团体,共谋幸福。况世界潮流所趋,几于大同,若以芸芸众生,长听安危于一人,既非人道之平,抑亦放弃天职。今全国同胞见及于此,群起解除专制,并非仇满,实欲合全国人民,无分汉、满、蒙、回、藏,相与共享人类之自由。究之政体虽更,国犹是国。故稍有知识之满人,亦莫不赞同恐后。谅诸公明达,必表同情。文以薄德,谬膺临时总统之举,上述各意,已一再宣布,蒙地辽远,或未尽悉。而俄人野心勃勃,乘机待发,蒙古情形,尤为艰险,非群策群力,奚以图存。夙仰贵王公等关怀时局,眷念桑梓,际兹国势阽危,浮言四煽,西北秩序,端赖维持。祈将区区之意,遍告蒙古同胞,勠力一心,共图大计,务坚忍以底成,勿误会而偾事;并请速举代表来宁,参议政要,不胜厚望。中华民国大总统孙文。勘。

据《临时政府公报》第四号

致姚雨平林震电

(一九一二年一月二十八日)

津浦路站电局速送广东北伐军司令姚雨平、协统林震鉴:闻我军昨夜得胜,追敌数十里,足见士卒用命,深堪嘉许。总统孙文。勘。

据《临时政府公报》第一号

复陆荣廷电

(一九一二年一月二十八日)

桂林陆都督荣廷鉴:北伐之军,要选精锐。执事勇敢无前,贵部亦早有名誉，若得为国前驱，满虏当不足平。惟西粤倚执事如长城，或不必亲行，只遣精队北伐，亦足以张我军旅。专复。孙文。勘。

据《临时政府公报》第四号

致黎元洪电*

（一九一二年一月二十九日）

连接伍代表电："段军统联合四十二将帅，电要清帝宣布共和。"又转来段电云："祺瑞夙抱宗旨，不忍令地方再有糜烂，涂炭生灵。因两军所持太近，时有冲突，已拟稍退，民兵不可再进，致生恶感。孙、黎两公同此，代为致意"等语。彼方军队既承认共和，可由尊处派人与段接洽，我民国军队为共和主义而战，若果能南北联合一致进行，即不血刃而功可成也。急电候复。

据《黎副总统政书》卷六

致王占元等北军将领电

（一九一二年一月二十九日）

信阳州统制王占元，济南统制张永成，大同府统制何宗莲，河南统领张士钰，南苑统制张殿儒，北京毅军姜桂题军门，天津张怀芝军门，颍州朱家宝、倪嗣冲、新民府潘统制公鉴：民国义军本为四万万人谋幸福，不得已而诉诸武力。近与袁内阁切商清帝退位办法，已有成言，而为满洲少数皇族所把持挟制，遂令内阁为难，陷于

* 此件所标时间系电报收到日期。

危困。南北本是一家，岂肯为彼少数人之私而流血。民国政府但图共和成立，救同胞于水火，他无所恋。天下之事，将与公等共之。今日段公芝泉亦联衔奏请共和，可见汉族同胞人人同此心理。所企一致进行，无复猜贰，转敌为友实在今日，否亦在今日。请熟思而审处之，幸甚。中华民国临时大总统孙文叩。艳。

据中国第二历史档案馆藏《国史馆档案》原件

咨参议院陈述作战方略文*

（一九一二年一月三十日）

本日准贵院咨开："议战议和，关系军国重要，固不宜黩武以致涂炭生民，亦岂宜老师甘堕敌人奸计？"除原文有案不录外，复开："兹本院于本日开会议决办法三条，除推事[举]参议员三员面陈外，抄祈查照办理，并希先行见复施行。"并开办法三条等因。准此，查此时和局未终，停战期满。敌之一方电求停战，不欲遽与决裂，故未及提出。且讲和一事，早经公认，此次展期，乃由此一事发生，并非另生一事，似与临时政府组织大纲尚无违反。至议和成否，于数日内解决。现在用兵方略，当以鄂、湘为第一军，由汉京铁道前进；宁、皖为第二军，向河南前进，与第一军会合于开封、郑州之间；淮、扬为第三军，烟台为第四军，向山东前进，会于济南、秦皇岛；合关外之军为第五军，山、陕为第六军，向北京前进。一、二、三、四军既达第一之目的，复与第五、六军会合，共破虏巢。和议一破，本总统当亲督江、皖之师，此时毋庸另委他员。

再，中央财政匮乏已极，各项租税急难整理。饷源一事，业令

* 此件所标时间系《临时政府公报》第二号出版日期。

由财政、陆军两部会同筹划。合并声明。特此咨复。

据《临时政府公报》第二号(南京一九一二年一月三十日版)《大总统咨参议院作战方略并令部急筹财政》

咨参议院核议南京府官制草案等文

(一九一二年一月三十一日)

案查前据内务部总长程德全呈称:"南京为临时首都,维持治安自是要图,兹拟将旧有江宁巡警路工总局改为中央巡警厅,专管巡警事务。至原有之都督府及江宁民政厅,均为地方官。令〔今〕江苏都督已移驻苏州,而机关尚在江宁民政厅办理,亦不合法。拟将原有二机关消灭,另设一南京府知事,专管江宁、上元两县地方行政事务,均着直隶本部,以便监督而期整理。至各省起义之后,地方官制均系自由规定,罔相师袭,故难免歧异。目下中央政府业已成立,似宜统筹全局,从新厘订,以昭划一。恳即饬法制院,迅速编纂中央巡警厅及南京府知事与各地方官制通则,呈核交下,以便遵行。"

旋复据该部呈称:"民国建立,所有全国民政亟应改革办法,以期整齐,不至蹈满清稗政旧辙。惟官制尚未议定,而各属纷纷申请改用关防,既不能缘其旧称,又未便巧立名目,究应用民政长或知事名称之处,非本部所敢擅断。为此备文呈请大总统,伏乞饬令法制院从速筹议,见复施行"等由。

据此,当经令行法制局将本京巡警及京外地方官制妥速编订去后,兹据法制局局长宋教仁呈拟《南京府官制草案》二十二条前来,合照临时政府组织大纲第五条,咨请贵院议决咨复,以便督饬施行。又,查临时政府现已成立,而民国组织之法尚未制定,兹据法制局局长宋教仁呈拟《中华民国临时组织法草案》五十五条前来，合并咨送贵院，以资参考编订。此咨。

据《临时政府公报》第三号《大总统咨参议院南京府官制草案请议决咨复并中华民国临时组织法草案》

复女界共和协济会函*

（一九一二年一月下半月）

女界共和协济会公鉴：

来书具悉。天赋人权，男女本非悬殊，平等大公，心同此理。自共和民国成立，将合全国以一致进行，女界多才，其入同盟会奔走国事百折不回者，已与各省志士媲美。至若勇往从戎，同仇北伐，或投身赤十字会，不辞艰险；或慷慨助饷，鼓吹舆论，振起国民精神，更彰彰在人耳目。女子将来之有参政权，盖事所必至。贵会员等才学优美，并不遽求参政，而谋联合全国女界，普及教育，研究法政，提倡实业，以协助国家进步，愿力宏大，志虑高远，深堪嘉尚。

所请开办女子法政学校，应由该社员等呈明教育部核夺办理，并由本处拨助五千元，为该会扩充公益之用。该社员等宜力行无倦，以光吾国而促进步。至女子应否有参政权，定于何年实行，国会能否准女界设旁听席，皆当决诸公论，应咨送参议院议决可也。此复，并候

公益

孙 文

据《神州女报》第二期《孙中山先生复本会书》（上海一九一二年十二月版）

---

* 据《神州女报》第一期《本社纪事》："民国元年正月既望，上书前总统孙先生，请款开办，蒙先生嘉许，拨款五千元。"此函当在一九一二年一月下半月。

命内务部编印历书令

（一九一二年一月）

中华民国临时大总统令

按照改用阳历，前经本总统派员交参议院公议，当由该院全员议决并通电各省在案。兹准参议院缄称"应即颁布历书，以崇正朔，而便日用"，并由该院开会议决编历办法四条等因到府。合即令行贵部查照，斟酌美备，赶于阴历十二月前编印成书，以便颁发各省施行。至要。此令。

内务部知照

计抄发参议院原缄一件。

附：参议院原缄一件。

敬启者：改用阳历，前经大总统派员交议，当经本院议决，并通电各省，令即应颁布历书，以崇正朔，而便日用。兹经本院开会议决如下：

一、由政府于阴历十二月前制定历书，颁发各省。

二、新旧二历并存。

三、新历下附星期，旧历下附节气。

四、旧时习惯可存者，择要附录，吉凶神宿一律删除。

以上四条，既取决多数，相应函请饬部施行。

据中国第二历史档案馆藏《外交部驻云南特派员公署档案》原件

统一盐政事权通令

（一九一二年一月）

临时政府成立，委任张謇为实业部总长，仍兼江苏两淮盐政总理，〈所〉有江苏省松、太与淮南、淮北两盐厂，湘、鄂、皖、赣向行淮盐，与苏五域凡关涉运销之事，用人行政，通归总理督率办理。盐课为饷项大宗，必须事权统一，总收总支。以后应待盐课盐厘加价等项，由总局统收，解交财政部，分别援照从前成案。关系赔款〔偿〕洋偿〔款〕者，剔除备用，惟归各省者一律照拨，余俟政府指拨。各省都督、各军政府、各司令务各顾念大局。盐〔产〕产〔盐〕、运盐各地方，有须驻警保护者，务当协力相助，保商业即以顾饷源。毋忽。此令。

据黄编《总理全集》下册《就临时大总统后所发布之各种重要通令（七）》

致南洋侨胞函

（一九一二年一月）

侨居南洋各商埠中华大国民诸君公鉴：

自武汉义旗一举，汉室光复，海内外同胞莫不共庆昭苏，重睹天日。目下共和政府成立于南京，文以不德，被选为民国临时大总统，辱承海外各同志赐电贺劳，且感且惭。捐助军饷者，络绎不绝，共和前途，实嘉赖之，谨为汉族拜谢。

兹有巴达维亚埠同志金一清、黎先良来缄，言拟约集同志发起一电戏筹备善后补助会，自备资本，购办关于中国之电戏影画，前往南洋各埠开演，所得戏金，尽数汇交新政府财政部，以资筹办善后事宜等语。于筹款之中，兼可提倡爱国心，办法甚善，足见热心公益，不为营利起见。所历各埠，务望同志诸君乐为臂助，以期有成，庶不负两君跋涉之苦衷，而祖国亦受其赐矣。肃此，顺请
日安

孙文顿首　一月

据《总理全书》之十《函札》上册

致蒋雁行函*

（一九一二年一月）

雁行都督大鉴：

弁来持示手书，谂政体多劳，以致微恙，系念之至。惟北虏未平，江北尤为重要之地，执事身当前敌，勋望在人，为民国屏蔽，断不能以此时息肩，尚望黾勉从事，并加意珍摄为荷。专复，即颂
勋安

一　月

据《总理全书》之十《函札》上册

致广东各社团电

（一九一二年二月一日）

广州临时省会转同盟会、军团协会、商会、报界暨各团体鉴：本日据旅宁同乡诸公到府会议，佥称“竞存北伐，精卫固辞，粤局无人

* 蒋雁行时任江北都督。

主持，冯自由组织革命事业多年，于广东情形素所熟悉，对于军民及各社团亦甚浃洽，以之督粤，断堪胜任”等语。文为大局计，此间虽甚资冯臂助，仍当徇商人之请，暂为割爱。用特电知，希即会商电复。总统孙文。东。印。

据上海《天铎报》一九一二年二月三日

致黎元洪电*

（一九一二年二月一日）

顷得唐代表电云：“今日接到段复电云：‘电悉。孙、黄所示各节，殆未详察。北军各路统兵人员联禀请定共和政体，明明宣布矣。既容禀请，万勿改易。武昌派代表来言明，北军既退，南军决不北进。迨孝感、三汉埠北军起行，南军即到，未免失信’”云云。据此，则北军赞同共和，似无疑义。段军既经贵处与之协商，彼军退时，可勿相逼，免以疑心而生冲突。

据《黎副总统政书》卷六

致汪精卫电

（一九一二年二月一日）

上海。汪精卫鉴：本日据旅宁同乡诸公到府会议，力举冯自由堪胜粤督之任，请电粤商办等情，已照办电粤。诸公并举阁下担任高等顾问，文亦颇以为然。特电知，希复。孙文。东。印。

据上海《民立报》一九一二年二月四日

* 此件所标时间系电报收到日期。

复张怀芝电[*]

（一九一二年二月一日）

帮办直东防务大臣张鉴：文电悉。初闻执事固执，今乃知其不然。南北一致赞同共和，则内忧外患无难消弭。执事所论，亦即文之所怀，然非立使清帝退位，宣布共和，更无解决之方法。袁内阁陷于危困，乃复犹豫，于理于势，俱万不可，切实进行，惟在公等之援助耳。至彼此协商办法，日前已电袁公，文但求达我共和之目的，无所私执。公既洞明大局，于间不容发之际，请速图之。孙文叩。

据《临时政府公报》第四号

令实业部通告汉口商民建筑市场文[**]

（一九一二年二月二日）

鄂江起义以来，战事倥偬，凡百生业咸受影响，商家贸易尤遭损失，而汉口全市为北兵焚毁，其惨酷情形，本总统蹙焉悯之！幸今者东南底定，民国肇基，商务为实业要政之一，亟应恢复，善后各事，尤宜审填，须立永远之计，毋为权宜之策。兹据汉镇商民张崇、吴沛霖等呈请筹办汉镇商务、建筑市场等情，本总统察核情形，尚属可行。爰审定办法，先清丈被焚各家基址，即行登录，经地主议

* 此件所标时间系《临时政府公报》第四号出版日期。

** 此令摘自《实业部通告汉口商民建筑市场文》，日期据该文。

定地价，每年由公司纳租于地主，地主须按照所定地价百分之一纳地税于国家，径由公司缴纳，由租内扣除，以一事权。他日国家因公需地之时，即照现定地价随时买收，豁除前清给发官价之苛例。凡我国民仰体时艰，咸知大义，和衷共济，庶几商业之日兴；勠力同心，相跻共和之郅治。

据《临时政府公报》第八号（南京一九一二年二月五日版）

致伍廷芳电*

（一九一二年二月二日）

伍秩庸代表鉴：倪嗣冲竟从颖〔颍〕州进兵，南至颖〔颍〕上。前接段电，谓已约束勿进，今殊不然，实为有心破坏。请即电北京电阻。总统孙文。

据《共和关键录》

复伍廷芳电**

（一九一二年二月二日）

伍秩庸代表鉴：维密电悉。徐、颖〔颍〕两地实彼方先行进攻，民军迎击却之，张勋、朱震所称，皆非事实。若彼方真有和平之意，宜饬张勋等更稍退却，方可取信协商。以张勋等屡次违约妄进，非段军之比也。请电告袁。孙文叩。

据《共和关键录》

---

* 此件所标时间据《共和关键录》所署收到日期。

** 此件所标时间据《共和关键录》所署收到日期。

令内务部通饬所属保护人民财产文*

（一九一二年二月三日）

江宁克复之际，各军封存房屋作为办公驻军之用，原为取便于一时，并非攘以为利。临时政府成立以来，即以保护人民财产为急务。贵部职司民政，尤属责无旁贷。仰即通饬所属，共体此意，凡人民财产房屋，除经正式裁判宣告充公者外，勿得擅行查封，以安闾阎。并将此意出示通告。

据《临时政府公报》第六号

致烟台都督杜潜电

（一九一二年二月三日）

烟台都督鉴：顷据驻宁德领事面称："接驻北京德使电开，即墨县由民军占据，宣布独立。查即墨县离胶澳海面潮平附近一百里内，据光绪二十四年二月中德条约第一款内载：'大清国允许离胶澳海面潮平周遍一百里内（系中国里），准德国官兵随时过调，惟自主之权仍归中国。如有中国饬令设法等事，应向德国商定。该地内应驻兵营，中国允与德国会商办理'等语。是此款所订者，该处民军未尝遵照办理，饬〔请〕向贵部电饬该处民军，迅即照约退出"等语。即希贵都督迅饬该处民军照约暂行退出，候本部与德国商

* 此文摘自《内务部通饬保护人民财产令》，所标时间系《临时政府公报》第六号出版日期。

定再行办理。总统孙文、外交总长王宠惠。江。

据《临时政府公报》第十二号(南京一九一二年二月十日版)《大总统及外交总长电烟台都督饬即墨民军照约暂行退出文》

致何宗莲电

(一九一二年二月三日)

大同府何都统鉴:寒电悉。卓识伟论,不胜钦佩。文始终主义,在救同胞于水火,毫无私意于其间。共和民国,系结合汉、满、蒙、回、藏五大种族,同谋幸福,安有自分南北之理,更安有苛遇满族之理。来电指摘各节,实无其事,想系反对共和民国者造谣诬蔑之语,万不可信。若赖公等之力,令共和国家早日成立,文当即避贤路。国家之事,由全国五族人共组织之,文何私焉?请释疑念,并希即图进行为祷。孙文。江。

据《临时政府公报》第九号(南京一九一二年二月六日版)

命财政部核办变通军用票办法令

(一九一二年二月四日)

中华民国临时大总统令

兹有公文一件,应归贵部核办。除批示外,合行发交。此令。

财政部知照

计交曾傓等维持市面变通军用票办法公禀一件。

孙　文

中华民国元年二月初四日

据中国第二历史档案馆藏《南京临时政府档案》原件

复中华国货维持会函*

（一九一二年二月四日）

径复者：来书备悉。贵会对于易服问题，极力研求，思深虑远，具见关怀国计与廑念民艰热忱，无量钦佩。礼服在所必更，常服听民自便，此为一定办法，可无疑虑。但人民屈服于专制淫威之下，疾首痛心，故乘此时机，欲尽去其旧染之污习。去辫之后，亟于易服，又急切不能得一适当之服式以需应之，于是争购呢绒，竞从西制，致使外货畅销，内货阻滞，极其流弊，诚有如来书所云者。

惟是政府新立，庶政待兴，益以戎马倥偬，日夕皇皇，力实未能兼顾及此。而礼服又实与国体攸关，未便轻率从事。且即以现时西式装服言之，鄙意以为尚有未尽合者。贵会研求有素，谅有心得，究应如何创作，抑或博采西制，加以改良，即由贵会切实推求，拟定图式，详加说明，以备采择。此等衣式，其要点在适于卫生，便于动作，宜于经济，壮于观瞻。同时，又须丝业、衣业各界力求改良，庶衣料仍不出国内产品，实有厚望焉。

今兹介绍二人，藉供贵会顾问：一为陈君少白（香港中国报馆），一为黄君龙生（广东省海防）。陈君平日究心服制，黄君则于西式装服制作甚精，并以奉白。藉颂

公安

据《临时政府公报》第七号（南京一九一二年二月四日版）

---

* 此件所标时间系《临时政府公报》第七号出版日期。

批秦毓鎏呈[*]

(一九一二年二月五日)

据呈均悉。现在中央财政极形困难,而整军北伐在在需款,殊深焦虑。兹锡金军政分府筹集银洋二千五百元,赍呈陆军部以备北伐之用,力顾大局,谊切同袍,洵堪嘉尚。至所呈报该军政分府布置情形,均属妥协,具见苦心。仰即并力进行,共襄宏业,本总统有厚望焉。

据《临时政府公报》第八号

复伍廷芳电[**]

(一九一二年二月五日)

上海伍代表鉴:觉电悉。现在南北各军同赞共和,原无再起战争之理,惟清帝尚未退位,袁内阁主张共和,为二三顽迷者所钳制,是以民军亟图北上,速定大局。清廷意欲停战,惟有早日退位,否则,迁延不决,徒滋祸害,恐惹起种种难题,民军岂能中止进行?顷已通电张勋、倪嗣冲、朱家宝、升允征求意见,如果赞成共和,彼此均系友军,自应联兵北上,共逼清帝退位,早图底定;若迁延顾虑,作无谓之抵抗,无论是否误会民军宗旨,而在民军方面,不能不视为反对共和之蟊贼,将与天下同诛之。质而言之,时局至此,已非

---

* 此件所标时间系《临时政府公报》第八号出版日期。

** 此件所标时间据《共和关键录》所署收到日期。

停战问题，乃在南北合力一致，联师北上，以实力定大局。不合此宗旨者，即为阻抗共和之蟊贼，天下后世，自有公论。民军不能为此等顽迷所阻止，自当竭力进行，既非挑战，即无所谓停战也。段军统与黎副总统所订条件，最合此旨。袁内阁来电似合今日时局，停战一节，应毋庸议。至优礼条件，袁内阁既称有权商酌，可按照祃电所开条件，协商办理。其山西、陕西各军及升允等屡次违约进攻，应请袁内阁严饬该军立即停止战事，退出新占各地，共同联师北上，以彰大义。若东南言联合，西北主抵抗，则民军自当一致运动，宁可玉碎，决不能坐受人绐，致贻[误]中外之笑也。希以此意电达袁内阁为祷。孙文、黄兴叩。

据《共和关键录》

令松江太仓所属本年应完粮税暂拨沪军应用文*

（一九一二年二月六日）

据沪军都督陈其美呈称："迭据财政长米〔朱〕佩珍以金融垂绝，补救无方，来府求退。制造局长李钟珏亦以各厂赶造械弹军火，星夜加工，匠资、料资，积欠甚巨，亦一再求拨款接济。日昨邀集各参谋及上海财政、民政各长，再四筹商。佥谓饷源盈绌，大局所关，既无别款可挹注，现在冬漕已届开征，拟将松江、太仓所属各县本年民间应完钱粮及地方各项税捐，暂行拨归沪军应用。出入数目，由上海财政长按月造报，俟事定仍归苏省都督主政"等语。查上海为江海机关，各省北伐之师，大半取道沪上。该都督应付饷

* 此件所标时间系《临时政府公报》第九号出版日期。

糈子弹，源源不绝，自属力任其难。当此民国共和，本无分于畛域。所请将松江、太仓各属，本年民间应完钱粮及地方各项税捐，暂行拨归沪军应用，亦一时权宜之计，事属可行，应准变通办理。至收入支出数目，应由上海财政长按月造册，呈报贵部及江苏都督，俾有稽核。除令复该都督务宜节用崇实，涓滴归公，力戒虚縻外；合将原呈发交贵部查照存案，并即转饬江苏都督悉心商酌照拨为要。此令。

据《临时政府公报》第九号

咨参议院请核议各部官制文*

（一九一二年二月六日）

现今各部业已先后成立，所有各部官制通则及各部院局官制亟应编定，以利推行。兹据法制局拟就各部官制通则二十一条、陆军部官制三十条、外交部官制七条、内务部官制九条、交通部官制七条、教育部官制七条，并改订法制院官制十二条、公报局官制九条、铨叙局官制七条、印铸局官制八条，呈请交议前来。除海军、司法、财政、实业等部官制俟拟定后另案咨送外，合将现经编定各制咨请贵院议决咨复，以便转饬遵行。此咨。

计咨送各部官制通则一件、陆军部官制一件、外交部官制一件、内务部官制一件、交通部官制一件、教育部官制一件、改订法制院官制一件、公报局官制一件、铨叙局官制一件、印铸局官制一件。

据《临时政府公报》第九号《大总统咨参议院编定各部官制》

---

* 此件所标时间系《临时政府公报》第九号出版日期。

颁发陆军暂行给与令文

（一九一二年二月六日）

中华民国临时大总统令

陆军暂行给与令着即准此颁行。此令。

孙文（印）

中华民国元年二月六日

据中国第二历史档案馆藏《南京临时政府档案》抄件

批沈懋昭呈*

（一九一二年二月六日）

呈及简章均悉。仍仰遵照前令，遇事与财政部妥商办理，所请便宜行事及另立局所之处，应无庸议。此批。

据《临时政府公报》第九号

复高翼圣韦亚杰函**

（一九一二年二月六日）

来示具悉。政教分立，几为近世文明国之公例。盖分立则信教传教皆得自由，不特政治上少纷扰之原因，且使教会得发挥其真

* 沈懋昭时任驻沪理财特派员。此件所标时间系《临时政府公报》第九号出版日期。

** 高翼圣、韦亚杰是教会人士，属上海基督教美以美会。

美之宗旨。外国教士传教中国者，或有时溢出范围，涉及内政，此自满清法令不修、人民程度不高有以致之。即有一二野心之国，藉宗教为前驱之谍者，然不能举以拟政教分立之例也。今但听人民自由奉教，一切平等，即倾轧之见无自而生，而热心向道者亦能登峰造极，放大光明于尘世。若藉国力以传教，恐信者未集，反对已起，于国于教，两均无益。至君等欲自立中国耶教会，此自为振兴真教起见，事属可行，好自为之，有厚望焉。

据《临时政府公报》第九号《大总统复美以美会高翼圣、韦亚杰论中国自立耶教会函》

致王鸿猷函

（一九一二年二月七日）

子匡我兄大鉴：

明日下午四时，有美国参赞到府，并欲候见各部总次长。伊系密奉其政府命观光中国新政府人物者。敬此通知，请届时到府一会为荷。此颂

大安

孙文顿首　二月初七日

据中国历史博物馆藏原件

致伍廷芳电*

（一九一二年二月七日）

伍秩庸先生鉴：鱼电悉。金州事已电烟台转知该处民军矣，可

---

* 此件所标时间系据《共和关键录》所署收到日期。

复袁。孙文。

据《共和关键录》

致宋教仁函

（一九一二年二月七日）

法制院长宋鉴：关于现今应用之法制规则，可由贵院便宜拟订，以便提出参议院议决施行。

据上海《民立报》一九一二年二月八日

令茅乃登将南洋印刷厂交归印铸局办理文*

（一九一二年二月八日）

查该厂向系官办，非民间营业可比。今本府印铸局已告成〈立〉，应将该厂事务归印铸局管理，以昭划一。仰该总理克日清理帐目，备具册簿，将全厂事务交与印铸局局长黄复生管理，勿得稽延。切切。此令。

据《临时政府公报》第十号（南京一九一二年二月八日版）

令内务部筹划兴复汉口市场文**

（一九一二年二月八日）

据汉口绅商宋炜臣等呈请改良商场，寓赈于工，并请设立建筑

* 茅乃登是南洋印刷厂总理。此件所标时间系《临时政府公报》第十号出版日期。

** 此件所标时间系《临时政府公报》第十号出版日期。

公司各由，绘图具说前来。所陈各节不为无见。此次武汉首义，汉口受祸最酷，伪清政府迫于人道，尚拟事定赔偿，民国政府对于汉口市场兴复问题，提倡补助，自是应有之义，本大总统尤深同情。惟汉口为水陆要冲，铁路、航路俱以为集合点，该绅商等所拟规模，未免限于市廛一方面，于各路停车场与轮船系留所衔接方法，以及电车、市厅等项，尚缺完全计划。内务部于市政土木各事有统筹全局之责，希即迅速筹划，与该绅商等妥为接洽，务使首义之区变为模范之市，有厚望焉。

原呈二件、图一幅并发。此令。

据《临时政府公报》第十号

批内务部呈*

（一九一二年二月八日）

据呈已悉。所称《公报》五号登载闽都督府组织之大纲取消一节，持论甚正，已交秘书处转饬公报局即行取消。《公报》为临时政府发表政令之机关，以后凡关于发表法令之件，必须公布者，始能登录。并饬知该编辑员于登载各件，务当悉心斟酌，不得稍有疏忽矣。此批。

附：原　呈

内务总长程德全呈：为顷阅《临时政府公报》五号载有闽

* 此件所标时间系《临时政府公报》第十号出版日期。

都督府大纲一节，其组织名称显然于国内独立成一政府。今公报为中央政府发表政令之机关，而登载其事，是我中央政府已默为认可。有此闽都督府组织之大纲，已引起政治权不一之失策。若谓公报随便登载，则公报何为而设，而国人又将何所遵守？将来一切公布之法令，均不生效力，则内外观听遂自此淆乱而失其依据，其为害尚堪设想耶！本部以事关至巨，未便缄默，用特备文呈请，速令取消闽都督府组织大纲一事，并声明其登载失误之理由。以后公报凡关于法令之件，须公布者始能登录，以一国人之观听。区区苦衷，实有不得已于言者，尚希谅之，并赐核行。此呈。

据《临时政府公报》第十号

复伍廷芳电

（一九一二年二月八日）

上海伍廷芳先生鉴：转北京电悉。张勋为民军击退，所报杀使等事，殊为子虚。现查张勋、倪嗣冲均增兵增械，势欲南下。倪军尤为狡诈，屡诱攻颍上民团，惨杀无状，应请彼方严行约束，勿使徒托函电空言。至退位之事，更宜催促早定，不堪久待也。总统孙文叩。庚。

据《临时政府公报》第十三号（南京一九一二年二月十一日版）

令法制局拟定任官状纸及任官规制文*

（一九一二年二月九日）

案据临时政府中央行政各部及其权限第二条、第三条所载，任用职员分简任、荐任、委任三等。今各部成立，用人甚多，关于任用各项职员事宜，如状纸之程式、任委之手续，亟应明定规则，以期统一。为此令仰该局长速将以上三等任官状纸程式及任官规制妥为拟定，呈请核定，以便颁布施行。此令。

据《临时政府公报》第十一号（南京一九一二年二月九日版）

令内务部电各省将属部改称为司文**

（一九一二年二月九日）

查各省光复以来，地方官职，均系各自为制，所定名称，难免歧异。兹值中央政府成立，关于设官分职事项，允宜统筹全局，从新厘定，以昭划一。当经法制局将中央行政各部官制编纂草案具呈前来，先后咨交院议在案。所有中央行政各部既称为部，则各省都督府所属之行政各部应拟改称为司，庶使中央各部与地方各部示有区别。且各省亦有先行之者，即彼此更不宜有互相歧异之处。合就令行贵部，仰即分电各省都督，将都督府所属之行政各部先改为司，一俟地方官制草案决议后即作为确定可也。

* 此件所标时间系《临时政府公报》第十一号出版日期。

** 此件所标时间系《临时政府公报》第十一号出版日期。

此令。

据《临时政府公报》第十一号

令庄蕴宽将周阮冤案移交沪军都督办理文*

（一九一二年二月九日）

兹据左横等呈控姚荣泽擅杀周实丹、阮式一案，既然指证有人，即是非无难立白。复据近日各报揭载姚荣泽罪状，舆论所在，亦非无因。该案系在沪军都督处告发，且顾振黄等亦已到沪候质，应将全案改归沪军都督彻查讯办，以便迅速了结。合就将原呈发交贵都督查照，仰即将全案卷宗一并移交沪军都督办理可也。此令。

据《临时政府公报》第十一号《大总统令江苏都督庄蕴宽据左横等呈诉周阮冤案请改交沪军都督办理》

致赵凤昌函**

（一九一二年二月九日）

竹君①先生执事：

民国初基，余膻未洗，万方多故，正待经营。文以薄质，谬承重任，思力未精，丛脞堪虞，非有硕彦相为扶持，惧负国人推选之意。素谉执事器识宏通，体用兼备，拟藉高远之识，以为切礴之资，敢奉

* 此件所标时间系《临时政府公报》第十一号出版日期。

** 孙中山函聘赵凤昌为枢密顾问，赵辞不就。此件日期据原函旁注。

① 竹君：赵凤昌号竹君。

屈为枢密顾问。执事智珠在握，天下为心，想为慨然惠顾，共济前途。

临楮驰心，毋任伫眙。即颂

兴居

惟希炤察。

孙文谨肃（印）

据北京图书馆藏《赵凤昌藏札》第三十二册原函

致王鸿猷函二件

（一九一二年二月九日）

一

子匡兄鉴：

兹有曹锡圭君屡次到府谒见，曾条陈多事，俱关于财政、军政者。此间事忙，无从细察，故特介绍前来，望兄详细谘询，如有可采，不妨施之实事。此致。

孙文　二月九日

二

子匡兄鉴：

杜次珊君，潮州人，云有法向上海潮商借款数十万元，然必由造币局会同银行出名，借为造币之用乃可。如何办法，请与详商为荷。

孙文　二月九日

据中国社会科学院近代史研究所藏影印原函

复黎元洪电二件*

（一九一二年二月九日）

一

虞电悉。禁烟事件，须俟得某国承认后，始能协商。至专卖一节，非禁烟之良法。现时南洋各埠办此，实于禁烟进步有阻，盖视为一种收入，必难收净尽之效，理势然也。故即将来官卖之法，亦恐无以取信内外而必其办到。此复。

二

阳电问税关事悉。此事正在注意办理交涉，惟必俟各国承认民国后方有结果。此复。

据《黎副总统政书》卷六

致陈炯明电

（一九一二年二月九日）

广东陈都督鉴：省会阳电："挽留执事为正任都督，取消有期代理之约，海内外各界亦均挽留"等语。粤为东南要地，现时秩序未复，人心未安，执事苦心经营，深洽人望，当为地方勉留。即以大局计，无论和战如何，粤亦为最有力之后援，岂可无人以资镇慑。前已屡电

* 此二件所标时间系据《黎副总统政书》所署收到日期。

申明，今省会来电亦同此意。可知谋百粤之治安，实难于求北伐之大将。现所部精锐成行，即亦无亏初志，顾桑梓以安全局，责任有在，贵能审其重轻，非独文一人之厚望也。专布。即复。总统孙文。佳。

据《临时政府公报》第十四号(南京一九一二年二月十三日版)

复陆荣廷电

(一九一二年二月九日)

桂林陆荣廷都督鉴：阳电悉。尊处委曲情形，已得陈司令详述。执事有维持公安之责，秉公执法，无所容其迁避。果真有抢掠劫杀之举动，自要严惩；即系民军，亦以守法与否为断，惟执事审察情形办理可也。总统孙文。佳。

据《临时政府公报》第十三号

令张察将姚荣泽及全案卷宗解送沪督讯办文*

(一九一二年二月十日)

南通州张总司令察鉴：

山阳周实丹、阮式被杀一案，迭经各处来电申诉，非彻底查究，不足以彰国法而平公愤。仰该司令迅将姚荣泽及此案证据卷宗，克日遴派妥员，解送沪军都督讯办，毋庸再行解交江苏都督。切切。

总统孙文

据《临时政府公报》第十二号

* 此件所标时间系《临时政府公报》第十二号出版日期。

令陈其美秉公讯办周阮被杀案文*

（一九一二年二月十日）

沪军陈都督其美鉴：

山阳周实丹、阮式惨被杀害一案，前据姚荣泽来呈，以地属江苏管辖，当经批令江苏都督讯办。顷阅来电，此案既经周、阮二人家属及各团体迭向贵都督告发，自应径由贵都督讯明律办，免致枝节横生，沉冤莫白。已饬南通州张司令察，火速将姚荣泽及此案紧要证据卷宗，遴委妥员解交贵都督秉公讯办，以彰国法而平公愤，并令行江苏都督知照矣。

总统孙文

据《临时政府公报》第十二号

命安徽都督查究贵池小学损失各物令**

（一九一二年二月十日）

临时大总统令

兹据贵池县小学堂呈报损失，请饬查办等因。查军兴以来，戎马云集，其间难免无少数不肖军人，蹂躏文府，祸及图籍。然其咎虽在士卒之不守纪律，其责则不能不归诸将领之疏于约束，若不彻

* 此件所标时间系《临时政府公报》第十二号出版日期。

** 贵池小学堂的原呈日期是二月三日。此件所标时间系《临时政府公报》第十二号出版日期。

查究办,将何以维持秩序而保护教育。合就将原呈发交贵都督,仰即按照各节切实查明究办,以肃军纪。是为至要。此令。

计发贵池小学堂呈报损失请予查办原呈一件。

据《临时政府公报》第十二号

命陆军部委任宋子扬令

（一九一二年二月十日）

临时大总统令

徐州地方,现值戒严,军政长一职,亟应委员充任。查有宋子扬,前经该地方刘仁航等联名禀请委任,当经令行江苏都督查核办理在案。合行令仰该部迅即发给该员宋子扬委任状,责成该员克日受事,以重地方。至名称权限一并由该部规定饬知可也。此令。

陆军部知照

孙　文

中华民国元年二月十日

据中国第二历史档案馆藏《南京临时政府档案》原件

接见麦考密克时的谈话*

（一九一二年二月上旬）

“十一年来我一直对你们所要解决的一切问题都很感兴趣。”我向临时大总统孙逸仙说:“你和协助你的人完成了世界上最需要

---

* 麦考密克(F.Mecormick)是美国记者。这篇谈话的确期不详,根据内容,有“清廷的退位诏已经写好,只因南北双方的态度尚待协调,延迟未发”。清帝退位诏书在二月十二日宣布,麦考密克访问孙中山当在此之前,故谈话时间酌定在二月上旬。

完成的事业——在中国推翻了满清统治，这是世界上以后还要做的事。

“现在你想知道别人对你所要解决的重大问题——扫除满清，建立你自己的国家，与别国并立——如何看法。满清统治者在国外说有朋友，列强并不是因为他们而不承认民国。至于我们美国政府，可能最后才能承认你们。美国政府的政策是以这样的方式行事，即为中国的利益尽最大的努力与列强周旋。最近的葡萄牙新共和国，美国就是最后一个承认的。”

“不过，美国在三天之内就承认了巴拿马。”临时大总统孙先生说。

“中国与巴拿马不同。中国是列国竞逐的对象，为外事纠纷所困扰。美国过早的承认，可能会使你们的这种外事纠纷增多。我们的政府为我们的这种立场而骄傲，但也有它的困难。我们的人民不大了解中国，他们也为我们对中国的这种立场和主张而骄傲；虽然如此，政府还是走在人民的前面。美国政府不能冒在国内丧失影响的风险而比这走得更远，更不用说这样做要冒对其他各国丧失影响的风险了。所有说英语的国家肯定都对你们友善，同时你也知道，他们都急欲知道中华民国的稳固性。”

“但我们是不合法的。我们有三亿六千万人民，我们在十五个省份行使权力——远达缅甸边境。我们有政府，但不合法。我们不能继续这样下去。人民已在督责我们，他们不了解列强为什么不承认我们，他们不了解我们的外交问题。你知道，排外的情绪到处都是，它可能爆发，我们无法阻止它——我们无法向那些督责我们的中国人解释。世人都很友善——欧洲人都够朋友——我们到处都有朋友。但我们需要的是承认，你们应该承认我们。”

“假如中国能表现出治理自己的能力”，我说，“以它内部分歧的解决来保障外人的利益，外国的承认是无问题的。照目前的情形，我们若承认民国并借款给它，或者借款给北京政府，这都是偏袒。另一方面，假如你们与北方协议把国家划分为二，每边各自建立一个政府，你们就会得到承认。”

“不，那不行，我国人民的感情是一致的。所有的人都反对满清，都站在我们一边。北京并没有政府。”

当我们在总统官邸交谈的时候，外交部长王宠惠和美国特使邓尼博士(Dr. Tenney)正在另外的地方，同样讨论着承认民国和中国的国际地位等问题。

临时大总统最焦虑的似乎是两件事，其一是日本，其二是中国人民是否会不再支持南京政府。清廷的退位诏已经写好，只因南北双方的态度尚待协调，延迟未发。袁世凯赞同君主制，并保证支持清廷。假如民国归了现在的袁世凯，其目的将丧失；假如民国归了一个维护“中华民国”的袁世凯，其目的将可达成。

“你对袁世凯的判断如何？”临时大总统问我，“他将依哪一方面的考虑行事呢？”

“我认识他已有几年，我对他的印象十分良好，与对其他许多人的印象一样。他是个能干的人。而且自他做了山东巡抚和直隶总督以来，我认为他是为国家的最高利益行事的。他的确一直献身于他对革新的信念。”

“你认为他现在的行动是为了改革，还是为了清廷？”

“他不得不为清廷谋求最佳的条件，但他真正的利益必定是全帝国的利益——即国家本身，而不是任何个人。我认为他不可能只为其自身的利益行事。”

“如果我能拿得准他是如此，我就没有什么焦虑了。”

秘书和部长们都在等着临时大总统，将近一个小时的访问就此结束。临时大总统要去与临时参议院议长会商了。

据麦考密克著《中华民国》(*The Flowery Republic*,纽约一九三一年英文版)一书译出

令江苏都督转饬南洋印刷厂速办交代文*

(一九一二年二月十一日)

据该都督①呈称,南洋印刷厂确属江苏财产,含省有之性质。今政府既需借用,自无不可,请令行该都督存案转饬遵办。并据该厂总理茅乃登及厂员公禀,以该厂自茅乃登接管后,并未领有官款,请将茅乃登接办后筹垫及积欠职员工役薪资等分别给还前来。查该厂既系江苏产业,自应由政府借用。合行令仰该都督遵照,迅即转饬该厂职员克日清算款项,整理簿籍,将全厂事务妥交本府印铸局长黄复生管理。至该厂经理茅乃登所垫之款及积欠职员工役薪资,应俟交代时,由接收职员体察情形酌量办理,固不可累及私人,亦不能滥支公帑,并将此意转饬知之。此令。

据《临时政府公报》第十三号《饬江苏都督转饬南洋印刷厂职员迅办交代令》

批谭道渊等呈**

(一九一二年二月十一日)

着交财政部详细调查。如有可采,仰与实业部互商办理。总

---

* 此件所标时间系《临时政府公报》第十三号出版日期。

① 该都督:指江苏都督庄蕴宽。

** 此件所标时间系收到谭道渊等呈文的日期。

统批。

附:谭道渊等致孙中山原呈

大总统钧鉴:

前镇军内秘书长谭道渊谨上。窃以苏沪光复后,即经委员调查两淮盐政,旋复推举张季直总其成,两月于兹,讫无成效。而凡恃盐为业者,无不恐慌,人多疵议其后。倘其法果善耶,当知国民程度,可与图成,难与虑始,毅然行之可也。其法固未善耶,则当征集众见,以求速成,急筹巨款,以济军用。不当久不揭晓,徒令民心不安,致误大局也。

道渊以为两淮盐务,自汉及清变法屡矣,要不外夫官运商销,商运官督。若就场征税,虽经刘晏行之于唐,军用赖之,然其时势有不同也。何也?当唐大乱,盐运久废,民皆淡食,任商所之,无往不利。迨后销势无凭,众商麇集一隅,而商以困。其他缺盐之处,商又居奇,而民亦困。商民既困,官不流通,而官亦与俱困。是法固可利于一时,决不利于久远也。何也?盐之为体,极为笨重,盐之为用,极其板滞。故曾国藩有云:办盐务者,宜板不宜活。见道语也。今若仿刘晏之法,难免不蹈前辙。况今岸销省分债盐尚多,邻省之盐皆可以至。纵令任商所之,我恐商人必怀疑惧,裹足不前,不徒虚费时日哉。

愚以为曾国藩之法,有三大利亦有三大害。苟能因其利而去其害可也,奚必全行改革。

何谓三大利?一曰利国。查近年所收厘课,较之嘉道之间增款不下千万,而票值弗论矣。今当改革之初,百废待举,需饷甚巨,不于此项筹饷,将焉筹?拟请加添新票一千张,每值六千两，招商承买，旧商愿买者听，合计可售六百万两，以济急需。而新旧商人，谅必悦服，及凡恃盐为生活者，亦必欢迎。筹饷之策，莫妙如此。一曰便民。夫票盐分岸督销，原患奸商居奇，民苦淡食。故脱销之患，责在商人，而居奇之弊，责在官长。盐到省界，先经掣验派档，一经派定，不论远近，售价为一。民无缺盐之患，亦无食贵之虞，可谓平治之道矣。一曰恤商。查票盐到岸，远有二千余里，成本一万余金，商人危险在在可虞。以故责令督销局代为交易，先交成本，后除课厘，间有行户倒闭亏空，代为追偿，或因江河遇险淹消，亦归地方官详请补运，免缴半厘。又以长江、内河情形不一，故于十二圩设栈，为场运两商交易之点，沿途各有舢板为之保护，以利运道，是以商民称便。此三利之说也。

何谓三弊？一引界宜化除也。夫引界之弊，乃原盐税未能统一于国，以故产盐省分各争引地，分立界限，而设缉私，扰害民生，虚糜饷项，真不通之极弊也。今宜通饬各省化除引界，取消缉私，顺商之情，听民愿食，所有盐税，权其轻重，统归国家财政，即或协济地方，亦必由中央财政量予分留。如此则民怨消，糜费省，而国库增矣。诚一举而数善备焉。一桶价宜改银币也。查灶户收盐贮桶，场商以钱易之，价有一定，名曰桶价。从前钱价高，柴米低，则灶户利。近年钱价贱，柴米贵，而灶户困。而商人则较前获利尤丰。诚为偏苦不仁之政，以故两淮缺产借运东芦。而两淮灶户日食不谋，任受鞭挞，走避他乡，亦可哀也。今宜改定桶价，易钱币为银币，优视灶户，则产额可增。且桶价为盐户交易之枢纽，桶价改银币，则凡交易收支款项亦必一律更改，如此则币制一而积弊除，诚善政也。一衙役宜改员司也。天下衙蠹之害，夫人而知之。而盐务为尤甚,夫人而能言之矣。今拟改盐运司为监督署,十二圩盐栈为转运署,内所有倚盐为蠹,则尽去之。其候补人员,择其良者以员司录用,分别各局卡而去留之。总期有条不紊,兴利除弊而已。如此似较全行翻复易于就理,即于千百万仰盐为活之人民,亦必歌颂而欢然乐从矣。

以上变通办法,为因旧制之宜而去其弊,而于运商加票,可以急筹巨款。大凡主持政策,务必统筹全局,计其久远,因民之利而利之,庶乎可也。苟或惟利是图,不恤民困,盛宣怀之所以亡清也。况乎所图未必全夫为国,不过予智自雄,私心自用,又安可哉。吾民困于专制之虐,日思改革。兹幸大总统莅总百揆,无不引领而望新政,以安民心。是诚千钧一发之秋,不容稍忽。或有不慎,民心失望,恐如顺水之波,转思清泽,则中原之鹿,终不易逐也。此项盐务改革,关系极大,务祈大总统衡鉴,择善而从,以安天下为急务。是则道渊所为不避疑忌而抒血诚者也。是否有当,伏乞鉴察采择施行,并祈批示祇祷。

中华民国元年二月 日

据中国第二历史档案馆藏《南京临时政府档案》原件

致章太炎函*

(一九一二年二月十一日)

太炎先生执事:

---

* 孙中山函聘章氏为枢密顾问,但章未到任。此件所标时间系《临时政府公报》第十三号出版日期。

自金轮失驭，诸夏沉沦，炎黄子姓，归于台隶。天右〔佑〕厥衷，人神奋发，禹域所封，指顾奠安，实赖二三先达启牖之功，文亦得密勿以从于诸君子之后。惟日孜孜，犹多陨越，光复闳业，惧有蹉失。唯冀耆硕之士，为之匡襄，砥砺民德，纲维庶政，岂惟文一人有所槷臬，冠裳所及，实共赖之。执事目空五蕴，心殚九流，撷百家之精微，为并世之仪表，敢奉国民景仰之诚，屈为枢密顾问，庶几顽懦闻风，英彦景附，昭大业于无穷，垂型范于九有。伫盼高风，无任向往，急惠轩车，以慰饥渴。

据《临时政府公报》第十三号《大总统敦聘章太炎先生为枢密顾问书》

致甘作培等电*

（一九一二年二月十一日）

广东陈都督[①]转港澳招商局股东甘作培、邓荣基等及报界公鉴：民国政府以军需孔急，非得巨款无以解当前之困难，故有以招商局产抵借之议，仍由政府担任偿还，于招商局权利无损。乃沪局开会通过，而港、澳股东反对。须知将士为民国不惜身命，商民亦同休戚。苏路、浙路俱属商业，今皆承认借押，并非强招商局独为其难。为此电告各股东勿生误解，贻粤人羞。切切。总统孙文。

据《临时政府公报》第十三号

* 此件所标时间系《临时政府公报》第十三号出版日期。

① 广东陈都督：即陈炯明。

复谭人凤电

（一九一二年二月十一日）

谭招讨人凤鉴：齐电悉。卓识伟论，鄙意极表赞同。优待条件，曾由参议院公决。目下筹集军费，最为第一要着，而所提出之财政案，参议院颇难通过，殊深焦灼。尚望诸君竭力维持，协同赞助，以匡大局。不胜祷切。总统孙文。真。

据《临时政府公报》第十七号（南京一九一二年二月二十日版）

命财政部核办沈秉荃呈请代招银行股本令

（一九一二年二月十二日）

临时大总统令

据沈秉荃禀请自愿分赴海内外各商埠承募公债，并代招中国银行股本等情前来。查公债一项，前据该部来呈，当经批准派令汤寿潜前往南洋劝募在案，应无庸议。至所请代招银行股本一节，是否可行，合行令仰该部核办。原禀附发。此令。

财政部总长陈锦涛知照

计发沈秉荃原禀一件

孙　文

中华民国元年二月十二日

据中国第二历史档案馆藏《南京临时政府档案》原件

致伍廷芳电

（一九一二年二月十二日）

万急。上海伍秩庸代表鉴：今日经参议院同意，如十五日下午十二点钟以前清帝不逊位，则收回优待条件。此布，即转北京。总统孙文。震。印。

据《共和关键录》

令徐绍桢妥订检查章程文*

（一九一二年二月十三日）

南京为临时中央政府所在之地，设有奸匪混迹其间，酿成危险之事，惹起军民惊恐，大局妨害，决非浅鲜。前日六合北伐队司令官张承樚入城领枪械，去陆军部不远地，有人突以手枪击之，幸误中马车玻璃，人未受伤。又闻花牌楼之军士，以食汤元中毒，死者二十余人。似此情形，是已有奸匪源源挟炸枪毒物而来，其为祸有不可思议者。昨经参议院咨请前来，应由卫戍总督妥订检查章程，于入城或他紧要之处设检查所，严加检查，以防奸匪而遏祸源。

再，兵士丛集，良莠不齐，前由贵总督严订条规，稽查约束，南京秩序较前略为恢复。惟城内外及下关一带旅馆，原所以安寓客商，间有无知军兵成群乱闯，使客商咸有戒心，殊非所以安民之道。

---

* 此文摘自《卫戍总督呈报规定稽查所章程》。徐绍桢当时任南京卫戍总督。此件所标时间系《临时政府公报》第十四号出版日期。

亦希卫戍部多派宪兵或设他法，严禁种种不法行为，使兵民相安，秩序不乱。希即遵照办理。

据《临时政府公报》第十四号

举行民国统一大典通电

（一九一二年二月十三日）

南北各省都督、各军司令、天津《民意报》李石贞〔曾〕、天津及全国各报馆均鉴：现在清帝业已退位，民国统一，兹定于本月十五日举行民国统一大庆典。孙文。元。

据《临时政府公报》第十六号（南京一九一二年二月十五日版）

咨参议院辞临时大总统职文

（一九一二年二月十三日）

前后和议情形，并昨日伍代表得北京一电，本处又接北京一电，又接唐绍仪电，均经咨明贵院在案。本总统以为我国民之志，在建设共和，倾覆专制，义师大起，全国景从。清帝鉴于大势，知保全君位必然无效，遂有退位之议。今既宣布退位，赞成共和，承认中华民国，从此帝制永不留存于中国之内，民国目的亦已达到。当缔造民国之始，本总统被选为公仆，宣言、誓书，实以倾覆专制，巩固民国，图谋民生幸福为任。誓至专制政府既倒，国内无变乱，民国卓立于世界，为列邦公认，本总统即行解职。现在清帝退位，专制已除，南北一心，更无变乱，民国为各国承认旦夕可期。本总统当践誓言，辞职引退。为此咨告贵院，应代表国民之公意，速举贤能，来南京接事，以便解职。

附办法条件如左：

一、临时政府地点设于南京，为各省代表所议定，不能更改；

一、辞职后，俟参议院举定新总统亲到南京受任之时，大总统及国务各员乃行辞职；

一、临时政府约法为参议院所制定，新总统必须遵守颁布之一切法制章程。

此咨。

据《临时政府公报》第十七号《临时大总统咨参议院辞职文》

咨参议院推荐袁世凯文

（一九一二年二月十三日）

今日本总统提出辞职，要求改选贤能。选举之事，原国民公权，本总统实无容喙之地。惟前使伍代表电北京，有约以清帝实行退位，袁世凯君宣布政见赞成共和，即当推让，提议于贵院，亦表同情。此次清帝逊位，南北统一，袁君之力实多，发表政见，更为绝对赞同，举为公仆，必能尽忠民国。且袁君富于经验，民国统一，赖有建设之才，故敢以私见贡荐于贵院。请为民国前途熟计，无失当选之人。大局幸甚。此咨。

据《临时政府公报》第十七号

复章太炎函

（一九一二年二月十三日）

太炎先生鉴：

手书敬悉。此事[①]弟非不知利权有外溢之处，其不敢爱惜声名，冒不韪而为之者，犹之寒天解衣付质，疗饥为急。先生等盖未知南京军队之现状也。每日到陆军部取饷者数十起，军事用票，非不可行，而现金太少，无以转换，虽强迫市人，亦复无益。年内无巨宗之收入，将且立踣，此种情形，寓宁者俱目见之。召盛[②]而使募债事，仍缓不济急，无论和战如何，军人无术使之枵腹。前敌之士，犹时有哗溃之势。弟坐视克兄[③]之困，而环观各省，又无一钱供给。以言借债，南北交相破坏，非有私产，无能为役。似此紧急无术之际，如何能各方面兼顾。且盛氏自行抵押，亦无法禁制。该矿借日人千万，今加借五百万，作为各有千五百万之资本。夫中国矿产甲于五洲，竞争发达，当期其必然。否则，专为盛氏数人之营业，亦非无害，此意当为时论扩之。至于急不择荫之实情，无有隐饰，则祈达人之我谅。

专复，即颂

大安

孙文叩

据北京图书馆藏《赵凤昌藏札》第一〇九册抄件

复袁世凯电[*]

（一九一二年二月十三日）

万急。北京袁慰亭先生鉴：电悉。文以菲材，辱膺国民推戴，

---

① 此事：指汉冶萍借款事。

② 盛：指盛宣怀。

③ 克兄：指黄克强，即黄兴。

* 对照北京《临时公报》一九一二年二月分同一电报互校，文字略有增补。

受任以来，拮据张皇，力不副愿，尝恐覆餗贻羞，负国民委托之重。自惭受任无状，日夜希冀推贤让能，苟得如公者举而自代，其缔造国民幸福，当〔尚〕非意料所能预揣，文即引躬退在草野，为一共和国民，于愿已非尝〔常〕满足。无如时势未来，形格势禁，致公未得即遂共和进行之愿，文实尸位至今。幸〈今〉清帝逊位，民国确立，维持北方各部，统一〈南〉北，实惟公一人是赖。语云英雄造时势，盖谓是也。文徒〔复〕何功，过蒙奖誉，曷胜愧汗。新旧交替，万机待举，遗大投艰，非公莫办。谨虚左位，以俟明哲，曷胜伫立翘望之至。孙文。元。印。

据《临时政府公报》第十五号（南京一九一二年二月十四日版）

致黎元洪等电*

（一九一二年二月十三日）

湖北黎副总统、湖南谭都督、江西马都督、安徽孙都督①鉴：据盐政总理张謇电称："日来派员向淮南各盐商剀切晓谕，力任保护，令其暂照旧章先缴课厘，源源掣运，以济湘、鄂、西、皖四省民食。再四譬解，各商已承认即日开运，并先筹缴课厘银三十万两。此项收入内，除付各洋行运脚二十一万余两外，可以供陆军之支给。正在督促进行，忽西岸运商呈称：'接江西电，奉都督谕，每票派借三千两。'同时又据鄂岸盐运商呈称：'有鄂运〔军〕政府所派梅委员在扬州设立催运淮盐公所，照会鄂岸盐商，凡启运之先，应在该公所报明花名及盐斤数目，并由该公所缮发护照'等情。又据财政部派

* 此件所标时间系《临时政府公报》第十四号出版日期。

① 湖北黎副总统、湖南谭都督、江西马都督、安徽孙都督：即黎元洪、谭延闿、马毓宝、孙毓筠。

员，以安徽某军队派员自运圩盐自卖，与沪军府所许太和公司争讧，事甫平解，商询如何贴补太和公司办法。两日以来，积案三端，关涉三省，以致商情惶惑，又生观望。元月三十日、二月一日，曾通电四省都督，将敝局规划办法详细声明，请其力任保护。迄今未得电复，商人更滋疑虑。可否吁恳总统，电属湘、鄂、西、皖四省都督，凡关于淮盐运赴各省：一、须切实保护；二、运盐暂仍旧章，免令各商认缴借款及报效银两；三、各省督销仍由敝局派委，将来所收课厘、加价、复价、杂捐等款，仍按旧章支配。具指抵洋债及赔款者，分别照向章拨交就近税务司，并将上开办法，切实电复敝局，敝局即据以宣布”等语。按张总理上开办法，一以解释盐商疑虑，一以消除外人干涉，且办法既归统一，各省所得盐税源源有着，抵借亦可措词，而民食不致缺乏。若复政令歧出，使盐商裹足，各省将以求多反致见少，就大局计，固觉困难，为各省计，亦殊失算。民国成立，首在有统一能力，欲求统一，必各都督合顾大局，不分畛域，方有实效。所望各省共扶大局，不独盐政一端之幸也。即恳电复。总统孙文叩。

据《临时政府公报》第十四号

复黎元洪电*

（一九一二年二月十三日）

汉冶萍款原急不择荫，前途陆续仅交过款二百万，随到随尽。现订仅以此数变为虚抵，而废弃合办之约。一面以招商局借款成立，即可尽力济鄂。前此借款，因清廷与民国互相抵制破坏，故难

* 此件所标时间系《黎副总统政书》所署电报收到日期。

成就，今既联合，后将易办也。敬复。

据《黎副总统政书》卷六

致各省都督电

（一九一二年二月十三日）

各省都督鉴：顷据驻宁英、德、日三国领事奉各该国公使命，到部面商改订邮政现行办法，经本部议定如下：（一）邮票由中央政府颁发，各省不得另行印用，以归划一；（二）此次新颁发之邮票，暂准通行于国内；（三）各省现办邮务各洋员，可准其照向章办理，暂勿干预。以上各条，即希分饬各属照办。总统孙文、外交总长王宠惠。元。

据《临时政府公报》第二十号（南京一九一二年二月二十三日版）

复蒙古联合会蒙古王公电*

（一九一二年二月十三日）

万急。北京蒙古联合会蒙古王公鉴：电悉。帝制已除，合五大民族为中华民国，幸福无涯，中外同庆。来电荐举袁慰庭君，微执事等言，文岂忘其夙约？因今日始得接清帝逊位之详电，当即报告参议院，提出辞表，并推荐袁君之功能，众俱信服。文之推让，非只尚贤，亦以为国。区区此意，凡我国民当共鉴之。专复。孙文叩。

据《临时政府公报》第十八号

* 原电未署时间，据电文中“今日始得接清帝逊位之详电，当即报告参议院，提出辞表”之语，可断此电写于二月十三日。

致袁世凯电*

（一九一二年二月十三日）

万急。上海伍秩庸代表、唐少川先生鉴：转袁内阁如下：慰庭君鉴：迭据山西急电，清军于停战期中攻破山西，复又派混成协进据太原，随派第三镇一协巡防两营自太原南下攻赵城、霍州，又派毅军自河南北茅津包围攻击河东之民军北路，除毅军外，一镇已抵归绥，进攻包萨民军。其太原清军攻入以后，奸淫焚掠，白昼横行，今南北陷于垂危，一旦陷落，全局糜烂。以上情形，曾经伍代表迭告阻止，惟尊处并无实在办法。今据山西我军来电，确急益详。此间固认山西为同袍，执事有志平和，亦断不忍视为异类。况违约横行，惨无人道之举动，自是南北之所同愤。请照办法如下：一、清兵全体退出停战前驻在地点，即石家庄外；二、撤去清政府所派巡抚，空出省城，召回晋军都督。二事请于十五日前答复，并限日退出撤换。如认〔不〕不〔承〕认，则执事非仇视山西，即保〔係〕无心平和，我军无坐视晋省沉论〔沦〕之理，即当派重兵赴援，曲在清军，勿谓违约。此布。孙文。印。

据《共和关键录》

致伍廷芳电**

（一九一二年二月十三日）

万急。上海伍秩庸代表鉴：顷据山西代表狄楼海等声称：接该

---

* 此件所标时间系《共和关键录》所署电报收到日期。

** 此件所标时间系《共和关键录》所署电报收到日期。

省国民公会电称：清绥远将军电调毅军及第一镇兵已抵归绥，进攻包萨民军，河南所驻毅军及第二镇兵亦济自茅，拒河东民军后路，全省糜烂，即在旦夕。查山西前以袁借口保护教士，驻兵太原，已属违约，兹又进兵分攻南北两路民军，既系赞成共和，何得忽又违约进兵，侵袭民军？应请尊处均〔严〕重交涉，总以清军全数退出，以符原约，且免晋民涂炭，至为盼祷。总统孙文。印。

据《共和关键录》

复谭人凤电*

（一九一二年二月十三日）

《民立报》转谭人凤先生鉴：两电悉，未能即复者，以其详情非电所能尽也。前提条件，系委曲以求和平，若虚君之制犹存，则决不能承认。文虽愚昧，亦断不容以十数省流血构成之民国，变为伪共和之谬制。祈共鉴之。孙文。

据上海《民立报》一九一二年二月十三日

令陆军内务两部会同教育部保护各处学堂及充公房屋文**

（一九一二年二月十四日）

据教育部呈："窃南京自光复以后，凡学堂局所及充公房屋等处，恒为兵队驻扎，所有房屋、器物、书籍、仪器等多遭焚毁搬取，损

* 此件所标时间系《民立报》发表日期。

** 此件所标时间系《临时政府公报》第十五号出版日期。

失甚巨。公家财产措办匪易，亟应加以保护。敝部前经派员分路调查各学堂所存书籍、仪器，随加封条，以免再遭损失。惟到处仍有军队驻扎，恒与调查员龃龉。至充公之房屋，内中所有精本书籍，亦复不少，调查员前往亦恒为看守人所拒。敝部权力实有不及，为此呈请大总统令下陆军部、内务部各派人员会同敝部调查员前往办理，庶几公家保存一分财产，即社会多培一分元气。为此呈请大总统即日令行，无任盼切”等情前来。合就令行该部速派妥员，会同教育部调查员及内务、陆军部所派人员，前往各处学堂及前查封充公之家屋内，妥慎照料保护，毋任毁坏散失，以重文教而保公产。此令。

据《临时政府公报》第十五号《大总统令陆军内务两部派员会同教育部调查员保护各处学堂及前查封充公之家屋文》

令准财政部从权办理盐政文*

（一九一二年二月十四日）

据该部呈称：“淮南盐课甲于各省，去岁两淮歉收，借运芦盐存于沪栈及十二圩者计十五万引。自引岸梗阻，运商观望，悬欠水脚为数甚巨，以至盐为洋商扣抵，各岸缺盐，民困淡食，盐课久亏，饷源日绌。沪军派员沈翔云设立公司名目，皖军派员陈策亦欲本省自办，数月以来，相持未决。按此争议，起于筹饷，不止关乎盐政。是调停之法，只有归于中央办理，由本部暂为筹运，将该项盐款悉充军实，所缴课税总收分解，存储中国银行”等由前来。查现在盐政办法尚未得宜，而旷日持久又碍饷源，应准暂由财政部从权办

* 此件所标时间系《临时政府公报》第十五号出版日期。

理，以裕军资而免纷歧。此令。

据《临时政府公报》第十五号《大总统令财政部呈请盐政办法文》

批内务部请颁文官试验令文

（一九一二年二月十四日）

临时大总统批

内务部呈请速颁文官试验令由。

查国家建官分职，惟任贤选能，乃懋厥职，古今中外，罔越斯旨。第考选之法，各有不同，尚公去私，庶无情弊。今当民国建立伊始，计非参酌中外，询事考言，不足以网罗天下英才而裨治理。该部所请，诚为当今急务，应候令行法制局将文官试验编纂草案，咨文参议院议决后即日颁布施行可也。此批。

孙　文

中华民国元年二月十四日

据中国第二历史档案馆藏《南京临时政府档案》原件

致袁世凯电

（一九一二年二月十四日）

万急。北京袁慰庭先生鉴：今日文偕各部总次长到参议院辞职，已得承诺，以新总统接事为解职期。同时文推荐执事为临时大总统，明日二时参议院开选举会。先此电闻。秩庸、少川已到宁。孙文叩。盐。

据《临时政府公报》第十八号（南京一九一二年二月二十一日版）

致黎元洪电*

（一九一二年二月十四日）

黎副总统鉴：今日文偕各部总长向参议院辞职，已得承诺，俟新总统接任即行解职。同时文并推荐袁公慰亭，明日开选举会。日间拟委代表偕唐君少川前赴北京，与袁公慰亭协商统一办法。本拟到武昌面谒执事，再由汉口乘车赴京，因汉口以北，火车不便，改由海道。祈执事迅即委派代表到沪，会同前往，以速为妙。盼切即复。总统孙文。

据《临时政府公报》第十七号

致伍廷芳唐绍仪电

（一九一二年二月十四日）

万急。上海伍秩庸先生、唐绍仪先生鉴：维密。昨十点得退位诏，即开阁议，即夜提出①总辞表于参议院，推项城。惟退位诏内权组织临时政府一语，众不乐闻。徇电告项城，请即南来，并举人电知，畀以镇守北方全权。照此办法，众当贴然。项城辛苦全〔备〕至，今日应将往来密电，证以事实，由沪发表，以明公论。弟解组至急，故促公等入宁，安〔妥〕商各事，请勿延。并告项城。孙文。叩。寒。

据《共和关键录》

---

* 原电无日期，据电文中"今日文偕各部总长向参议院辞职"推断，此电写于二月十四日。

① 原文为"逗夜爹凶"，今据《国父全集》（台北一九六五年版）校改。

祭明太祖文[*]

（一九一二年二月十五日）

中华民国元年二月十五日辛酉，临时总统孙文，谨昭告于明太祖开天行道、肇纪立极、大圣至神、仁文义武、俊德成功高皇帝之灵曰：

呜呼！国家外患，振古有闻，赵宋末造，代于蒙古，神州陆沉，几及百年。我高皇帝应时崛起，廓清中土，日月重光，河山再造，光复大义，昭示来兹。不幸季世俶扰，国力罢疲，满清乘间入据中夏，嗟我邦人诸父兄弟，迭起迭碚，至于二百六十有八年。呜呼！我高皇帝时怨时恫，亦二百六十有八年也。岁在辛亥八月，武汉军兴，建立民国。义声所播，天下响应，越八十有七日，既光复十有七省，国民公议，立临时政府于南京，文以薄德，被推为临时总统。瞻顾西北，未尽昭苏，负疚在躬，尚无以对我高皇帝在天之灵。迩者以全国军人之同心，士大夫之正议，卒使清室幡然悔悟，于本月十二日宣告退位，从此中华民国完全统一，邦人诸友享自由之幸福，永永无已，实维我高皇帝光复大义，有以牖启后人，成兹鸿业。文与全国同胞，至于今日，始敢告无罪于我高皇帝，敬于文奉身引退之前，代表国民，贡其欢欣鼓舞之公意，惟我高皇帝实鉴临之。敬告。

据胡汉民编《总理全集》第一集（一九三〇年上海民智书局版）

---

* 《民立报》一九一二年二月十七日载："谒孝陵礼节如下：（一）奏军乐；（二）总统率军民人等恭谒明太祖陵祝告光复成功民国统一；（三）宣读谒陵文……。"此件为祝告文。下篇为所宣读的谒陵文。

谒明太祖陵文

（一九一二年二月十五日）

维有名〔明〕失祀之二百六十有七年，中华民国始建。越四十有二日，清帝退位，共和巩立，民国统一，永无僭乱。越三日，国民公仆、临时大总统孙文，谨率国务卿士、文武将吏祗谒大明太祖高皇帝之陵而祝以文曰：

昔宋政不纲，辽元乘运，扰乱中夏，神人共愤。惟我太祖，奋起草野，攘除奸凶，光复旧物，十有二年，遂定大业，禹域清明，污涤膻绝。盖中夏见制于边境小夷者数矣，其驱除光复之勋，未有能及太祖之伟邵〔硕〕者也。后世子孙不肖，不能缀厥武，委政小人，为犹不远，卵翼东胡，坐滋强大，因缘盗乱，入据神京。凭肆淫威，宰制赤县，山川被其瑕秽，人民供其刀砧。虽义士逸民跋涉岭海，冀拯冠裳之沉沦，续祚胤于一线，前仆后起，相继不绝。而天未悔祸，人谋无权，徒使历史编末添一伤心旧事而已。自时厥后，法令益严，罪罟益密。嗟我汉人，有重足倾耳、嵌〔钳〕口结舌以葆性命不给。而又假借名教，盗窃仁义，锢蔽天下，使无异志。帝制之计既周且备，将藉奸术，长保不义。然而张曾画策于私室，林清猋起于京畿，张李倡教于川陇，洪杨发迹于金田，虽义旗不免终蹶，亦足以见人心之祈向矣。降及近世，真理昌明，民族民权，盎然人心。加以虏氛不竞，强敌四陵，不宝我土，富以其邻。国人虽不肖，犹是神明之胄，岂能忍此终古，以忝先人之灵乎？于是俊杰之士飙发云起，东南厥始发难，吴樾震以一击，徐锡麟注弹丸于满酋之腹，熊成基举烽燧于大江之涘，以及萍乡之役、镇南关之役、最近北京暗杀之役、羊城起义之役，屡起屡踬，再接再厉，天下为之昭苏，虏廷为之色悸，蕴酿蝉蜕，以成兹盛。武汉首义，天人合同，四方向风，海隅景从，遂定长江，淹有河淮。北方既协，携手归来，虏廷震惧，莫知所为，奉兹大柄，还我国人，五大民族，一体无猜。呜乎休哉！非我太祖在天之灵，何以及此？昔尝闻之，夷狄之运不过百年，满清历年乃倍而三，非天无常，事会则然。共和之制，亚东首出，事兼创造，时异迟速。求仁得仁，焉用怨讟。又闻在昔救时之士，尝跻斯丘，勖励军志，俯仰山川，欷歔流涕。昔之所悲，今也则乐。郁郁金陵，龙蟠虎踞，宅是旧都，海宇无吪。有旆肃肃，有旅振振，我民来斯，言告厥成。乔木高城，后先有辉，长仰先型，以式来昆。伏维尚飨。

据《临时政府公报》第十七号《大总统谒陵文》

令准派汤寿潜充南洋劝募公债总理文*

(一九一二年二月十五日)

据财政部总长陈锦涛呈称："现据交通部汤总长来言，自愿前赴南洋经理募集公债。汤总长鸿才硕望，久为中外钦仰，诚堪胜此重任。兹拟恳钧府即令汤总长充南洋劝募公债总理之职，并刊发关防一颗，以资信守。汤总长拟赶旧历年内出发，关防务乞刊就，样式并宜稍小，俾便携带"等情前来。查该部所称各节，自属为劝募得人起见，相应准如所请。除饬印铸局从速赶铸关防一方，俾便带同前往启用视事外，合行令仰该部知照可也。此令。

---

* 此件所标时间系《临时政府公报》第十六号出版日期。

关防文:“南洋劝募公债总理之关防。”

据《临时政府公报》第十六号《大总统令财政部准派交通部汤总长充南洋劝募公债总理并刊发关防》

在南京总统府庆贺南北统一典礼的演说*

（一九一二年二月十五日）

清帝退位,南北统一。袁公慰庭为民国之友,盖于民国成立事业,功绩极大。今日参议院选举总统,若袁公当选,余深信必能巩固民国。至临时政府地点,仍设南京。余于解任后,亦仍愿尽力于新政府也。

据上海《民立报》一九一二年二月十六日

致袁世凯电二件**

（一九一二年二月十五日）

一

袁大总统慰亭先生鉴:今日三点钟由参议院举公为临时大总统,临时政府地点定在南京。现派专使奉请我公来宁接事。民国大定,选举得人,敬贺。孙文叩。印。

据北京《临时公报》一九一二年二月

* 此件系演说的要点。

** 第一件据“今日三点钟由参议院举公为临时大总统”当写于二月十五日。

二

万急。袁慰亭先生鉴：闻奉天行宫所藏器物，由私人订卖与外国，价值甚巨。按此种器物，实为民国公产，併〔并〕非皇族私有，应行禁止私卖。特此奉告，请严饬禁阻。孙文。删。

据《临时政府公报》第十七号

致黎元洪电*

（一九一二年二月十五日）

为大局计，极力谋补救汉冶萍合办之失策。刻因彼方面不能如数交足借款，合办之约，尚可作废。招商局借款一节，务望贵处赞成，可稍纾贵处及中央政府财政之困难。

据《黎副总统政书》卷六

致北方各将领电

（一九一二年二月十五日）

奉天张总营务处、广水陈统制、张家口何统制、北京冯军统、天津张军门、徐州张军门、颍州倪先生、北京姜军门[①]转各路将士鉴：清帝辞位，由专制变为共和，实项城维持之力，更诸将士赞助之功，四万万〈人〉受福无穷，深堪嘉佩！从此南北一家，同心协力，竟破坏

---

* 此件所标时间系《黎副总统政书》所署收到日期。

① 奉天张总营务处、广水陈统制、张家口何统制、北京冯军统、天津张军门、徐州张军门、颍州倪先生、北京姜军门：即张锡銮、何宗莲、冯国璋、张怀芝、张勋、倪嗣冲、姜桂题。

之功，开建设之绪，巩我共和民国之前途，增我五族人民之乐利，所仰望于诸将士者，尤非浅鲜。专此电贺，并盼教言。孙文叩。删。

据《临时政府公报》第十八号

致黎元洪及各省都督电*

（一九一二年二月十五日）

万急。武昌黎副总统、各省都督鉴：清帝退位，民国统一。文以革命之目的已达，当受职之始，曾有誓言，幸可以践。此后建设之事，当让熟有政治经验之人。袁公慰庭委曲求全，终达吾人和平之目的，其功莫大。清帝既退，袁公宣布政见，绝对赞成共和，文是以推荐于参议院。参议院既承认文之辞职，今日二时行正式选举，举袁公为临时大总统，临时政府地点仍定南京，以袁公到南京接事日为文解职之期。现已派专使迎袁南来，以为我国民服务。特此电闻。孙文。

据《临时政府公报》第十八号

致伍廷芳电**

（一九一二年二月十五日）

万急。上海伍秩庸代表鉴：覃电悉。已据项城电通知西安张凤翙处并电告武昌矣。请复项城。总统孙文。印。

据《共和关键录》

---

* 原电未署时间，文中有参议院“今日二时行正式选举，举袁公为临时大总统”语，此电当写于二月十五日。

** 此件所标时间系《共和关键录》所署收到日期。

复陈其美电*

（一九一二年二月十六日）

万急。上海陈都督其美鉴：粤督删电用意，专在反对临时政府设于北京。今参议院既决定仍在南京之议，则粤督疑虑可释矣。此复。总统府。铣。

据《临时政府公报》第十八号

致伍廷芳唐绍仪电**

（一九一二年二月十六日）

万急。上海伍秩庸、唐少川先生鉴：今日三点钟由参议院一致举袁公慰庭为临时大总统，临时政府地点定在南京。此间已直电北京，使告知派专使奉迎来宁受事。孙文叩。印。

据《共和关键录》

命财政部办理前清沪道交托比国存款令

（一九一二年二月十七日）

临时大总统令

* 二月十四日，临时参议院讨论临时政府设置地点问题时，以多数通过设置于北京的决议。次日，孙中山要求临时参议院复议临时政府设置地点问题，经激烈争论后决定临时政府仍设南京。电文所告即指此事。

** 此件所标时间据《共和关键录》所署收到日期。

据民国协济总会呈称："查得前清沪道存放各商号公私款项，共银拾六万两，交托比国领事代行收贮"等由。为此令行该部迅即查明办理。合就将原呈发交。此令。

财政部总长陈锦涛知照

计发公文一件。

民国协济总会呈请收回前清沪道存款由。

孙 文

中华民国元年二月十七日

据中国第二历史档案馆藏《南京临时政府档案》原件

致袁世凯电

（一九一二年二月十七日）

北京袁大总统鉴：据烟台蓝天蔚都督来电："奉天冯麟阁率步骑千三百余，炮十门，围攻庄河"等因。请速命赵督[①]撤兵，以息战端，至要。孙文。篠。

据《临时政府公报》第十八号

复袁世凯电*

（一九一二年二月十七日）

万急。袁大总统鉴：咸电敬悉。公之委曲求全，其义昭于日月，惟国民劳公以全局，德望所存，在北在南，无不可以全副精神相

① 赵督：即奉天省都督赵尔巽。

* 此件与北京《临时公报》一九一二年二月份同一电报互校，文字略有更改。

统摄。此间为难之处，亦非文字可尽达，已委托唐绍仪君等北赴，造陈一切，公自鉴察。至公谓目前北方秩序，不能得措置各方面同〔合〕宜之人，自不待言。然若分别诸要端，多电知数人，俾各受所委，得资镇摄，此亦为将来政府偏于南北东西必当筹用〔划〕之一法，公应首肯。文实竭蹶于服务，日夜翘盼卸代。孙文。篠。

据《临时政府公报》第十九号（南京一九一二年二月二十二日版）

致黎元洪电*

（一九一二年二月十七日）

飞行船事，前已电告，不知价值贵贱，故请尊处派人至沪接洽。今阁下既知其价昂，即请要减为是，已转电神村矣。

据《黎副总统政书》卷七

致陈其美电

（一九一二年二月十七日）

万急。上海陈都督其美鉴：现在清帝退位，民国统一。上海为江南要区，非有大将镇守，不能维持一切。据各地纷纷来电，咸以公为民国长城，关系全局，力请挽留。人心如此，公不可告退，尚望勉为其难，勿怀退志。总统孙文。篠。

据《临时政府公报》第十八号

* 此件所标时间系《黎副总统政书》所署电报收到日期。

复陆荣廷电

（一九一二年二月十七日）

万急。广西陆都督荣廷鉴：电悉。十五日参议院于本总统及内阁总理解职后，即选定袁世凯为临时大总统，仍以南京为临时政府地点，须袁亲来接任，而旧政府始能解职。若将来之大总统及国都，则须俟民选议院成立及举行全国大选举，乃可决定。今仍号以临时名义，于临时大纲未尝不合也。总统孙文。篠。

据《临时政府公报》第十八号

复伍廷芳等电

（一九一二年二月十七日）

上海议和全权代表伍廷芳、参赞温宗尧、汪兆铭鉴：铣电悉。公等为民国议和事，鞠躬尽瘁，不避嫌怨，卒能于樽俎之间，使清帝退位，南北统一，不流血而贯彻共和之目的，厥功甚懋。所请辞退议和代表事，应即照准。谨代民国伸谢。总统孙文。篠。

据《临时政府公报》第十九号

复陈其美电

（一九一二年二月十七日）

上海陈都督英士鉴：铣电悉。顾鳌案可即保释。总统孙文。篠。

据《临时政府公报》第十九号

复孙道仁电

（一九一二年二月十七日）

万急。闽孙道仁鉴：铣电悉。所陈之事，皆为巩固民国根本之策，洞中肯要，无任钦佩。至虑总统辞职、人心动摇等语，现在南北联合，民国统一，战事既息，人心自安。更由参议院编定宪法，使临时政府得以遵守，自不致有损害秩序之虞。总统孙文。篠。

据《临时政府公报》第十九号

致吴绍璘等电

（一九一二年二月十七日）

沪军第一师长吴绍璘暨各军将领鉴：陈都督为民国首功之人，必不能听其告退，本总统已有电慰留。惟苏都督一职，须由地方议会公举，不能由中央派委，若经正式选举，本总统无不同意也。总统孙文。篠。印。

据上海《民立报》一九一二年二月二十二日

布告国民消融意见蠲除畛域文*

（一九一二年二月十八日）

各省都督、将军、巡抚、报馆：

---

* 此文与《临时政府公报》第二十号《大总统布告国民消融意见蠲除畛域文》内容同，经参校。

大总统孙文布告：今中华民国已完全统一矣。中华民国之建设，专为拥护亿兆国民之自由权利，合汉、满、蒙、回、藏为一家，相与和衷共济，丕兴实业，促进教育，推广东球之商务，维持世界之和平，俾五洲列国益敦亲睦，于我视为唇齿兄弟之邦。因此敢告我国民，而今而后，务当消融意见，蠲除畛域，以营私为无利，以公益为当谋，增祖国之荣光，造后〔国〕民之幸福，文谨惓惓焉。

中华民国元年二月十八日

据上海《民立报》一九一二年二月二十日号外《孙大总统布告天下电》

咨参议院答复汉冶萍借款并无违法文

（一九一二年二月十八日）

二月十二日贵院质问违法借款两则。政府据院议通过之国债一万万元，因仓猝零星征集，颇难应急，遂向汉冶萍及招商局管产之人，商请将私产押借巨款，由彼等得款后，以国民名义转借于政府，作为一万万元国债内之一部分。嗣又因政府批准以汉冶萍由私人与外人合股，得钱难保无意外枝节，旋令取消五百万元合股之议，仍用私人押借之法，借到二百万元，转借于政府。是政府原依院议而行，因火急借入二百万元以应军队之要需，手续未及分明，至贵院有违法之防。至现行于江宁之军用手票，系借自上海地方政府之中华银行。当时军用万急，兵士索饷，据称即空票亦愿领受。查得上海政府已通行有此手票，遂向借发，旋恐有碍商市，即将汉冶萍私人借来之国债，随时收放。贵院欲得该手票之报告，当由上海地方政府一并造报，以免纷歧。据此实无违法及另造报告之处，故未即答为歉。此咨。

据《临时政府公报》第二十六号（南京一九一二年三月一日版）

致袁世凯函

（一九一二年二月十八日）

慰廷先生鉴：

文服务竭蹶，艰大之任，旦夕望公。以文个人之初愿，本欲藉交代国务，薄游河朔。嗣以国民同意挽公南来，文遂亦以为公之此行，易新国之视听，副舆人之想望，所关颇巨。于是已申命所司，缮治馆舍，谨陈章绶，静待轩车。现在海内统一，南北皆有重要将帅为国民之心膂，维持秩序之任均有所委付，不必我辈簿书公仆躬亲督率。今所急要者，但以新国民暂时中央机关之所在，系乎中外之具瞻，勿任天下怀庙宫未改之嫌，而使官僚有城社尚存之感，则燕京暂置为闲邑，宁府首建为新都，非特公之与文必表同意于国民，即凡南北主张共和、疾首于旧日腐败官僚政治之群公，宁有间焉。至于异日久定之都会，地点之所宜，俟大局既奠，决之正式国论，今且勿预计也。总之，文之志愿，但求作新邦国；公之心迹，更愿勠力人民。故知南北奔驰，公必忘其自暇。嗟乎！我辈之国民，为世界贱视久矣，能就新民国之发达，登我民于世界人道之林，此外岂尚有所恤乎？公之旋转之劳，消磨其盛年，文亦忽忽其将衰。耿耿我辈之心，所足以资无穷之方来者，惟尽瘁于大多数幸福之公道而已。公其毋以道途为苦，以为强勉服务者倡。公旆南莅，文当依末光，左右起居，俾公安愉，俟公受事而文退。翘盼不尽。

据《临时政府公报》第二十五号（南京一九一二年二月二十九日版）《大总统致新选袁总统函》

致袁世凯电

（一九一二年二月十八日）

北京袁大总统鉴：顷得安庆孙都督来电称："有志士柳大年号曼清者，于阴历十月中旬，同吴莲伯组织急进会事泄，为赵尔巽派张作霖于宁远捕去，与张涵初等同禁模范监狱。今清帝退位，民国统一，应电袁君慰庭电赵，各政治犯立释"等情。据此，即电使赵督释放，是所切感。孙文。啸。

据《临时政府公报》第二十号

复袁世凯电*

（一九一二年二月十八日）

北京袁大总统鉴：铣电悉。此间派定教育总长蔡元培为欢迎专使，外交次长魏宸组、海军顾问刘冠雄、参谋次长钮永健〔建〕、法制局局长宋教仁、陆军部军需局长曾昭文、步兵第三十一团长黄恺元、湖北外交司长王正廷、前议和参赞汪兆铭为欢迎员，偕同唐绍怡〔仪〕前往北京，专迎大驾。并令该员等于起程时，另电左右。孙文。啸。

据《临时政府公报》第二十号

---

* 此电系为派专使蔡元培等迎袁南下就职而发。唐绍仪是以民国外交代表身份同行。

复袁世凯电

（一九一二年二月十九日）

北京袁大总统鉴：巧电谨悉。南军各队早已电令停止进行。据尊电所言，则或有未接布告而生误会者，今已严谕各军切实遵行矣。此复。孙文。皓。

据《临时政府公报》第二十号

致唐绍仪电

（一九一二年二月十九日）

万急。上海沧洲别墅唐少川先生鉴：晋省电言旧政府攻破娘子关后，所派入军队尚有抢掠之事，晋人对于此项军队感情甚恶，倘不从速悉数撤出，恐酿成事端。请酌转袁公办理。孙文。皓。

据《临时政府公报》第二十号

复马毓宝电

（一九一二年二月十九日）

江西马都督鉴：外官制尚未发表，尊电欲于各司之外立参谋处、承政厅，自可权宜暂行。此复。孙文。皓。

据《临时政府公报》第二十号

复伍廷芳电

（一九一二年二月十九日）

上海伍廷芳先生鉴：巧一电悉。所陈姚荣泽案，审讯方法极善，即照来电办理可也。孙文。皓。

据《临时政府公报》第二十号

复胡瑛电

（一九一二年二月十九日）

万急。烟台转山东胡都督经武鉴：铣电悉。所陈派代表与鲁抚张广建接洽事甚善，即照来电办理可也。总统孙文。皓。

据《临时政府公报》第二十号

复谭人凤及民立报馆电*

（一九一二年二月二十日）

北面招讨使谭人凤先生、民立报馆鉴：电悉。文等所求者，倾覆满清专制政府，创立中华民国也。清帝退位，民国统一，继此建设之事，自宜让熟有政治经验之人。项城以和平手段达到目的，功绩如是，何不可推诚？且总统不过国民公仆，当守宪法，从舆论。文前兹所誓忠于国民者，项城亦不能改。若在吾党，不必身揽政

---

* 此件所标时间系《临时政府公报》第十七号出版日期。

权，亦自有其天职，更不以名位而为本党进退之征。先生在野，吃苦辞甘，宁不喻此，祈更广之。孙文。

据《临时政府公报》第十七号

复袁世凯电*

(一九一二年二月中旬)

万急。北京袁慰庭先生鉴：真电及唐①转来真电具悉。清帝辞位，执事宣言赞成共和，民国从此大定，不胜忻庆，盖全国人民之幸福也。现即报告参议院，提出辞表，推荐执事。至共和政府，不能由清帝委任组织，若果行之，恐生莫大枝节。执事明于理势，当必知此。请即速来宁，以副众望。如虑一时北方无人维持秩序，当可由执事举人，电知临时政府，畀以镇守北方全权。谨布候复，并表欢迎之至意。孙文。

据《临时政府公报》第十八号

复五大洲华侨电**

(一九一二年二月二十一日)

旅居五洲同志、华侨诸君同鉴：因推举袁君为第二临时总统，

---

* 此件系复“真电”，文中提及“清帝辞位，……现即报告参议院，提出辞表，推荐执事”等语，此电当写于二月中旬。

① 唐：即唐绍仪。

** 此件与《临时政府公报》第二十号《大总统复五洲同志华侨询推举袁世凯为第二临时大总统函》同，参照互校。

纷接来电相争，其词颇多误会，恕不能缕缕见复，谨括举其要以相答曰：诸君尽其心力，与内地同志左右挈提，仆满清而建民国，今目的已达，以此完全民国归诸全体四百兆人之手，我辈之义务告尽，而权利则享自由人权而已，其他非所问也。至于服务之行政团，若总统类者，皆我自由国民所举用之公仆，当其才者则选焉。袁君之性情不苟于然诺，当其未以废君为可也，则持之；及其既以共和为当也，则坚之。其诺甚濡，其言弥信。彼之布告天下万世，有云：不使君主政体再发生于民国。大哉言矣！复何瑕疵？至彼之委曲求全，予亡清以优待，亦隐消同气之战争。功罪弗居，心迹自显。前日之袁君，为世界之一人；今日之袁君，为民国之分子。量才而选，彼独贤劳。正我国民所当慰勉道歉，责之以尽瘁，爱之以热诚者也。总统既非酬庸之具，袁君即为任劳之人。宜敬观其从容敷施，以行国民之意，使民国之根基，由临时尽力维持而完固焉。我同志其鉴文之微忱。

据上海《民立报》一九一二年二月二十三日《孙总统复各埠华侨电》

致陈炯明及广东各团体电

（一九一二年二月二十一日）

万急。广州都督、临时省会、军团协会、总商会、报界公会鉴：因推举袁君为第二临时总统，纷接来电相争，其词颇多误会，恕不能缕缕见复，谨将括举其要以相答。诸君尽其心力，与各省同志左右挈提，覆满清而建民国，今目的已达，以此完全民国，归诸全体四百兆人之手，我辈之义务告尽，而权利则享自由人权而已，其他非所问也。至于服务之行政团，若总统者，皆我自由国民所举用之公仆，当其才者则选焉。袁君之性情不苟于然诺，当其未以废君为可也，则持之；及其既以共和为当也，则坚之。简〔其〕诺甚濡，其言弥信。彼之布告天下万世，有云不使君主政体再发生于民国，屡次来电，自承为民国一公民，不受亡清之委任，于既被选举之日，犹仅任维持北方秩序，亦可谓能知大义者矣。至彼知〔之〕委曲求全，予亡清以优待，亦隐消同国之战争。功罪弗居，心迹自显。前日之袁君，为世界之一人；今日之袁君，为民国之份子。量才而选，彼独贤劳。正我国民所当慰勉道歉，责之以尽瘁，爱之以热诚者。总统既非酬庸之具，袁君即为任劳之人。宜敬观其从容敷施，以行国民之意，使民国之根基，由临时尽力维持而完固焉。公等其鉴文之微忱也。孙文印。

据胡编《总理全集》第三集一九三〇年上海《推荐袁世凯为总统之各电》

复广东各团体并各报馆电

（一九一二年二月二十一日）

广东各界团体并送各报馆公鉴：连接各界议举家兄为粤督之电，文未作答，非避嫌也。家兄质直过人，而素不娴于政治，一登舞台，人易欺以其方。粤督任重，才浅肆应，决非所宜。若为事择人，则安置民军、办理实业，家兄当能为之。与其强以所难，将来不免覆餗，何如慎之于始。知兄者莫若弟，文爱吾粤，即以爱兄也。谨布。孙文叩。箇。

据《临时政府公报》第二十一号（南京一九一二年二月二十四日版）

致张凤翙电*

（一九一二年二月二十一日）

万急。西安陕西都督张凤翙鉴：清帝已经退位，南北一致。今日袁慰庭君来电云："请电知陕西，移军西向，专防升允。北军退出潼关，决不西进，谨〔僅〕留队伍防堵土匪，余均开回北方防堵。"奉闻，特此通知，宜相机防战为盼。总统孙文。

据《临时政府公报》第十八号

复陈锦涛电**

（一九一二年二月二十一日）

万急。上海汉口路财政部办事所陈锦涛君鉴：盐电悉。清帝退位，民国大定。新选总统系承受现在南京临时政府之事，凡民国现行财政事宜，如公债、外债、中国银行之创办，及一切财政之已经施行者，当然继续有效，绝无疑问。可由财政部宣布。总统孙文。

据《临时政府公报》第十八号

致孙眉电

（一九一二年二月二十一日）

孙寿屏大哥鉴：粤中有人议举兄为都督，弟以为政治非兄所熟

---

* 此件所标时间系《临时政府公报》第十八号出版日期。

** 此件所标时间系《临时政府公报》第十八号出版日期。

习。兄质直过人，一入政界，将有相欺以其方者。未登舞台，则众人属望，稍有失策，怨亦随生。为大局计，兄宜专就所长，专任一事，如安置民军、办理实业之类，而不必当此大任。且闻有欲用强力胁迫他人以举兄者，以此造因，必无良果，尤不可不避也。弟文叩。箇。

据王兴瑞《革命事迹寻味录》，《民族文化》第二卷第五、六期合刊(广东省文化运动委员会一九四二年版)

祭蜀中死义诸烈士文

(一九一二年二月二十二日)

维民国纪元之二月二十有二日，蜀都人士以民国新成，大功底定，乃为其乡先烈士开追悼大会于新京，以慰忠魂。文既获与斯盛，谨以芜辞致祭于诸烈士之灵曰：

呜呼！昔在虏清，恣淫肆虐。天厌其德，豪俊奋发。共谋倾圮，以清禹域。惟蜀有材，奇瑰磊落。自邹迄彭[①]，一仆百作。宣力民国，厥功允多。岷江泱泱，蜀山峨峨，奔放磅礴，导江干岳。俊哲挺生，厥为世率。虏祚既斩，国徽矻建。四亿兆众，同兹歆羡。魂兮归来，瞑目九原。呜呼哀哉！尚飨。

据《临时政府公报》第二十二号(南京一九一二年二月二十五日)

① 自邹迄彭：邹即邹容，彭即彭家珍。

咨黎元洪转达参议院仍举黎为临时副总统文

（一九一二年二月二十二日）

兹据参议院咨开："本院接黎副总统电称：'中央政府已准备重新组织，副总统及大元帅之职，应先辞退'云云。本院当开会公决，谨从黎君之意，于二十一日开临时副总统选举会，全体一致公举黎元洪君为临时副总统，应具正式公文恭请受任。兹特具公文一份，敬请大总统转达"等因。准此，相应备文转咨，并特派本府参军黄大伟敬赍该项公文前赴尊处，即希贵副总统查照接受为荷。此咨。

据《临时政府公报》第二十二号《大总统咨黎副总统转达参议院公举仍为临时副总统文》

命庄蕴宽取缔渔业公会令*

（一九一二年二月二十二日）

案查江阴大通渔民杨烺等，前以组织渔业公会，恳请准予立案并颁给关防等情具呈前来，当经发交贵都督核办在案。本总统并未批准，该渔民等何得凭空影射，希图垄断，殊属不合，着即申斥。至来呈所称土地与流域同为国家领土，即水课与地税并重。应拟令渔户按帮缴纳水课，以裕国家正课，并明定范围，严加取缔，俾免

* 此件所标时间系《临时政府公报》第十九号出版日期。

该渔民等得藉公会之名义，而遂其垄断之私图，自是正办。合就将原书发交贵都督查照，仰即咨商安徽都督，会咨实业部，妥为核办可也。此令。

据《临时政府公报》第十九号《大总统令江苏都督庄蕴宽咨商安徽都督会咨实业部明定范围取缔渔业公会由》

命沪军都督核办朱佩珍辞职事令*

（一九一二年二月二十二日）

据上海财政长朱佩珍呈称“财政困难，措施无术，请遴员接任”等由前来。为此令行该都督，应如何办理之处，希酌核呈复为要。此令。

据《临时政府公报》第十九号《大总统令沪都督核办上海财政长朱佩珍呈请辞职请遴员接任由》

命教育部核办女子蚕桑学校令**

（一九一二年二月二十二日）

军代表[①]林宗雪呈拟募资开办女子蚕桑学校，恳请拨借绿筠花圃为校地等情。查民国新造，凡有教育，应予提倡，乃足以启文明而速进化。该女代表既能募资设校，热诚可嘉，自当照准。惟该校一切章程应如何订定，所指绿筠花圃是否公产，能否适用之处，应由该部会同内务部查照办理。合就开由发交。

---

* 此件所标时间系《临时政府公报》第十九号出版日期。

** 此件所标时间系《临时政府公报》第十九号出版日期。

① 军代表：即女子军代表。

此令。

据《临时政府公报》第十九号《大总统令教育部会商内务部核办林宗雪呈请募资开办女子蚕桑学校并恳拨绿筠花圃为校地由》

令财政部将江南造币厂归中央管理文*

（一九一二年二月二十二日）

据代理江苏都督庄蕴宽呈称："案查江南造币厂经前清两江总督奏准开办，鼓铸银铜各币，流通市面，接济饷项，以宁省库款为其基金，所获余利，亦向归宁省支配，抵补各项不敷之款。是宁省所恃为利源者，该厂实为大宗。虽经前清度支部筹拟统一办法，议归国家办理，旋以该厂关系宁省利源，遽予改隶中央，本省饷源立绌，无法另筹抵补，因仍准留归宁省办理，由部颁发钢模，照式鼓铸，仍以余利备支本省应支各款，俾于本省利源及度支部统一办法，两不相妨。可见宁省不得已之办法，在前清政府所以特准者，亦事势然也。光复以后，亟应赓续办理，为维持本省财政之计，节经都督委任王宰善充该厂总办，俾得照常鼓铸，保全固有之利，俾支各项要需。兹据该总办复称：'奉委以后，节经调查该厂现在情形，并晤商财政部长陈锦涛，查悉该厂现经改归中央政府接管'等情前来，不胜惊异。伏查该厂向归宁省管辖，前清度支部不遽予归并者，原以该厂余利所入，支给本省要政所需甚巨，因准留办。现值光复伊始，本省财源之滞，不可胜言，而善后之策，待支之款，正待筹划。加以军饷浩繁，迫不容缓，罗掘无所，筹补为难。设并此固有之利，向所资为挹注者，听其骤失，目前大局何以支持？况国家财政所恃

* 此件所标时间系《临时政府公报》第十九号出版日期。

乎计臣之酌剂者，原期益寡裒多，得其平准，而非以损彼益此为政策。是该厂应归宁省接办，而中央政府只立于监督地位，毫无疑义。抑都督更有进者：现正南北协议统一，关于财政事项，应如何通筹并顾，尚待踌躇，断非目前所能解决。国有省有，必先察其性质，考其事实，预筹抵补之方，俾无碍于行政要需，复得议会之公决，始能定议。而目前宁省待支之款，万分紧要，无米何以为炊，断不能束手坐待。言念至此，焦灼万状，再四思维，惟有恳请大总统鉴核，准将江南造币厂仍暂留宁省，照旧办理。并请指令财政部，迅将该厂点交王总办接办，俾资鼓铸而济饷源"等情前来。查造币权理应操自中央，分隶各省是前清秕政，未可相仍。惟宁省行政之费既赖造币厂为挹注，一旦失此利源，该省财力因而支绌，尚属实情。除批答外，合行令仰该部妥筹抵补之方，俾资行政之费。切切。此令。

据《临时政府公报》第十九号《大总统令财政部为江苏都督呈请将江南造币厂仍暂归宁省办理由》

令交通部规定宁省铁路时刻表文*

（一九一二年二月二十二日）

查宁省铁路，衔接沪宁车站以达本城，往来行旅日甚频繁，关系交通，其事綦重。乃自光复以来，该路开车时刻尚无定准，不特使行旅有阻滞之虞，且于公事亦多贻误，亟应整顿，以利交通。合就令行贵部，仰即迅将该路开车时刻妥为规定，饬令遵行。是为至要。此令。

据《临时政府公报》第十九号《大总统令交通部规定宁省铁路时刻表以利行旅由》

---

* 此件所标时间系《临时政府公报》第十九号出版日期。

令法制局迅速编纂文官试验草案文*

（一九一二年二月二十二日）

查国家建官位事，惟任贤选能，乃懋厥职，古今中外，罔越斯旨。第考选之法，各有不同，尚公去私，庶无情弊。今当民国建立伊始，计非参酌中外，询事考言，不足以网罗天下英才而裨治理。合就令行该局，仰即迅将文官试验章程草案妥为编纂，呈候咨交参议院议决颁布，从速施行。此令。

据《临时政府公报》第十九号《大总统令法制局迅速编纂文官试验草案由》

批法制局呈**

（一九一二年二月二十二日）

呈悉。教育部官职令修改全案，已咨交参议院并案议决。至来呈所称："教育部原案中，社会教育司编辑所掌新闻、杂志、演说会等事，据中央各部官制及其权限法案所定，应归内务部掌管。此等事项，既非宗教，又非礼俗，初六日阁议并未提及，究竟该项事务应归教育部管理与否，请示遵办"等语。查新闻、杂志、演说会等事，自应归内务部管理，即行查照订定可也。此批。

据《临时政府公报》第十九号《大总统批法制局呈教育部官职令修改全案并新闻杂志演说会应归教育部管理与否请示遵由》

---

* 此件所标时间系《临时政府公报》第十九号出版日期。

** 此件所标时间系《临时政府公报》第十九号出版日期。

复章太炎函

（一九一二年二月二十二日）

太炎先生有道：

得二月二十日书，具谂一是，公谊私情，两深感荷，盖不止监督而维持之也。文已坚持毁合办之约，但能并虚抵约亦废弃否，则视所已收支之二百万元能否付还。守财者财甚于命，或不能迫之，则须另筹。未知沪上他路借债如何，竹君、秉三两先生裕于财政之筹划，尚乞有以赐教。仍一面严督盛氏。今急难之时期稍过，自当比择而从其宜。大抵挖肉补疮，依然不免，但要视疮痛如何、肉可否挖耳。

临时政府地点，鄙见亦与克兄同。谓军人本无执见，而克诳人以言，殊非事实，近者已为共见。而粤东争电，至今未已，其强横之辞，文已一概裁抑之。主南主北，各有理由，公等所持大都系永久之说，此自可俟将来国民会议之。至于革故取新，兼使袁君威令素行于北者亦复收望于南，然后文得安然而退，从先生之教，为汗漫之游，否则南北之扞格依然，又有承受清帝统治全权之嫌，非所以善处也。

文与克兄交处固久，先生亦素知其为人，此次执持过坚，然迥非出于私意。以先生之明，犹谓克欲谋总理，冤汪〔枉〕如此，谁与为辩，则不知清帝未宣布退位之前，季新[①]、少川曾私约克仍掌陆军或参谋，而克拒之曰："奈何仍以是污我。"文屡与言，亦期期不

① 季新：汪精卫字季新。

可。展堂等自爱其乡，欲求克归粤一镇民军，亦不允。其厌事如此，乌有为总理之心事，更安有为求总理而变乱大计，强无为有，如来书所云者。文于国事，只知有役务，不知有权位，故于进退之际，行其当然，不假勉强，以此自信，亦信克兄。盖是非不久自见，愿先生毋过操刻酷之论，尔时当尟文为不谬，与非强为克辨护也。

专复，即颂

大安

竹君、秉三两先生均此问候。

孙文叩　二月二十二日早

据江苏苏州章太炎之子章导藏原件

复孙道仁彭寿松电

（一九一二年二月二十二日）

福州孙都督、彭政务长公鉴：迭接来电，彭君经营光复之事，文所素知，即光复以后，亦赖襄赞，诚如孙都督所言。现时外官制未划一，各省权宜之办法，自可照行。尤有言者，吾辈对于国事有所谓役务，无所谓利权，故责任未尽者，不能以引退为名高，此意尤望君等体之。总统孙文叩。祃。

据《临时政府公报》第二十一号

致陈炯明等电二件

（一九一二年二月二十二日）

一

陈都督、省会、商会、军团协会、报界公会鉴：大局已定，袁慰庭南来，文与精卫、汉民俱可返粤。并可筹借巨款，为粤经营布置。请公等维持现状，勿使目前有所动摇。切切。总统孙文。印。

二

陈都督并各界公鉴：革命功成，民国统一，胡都督不日可回原任，精卫亦能同回助理，请毋庸另举他人。现状维持，统祈暂为尽力。总统孙文。印。

据胡编《总理全集》第三集《为粤事致广东各界电(一)(三)》

咨参议院建议设立稽勋局文*

(一九一二年二月二十三日)

盖闻劝扬之典，莫要于赏功，服务之官，必望其称职。是故官惟其才，赏惟其功，截然为两事，断未有以官为赏，论功授职者也。溯我民国，自造谋光复、称兵统一以来，殉义与积功者，既已不可殚数。夫在个人私愿，尽分子之劳，决非市赏，然准建国通法，造公家之利，必当酬庸。此赏恤之规制，未可不定。况赏恤之制未建，军兴之际，将佐官属，杂以有功与有才者兼任，国人之观听易淆，必有以为既树建国之勋，例应得官。故有立功而已官者，更望因功迁擢，其尽命而不及官者，亦议按事赠荫。如此则帝王以官赏功之流毒不塞，竟可以不止。现在统一之局大定，干戈待偃，国家之设官有限，而论功者众，借官为酬，与有功不录，皆伤国本，是以急咨贵院，务请速行建议，在临时政府时代，特设一开国稽勋局。俟所议通过，即委任专官，领受局事。对于开国一役，调查应赏应恤之人，

* 此件所标时间系《临时政府公报》第二十号出版日期。

分别应赏应恤之等，详订应赏应恤之条，再咨贵院议决施行。届时稽勋局即应取消，其给赏给恤之曹司，可议另隶于内部。经此郑重措置，庶于南北新旧纷繁错综之事实，能尽得头绪，而各有归束。于是议赏议恤，可以不漏不滥，任官与赏功之界限，亦得厘然分析。即目前本总统与行政各官属，当裁并军队、批答恤款之际，皆有所依循，是又足为临时维持秩序、稳固治安之补助也。此咨。

据《临时政府公报》第二十号《大总统咨参议院设立稽勋局文》

咨复参议院再次质询临时政府抵押借款等案文

（一九一二年二月二十三日）

中华民国临时大总统咨

贵院二月十三日来咨，质问招商局抵押借款及以汉冶萍煤铁公司押借外债两事，又发行军用钞票实数，一并报告。二月十八日经已咨复。昨二十二日又准贵院来咨，以为未得要领，请派专员到院切实答复。兹将汉冶萍借款手续及军用钞票行使之情形答复如下：

一、汉冶萍之款，系该公司以私人资格与日本商订合办，其股份系各千五百万元，尚未通过合同于股东会，先由该公司借日本五百万元，转借与临时政府，而求批准其事，先交二百万至三百万，俟合办合同成立，交清五百万。该款已陆续收到二百万元。本总统以与外人合股，不无流弊，而其交款又极濡滞，不能践期，是以取消前令。惟已收支之二百万元，照原约须为担保之借款。

一、军用钞票，当时因中央所印者未能竣工，议借上海已印成者发行。旋因上海中华银行不肯代负交换之责任，又与订加印南京通用银元及三月通换字样。其时军需孔亟,刻不容缓,是以从权发行,现发有百十余万之数。

除上所答,仍派秘书长胡汉民到院,并将关于汉冶萍借款各种文件携交,以便讨论。此咨

参议院

中华民国元年二月二十三日

据《国父全集》第四册

致袁世凯电

(一九一二年二月二十三日)

北京袁大总统鉴:奉天、哈尔滨、黑龙江等处官吏反对共和,惨杀民党。当此南北统一,拯救民生,维持秩序,最为要策,岂容东省官吏破坏全局。况北满介于两大[①],更不宜有阋墙之祸。祈速电阻妄杀,并将段军就近弹压,保护大局,国民幸甚。孙文。梗。

据《临时政府公报》第二十四号(南京一九一二年二月二十八日版)

复黎元洪电

(一九一二年二月二十三日)

黎副总统鉴:箇电悉。查民国军兴以来,各战地将士赴义捐躯,伤亡不尠,均赖红十字会救护、掩埋,善功所及,靡特鄂省一役而已,文实德之。兹接电示,以该会前在武汉设立临时病院,救伤掩亡,厥功尤伟。复经日本有贺氏修改会章,已得万国红十字会公

① 两大:指日、俄帝国主义。

认，嘱予立案等因。该会热心毅力，诚不可无表彰之处，应即令由内务部准予立案，以昭奖劝。孙文。梗。

据《临时政府公报》第二十二号

致陈炯明及广东各界电

（一九一二年二月二十三日）

广东都督、省会、年〔军〕团协会、各界团体公鉴：现委任汪精卫督粤，俟袁世凯来宁，精卫即返。其未到任以前，由陈督代理，不可更辞。各界不可再举他人。切切。总统孙文。梗。

据《临时政府公报》第二十二号

令财政部委任汤寿潜林文庆赴南洋劝募公债文*

（一九一二年二月二十四日）

案据该部因劝募南洋各埠公债事宜，呈请委任总副理会同前往等因。准此。兹特委任汤寿潜为南洋劝募公债总理，林文庆为劝募南洋公债副理，各给委任状一纸，附令颁发。仰即遵照转达毋误。切切。此令。

据《临时政府公报》第二十一号《大总统令财政部委任汤寿潜林文庆往南洋劝募公债并颁发委任状由》

---

* 此件所标时间系《临时政府公报》第二十一号出版日期。

命教育部核办甘霖呈请官费留学令*

（一九一二年二月二十四日）

兹据甘霖呈请由美赔款项下给予官费游学美国等因。查民国新建，奖励游学，而培养人才，实为当今急务。但资格如何选派，学费如何筹措，应由该部统筹全局，酌核办理。合就将原呈发交该部，仰即查照核办可也。此令。

据《临时政府公报》第二十一号《大总统令教育部核办甘霖呈请由美赔款项下给予官费游学美国由》

命法制局审定官职试验章程草案令**

（一九一二年二月二十四日）

现在南北统一，兵事已息，整饬吏治，惟有举行官职试验，以合格人员分发各省，以资任用之一法。兹据内务部呈送官职试验章程草案前来，其所定试验资格及他项规定，有无尚须改订增加之处，合行令仰该局悉心审查，克日呈复，候咨交参议院议决。事关要政，切勿稽延。此令。

据《临时政府公报》第二十一号《大总统令法制局审定官职试验章程草案由》

---

* 此件所标时间系《临时政府公报》第二十一号出版日期。

** 此件所标时间系《临时政府公报》第二十一号出版日期。

命陆军部选派卫兵驻参议院守卫令*

（一九一二年二月二十四日）

据参议院咨称："按本院办事规则第三十三条，应置守卫长一人、守卫兵四十二人。目下本院已完全成立，亟需添置守卫。查驻宁沪军，精神秩序皆有可观，请迅赐行知陆军部，就沪军中选派兵士四十二人，并遴选守卫长一人，常驻本院，以备守卫"等因。查守卫事宜，关系重要，仰即迅速查照办理为要。此令。

据《临时政府公报》第二十一号

令陆军财政内务三部遵照参议院统一军民财政办法文**

（一九一二年二月二十四日）

案据陆军部呈开："统一军政、民政、财政办法，请咨参议院议定办法"等因。据此，当即咨移参议院照议。兹据咨复前来，合就令行该部，仰即会同陆军、财政、内务三部遵照原议妥为办理可也。此令。

原议案录左：

查各省光复后，军政、民政、财政等权，往往归于同一机关。如军政分府，虽在一隅之地，而权限辄逸出军事范围以外，致民

* 此件所标时间系《临时政府公报》第二十一号出版日期。

** 此件所标时间系《临时政府公报》第二十一号出版日期。

政、财政难于统一。今官制既未订定,急宜发布临时命令,将军政分府名目即日撤销。如地势上为应驻兵之处,应由该省都督酌设司令部,专管该处军事。所需款项,开列预算,呈由都督核拨。其他民政财政悉由地方官主政,司令部长绝对不得干涉。仍候官制颁行后,另遵通则办理。应祈饬由陆军部、内务部、财政部会电各省都督切实遵办,并令其将遵办情形,随时电告各部,以资查考。

据《临时政府公报》第二十一号《大总统令陆军内务财政三部照参议院议案将各省军政分府酌改为司令长不得干涉民政财政由(附议案)》

致袁世凯电*

(一九一二年二月二十四日)

北京袁大总统鉴:山西屡电请转知撤退太原兵,召还晋省都督。查前清兵在晋,确有野蛮举动,大拂舆情。现在中国一家,秦兵既肯退出潼关,何独薄于晋省?若晋督还晋,李盛铎仍为民政长,则一是安谧矣。谨布,候复。孙文。

据《临时政府公报》第二十一号

致蔡锷电

(一九一二年二月二十四日)

云南蔡都督鉴:敬电悉。蜀省军府分立,势甚危险,诚如敬电所云。幸近日逐渐取消,办理略有端绪,可为告慰。此间拟即派一

---

* 此件所标时间系《临时政府公报》第二十一号出版日期。

娴熟该省情形之人，前往筹划一切统一事宜。总统孙文。敬。印。

据昆明《滇南公报》(一九一二年三月十三日)

致张凤翙电*

（一九一二年二月二十四日）

西安都督张凤翙鉴：南北统一，而升允反对共和，袁公亦主击之。如尊处兵力不足，可就近商袁部合兵。总统孙文。

据《临时政府公报》第二十一号

致尹昌衡等电**

（一九一二年二月二十四日）

成都都督尹昌衡、罗沦〔纶〕鉴：川省召集临时省会，权宜办法，自属可行。至议决权限，各省亦未一致，惟在斟酌情势为之。总统孙文。

据《临时政府公报》第二十一号

令财政部准安徽都督呈请拨盐分销文***

（一九一二年二月二十五日）

据安徽都督孙毓筠呈请："皖省需盐甚多，请将财政部刻下所

* 此件所标时间系《临时政府公报》第二十一号出版日期。
** 此件所标时间系《临时政府公报》第二十一号出版日期。
*** 此件所标时间系《临时政府公报》第二十二号出版日期。

承办之芦盐一项,速拨二十万包,交皖省分销。所得之款,解财政部支配”等因前来。查该督呈称各节,系为维持盐食起见,应准如所请,即由该部照数拨给,其分销所得之款,将来仍由该部验收。为此令行该部遵照办理。此令。

据《临时政府公报》第二十二号

致陈锦涛函

(一九一二年二月二十六日)

阑生[①]先生鉴:

上海财政部长朱佩珍等,因中华银行垫款过多,请颁公股半数,计洋一百二十五万元,以为资本。请与接商,察核情形能否融洽办理。在沪独为其难,亦所当念也。此颂

大安

孙文叩

据中国第二历史档案馆藏《南京临时政府档案》原件

致袁世凯电

(一九一二年二月二十六日)

北京袁大总统鉴:顷得陕都督廿二电,升允闻清帝辞位,仍反对共和,已破醴泉,现攻咸阳,省城危急万分,请电尊处速为救援。查升允实为国民公敌,前已承段军允借饷械助战,惟虑不足应急,更请从速设法为援。幸甚。孙文。宥。

据《临时政府公报》第二十五号

---

① 阑生:陈锦涛字阑生。

致陈炯明电

（一九一二年二月二十六日）

万急。广东陈都督：前廿二日电令胡汉民回任，汪精卫同返。次日，汉民面陈力辞，故廿三日再电委任汪精卫督粤，俟袁世凯来宁，精卫即返，未到以前，由陈督代理。两电想先后到粤。自以廿三日电为实，以精卫督粤，陈督代理。其廿二日汉民回任之令取消。特此电闻并转各界知之。总统孙文。廿六。

据《临时政府公报》第二十五号

致陈席儒等电

（一九一二年二月二十六日）

香港陈席儒、杨西岩，广州陈都督，省会各界团体公鉴：家兄之事，文期期以为不可，前已有电劝家兄及电省城各界矣。昨再电粤，许令精卫、汉民俱回，请省会毋庸另举他人。汪、胡两人未返之前，仍应由陈都督代理，想我粤父老闻之，当可稍慰。总统孙文。印。

据胡编《总理全集》第三集《为粤事致广东各界电(二)》

咨参议院请在稽勋局内设捐输调查科文*

（一九一二年二月二十七日）

民国建国为十数年来志士之血所沃成，此国人所公认。前已

* 此件所标时间系《临时政府公报》第二十三号出版日期。

咨请贵院建议设立稽勋局,详细调查,分别等次,量予赏恤,发扬国光,表彰潜德,为目下切要之图,贵院定表同意。惟义旗之举,必有所资,诛锄民贼,非可徒手。或助饷于光复之日,或输资于暗杀之辰,毁家纾难,实无以异于杀身成仁。在当日党人筹措军债,曾许偿还,虽出资者以义忘利,而民国坐享成功,莫为之报,何以昭大信而劝方来。本总统以为稽勋局内可附设一捐输调查科,专调查光复前后输资人民,其持有证券来局呈报,或由他项方法确实证明者,就其输助金额,给以公债票。为此咨请贵院,归并前案,早日议决咨复,以便施行。

据《临时政府公报》第二十三号(南京一九一二年二月二十七日版)

《大总统咨参议院在稽勋局内设捐输调查科文》

令陆军部内务部查封及借用民房应咨南京府知事文*

(一九一二年二月二十七日)

据南京府知事呈称:"窃维民胥望治,闾阎首贵保安;官有专司,政令必须统一。当京畿光复之初,各军队封存房屋作为办公、驻军之用者,不过一时权宜之计,原非得已。今秩序日渐恢复,亟宜力图治安,凡假托名义擅自查封房屋、搜抄家产诸弊端,必须切实防杜。知事职司行政,视事伊始,凡对于江宁、上元两县人民之财产,自当首先完全保护,何敢瞻徇玩忽,至使地方于干戈之后再有扰害之虞。兹为公安起见,理合呈请大总统鉴核,俯赐通饬各部暨驻宁各军队,嗣后如遇有须查封之房屋及借民房办公者,可分别

* 此件所标时间系《临时政府公报》第二十三号出版日期。

饬咨知事，就近派员查明发封，以安人心而维大局”等情前来。查财产之重，等于生命。光复之始，大敌当前，军情危迫，对于人民财产保护或不无疏虞，征取亦多无限制。现在南北统一，革命事业完全告成，劳来安集，诸待经营，一夫不获，公仆有责。该知事所请甚为切要之图，应即照准，合行令仰该部遵照办理可也。

据《临时政府公报》第二十三号《大总统令陆军内务两部通饬所属嗣后查封房屋及借民房办公分别饬咨南京府知事文》

批康新民等呈*

（一九一二年二月二十七日）

自民国成立以来，宪法尚未规定，各省都督皆由自举。今甘省旅沪同乡会决议，举岑西林为甘省都督，于事理实属可行。惟必本省赞成之人，多数同意允担任筹备进行经费，及先商请岑西林允肯就任，本总统乃能发给委任状以委任之。此批。

据《临时政府公报》第二十三号《大总统批旅沪甘肃同乡会康新民等公举岑春萱为甘肃都督由》

致陈其美电

（一九一二年二月二十七日）

万急。上海陈都督鉴：前得辞表，亟电挽留。顷闻执事退志仍坚，政府亦当成执事让德之美。惟以军事、财政、外交、交通诸大端言，沪上都督万难遽行取消，幸请顾全大局，再行勉为其

* 此件所标时间系《临时政府公报》第二十三号出版日期。

难。俟前述诸大端中央布置就绪后再商。至盼。总统孙文。沁。

据《临时政府公报》第二十五号

咨参议院议决文官考试令等草案文*

（一九一二年二月二十八日）

任官授职，必赖贤能；尚公去私，厥惟考试。兹当缔造之始，必定铨选之程。前经令行法制局拟订文官考试章程。今据该局将所拟文官考试委员官职令与文官考试令暨外交官及领事官考试委员官职令与外交官及领事官考试令各草案缮具前来，合行提出贵院议决。又昨据内务部函称："各处待用之士，荟萃金陵，而各省办事人才，反觉缺乏，则文官考试实难再缓"等语。按之现在情形，诚如该部所云。今拟请贵院将文官考试委员官职令与文官考试令草案，提前议决，以便颁布施行。此咨。

据《临时政府公报》第二十四号《大总统咨参议院议决文官考试与外交官及领事官考试令草案文》

批准造币厂章程文

（一九一二年二月二十八日）

临时大总统批

一件　呈拟造币厂章程恳请批准由。

据呈已悉。所拟造币厂章程十二条尚称妥洽，应即照准。

* 此件所标时间系《临时政府公报》第二十四号出版日期。

此批。

孙　文

中华民国元年二月二十八日

据中国第二历史档案馆藏《南京临时政府档案》原件

批陆军部关于顾忠琛等任命文

（一九一二年二月二十八日）

临时大总统孙批

陆军部呈请以顾忠琛充第十六师师长，张振发、赵念伯充第三十一及三十二旅旅长由。

呈悉。准如所请。此批。

二月廿八日

据中国第二历史档案馆藏《南京临时政府档案》原稿

复上海共和促进会函*

（一九一二年二月二十八日）

共和促进会诸君公鉴：

惠缄及简章均悉。贵会同人于研究政治之余，复言论机关组织①，为国民导，热心宏愿，曷胜钦佩。辱承问序，深愧不文，然厚意复不可却，谨书数语奉寄，尚希裁酌。鄙照别寄，并祈察入。此请

---

* 此件所标时间系《天铎报》发表日期。

① 此处似应为"复组织言论机关"。

公安

孙武〔文〕顿首

据上海《天铎报》一九一二年二月二十八日《孙大总统之手书》

命内务部准中华民国红十字会立案令*

（一九一二年二月二十九日）

兹准黎副总统电开："鄂省自起义以来，血战数十日，尸骸枕藉无算。幸赖中国红十字会在武汉设立临时医院，救治被伤兵士，并施掩埋。兹查该会已由日本赤十字社长松元侯爵特派法学博士有贺长雄来沪，商榷修改会章。复承介绍，得邀万国红十字联合会公认该会为中华民国正式红十字会。此次民军起义，东西南北各省均设立分会，共五十余处，所费不赀，其功甚巨。如此热心慈善事业，似不可不特别表彰。伏恳准予立案，揭诸报章，以资提倡而重诚〔情〕感"等因前来。查该会热诚毅力，殊堪嘉尚，应予立案，以昭奖劝。合就令行该部，仰即查照可也。此令。

据《临时政府公报》第二十五号

致鄂省同志电**

（一九一二年二月二十八至二十九日间）

昨夕接鄂省来电云各同志与军务部长孙武大起冲突。其中理

---

* 此件所标时间系《临时政府公报》第二十五号出版日期。

** 一九一二年二月二十七日夜，湖北群英会暴动，以二次革命为名，围攻军务部，搜捕军务部长孙武。按电文中有"昨夕接鄂省来电"云云，当为鄂省于事变后即时发出的报告，据此推断此电当发于二月二十八至二十九日间。

由虽不甚悉，惟我民国军宗旨不外厚爱同胞，保全大局。况该部长于起义之时，不为无功，请同志尤宜格外原谅。万一有不能容恕之处，亦宜宣明罪状，同议办法，不失为文明举动。文已电谕军务部长张振武、北伐军统杜锡钧、混成协协统王安澜、前先锋第一军统领王国栋等，就近极力排解，旋即派代表来鄂彻查。务望各同志和平为主，毋伤同胞同志之意，毋启外人干涉之端。是则文所厚望，诸同志三思为幸。

据上海《时报》一九一二年三月六日《二次革命之尾声》

命财政部查照承认中华银行为商银行并予补助令

（一九一二年二月二十九日）

临时大总统令

据中华银行股东郭辉等呈称："窃商等前以本行垫发沪军公款太多，力不能支，请照原定章程，颁给公股洋壹百贰拾伍万元，并公举代表江上青君叩谒钧座，面陈一切，荷函致陈财政长筹款照拨。惟陈财政长以此行未经中央组织，颇有难意。伏念沪军起义之时，中央政府尚未成立，当此金融沮〔阻〕塞、百事待举之际，必先筹设财政机关，以资挹注。于是沪军陈都督特命沈财政长，从速筹办，七日告成，当订招股章程，公股商股各半。商等以此行为经济要素，民国首基，不惜鬻产举债，以附股份。当此之时，苏军甫经反正，张军尚踞金陵，大局甚危，人心未定，沪上兵民，一夕数惊。若非本行拄撑，肆应其间，事变之生，未可逆料。是沪督之创此行，非为沪民计，实为民国全局计；商等之乐附股本，非为沪军计，实为热心共和计。窃意政府成立之后，必将本行原订章程宣布承认，特别保护，以示奖励而劝国民。乃一再禀陈，虽蒙钧座俯鉴下忱，优谕慰允，一则饬拨巨款，设立南京分行，再则准照原章，拨发公股资本，无如当事者每以财政困难无力应付为言。在当局者，自有苦衷。然本行办事之人，既已呕心绞脑数月之久，中华之名称亦已中外皆知，商等力虽微薄，断不忍坐听其澌灭。现惟有赶紧招集商股，以巩基础，一面先在南京设立分行，以扩营业。至本行性质究居何等，从前沪军府原订章程是否仍行承认，应请大总统俯赐察核批示遵行。又南京分行刻拟即日先行设立，应恳令知财政部立案，确予保护”等情前来。查该行系在沪上光复之时，由沪军陈都督饬令沪财政长等所组织。在当时中央政府尚未成立，金融沮〔阻〕塞，商旅束手。沪军当东南之要冲，征兵转饷，时机危迫，间不容发，赖该行之功，遂得应付裕如。是陈都督筹画之劳，该行维持之力，均不可掩。为此，令仰该部查照，认该行为商银行之性质，由国家补助股份一半。其办法如日本银行之对于正金银行。如目前无现金，可给以公债票壹百贰拾伍万作抵。庶政策既不因之违碍，商本亦赖以维持矣。此令。
财政部总长陈锦涛知照

孙　文

中华民国元年二月二十九日

据中国第二历史档案馆藏《南京临时政府档案》原件

批江安渔业公会呈*

（一九一二年二月二十九日）

呈悉。前因临时政府成立伊始，各部尚未组织完全，该会来

---

* 此件所标时间系《临时政府公报》第二十五号出版日期。

呈，当由秘书处函复，不过认为暂时有此事实，并非予以特权，与正式批准不同。嗣据江苏都督呈请取缔，当令该都督咨商安徽都督会咨实业部妥为核办。仰即知照。此批。

据《临时政府公报》第二十五号《大总统批江安渔业公会为前后批词不同请更正公布呈》

批王先孚呈*

（一九一二年二月二十九日）

据称“旧岁三月间，谢仲山欠该人民工价壹千九百元有奇，控由地方审判厅判令谢仲山照给，迄今仍未遵判偿还”等情前来。查执行判决，系检察厅之专责，应由该人民自向地方检察厅诉追可也。此批。

据《临时政府公报》第二十五号

复张謇函**

（一九一二年一至二月间）

来教敬悉，铁矿合办诚有如所示之利害。惟度支困极，而民军待哺，日有哗溃之虞，譬犹寒天解衣裘付质库，急不能择也。此事克强兄提议，伊欲奉教于先生，故曾屡次请驾返宁……而该件急迫，已有成议，今追正无及……今日所见为独占无二者，他日当使竞争而并进。于众多矿中，分一矿利与日人，未见大害，否则以一大资本家如盛氏者专之，其为弊亦大。舆论于此，未必深察。先生

* 此件所标时间系《临时政府公报》第二十五号出版日期。

** 原函无月日，从函内“曾屡次请驾返宁”判断，当写于一、二月间。

一言，重于九鼎，匡救维持，使国人纵目光于远大，为将来计；而亦令政府迫于救患之苦衷，权宜之政策，免为众矢之的。不胜厚望。

据张孝若《南通张季直先生传记》(上海中华书局一九三〇年版)

复胡礼垣函*

(一九一二年一至二月间)

周宇传来言，知陶弘景必无能致之理。拜读华函并大著三册①，崇论闳议，钦佩无已。此次南军崛起，朔虏败北，几月之间，使东南半壁，气象一新者，自是我族茹苦含辛，久困必亨之所致，文何功焉！所愿虏酋知机，及今逊位，不劳兵力，克底共和，还大汉之河山，免生民于涂炭，则文之志也。来教主张大同，尤其婆心济世，蒙虽未逮，敢不勉旃。

据《胡翼南先生全集》第五十九卷《书札》(香江胡氏书斋一九二〇年刊本，香港聚珍书楼印)

致容闳函

(一九一二年二月)

容闳老先生伟鉴：

---

* 胡礼垣字荣懋，号翼南，广东三水人，中国近代改良派政论家。当时他闲居香港，写信向孙中山祝贺辛亥革命成功，并提出自己的“大同”主张。这是孙中山对胡来函的答复。原信未署年月，从本信内容，以及胡《与孙中山书》中“民国军之起也，如春霆，如旭日……辛亥之岁，六龟已藏，如一剑然，横磨十年，以之屠豕，宜其有余也”之语，推断此信写于一九一二年一至二月间。

① 大著三册：指胡随信寄给孙中山的《梨园娱老录》、《伊藤叹诗卷》和《新汉乐府》三本书。

丁此革命垂成，战争将终，及仆生平所抱之目的将达之际，逖闻太平洋对岸有老同志大发欢悦之声，斯诚令人闻之起舞。然揆先生其所以羁留至此之源，想亦因谋覆满清之专制而建伟大之事业，以还吾人自由平等之幸福，致有此逃亡异域。同病相怜，非仅为先生已也，即仆等亦尝饱受此苦。乃今差幸天心眷汉，胡运将终，汉族之锦绣河山，得重见于光天化日之下，仆何幸如之。虽然，吾人蜷伏于专制政体之下，迄兹已二百六十余年，而教育之颓败，人民之蒙蔽，恐一旦闻此自由平等之说，得毋惊愕咋舌耶！以是之故，况当此破坏后，民国建设，在在需才。素仰盛名，播震环宇，加以才智学识，达练过人，用敢备极欢迎，恳请先生归国，而在此中华民国创立一完全之政府，以巩固我幼稚之共和。倘俯允所请，则他日吾人得安享自由平等之幸福，悉自先生所赐矣。

先生久离乡井，祖国萦怀，量亦不致掉头而我弃也。临风濡颖，不胜鹄盼之至。僅〔谨〕此，并请

道安

弟孙逸仙上言

据胡编《总理全集》第三集《邀容闳归国函》

致陈炯明等电

（一九一二年二月）

陈都督、省议会、商会、军团协会、各报馆、各团体会鉴：连得军商各界团体挽留陈都督之电数十通，足知舆情所向，公论所存，无以易也。王和顺之种种不法，各界具知之，该督为地方治安计，不惮为难而行，其苦心当为各界共谅。当此大局初定，内乱初平，陈督断无轻卸责任而去之理。惟君子难进而易退，陈都督志行高洁，

本总统所素知，苟社会为少数人所簸弄，不复详其苦心，则宜有抑郁思去之志矣。本总统责备贤者，自不能听陈都督之轻辞。然徒托虚言慰藉，究非所以安陈督。所企吾粤父老兄弟，知任事者之苦衷，于是非所在，辨之至明，丝毫无惑，万众一心，交相维系，以图吾粤久安长治之局，则陈督将欲去而不忍去。各界能体此意，大局之幸也。孙文。印。

据胡编《总理全集》第三集《为粤事致广东各界电（六）》

复张謇电*

（一九一二年二月）

电悉。该件已具前函，现仍在设法中，比较利害，可改即改。直言文所深佩。时危拂衣，想非所忍，尚企为苍生挽留，不胜盼切。

据《南通张季直先生传记》

祭革命死义诸烈士文

（一九一二年三月一日）

中华民国元年三月朔，临时大总统孙文率国务卿士、文武将吏，以清酌致奠于近二十载以迄今兹革命死义诸烈士之灵：

呜呼！古有死重泰山，宝逾尺璧。或号百夫之防，或作万人之敌，竞雄角秀，同归共迹。企阋水于千龄，昚冲飙于一息。有明庇天下之大赐，而不尸其功；有阴定社稷之大绪，而不露其迹。先改弦易辙之会，而涤其苛纲，去其螟螣，还国家几顿未顿之元气，开中

* 张謇反对汉冶萍抵押于日本，坚辞实业总长职，孙中山再电挽留。

外欲泄未泄之胸臆。吁嗟群灵，宁或恫之。维灵从容，尚鉴在兹。日月烨烨，不谓无时。前仆后继，不谓无基。孰闵厥积而诎之施，孰丰厥遇而促之期。孰为成而孰为毁，羌维灵其知之。

粤以畴曩，甲乙岁纪。外侮内讧，丝纷丛委。尤有蟊贼，拊心为宄。猗欤群灵，南服崛起。灼烁其眸，龙麟其趾。辟彼太阿，一出劘兕。朱、陆、邱、程[1]，竭蹶支掎。万古晨昏，山岳蝼蚁。白日青天，寸衷可指。奈一结而妒阱，冢万载之交毁。拮据匍匐，顿成痡瘏。当道豺狼，毒蛇封豕。呜呼群灵，何为罹此。失意伤心，魂魄遂褫。怀抱冤阻，天崩地圮。此岂犹曰天道不远而伊迩邪？又孰知乎精神洞契而成合乎千古之知己邪？

嗣乎筚路篮缕，草莱以修。人亦有言，声应气求。去秕与蠹，不尽不休。嘘枯植弱，俾之出幽。联袂翩翻，异地同舟。轰轰杨、禹[2]，煌煌史、邹[3]。滟滟沪江，隆隆惠州。梁、洪[4]彯彯于岭海，吴[5]弹熠熠于燕幽。奚皆天阍未应，天听无繇。呜呼彼苍，念兹悠悠。云何群烈，为国宣猷。而乃美弗终逮，果靡与收。殁不牖下，殓不安衲。岂真不牖我衷，而卒值其尤。乃有徐、熊[6]竞兴，联缥袭紫。冠佩珊锵，烽燧熢浵。厥榥如机，轧轧寸累。锋颖芒寒，敛以越砥。荃竟不须，瞑不视只。繇是四海逖听，颈延踵企。萍乡标矗，钦廉猋起。雄飞镇南之关，鹘突珠江之涘。赫矣温侯，雍揄悠扬，而何先驱乎黄花之冈之七十有二也。

① 朱、陆、邱、程：即朱贵全、陆皓东、邱四、程奎光。
② 杨、禹：即杨衢云、禹之谟。
③ 史、邹：即史坚如、邹容。
④ 梁、洪：即梁慕光、洪全福。
⑤ 吴：即吴樾。
⑥ 徐、熊：即徐锡麟、熊成基。

虽然，爚赩武汉，彯绷聿渲。漫淼大江，漩漩来还。南部陆离，旬月之间。而我老彭，收功弹丸。翳夫战云叆叇，起于江关。我师我旅，駊騀骈阗。熊罴虎貔，以逮裨偏。其血肯雪赤、心烁金坚者，又何可胜覙缕也。今也，言合南朔，相与噢重，殷念群灵，进予一言。

呜呼！此日何日，此恩何恩，殷念群灵，生死骨肉。岂惟凉温，抚我芸芸。微灵其何以朝饔而夕飧，何灵之去，而无与解簪赠珮，以佐其辆绋之辕。大年何靳，大化何旋。呜呼！剜剔固艰，孤特尚焉。彼论者或犹求全，曾不知匪劳岂爱，有缺斯圆。兹也，既生既育，苟合苟完，夫孰非我灵之所延。呜呼！可谓贤矣。第化莫巧于推迁，物不逃乎机缘。值其泰，虽凡卉其昭苏；比其屯，虽芳华而颠连。夫安谂宙合，轧阴阳荡，孰使之然而自然。余愿灵之衎衎，偕物化其连蜷。余弗获拥灵而执鞭，而拂鞬，乃徒修芜词而祝豆笾。呜呼！謇矣惟然，灵有知乎？岂其无鉴乎余之拳拳。尚飨。

据《临时政府公报》第二十八号(南京一九一二年三月三日版)《大总统追悼死义诸烈士文》

命陆军部转饬所属统一领取军需公债办法令*

(一九一二年三月一日)

据财政部总长陈锦涛呈称："准公债司呈：'为公债募集，不宜杂乱，以杜流弊而免厉民事。窃维公债之担负，在于国民；公债之利病，视乎办法。发行有方，则偿还可必；经理划一，则募集不紊。

---

* 此件所标时间系《临时政府公报》第二十六号出版日期。

此次发行军需公债，定章只准各省都督分任募集，业经咨明各督在案。查此项公债，原以集巨款而助军需，惟不便听令各军队进〔径〕行来部请领债票以为军饷。盖如是则纷歧可免，办理有条，庶流弊不生，投资应募及纳税任还者，皆得减轻其担负，而于民国共和之治、总统民生之义不相违背。乃今各处军队，纷纷以出发购械为词，来部领票，殊乖定章，于公债前途实多窒碍。应请呈明大总统饬下陆军部及各省都督，毋许军队进〔径〕行来部请领公债票或预约券，须由该管各都督备咨转领发给，以昭划一。伏请裁断施行'等因。准此，查原呈所称各节，系为慎重债务起见，除分咨各省都督外，理合据情转呈钧府鉴核，伏乞迅令陆军部查照，转饬所属一体遵办"等情。为此合行令仰该部查照，并饬所属一体遵行，以重公债而昭划一。切切。此令。

据《临时政府公报》第二十六号《大总统令陆军部遵照财政部公债票定章并饬所属一体遵行由》

咨参议院请核议借华俄道胜银行款项文二件*

（一九一二年三月一日）

一

民国统一，战事已息。目前以恢复秩序，分别安置军队为第一要义，必需巨款，方足敷布。而各处疮痍未复，未能遽取诸民，拟借

* 此件所标时间系《临时政府公报》第二十六号出版日期。其一原标题为《大总统准财政部电称拟借华俄道胜银行款项咨参议院提前决议文》，其二原标题为《大总统咨参议院提出华俄道胜银行借款草合同请提前议决文》。

用外债。昨日得财政部电称，现拟借华俄道胜银行之款，系五厘息，九七扣，一年期，用中央名义担保，毋庸抵押，由下次大宗借款内扣还，并须许以下次政府有大借款，如所索权利与他家相等，华俄银行有优先权。共借一百五十万磅，经涛[1]于箇（廿一）日签字，候孙、袁总统及京行电许，并参议院通过，即行作实，一星期内即交三百万两。请即交院议并电复。为此，要求贵院即开临时会，提前决议。此咨。

二

昨据财政部总长陈锦涛电称，拟借华俄道胜银行款，其条件各点已提出贵院，经得同意。兹将与该银行订定借款草合同，呈请转咨贵院开临时会，提前公决核准前来。相应咨请贵院察照办理，并派秘书长胡汉民、财政部委员黄体谦到院，陈述一切。此咨。

据《临时政府公报》第二十六号

批陆军部呈报勋章章程文

（一九一二年三月一日）

临时大总统孙批

一件。陆军部呈报勋章式样及章程请核准施行由。

据呈已悉。勋章所以酬庸劝士，亟应制定颁行，以励有功。该部所拟勋章章程及形式，尚属妥善，应准颁行。此批。

孙　文

① 涛：即财政部总长陈锦涛。

中华民国元年三月初一日

据中国第二历史档案馆藏《南京临时政府档案》原件

咨参议院请核议张人杰等输款事文*

（一九一二年三月一日）

兹据交通部转呈，商人张人杰、褚民谊等呈称，愿输集款项十万两以充军饷等因。当经财政部核议，据称尚属可行。合将该商人原呈咨请贵院议决，即行赐复，并望迅速办理为幸。

据《临时政府公报》第二十六号《大总统咨参议院请议决商人张人杰褚民谊等愿输集款项十万两以充军饷文》

令财政部与交通等部协商张人杰等输款事宜文**

（一九一二年三月一日）

据交通部转呈："商人张人杰、褚民谊等呈称：'目击时艰，情殷输助，愿输集款项十万两，报效政府。'当经财政部核议，据称尚属可行"等情前来。合行令仰该部按照该商原禀所列各条，详加研求，其中有无磋商之处，亦由该部协商交通部、内务部筹度情形，径与该商等妥拟办法，务期有裨国帑，无害政策。切切。此令。

据《临时政府公报》第二十六号《大总统令财政部核议商人张人杰褚民谊等输集款项并协商交通内务两部妥拟办法由》

* 此件所标时间系《临时政府公报》第二十六号出版日期。

** 此件所标时间系《临时政府公报》第二十六号出版日期。

颁给《天铎报》旌义状文

（一九一二年三月一日）

《天铎报》于中华民国开国之始，宣扬大义，不遗余力，应发给优等旌义状，奕代后民，永多厥义。此旌。

据上海《天铎报》一九一二年四月八日《临时大总统颁给天铎报旌义状文》

颁给张永福等旌义状九件

（一九一二年三月一日）

一

旌义状：张祝华[①]先生于中华民国开国之始，为国宣劳，不遗余力，特给予旌义状，奕代后民，永多厥义。此旌。

临时大总统孙文

中华民国元年三月初一日

据张永福编《南洋与创立民国》（上海中华书局一九三三年版）原件照片

二

旌义状：郑螺生先生于中华民国开国之始，为国宣劳，颇资得力，特给予优等旌义状，奕代后民，永多厥义。此旌。

临时大总统孙文

① 张祝华：即张永福。

中华民国元年三月初一日

据黄警顽编《南洋霹雳华侨革命史迹》(上海文华美术图书公司一九三三年版)影印原件

三

旌义状:李源水先生于中华民国开国之始,为国宣劳,颇资得力,特给予优等旌义状,奕代后民,永多厥义。此旌。

临时大总统孙文

中华民国元年三月初一日

据《南洋霹雳华侨革命史迹》影印原件

四

旌义状:林义顺先生于中华民国开国之始,踊跃输将,军储赖济,特给予旌义状,奕代后民,永多厥义。此旌。

临时大总统孙文

中华民国元年三月初一日

据《国父全集》第四册(转录史委会藏影印原件)

五

旌义状:周献瑞先生于中华民国开国之始,踊跃输将,军储赖济,特给予旌义状,奕代后民,永多厥义。此旌。

临时大总统孙文

中华民国元年三月初一日

据《国父全集》第四册(转录史委会藏周献瑞《物无质》影印原件)

六

旌义状:邓慕韩君于中华民国开国之始,为国宣劳,颇资得力,特给予优等旌义状，奕代后民，永多厥义。此旌。

临时大总统孙文

中华民国元年三月初一日

据《国父全集》第四册（转录史委会藏影印原件）

七

旌义状：骆连焕先生于中华民国开国之始，为国宣劳，不遗余力，特给予旌义状，奕代后民，永多厥义。此旌

临时大总统孙文

中华民国元年三月初一日

据《国父全集》第四册（转录史委会藏影印原件）

八

旌义状：梅乔林于中华民国开国之始，为国宣劳，颇资得力，给予优等旌义状，奕代后民，永多厥义。此旌。

临时大总统孙文

中华民国元年三月初一日

据《国父全集》第四册（转录史委会藏原件）

九

旌义状：张蔼蕴于中华民国开国之始，为国宣劳，颇资得力，特给予优等旌义状，奕代后民，永多厥义。此旌。

临时大总统孙文

中华民国元年三月初一日

据中国社会科学院近代史研究所藏原件照片

严禁鸦片通令*

（一九一二年三月二日）

鸦片流毒中国，垂及百年，沉溺通于贵贱，流衍遍于全国。失业废时，耗财殒身，浸淫不止，种姓沦亡，其祸盖非敌国外患所可同语。而嗜者不察，本总统实甚惑之。自满清末年，渐知其病，种植有禁，公膏有征，亦欲铲除旧污，自盖前蛊。在下各善社复为宣扬倡导，匡引不逮，故能成效渐彰，黑籍衰减。方今民国成立，炫耀宇内，发愤为雄，斯正其时。若于旧染锢疾，不克拔涤净尽，虽有良法美制，岂能恃以图存？为此申告天下，须知保国存家，匹夫有责；束修自好，百姓与能。其有饮鸩自安、沉湎忘返者，不可为共和之民。当咨行参议院，于立法时剥夺其选举、被选一切公权，示不与齐民齿。并由内务部转行各省都督，通饬所属官署，重申种吸各禁，勿任废弛。其有未尽事宜，仍随时筹划举办。尤望各团体讲演诸会，随分劝导，不惮勤劳，务使利害大明，趋就知向，屏绝恶习，共作新民，永雪亚东病夫之耻，长保中夏清明之风。本总统有后〔厚〕望焉。

据《临时政府公报》第二十七号（南京一九一二年三月二日版）《大总统令禁烟文》

---

* 此件所标时间系《临时政府公报》第二十七号出版日期。

令内务部通知革除前清官厅称呼文[*]

（一九一二年三月二日）

官厅为治事之机关，职员乃人民之公仆，本非特殊之阶级，何取非分之名称。查前清官厅，视官等之高下，有大人、老爷等名称，受之者增惭，施之者失体，义无取焉。光复以后，闻中央地方各官厅，漫不加察，仍沿旧称，殊为共和政治之玷。嗣后各官厅人员相称，咸以官职，民间普通称呼则曰先生、曰君，不得再沿前清官厅恶称。为此令仰该部遵照，速即通知各官署，并转饬所属，咸喻此意。此令。

据《临时政府公报》第二十七号《大总统令内务部通知各官署革除前清官厅称呼文》

令内务部禁止买卖人口文[**]

（一九一二年三月二日）

自法兰西人权宣言书出后，自由博爱平等之义，昭若日星。各国法律，凡属人类一律平等，无有阶级。其有他国逃奴入国者，待以平民，不问其属于何国。中国政治，代主开放，贵族、自由民之阶级铲除最早。此历史之已事，足以夸示万国者。前清入主，政治不纲，民生憔悴，逃死无所，妻女鬻为妾媵，子姓沦于皂隶，不肖奸人

* 此件所标时间系《临时政府公报》第二十七号出版日期。

** 此件所标时间系《临时政府公报》第二十七号出版日期。

从而市利，流毒播孽，由来久矣。尤可痛者，失教同胞，艰于生计，乃有奸徒诱以甘言，转贩外人，牛马同视，终年劳动，不得一饱。如斯惨毒，言之痛心！今查民国开国之始，凡属国人咸属平等。背此大义，与众共弃。为此令仰该部遵照，迅即编定暂行条例，通饬所属，嗣后不得再有买卖人口情事，违者罚如令。其从前所结买卖契约，悉与解除，视为雇主雇人之关系，并不得再有主奴名分。此令。

据《临时政府公报》第二十七号

令内务司法两部通饬所属禁止刑讯文*

（一九一二年三月二日）

近世文化日进，刑法之目的亦因而递嬗。昔之喝〔揭〕威吓报复为帜志者，今也则异。刑罚之目的在维持国权、保护公安。人民之触犯法纪，由个人之利益与社会之利益不得其平、互相抵触而起。国家之所以惩创罪人者，非快私人报复之私，亦非以示惩创，使后来相戒，盖非此不足以保持国家之生存，而成人道之均平也。故其罚之之程度，以足调剂个人之利益与社会之利益之平为准，苛暴残酷，义无取焉。

前清起自草昧之族，政以贿成，视吾民族生命，曾草菅之不若。教育不兴，实业衰息，生民失业，及其罹刑网也，则又从而锻炼周纳，以成其狱，三木之下，何求不得。彼虏不察，奖杀勖残，杀人愈多者，立膺上考，超迁以去，转相师法，日糜吾民之血肉以快其淫威。试一检满清史馆之所纪载，其所谓名臣能吏者，何莫非吾民之

---

* 此件所标时间系《临时政府公报》第二十七号出版日期。本文并据《临时政府公报》第二十八号《内务部咨司法部严令所属各官厅一律停止刑讯文》互校订正。

血迹泪痕所染成者也。

本总统提倡人道，注重民生，奔走国难二十余载。对于亡清虐政，曾声其罪状，布告中外人士。而于刑讯一端，尤深恶痛绝，中夜以思，情逾剥肤。今者光复大业幸告成功，五族一家，声威远暨。当肃清吏治，休养民生，荡涤烦苛，咸与更始。为此令仰该部转饬所属，不论行政、司法官署及何种案件，一概不准刑讯。鞫狱当视证据之充实与否，不当偏重口供。其从前不法刑具，悉令焚毁。仍不时派员巡视，如有不肖官司，日久故智复萌，重煽亡清遗毒者，除褫夺官职外，付所司治以应得之罪。吁！人权神圣，岂容弁髦；刑期无刑，古有明训。布告所司，咸喻此意。

据《临时政府公报》第二十七号《大总统令内务司法两部通饬所属禁止刑讯文》

批叶韶奎等呈*

（一九一二年三月二日）

呈悉。现在民国大局已定，亟当振兴实业，改良商货，方于国计民生有所裨益。披阅所陈历年筹办情形，良工心苦，洵非虚言。至拟更改公司组织，重招新股，力图扩充，树工界之先声，作商场之模范，将于该厂见之。既据分呈各主管官厅，仰即听候各该主管官厅批准立案可也。原呈及说帖清折存。此批。

据《临时政府公报》第二十七号《大总统批龙华制革厂股商叶韶奎等禀呈历办情形及现拟扩充办法请批准呈》

---

* 此件所标时间系《临时政府公报》第二十七号出版日期。

批财政部呈*

（一九一二年三月二日）

据呈已悉。所拟造币厂章程十二条尚称妥洽，应即照准。此批。

附：财政部原呈并章程

为呈请事：窃维民国圜法，关系重要，币厂简章，应先厘订。前经派员至江南造币厂详加考察兹据复称，该厂赓续旧章，积习难除。又查该厂册表，用人用款，均涉浮滥。本部职司财政，考核所关，兹特酌拟造币厂章程十二条，缮单呈请批准，俾有遵循。至所有从前办事人员，即行分别撤留，以示惩劝而资整顿。理合呈明，即希钧鉴。谨呈。

造币厂章程

第一条　造币厂归财政部管辖，掌铸造国币一切事宜。

第二条　造币厂暂设总厂于南京，设分厂于武昌、广州、成都、云南四处。如再添设分厂，须呈明大总统批准，其分厂统归总厂直辖。

第三条　总厂设正副长各一员，由财政部荐任，管理总分各厂一切事宜。总厂及各分厂各设厂长一员，帮长一员，均由

* 此件所标时间系《临时政府公报》第二十七号出版日期。

正副长遴选妥员，呈部核准委任，秉承正副长分理各该厂一切事宜。

第四条　总分各厂应设工务长一员，总务长一员，由正副长遴选妥员，呈部核准令委。其余艺师、艺士及各员司，由各厂酌定员数，呈部核定。

第五条　财政部筹备铸币专款，发给总厂，分派各厂应用；所有各省旧设银铜圆厂机器厂房材料，准总厂选择提用。

第六条　总分各厂应铸辅币，数目由中国银行斟酌市面情形，随时拟定数目，呈由财政部核准饬厂照铸。

第七条　总分各厂铸成国币数目，每十日一次，呈报财政部查核。

第八条　总分各厂铸成新币，重量、成色、公差之类，必须遵照定章，并遴派精通化学人员，随时化验，如有不符，即回炉重铸，以免参差。

第九条　总分各厂所铸各币，由总厂呈送财政部化验，财政部亦得随时任抽各厂所铸各币化验查核。

第十条　造币厂出入款项，由总厂按季详造表册呈报，财政部按年总结，除表册外，并应呈报预算决算清册。各分厂应将该厂收支数目，与银铜等币出入情形，每月一次呈报总厂，仍每日将帐簿结算清楚，以备总厂随时查核。

第十一条　各厂有缉访私铸、防卫厂料等事，应请各省都督协助者，随时照行。

第十二条　总分各厂办事细则，由总厂拟订，呈由财政部核准施行。

据《临时政府公报》第二十七号《大总统批财政部拟具造币厂章程呈》

中国同盟会总章*

（一九一二年三月三日）

第一章 总 则

第一条 本会定名中国同盟会。

第二条 本会以巩固中华民国，实行民生主义为宗旨。

第三条 本会政纲分列如下：

一、完成行政统一，促进地方自治。

二、实行种族同化。

三、采用国家社会政策。

四、普及义务教育。

五、主张男女平权。

六、励行征兵制度。

七、整理财政，厘定税则。

八、力谋国际平等。

九、注重移民垦殖事业。

第四条 本会暂设本部于首都，设支部于各要地。

第二章 会 员

第五条 凡中国人已经成年，具普通智识，赞同本会宗旨，由

---

* 中国同盟会本部三月三日在南京召开会员大会，举孙中山为总理，黄兴、黎元洪为协理。此总章为这次大会所制定。

会员二人以上之绍介，经本部及支部干事认可者，得为本会会员。

第六条　会员须遵守本会章程及政纲。

第七条　入会会员应纳入会费一元，常年费二元。

第八条　会员得绍介同志入会。

第九条　会员得选举本会职员，及被选举或委任为本会职员。

第十条　凡已入本会者，同时不得入他政党。

第十一条　会员得五人以上之同意，对于本部或支部可提出意见书，陈请评议。

第十二条　会员欲出会须提出理由，经本部或支部之评议部许可。

第十三条　会员一年以上未缴常年费，且不通告理由者，宣告除名。

第十四条　会员有违犯规则、败坏名誉者，经评议部议决，由总理宣告除名。

第十五条　会员因会事受损害者，由评议部议决，得受特别保护及抚恤。

第十六条　会员于入会日领受会员徽志，为开大会时入场之证。

第三章　职　　员

第十七条　本会设总理一人，协理二人，由全体大会选举。

第十八条　总理代表本会总揽一切事务。

第十九条　协理襄助总理，遇总理有事故不能理会务时，得代理其职权。

第二十条　干事部分为五：曰总务部、交际部、政事部、理财部、文事部，每部设主任干事一人。

第二十一条 主任干事由全体会员投票选举十人,呈总理选任。每部分设数科,科员若干人,由该部主任干事荐任。

第二十二条 干事部之职权及分科,另章规定,其要领列下:

总务部 辅助总、协理指挥本会一切事务,图谋各部事务之调和,联络本部与支部之关系,并掌理不属他部之事务。

交际部 掌理本会与他团体或个人交涉之事务。

政事部 研究政治上一切问题,联络在议院及政府任职各会员,以谋党见之统一。

理财部 筹划本会经费,管理一切收支,及本会经营之农工商业。

文事部 掌理本会一切文件,及出版事项。

第二十三条 各部干事每年改选一次,但得连举连任。

第二十四条 本部设评议部,评议员由本部会员选举,每省以一人以上四人以下为限,任期一年。

第二十五条 评议部决议本会章程及一切临时发生事项。其章程另定。

第四章 经　　费

第二十六条 本会经费,以会员入会费、常年费及特别捐充之。

第二十七条 每岁收入支出,于年终由理财部造册,经评议检查后,登报报告全体会员。

第五章 会　　期

第二十八条 本会会期,分为全体大会、常会、临时会,皆由总理召集。全体大会每年开一次,各支部皆派代表莅会;常会每季开一次，只限于本部会员；临时会遇有重大事件方开，无定期，视会之性质如何，以定召集支部代表与否。

第六章　支　　部

第二十九条　各支部得依据支部通则，自定章程，但不得违背本会之宗旨及政纲。

第三十条　各支部长须按季将支部会员名册及会务情状，报告本部。

第三十一条　各支部得随时建议于本部。

第三十二条　各支部之会员入会费须按季寄交本部。

第七章　附　　则

第三十三条　本总章自发布之日施行。

第三十四条　本总章有职员五人以上，或会员十人以上之提议，经评议部三分之二可决，得修改之。

据《国父全集》第二册(转录史委会藏南京临时政府印铸局铅印原件)

附：中国同盟会总章草案*

第一章　总　　则

第一条　本会定名中国同盟会。

第二条　本会以巩固中华民国，实行民生主义为宗旨。

---

* 此件为《民立报》所刊载，内容和南京临时政府印铸局铅印原件基本相同，惟条文秩序及个别词句略有出入或增减，附辑于此。

第三条　本会政纲分列如下：

一、完成行政统一，促进地方自治。

二、实行种族同化。

三、采用国家社会政策。

四、普及义务教育。

五、主张男女平权。

六、励行征兵制度。

七、整理财政，厘定税制。

八、力谋国际平等。

九、注重移民垦殖事业。

第四条　本会暂设本部于南京，设支部于各要地。

第二章　会　　员

第五条　凡中国人已经成年，具普通知识，赞同本会宗旨，由会员二人以上之绍介，经评议部认可者，得为本会会员。

第六条　会员须遵守本会一切章程及政纲。

第七条　凡已入本会者同时不得入他政党。

第八条　会员得绍介同志入会。

第九条　会员须担任本会经费。

第十条　会员得选举、被选举及被委任为本会各职员。

第十一条　会员欲出会者，可提出理由，经干事部（或评议部）许可方准行。

第十二条　会员有违犯规则，败坏名誉者，经评议部议决，由总理宣告除名。

第十三条　会员因会事受损害者，得由评议部议决，享受特别保护及抚恤。

第十四条　会员于入会日领受会员徽志，为开大会时入场之证，但平日不得佩带。

第三章　职　　员

第十五条　本会设总理一人，协理二人，由全体会员选举。

第十六条　总理代表本会总理一切会务。

第十七条　协理襄助总理，遇总理有事故不能理会务时，得代理其职权。

第十八条　干事部分为五：曰总务部、交际部、政事部、理财部、文事部，每部设主任干事一人。

第十九条　主任干事由会员投票选举十人，呈总理选任。每部设数科，科员若干人，由该部主任干事荐任。

第二十条　干事部之职权及分科，另由专章细定，其要领仅列如下：

总务部　辅佐总理或协理指挥本会一切事务，图谋各部事务之调和，联络本部与支部之关系等。

交际部　掌与他团体或个人与本会交涉之事，扩张本会势力，介绍入会等。

政事部　研究政治上一切问题，草创政见，联合在议院及政府任职之各会员以谋党见之统一等。

理财部　筹划本会一切收入及支出，管理本会直接经营之农工商业等。

文事部　掌理关于宣布宗旨，演说、出版事等。

第二十一条　各部干事每年改选一次，但得连举连任。

第二十二条　本会设评议部，评议员由本部会员选〈举〉，每省以一人以上四人以下为限，任期一年。

第二十三条 评议部决议本会章程及一切临时发生事项。其详细另依细则定之。

第四章 经 费

第二十四条 入会会员,应纳入会捐一元,常年捐二元。

第二十五条 会员一年以上未缴常年捐,且不通告理由者,宣告除名。

第二十六条 本会对于会员,得募集特别捐。

第二十七条 每岁收入支出,于年终由理财部造册,经评议部检查后,登报报告于全体会员。

第五章 会 期

第二十八条 本会会期,分为全体大会、常会、临时会,皆由总理召集。全体大会每年开一次,各支部皆派代表莅会。常会每季开一次,只限于本部会员。临时会遇有重大事件方开,无定期,视会之性质如何,以定召集支部代表与否。

第六章 支 部

第二十九条 各支部得自定支部章程,但不得变更本会之宗旨及政纲。

第三十条 各支部每半年须以支部之党员名册及会务情状,报告于本部,各支部之干事举定后即当通知。

第三十一条 各支部得随时建议于本部。

第三十二条 各支部之入会捐,均须寄交本部。

第七章 附 则

第三十三条 本会章自发布之日起施行有效。

第三十四条 本会章由职员五人以上，或会员十人以上之提议，经评议部三分二之赞成，得修改之。

据上海《民立报》一九一二年三月六、八日

命沪军都督停止发行公债票令*

（一九一二年三月三日）

据财政部呈称："此次发行中央公债票，原以统一财政，巩固信用。前因报载上海发行公债票广告一则，当由本部援鄂军政府成案，咨请沪军都督转饬财政司，迅将广告停刊等因在案。迄今多日，未得咨复。昨阅《大共和日报》仍载此项广告，其中仍有商明本部长，定以三百万元为限等语。查沪军政府发行债票，诚为救急之举，其在中央债票未发行以前所售之票，本部长准其发行；其在发行中央债票以后，所有沪军政府未售之票，即当截止。屡经王震、朱佩珍二君来部相商，俱以此对。本部长并未认可三百万元之数。乃今阅报载广告，所云事实全不相符，传闻难免误会。本部长职权所在，窃有不能已于言者：姑勿论购票之人财力有限，此盈彼绌，无裨实益，但以上海一隅，即有两种债票之流行，非特有伤国体，抑恐贻讥外人。况民国初立，万端待理，各省均有度支匮绝之虞。若皆纷纷援例，目前虚縻之害犹小，政出多门之诮尤大。本部忝掌全国财政，长此纷歧错出，将何以收整齐划一之效？除咨沪军都督外，

---

* 此件所标时间系《临时政府公报》第二十八号出版日期。

为此呈请大总统俯赐察核，迅电沪军政府转饬财政司，将上海公债票停止发行，无庸续售。并请查照前咨，将已售出之债票查明号码数目，详细列册，克日报部，以凭稽核。一面仍来部续领中央债票，继续办理，俾昭统一"等因前来。查该部所呈，为免纷歧而昭信用起见，中央公债票既经发行，上海公债票应即停止，自是正办。为此令仰该都督，即行转饬上海财政司，将上海公债票即日停止发行。并查照财政部前咨，将已售之债票，查明号码数目，详细列册，克日报部。一面到财政部续领中央债票，继续办理，俾昭划一。切切。此令。

据《临时政府公报》第二十八号《大总统令沪都督转饬财政司即日停止发行公债文》

咨复参议院弹劾吕志伊违法文*

（一九一二年三月三日）

接二月二十八日来咨，自系为尊重立法权、保障言论自由起见，诚无可非难之理。惟查法律最重方式，苟方式一有不备，即不能发生效力。此次司法次长吕志伊所发之函，系私人书信，在法律上无施行之效力，不能认为正式公文。该私函所述，仅系发表个人之意思，并无行为，在法律上亦无徒据个人之意思，不问其有无行为遽认为有效之理。来咨以"欲施行"三字断之，未免重视意思而忽略行为矣。贵院议员刘成禺现仍在参议院照常发言，身体言论毫无阻碍，据此即不能断定吕志伊有不法干涉之行为。既无不法干涉之行为，则来咨所指蔑视议院、蹂躏民权之事实，皆不成立矣。

---

* 此件所标时间系《临时政府公报》第二十八号出版日期。

来咨对于议员刘成禺出言不慎一事，谓“即令有之，亦不过偶尔失慎，不能指为违宪之确据”。今吕志伊用私人信函转托请示办法于副总统，亦有如来咨所谓出言偶尔失慎之嫌，本总统何能为之讳。抑共和民国之下，立法权固当倍加尊重，而行政权亦不宜轻蔑。司法次长系民国之望，遽尔因其私函之意思，弹劾不职，恐非民国之宜。美国百年以来，议院弹劾行政官不过数次，诚互相尊重维持之至意。当兹民国初定，常人亦不能无过激之意思，其未见于行为者，自不必深求，亦不能以其为司法次长而遽据“欲施行”三字加等深文也。此咨。

据《临时政府公报》第二十八号《大总统咨复参议院弹劾司法部次长吕志伊违法文》

咨参议院核议借款救济皖灾案文

（一九一二年三月三日）

前据财政部总长陈锦涛呈称：“华洋义赈会以安徽救急事宜向四国银行借款，请示办法前来，当经饬令该部与该会会商办理在案。”兹再据该部长呈称：“据该报告灾情万急，如十日内无大宗赈款，恐灾民坐毙日以千数。”又函称：“四国银行允每星期可借十万两，分十六星期，共借一百六十万两，以民国财政部收据交银行存执，为暂时担保之证。与现时南北商妥暂借二百万之办法相同。窃以该省兵燹偏灾，纷乘沓至，物力凋敝，罗掘俱穷。今日复接孙都督电请中央拨助，愿在钱粮项下分年提偿，其窘急情形亦可想见。然恐磋商此项分摊条件，缓不济急，可否俯念民生流离，倒悬待解，借款救济，实为瞬不容缓之举。迅将全案理由咨交参议院查照，克日议复，以苏民命”等因。据此，理合咨请贵院查照全案理由，克日议复，以便施行，事关民命，幸勿迟误。此咨。

据《临时政府公报》第三十号（南京一九一二年三月六日版）

令沪都督核办杨文彬为被嫌久拘请省释文*

（一九一二年三月三日）

据云南留日毕业生杨文彬呈称被嫌久拘，请予省释等情前来。查该生系因嫌由该都督拘置，如讯有触犯民国法令确据，自应予以制裁；倘系无罪，即可早日复其自由。为此令仰该都督遵照前情，秉公核办。原呈并发。此令。

据《临时政府公报》第二十八号

批杨文彬呈**

（一九一二年三月三日）

呈悉。该生因嫌被沪军都督府拘置，应候沪军都督讯明发落。已将原呈发交沪军都督，秉公核办。所请提宁质讯之处，着毋庸议。此批。

据《临时政府公报》第二十八号

* 此件所标时间系《临时政府公报》第二十八号出版日期。

** 此件所标时间系《临时政府公报》第二十八号出版日期。

复康德黎函

（一九一二年三月三日）

亲爱的康德黎博士：

接到你非常亲切有趣的信，甚感快慰。

我很健康。自我的革命工作完成以来，我既已辞职而让袁世凯出任大总统，故希望不日即可卸任。但我恐怕诸事或许尚难好转，因此需要我的工作稍事延长。你无疑已从前两天的报上看到北京的混乱，这要求唤起极大的注意，并需要立即采取行动，以防止混乱的蔓延。但我希望不久一切将恢复正常。

忠实于你的孙逸仙

一九一二年三月三日　南京

据康德黎与琼斯《孙逸仙与中国的觉醒》（伦敦一九一二年英文版）译出

致庄蕴宽电*

（一九一二年三月三日）

苏州庄都督鉴：上海电云：“据米业董事报告，镇江关食米弛禁，轮船纷纷往运。沪市闻此风说，米价已腾。若任听轮运出口，不特价贵可虑，且恐来源缺乏。目下兵士云集，危险可虞，务恳迅饬镇军分府，禁止轮运出口，以顾民食而靖地方。上海总分商会。

* 此件所标时间系《临时政府公报》第二十八号出版日期。

俭”等语。事关民食,亟应查复。总统孙文。

据《临时政府公报》第二十八号

致陈其美电*

(一九一二年三月三日)

上海陈都督鉴:据驻沪通商交涉使来电云:“本月二十四日,有胡承诰者为上海闸北光复军骗出租界,被拘营次,将责以报效军饷十万元。当以筹饷与捕犯系属两事,胡承诰既非有罪,认捐军饷自有私权,今乃逮捕无辜,勒令报效巨款,殊非情理之平。函致沪军都督陈、光复军统领李①饬令释放在案,乃迄未准放。现在驻沪领事团因此事有碍治安,深抱不平,应请电饬沪军都督陈、闸北光复军统领李即行释放,以免横生枝节。盼切。温宗尧。感”等语。应请饬查明,立予释放。总统孙文。

据《临时政府公报》第二十八号

复黎元洪电

(一九一二年三月三日)

冬电悉。军务司长孙武辞职,派曾广大接充,内务、教育两司亦均得人,商民不惊,市井无恙,极见荩筹硕画,布置周详,闻之极慰。

据曹亚伯著《武昌革命真史》(上海中华书局一九三〇年三月发行)

---

* 此件所标时间系《临时政府公报》第二十八号出版日期。

① 光复军统领李:即李燮和。

令准陆军部呈请奖恤吴禄贞等文

（一九一二年三月四日）

临时大总统令

据该部呈称："窃维荡涤中原，肇建民国，为先祖复累世之仇，为后人造无穷之福，实赴义先烈捐躯洒血，以有今日。起义以来，效命疆场，碎身沙漠，若将若士，更仆难数。而吴禄贞、张世膺、周维桢三氏者，为同胞惨死，尤最凄怆，恤悼宜先抚恤者也。爰采各国抚遗恤亡之例，定抚恤章程。凡此次起义诸将士兵卒，或遇害于行伍，或遭凶于暗昧，均按其等级高下，申请赐予一时恤金及遗族恤金，以酬忠烈而励将来。查吴禄贞应照大将军例，赐一时恤金一千五百元，遗族每年恤金八百元；张世膺照右将军例，赐一时恤金一千一百元，遗族每年恤金六百元；周维桢照大都尉例，赐一时恤金九百元，遗族每年恤金五百元。拟请从先酌准，赐予三氏恤金，以为我共和开国报功酬勋之先表，宣示天下，以不负忠烈之意。为此，申请察核，伏乞照准施行"等情前来。查民国新成，宜有彰勋之典。吴、周、张三氏，当义师甫起之日，即阴图大举，绝彼南下之援，以张北伐之势。事机甫熟，遽毙凶刃，叠被重创，身首异处，死事至惨。而抚恤之典，尚尔缺如。该部所称，实属深明大体，应准如所请，风示天下。此令。

陆军部总长黄兴知照

孙　文

中华民国元年三月初四日

据中国第二历史档案馆藏《南京临时政府档案》原件

准补充造币厂正长等职批文

（一九一二年三月四日）

临时大总统批

一件。呈请补充造币厂正长及江南造币厂厂长、帮长由。

呈悉。所请造币总厂正长以该部[①]次长王鸿猷兼任，江南造币厂厂长以王兼善补充，帮长以赵家蕃补充各节，应即照准。此批。

孙　文

中华民国元年三月初四日

据中国第二历史档案馆藏《南京临时政府档案》原件

致陈其美电

（一九一二年三月四日）

万急。上海陈都督鉴：顷据湘都督电称："湘岸各处缺盐，所在淡食。淮盐无多，转运迟滞，不能不另筹接济。前经派员订购奉天余盐百余票，以济眉急。仰恳知照沪关，验明湘省护照，准其入口，输运到湘。事关民食饷需，乞俯允转行，并恳赐复。湘都督谭延闿叩。艳"等语。仰即知照沪关照办。总统孙文。支。

据《临时政府公报》第三十二号（南京一九一二年三月八日版）

---

① 该部：指财政部。

复马毓宝电

（一九一二年三月四日）

南昌马都督鉴：艳电称请令行各省，前清显宦专祠，不能任意销毁。此以留作办公廨宇为前提，尚确，若谓藉此以崇体统，保文明，殊为不合。查前清专祠崇祀之显宦，莫如曾、左。然曾、左之所以得馨香俎豆者，特以彼能献同胞之骨肉于满廷，而满廷乃亦以尘饭土羹酬酢之，且欲诱吾汉族子孙万禩，视曾、左为师法，而遂其煮豆燃萁之计。从古专制家之蔑视公理，自谋私利，大抵如是，不特满清为然也。夫崇德报功，应以国利民福为衡准，而后不论何期，皆能血食。盖果功德在民，斯民亦永矢勿谖，荣以崇祀，庶标矩矱。若功不过一姓之良，绩不过一时之著，此当时资其效用者，固宜图有以报称之，而于后世何与焉？况此中有道德标准之关系，更安能以人人目为自残手足之人？乃因满廷私意，建有专祠，遂永使吾民馨香之，向往之，模范之，以淆乱是非公论乎！本总统为世道人心起见，对于前清显宦，固不欲因敝制而率行崇祀，以惑是非；亦决不执偏私而有意推求，以诬贤哲。惟前清诸显宦，倘人民对之已无敬爱之心，即政府视之应在淫祀之列。理应分别充公，改作正用，毋滥祀典，致蛊来兹。是则崇体统、保文明之正当办法也。特复。孙文。支。

据《临时政府公报》第三十一号（南京一九一二年三月七日版）《大总统复江西都督马毓宝毁淫祀电文》

追悼粤中倡义死事诸烈士通告

（一九一二年三月五日）

呜呼！今而后我神州大国民其长饮共和之幸乐乎？抑亦思其构是幸乐之代价为何物质耶？夫非我最可亲爱、可崇敬、可呜悒的一般有名无名之鼎鼎济济诸先烈之头、之血、之心腑、肤肉所交易而得。而默然肃其灵魂，以拱授于我生存之同胞者邪？抑思乎百粤山川，风雪〔雲〕滃然而起革命之初潮也。潮音怒兴，烈魄随汩。甲午而后，青天白日，汉帜儵扬，我陆皓东烈士实首殉焉！而朱、邱二烈同痛于槀阶，二程遭惨于狴狱。自时厥后，不甘前仆，继起发奋者，则庚子惠州之役，二百从亡，挫衄而还，我史烈士坚如，遂以身殉一击。以云先河，此其最古。殆因缘被难，株累重牢，若杨烈蘧〔衢〕云、郑烈弼臣、陈烈孔屏，洎辛丑省役之梁烈慕义、洪烈全福诸贤，暨所有名不具详之诸志士者，咸负知觉之先，耆义如饴，真岭海之蒸民哉！英风巘扬，新局斯造，薄海义烈，群萃穗城。甘白刃而成仁者，固匪限于粤峤之钟灵，如葛谦诸烈士之就义于前，倪暎〔映〕典、谢明星诸烈士之被祸于后；温生财〔才〕烈士起，黄花冈之七十二贤，及殿以陈敬岳、林冠慈二公，其背衅一身、衽席两道之诚，固皆内外合符，后先同揆矣。今者民国殆大定矣，追维既往，天道未张、人事参迕之时，我诸烈士或奔而踶，或植而蹶，心苦而功高。《记》曰“君子听磬声而思死封疆之臣”，仲尼以“能执干戈卫社稷”且勿殇童，古人故恒有刻木而祭、结蒲而葬者。旅人等爰本古礼，掬群诚，订于中华民国元年三月五日下午一时，在南京中正街开会，为粤中后先诸义烈追悼其在天之灵，用敢传告全国，敬乞各界同胞，届时惠临襄礼，并望锡以悼辞挽章，以彰盛烈，不胜公纫之至。谨此奉布。

发起人：孙文、胡汉民、王宠惠、徐绍桢、陈锦涛、王之瑞、朱卓文、黄晋三、李达贤、王棠、陆平、梁秩文、饶如焚、冯裕芳、林朝汉、杨镇麟、黄慕松、蓝任大、金溥崇、伍冠球、郑宪武、邝灼、刘元桴、谢敦、卢仲博、张国元、黄士龙、卢极辉、李性民、杨仕东、黎铁魂、李应生、徐百容、徐尚忠、徐少秋、徐申伯、邓展鹏、孙幹昆、孙廷撰、王峻仙、吴涵、梁钜屏、毕礽、吴镇、任鸿隽、但焘、萧友梅、陈治安、罗文庄、关霁、关应麟、冯自由、夏百子、余森郎、雷祝三、朱本富、余夔、陈铁五、卢炽南、陆文辉、徐田、梁宓、赵士北、钱树芬、伍宗珏、易廷憙、林直勉、黄应忠、徐峙嵩、孙仙霞、张超神、董润、孙琬、孙珽、陈粹芬、卢慕贞、孙科、黄杰亭、李日生、陈武昌、谢坤林、朱资生、邱文绍、梁炎郎、吴成满、梅乔林、李晓生、陈兴汉、欧阳荣之、刘素英、李伯眉、伍宏汉、邝桓。

据上海《民立报》一九一二年三月十五日《追悼粤中倡义死事诸烈士通告》

命内务部晓示人民一律剪辫令*

（一九一二年三月五日）

满虏窃国，易于〔吾〕冠裳，强行编发之制，悉从腥膻之俗。当其初，高士仁人或不屈被执，从容就义；或遁入缁流，以终余年。痛矣，先民惨罹荼毒，读史至此，辄用伤怀！嗣是而后，习焉安之，腾笑五洲，恬不为怪。矧兹缕缕，易萃霉菌，足兹疾疠之媒，殊为伤生之具。今者满廷已覆，民国成功，凡我同胞允宜涤旧染之污，

---

* 此件所标时间系《临时政府公报》第二十九号出版日期。

作新国之民。兹查通都大邑剪辫者已多,至偏乡僻壤留辫者尚复不少。仰内务部通行各省都督转谕所属地方一体知悉。凡未去辫者,于令到之日,限二十日,一律剪除净尽,有不遵者,〈以〉违法论。该地方官毋稍容隐,致干国犯〔纪〕。又查各地人民有已去辫尚剃其四周者,殊属不合,仰该部一并谕禁,以除虏俗而壮观瞻。此令。

据《临时政府公报》第二十九号(南京一九一二年三月五日版)

咨参议院请核议商业注册章程文*

(一九一二年三月五日)

兹据实业部呈称:"敝部成立以来,各埠公司呈请保护、注册、立案、给示等事,纷至沓来。若非妥订划一章程,头绪茫然,实无以资遵守之策。迩者民国统一,大功告成,所有全国各种公司及一切商店,皆持有前清政府发给部照,俨若尚在清之势力范围内者。山河依旧,主体已非,门悬汉室彩旗,家贮满虏印照,既坠体制之尊严,复缺政令之完备,兴念及此,良用怃然。伏思东西文明国,商业登记,例归初级审判厅职掌,以便商人就近登记,家喻户晓,遇有诉讼质辩等案,易于发见,不滋欺诈。然注册给照之性质,微有差异。中央集权,责有攸归,允宜由敝部详加厘订章程,颁行全国。查日本商业注册诸税,所课亦甚严重,每千分抽收五分或四分不等。英美及欧洲大陆诸邦,大都有限公司及一种特别营业,未经商部注册,不允开设。诚以注重公司财产,保卫债主权利,上以裕国课之支艰,下以顺商户之吁恳,法美意良,洵堪采纳。惟牙帖一项,亦非

---

* 此件所标时间系《临时政府公报》第二十九号出版日期。

领有部颁执照,不准成立。但课税高低,古今中外略有不同。敲肤〔骨〕吸髓,有至一帖恒纳千金左右者,昔日满政府是也。年易月征,动辄严榷商民者,今日之俄罗斯是也。今以恤商起见,减其征额,亦归商业注册一律办理,以免纷淆。此外尚有独出资本之商号,每亦有至请注册之时,似宜一体允其自由呈注,不令偏枯,方与共和政体宗旨不悖。为此酌拟商业注册章程,庶得统一而臻妥善。相应备文呈请大总统俯赐察核,迅即咨送参议院议决公布施行"等情前来。合缮具该项章程,咨送贵院察照议决,以便颁行。此咨。

据《临时政府公报》第二十九号《大总统咨参议院提议实业部呈送商业注册章程文》

令内务部核办干崖土司行政兴革及品级章服文*

(一九一二年三月五日)

兹据云南干崖土司刁〔刀〕安仁①呈拟整顿腾、永、龙、顺各属土司行政各条及禀请领给品级衣章、正式公文等件,先后具呈前来。查筹边固圉,前代久视为要图。况值共和建国,凡属版图内含生负气之伦,皆当同享共和幸福,政教所及,尤不能有畸轻畸重之分。此后对于各处土司行政如何改革、如何设施,皆中央政府所应有之事。合就将原呈发交该部,仰即查照酌核,转饬施行。至于该土司请给陆军品级衣章一节,并由该部咨商陆军部办理可也。此令。

据《临时政府公报》第二十九号

---

* 此件所标时间系《临时政府公报》第二十九号出版日期。

① "刁安仁"应是"刀安仁",现据《续云南通志长编》和曹之骐《腾越光复记》等书校改。下同。

令法制局审定南京市制草案文*

（一九一二年三月五日）

兹据内务部缮具两〔南〕京市制草案呈请交该局审定前来。查此项草案，关系重要，仰该局悉心审定，斟酌尽善，仍呈候咨交参议院议决，勿延为要。此令。

据《临时政府公报》第二十九号

批刀安仁呈二件**

（一九一二年三月五日）

一

筹边固圉，久为要图。况在共和时代，凡我民国含生负气之伦，皆归统治，政教所及，原无彼此之分。据该土司所陈各节，间有可行，仰候令行内务部酌核办理可也。此批。

二

呈悉[①]。已发交内务部咨商陆军部核办矣。此批。

据《临时政府公报》第二十九号

---

* 此件所标时间系《临时政府公报》第二十九号出版日期。

** 此件所标时间系《临时政府公报》第二十九号出版日期。

① 指刀安仁呈请颁发给陆军品级章服事。

批钱广益堂尤福记呈*

（一九一二年三月五日）

据呈已悉，仰候财政、交通两部核办遵行可也。此批。

据《临时政府公报》第二十九号

批汪俊升呈**

（一九一二年三月五日）

民刑裁判自有专司，仰即进〔径〕赴该管辖之审判厅呈诉可也。此批。

据《临时政府公报》第二十九号

复章太炎电

（一九一二年三月五日）

上海《大共和日报》转章太炎诸先生鉴①：所谓取消，即取消合办草约十条之批许也。此草约以须通过股东会而后成立，股东会抗议即无效，不问前曾批许其可以立约否，况政府以后令取消之

---

* 该呈请求援照大清银行办法维持交通银行损失事。此件所标日期系《临时政府公报》第二十九号出版日期。

** 商人汪俊升控告旧东家强迫谕换招牌，请求伸雪。此件所标时间系《临时政府公报》第二十九号出版日期。

① 此句据陆达节编《孙中山先生外集》（上海中华书局一九三二年版）增补。

耶。两次电王转盛[①]，皆令取消合办之约。昨得王复电云："盛来电本嘱早开股东会，而董事会则以代表股东名义到东取消。如必须全体股东公决，俟复到即约齐董事登报开股东会公决"等因。附告。孙文。歌。

据上海《民立报》一九一二年三月七日

令陆军部准建杨郑二烈士专祠并附祀吴熊陈三烈士文[*]

（一九一二年三月六日）

据陆军部呈复："案查光复军总司令李燮和呈请，醴陵杨烈士卓林、长沙郑烈士子瑜，同忠国事，同为端方所害，同死江宁地方，请以太平门外玄武湖端方私建之房屋一所作为二烈士祠。并请除该所房屋有无附属产业、容再查明另呈附入该祠以作岁修祭费外，酌给抚恤银两，以存忠裔一案。奉总统批：'陆军部核办'等因。奉此，祗领之下，遵即交本部军衡局核议去后，旋据该局长督同科员逐一调查，该二烈士一骈死于丁未二月，一瘐死于庚戌八月，见残于一人，就义于一地，被祸既烈，身后尤极萧条，先后报告前来。实与原呈一辙，经本部复查无异。以之拨作祠堂，并各酌给恤银壹千两，揆与彰善瘅恶公理，尚无不合。理合具文申请总统，准予立案拨给，批示遵行，以恤孤寒而彰忠烈，实为公便。再，吴樾、熊成基安徽人，杨笃生湖南人，前均谋炸端方，未得一逞。迨吴震以一击，

① 电王转盛：王即王勋（字阁臣）；盛即盛宣怀。

* 据本文内容"附祀"应作"吴、熊、杨、陈四烈士"。此件所标时间系《临时政府公报》第三十号出版日期。

熊举烽燧于大江之涘，杨痛黄花冈之大功不就，于英岛蹈海以殉，亡身报国，与杨、郑二烈士先后合符，事同一律。可否援例共祀一祠，并照给恤银以存忠裔之处，出自钧裁，感深存殁”等情前来。按民国缔造之功，匪一手足之烈，睹兹灿烂之国徽，尽系淋漓之血迹。以上诸烈士，或谋未遂而身赴西市，或难未发而瘐死囹圄，或奋铁弹之一击，或举义旗于万夫，或声嘶去国之吟，或身继蹈海之烈，死事既属同揆，庙食允宜共飨。该部所请，事属可行。尚有陈烈士天华，前后屡图义举，均未获就，发愤著书凡数十万言，皆发扬民族之精义，至今家有其书。此次义师一呼，万方响应，实由民族学说灌输人心，已匪朝夕，故铜山崩而洛钟应，光复大业，期月告成。考陈烈士与杨烈士生平最友善，其蹈海事迹亦复相同，允宜一体同祀，并照给恤银，合就令仰该部遵照办理可也。

据《临时政府公报》第三十号《大总统令陆军部准予建立杨郑二烈士专祠并附祀吴熊陈三烈士文》

令内务部通饬禁烟文*

（一九一二年三月六日）

鸦片流毒中国，垂及百年，推其为祸之烈，小足以破业殒身，大足以亡国灭种。前清末年，禁种征膏，成效渐著，吸者渐减。民国始建，军务倥偬，未暇顾及他务，诚恐狡商猾吏，因缘为奸，弁髦旧章，复萌故态。夫明德新民，首涤污俗，矧酖毒厚疾，可怀苟安。除申告天下，明示禁止外，为此令仰该部迅查前清禁烟各令，其可施行者，即转咨各都督通饬所属，仍旧厉行，勿任弛废；其有应加改良

* 此件所标时间系《临时政府公报》第三十号出版日期。

及未尽事宜，并著该部悉心筹画，拟一暂行条例，颁饬遵行。务使百年病根，一旦拔除，强国保种，有厚望焉。切切。此令。

据《临时政府公报》第三十号《大总统令内务部通饬禁烟文》

令内务部准南京府知事方潜辞职文*

（一九一二年三月六日）

据南京府知事呈称："潜[①]江左下士，一介书生，少污伪命，薄宦淮上。痛心北廷腥德，弃官之日本，结纳豪俊，谋复诸华，尝胆卧薪，不敢或懈，奔走革命，亦有年矣。天厌虏德，汉上师兴，素旄一扬，区宇混一。潜之初志，于是乎遂。本当肥遯浚谷，抱璞保真，为共和国民以终老。当金陵初下、中原未复时，大总统不以潜为不肖，委以今职。区夏鼎沸，百务待举之际，身为党人，自不能不勉从诸贤之后，以济艰难。然而服官非潜志也。今幸南北统一，中夏安定，袁大总统将次南来，隆平之治，庶几可望。潜以菲材，忝兹重任，若不自引退以让贤者，不特陨越贻羞，有伤总统之明，亦有背潜之初志。伏望总统别举贤才，俾潜得优游林下，则实南京百姓无疆之休，非仅潜一人之私幸"等情前来。查该知事奔走国事，夙著贤劳，前由该部荐任南京府知事，方冀从容布施。兹阅来呈，力辞今职，情词肫切，自应准予所请。合行令仰该部遵照荐员接任可也。此令。

据《临时政府公报》第三十号《大总统令内务部许南京府知事方潜辞职荐员接任文》

---

* 此件所标时间系《临时政府公报》第三十号出版日期。

① 潜：即方潜。

命陆军部准所拟编练第三军办法令

（一九一二年三月六日）

临时大总统令

现在各省所有军队亟应编定建制，俾资统一而策进行。兹据该部申请以第八、第十七两师编为第三军，所拟各项办法，尚属妥善，著即准此施行。其王芝祥以下各统将，并着随时认真督率训练，俾成劲旅，毋负委任为要。此令。

陆军部总长黄兴知照

孙　文

据中国第二历史档案馆藏《南京临时政府档案》原件

令江苏都督核办冯滋深等请留锺志沆仍办鹾务文*

（一九一二年三月六日）

兹据盐城上冈镇绅学界冯滋深等呈请愿留锺志沆仍办新兴场鹾务，并列举该员治绩前来。为此令仰该都督查明该员应否留任，酌核办理。并将原呈发交。此令。

据《临时政府公报》第三十号《大总统令江苏都督核办盐城上冈镇绅冯滋深等愿留钟志沆仍办鹾务乞顺舆情呈》

* 此件所标时间系《临时政府公报》第三十号出版日期。

批冯滋深等呈*

（一九一二年三月六日）

据呈已悉。候令行江苏都督查明办理可也。

据《临时政府公报》第三十号

批方潜呈**

（一九一二年三月六日）

呈悉。该知事奔走国事，夙著贤劳。前由内务部荐任南京府知事，方冀从容布施。兹阅〈来〉呈，力辞今职，情词肫挚，自应准予所请。已令行内务部荐员接任矣。此批。

据《临时政府公报》第三十号

批江宁自治公所等呈***

（一九一二年三月六日）

呈悉。南京府知事方潜，现由安徽都督孙毓筠电调赴皖襄助要政，并据方潜来呈力辞今职，已令行内务部荐员接任矣。仰即知照。此批。

据《临时政府公报》第三十号

* 此件所标时间系《临时政府公报》第三十号出版日期。

** 此件所标时间系《临时政府公报》第三十号出版日期。

*** 此件所标时间系《临时政府公报》第三十号出版日期。

批陆军部呈*

（一九一二年三月六日）

据呈已悉。勋章所以酬庸劝士，亟应制定颁行，以励有功。该部所拟勋章章程及形式尚属妥善，应准颁行。唯勋章着绶之处，宜在背面，无为环于顶而悬之者，仰即改良尽善，再行发制可也。此批。

据《临时政府公报》第三十号

批卢安泽等呈**

（一九一二年三月六日）

皖省灾情之重，为数十年所仅见，居民田园淹没，妻子仳离，老弱转于沟壑，丁壮莫保残喘，本总统忝为公仆，实用疚心。前据财政部呈称，华洋义赈会拟向四国银行借款救济，当经批令该部派员与借主商订一切条件矣。仰即知照。此批。

据《临时政府公报》第三十号《大总统批筹办全皖工振事务卢安泽等呈》

批唐庆鑅呈***

（一九一二年三月六日）

呈悉。上级司法机关自有提调人证职权，毋庸指令。仰即径

* 此件所标时间系《临时政府公报》第三十号出版日期。

** 此件所标时间系《临时政府公报》第三十号出版日期。

*** 此件所标时间系《临时政府公报》第三十号出版日期。

赴该地方检察厅呈诉可也。此批。

据《临时政府公报》第三十号《大总统批唐庆鏻为凭权恣虐诉求批行审判并案讯究呈》

批毛伯龙呈*

（一九一二年三月六日）

该民人对于判决如有不服，可径赴该管检察厅上诉，果有枉屈，不难平反也。此批。

据《临时政府公报》第三十号《大总统批江浦县毛伯龙禀串据朋编徇情偏断恳饬检察厅调案提质呈》

批武立元等呈**

（一九一二年三月六日）

据呈已悉。应候令行实业部核办。仰即知照。此批。

据《临时政府公报》第三十号《大总统批江西新城县武立元等请破除引界定税运盐呈》

在南京答《字林西报》记者问***

（一九一二年三月六日）

此次北方兵变，颇为关心。前此北省之事不与南省涉者，今则

* 此件所标时间系《临时政府公报》第三十号出版日期。

** 此件所标时间系《临时政府公报》第三十号出版日期。

*** 此件所标时间系《民立报》发表日期。

不然。深信袁大总统有弹压方法,外间虽有恐慌谣言,不足以阻信任。民国政府必设法维持北方秩序,保护外人生命财产。南省现正筹备协助袁大总统,此次之事非袁无弹压之力,实因叛兵勾结土匪而起,北方军士暨人民皆忠向共和。

据上海《民立报》一九一二年三月六日《字林报载孙大总统对访员宣言》

致黎元洪电

(一九一二年三月六日)

昨得北京蔡专使电如下:"培等此次奉总统令而来,本止有欢迎被选大总统袁君赴南京就职之目的。顾自抵天津,而北京各团体代表之纷纷来见呈递说帖者、北方各军队首领之驰电相商者已数十通,佥以袁君不能离京为言,且无不并临时政府地点为一谈。元培等以职务所在,无稍事通融之理。且袁君面称:'极愿早日南行,惟徇于北方各种困难问题,须妥为布置'云云。是本与培等北来之目的决无差池。故培等一方面对于诸要求者撤去临时政府地点问题,而惟坚执袁公不可不赴宁受职之理论;一方面催促袁公布置北方各事,以便迅速启行。不意前月二十九日夜,北京军队忽起变乱,一般舆论,以袁将南行为其主要之一原因。内变既起,外人干涉之象亦现,无政府之状态,其害不可终日。于是一方面袁君颇不能南行,而一方面则统一政府不可不即日成立,在事实上已有不可易之理由。培等会议数次,全体一致谓不能不牺牲我等此来之目的,以全垂危之大局。爰于初一、初二两日叠发公电、私电多次,提议改变临时政府地点,冀得尊处同意,以便改转交涉之方针。乃两日间未得一复,而保定、天津相继扰乱,大局之危,直如累卵。爰于今日午后开会议,准备于袁君为最后之交涉，于会提议准备之主旨两条：(一)消灭袁君南行之要求；(二)确定临时政府之地点为北京，共达此主旨之方法。又大略袁君在北京行就职式，而与南京、武昌商定内阁总理，由总理在南京组织统一政府，与南京前设之临时政府办交代，公遣外务总长或次长到北京任事。其参议院及内阁全部迁北京时，用重兵护卫，以巩固政府，弹压内乱，全体赞同。然此事虽为今日必要之举，而以培等职务所在，决不能为此案之提议者。迨唐绍仪、汪兆铭与袁君最后熟商之结果，遂与培等准备会议所提出之两条相同。惟以何等手续行此两条始无窒碍，则非在南京讨论不可。嗣定于欢迎团中推数人，袁君亦派亲信者数人，同赴南京。仪、铭回寓告之培等，培等皆赞同，遂推定教仁、永建、正廷、汉遗四人回南。袁君所应派之人，属仪酌定，绍仪与同人商酌，指定唐在礼、范源濂二君，已商袁派定同行。将来一切详细办法，均由教仁等到南京后妥商，不先赘述。惟约计自启行以至商定，至早必要十日以外，而北地之人，以恐误大局者，函电纷至，外人亦啧有烦言，若不从速解决，以安人心，恐至败坏，不可收拾。敢请尊处迅开会议，如赞同袁君不必南行就职及临时统一政府设在北京之议，请即电复，并宣布中外，以拯危局。至培等放弃职务之罪，则敬请执法惩处。蔡元培。支”云云。特达。

据《黎副总统政书》卷七

复报界俱进会及各报馆电

（一九一二年三月六日）

报界俱进会及各报馆鉴：民国一切法律须经参议院议决发布乃生效力。此次内务部所布暂行报律三章，未经参议院决议，应作无效。除令该部知照外，特此复闻。总统孙文。麻。

据上海《民立报》一九一二年三月八日

令内务部掩埋城垣内外各处暴露尸棺文*

（一九一二年三月七日）

查江南风俗，常有亲死不葬，殡厝旷野，历年既久，槥棺暴露。又此次大变之后，尸骸狼藉，未及归土者，往往而有。此不惟伤行路之心，损首都之美，抑恐天气转热，蒸成疫疠，关系全都人士卫生，实非浅鲜。为此令该部饬下所司，速派专员，切实调察。其有主之棺，责令自行收葬，无主者由官妥为埋掩。务期实力奉行，勿徒以虚文塞责。切切。此令。

据《临时政府公报》第三十一号《大总统令内务部掩埋城垣内外各处暴露尸棺文》

令印铸局长黄复生编具概算书文**

（一九一二年三月七日）

兹据财政部呈称："各国财政，皆有预算，以谋收支之适合。其预算案之编制，英由财部，美由议院。今我政尚共和，宜采美制。虽政府行将统一，综筹全局者当自有人，而目前费用孔繁，职掌度支者，何从措手？况交替在即，尤应预备，略示规模。否则，紊乱纠

* 此件所标时间系《临时政府公报》第三十一号出版日期。

** 此件所标时间系《临时政府公报》第三十一号出版日期。

纷,窃恐贻讥来者。应请饬下各部,迅将三月份应支款项编具概算书,限十日内送交本部。由本部添具收入概算书,汇送参议院,编成预算,以凭筹办”等由前来。为此令行该局查照办理。切切。此令。

据《临时政府公报》第三十一号《大总统令印铸局局长黄复生据财政部呈请饬各部编具概算书文》

令黄兴关于各部局互相咨商之件应直接办理文*

(一九一二年三月七日)

临时大总统令

查公务以敏迅为归,事权以分任为主。近来各部、局于应行直接自办之件,每每呈请转饬前来,既滋旷日之嫌,复乖负责之义,殊属不合。以后除呈请核办、存案备查及呈候咨交参议院决议等类应行具呈本府外,其各该部、局等互相咨商之件,统应直接办理,以期简当而明事权。此令。

陆军部总长黄兴知照

孙　文

中华民国元年三月初七日

据中国第二历史档案馆藏《南京临时政府档案》原件

---

* 此文与《临时政府公报》第三十四号《大总统令九部三会凡互相咨商及可以直接办理之件毋庸呈请转饬文》同,经参照互校。

复袁世凯电

（一九一二年三月七日）

北京袁大总统鉴：鱼电悉。支日因专使来电，知公不能刻日南行，故有商请黎副总统到宁代公受职之电。同日接各界来电，期望至殷，言之迫切。因恐黎副总统镇守武昌，不能遽来，仍稽时日，是以将专使要求各条提交参议院，当经院议决，〈允〉[①]公在北京受职。其办法六条，除由参议院电知外，今日一再电专使转达尊处。请黎副总统代行一节，可以取消。尤望即依参议院所开手续，正式受职，速电国务总务总理员名，俾参议院同意，刻日派遣来宁，接收交代，早定大局。无任切盼。孙文。阳。

据《临时政府公报》第三十三号（南京一九一二年三月九日版）

致黎元洪电

（一九一二年三月七日）

武昌黎副总统鉴：闻军界各同志与军务部部长孙武起冲突，经副总统令孙武辞职，而论者依然不靖，且有购拿之说。按：前武昌军务部长孙武，奔走光复之事累年，此次武昌起义，厥功甚著。纵使行事用人或有偏颇，而解职以去，用避贤路，副总统可谓持之平允矣。至谓孙武有何罪状，则当由副总统正式宣布，岂容蜚语四出，极其所之，致使望门投止，状类逋逃，文以为甚非所以待有功者

① 据北京《临时公报》一九一二年三月十一日校补“允”字。

之道。敬请副总统为各界告戒，无伤同气，无害功能，天下幸甚。孙文叩。虞。

据《临时政府公报》第三十三号

复蔡元培等电

（一九一二年三月七日）

北京六国饭店蔡元培等鉴：鱼电悉。前提议袁大总统不必南行，委由副总统代赴南京，惟以内外属望至殷，副总统或不能遽来，仍恐有稽时日。昨提出参议院，经院决议，电允袁总统在北京受职。是黎副总统来宁代表一节，可以取消。惟袁总统得参议院电复认可之日，举行仪式，应由专使等代表民国接受誓词，赍交参议院保存，以昭隆重。专复。并请达商袁大总统。孙文。虞。

据《临时政府公报》第三十三号

令法制局迅复南京市制文*

（一九一二年三月八日）

查前由本总统发交该局审定之南京市制草案，迄今未见呈复。市制为整顿地方切要之图，何能久事延缓？仰该局迅即审定呈复，勿再迟延，致误要公。切切。此令。

据《临时政府公报》第三十二号

* 此件所标时间系《临时政府公报》第三十二号出版日期。

令法制局审定临时中央裁判所草案文*

（一九一二年三月八日）

据司法部呈拟《临时中央裁判所官制令草案》一册，应由该局审定，呈候咨交参议院议决施行。仰即遵照审定，克日呈复可也。草案并发。此令。

据《临时政府公报》第三十二号

咨参议院请速议决设稽勋局及捐输调查科两案文**

（一九一二年三月八日）

前由本总统提议设立稽勋局及附设捐输调查科，已经先后咨行贵院付议在案，迄今未接咨复。兹值大局渐定，酬庸之典，清理之事，亟宜举行。为此咨请贵院，将前两案提前决议迅赐咨复，以便施行。此咨。

据《临时政府公报》第三十二号《大总统咨参议院请提前议决设立稽勋局及捐输调查科两案文》

---

* 此件所标时间系《临时政府公报》第三十二号出版日期。

** 此件所标时间系《临时政府公报》第三十二号出版日期。

令内务部安置江宁难民及提拨款项文*

（一九一二年三月八日）

据江宁调查员潘宗彝条陈安置旗民办法四端及提拨原有款项各等情前来。查江宁光复，难民遍地，生计艰难，不独旗民为然。应如何教养兼施、工赈并举之处，仰内务部统筹全局，随时与该主管官厅协商办理。原呈并发。此令。

据《临时政府公报》第三十二号《大总统令内务部核办潘宗彝条陈安置旗民生计并提拨原有款项由》

批潘宗彝呈**

（一九一二年三月八日）

呈悉。已令行内务部统筹全局，随时与各该主管官厅协商办理，并将原呈发给阅看矣。此批。

据《临时政府公报》第三十二号

致驻川滇军司令长电

（一九一二年三月八日）

重庆张、夏①都督转滇军司令长鉴：据蜀军政府歌电："滇军抵

---

* 此件所标时间系《临时政府公报》第三十二号出版日期。

** 此件所标时间系《临时政府公报》第三十二号出版日期。

① 张、夏：即张培爵、夏之时。

渝,索饷四十万,并欲驻扎城内,恐滋惊扰,请示方略"各等语。查本总统前因川乱就平,曾电滇都督将驻川滇军撤回,慎固边圉。旋以陕西升允猖獗,由参谋部电命该军取道汉中,会师援陕。现闻该军东下,其意仍在北伐。不知自清帝退位后,北伐之事久已中止。该军当确遵参谋部电命,由郧阳或襄阳援陕为要。至各地甫经安集,易起惊扰,该军军行所至,尤以客主相安为第一要义。军饷一层,蜀军政府自当量力筹济,滇军亦不可任意要索,致伤邻谊。破坏之后,祸机丛伏,所恃以维系者,唯顾全大局之一念耳。切切望之。总统孙文。印。庚。

据《临时政府公报》第三十四号(南京一九一二年三月十日版)

致黎元洪及各省都督电*

(一九一二年三月八日)

得北京蔡专使等迭次来电报告北方最近情形,以为袁总统急欲〔难〕南来,而统一政府之组织,又不可不〔缓〕,为大局计,应予变通。提出办法数条,经交参议院,今日决议如下:一、由参议院电知袁大总统,允其在北京受职。一、袁大总统接电后,即电参议院宣示。一、参议院接到宣示之后,即复电认为受职,并通告全国。一、袁总统既受职后,即将拟派国务总理及国务员姓名电知参议院,求其同意。一、国务总理及国务员任定后,即在南京接收政府交代事宜。一、孙总统于交代之日始行解职。以上各条,除电复北京外,谨闻。〈孙文叩〉

据《黎副总统政书》卷八

* 此件所标时间系《黎副总统政书》所署收电日期。本电文据《孙大总统书牍》中《致各省都督及副总统》校订。

咨参议院请议决袁世凯拟派唐绍仪为国务总理文

（一九一二年三月九日）

顷接新举临时大总统袁电开："参议院拟决第四条办法，拟派国务总理姓名电知参议院，求其同意等因。现国务总长〔理〕拟派唐君绍仪。国基初定，万国具瞻，必须华洋信服、阅历中外者，始足膺斯艰巨，唐君此其选也。公如同意，请将此电送交参议院，求其同意，并希示复。稍俟即将拟派国务员再行电商。袁世凯。初八日。印"云云。查组织统一政府，刻不容缓，相应照录全电，咨请贵院即开临时会，议决咨复，以凭转复。此咨。

据《临时政府公报》第三十七号（南京一九一二年三月十三日版）《大总统咨参议院开临时议会议决新举袁大总统电派唐绍仪为国务总理文》

令内务部取消暂行报律文*

（一九一二年三月九日）

昨据上海报界俱进会及各报馆电称："接内务部电，详定暂行报律三章，报界全体万难承认，请转饬部知照"等语。案言论自由，各国宪法所重，善从恶改，古人以为常师，自非专制淫威，从无过事摧抑者。该部所布暂行报律，虽出补偏救弊之苦心，实昧先后缓急之要序，使议者疑满清钳制舆论之恶政，复见于今，甚无谓也。又，

---

* 此件所标时间系《临时政府公报》第三十三号出版日期。

民国一切法律,皆当由参议院议决宣布,乃为有效。该部所布暂行报律,既未经参议院议决,自无法律之效力,不得以暂行二字,谓可从权办理。寻三章条文,或为出版法所必载,或为国宪所应稽,无取特立报律,反形裂缺。民国此后应否设置报律,及如何订立之处,当俟国民议会决议,勿遽亟亟可也。除电复上海各报外,合行令仰该部知照。此令。

据《临时政府公报》第三十三号《大总统令内务部取消暂行报律文》

令财政部准刊纪念币等新模鼓铸文

（一九一二年三月九日）

临时大总统令

据该部呈称:"拟另刊新模,鼓铸纪念币,就中一千万元,上刊第一期大总统肖像,流通遐迩,垂为美谭。其余通用新币花纹式样,亦应一律更改,请将花纹酌定颁发,分令各省造币厂鼓铸,以资遵守"等情前来。查币制改良,新民耳目,自属要图。所请以一千万元上刊第一期大总统肖像以为纪念一节,应准照行。其余通用新币,花纹中间应绘五谷模型,取丰岁足民之义,垂劝农务本之规。为此,训令该部即便遵照,速将新模印就,分令各省造币厂照式鼓铸可也。此令。

财政部总长陈锦涛知照

孙　文

中华民国元年三月初九日

据中国第二历史档案馆藏《南京临时政府档案》原件

宣布袁世凯宣誓就临时大总统职通电

（一九一二年三月九日）

武昌黎副总统、各省都督、督抚、各司令官、全国各界团体公鉴：初六已将参议院决定统一政府组织办法六条通告各省。顷得参议院咨称："本日接到袁世凯君电传誓词，其文曰：'民国建设造端，百凡待治。世凯深愿竭其能力，发扬共和之精神，涤荡专制之瑕秽，谨守宪法，依国民之愿望，蕲达国家于安全强固之域，俾五大民族同臻乐利。凡兹志愿，率履勿逾。俟召集国会，选定第一期大总统，世凯即行解职。谨掬诚悃，誓告同胞。大中华民国元年三月初八日。袁世凯'云云。谨此奉闻，并乞即行通电全国为盼"等因。为此，通电布告全国。临时大总统孙文。佳。

据《临时政府公报》第三十六号（南京一九一二年三月十二日版）《大总统宣布新选袁大总统宣誓电文》

给梅乔林委任状

（一九一二年三月九日）

委任状：今委任梅乔林为总统府秘书员。此状。

中华民国临时大总统孙文

中华民国元年三月九日

据《国父全集》第四册（转录史委会藏影印原件）

复袁世凯电

（一九一二年三月九日）

北京袁大总统鉴：顷得初八日电，悉国务总理拟任唐君绍仪，文极赞成，即代咨送参议院矣。孙文。佳。

据《临时政府公报》第三十六号

公布南京府官制*

（一九一二年三月十日）

兹准参议院咨送已经同意议决之南京府官制二十二条前来，合行公布。

孙文（印）

南京府官制

第一条　民国临时政府所在地方，设南京府，以原有之上元、江宁二县为区域，直隶于内务部。

第二条　南京府置府知事一人，荐任，受内务总长之指挥监督，于各部事务，受各部总长之指挥监督，执行法律命令，管理所属行政事务，统辖所属各员，并分别任免之。

第三条　府知事于所属行政事务，得依其职权，或特别委任于

---

* 此件所标时间系《临时政府公报》第三十四号出版日期。

其管辖内，发布命令。

第四条 府知事有认为必要时，得停止下级地方官之命令或取消之。

第五条 府知事得以其职权内事务，委任一部于下级地方官。

第六条 府知事得制定府署内办事细则。

第七条 南京府得置秘书厅，掌管机要，典守印信，编制统计，纪录所属职员进退之册籍，收发并纂辑公文函件。

第八条 南京府置左列各科：

民治科

劝业科

主计科

庶务科

第九条 民治科掌事务如下：

一、关于监督下级地方官及地方团体、公共团体之行政事项；

二、关于选举事项；

三、关于教育学艺事项；

四、关于公益善举事项；

五、关于宗教寺庙行政事项；

六、关于户籍事项。

第十条 劝业科掌事务如下：

一、关于农工商业事项；

二、关于渔猎及水产事项；

三、关于度量衡事项；

四、关于山林土地事项。

第十一条 主计科掌事务如下：

一、关于监督下级地方官及地方团体、公共团体之财政事项；

二、关于本府库储会计事项；

三、关于本府财政会计事项；

四、关于本府赋税征收事项。

第十二条　庶务科掌事务如下：

一、关于土木行政事项；

二、关于公用征收事项；

三、关于地理事项；

四、关于兵事事项；

五、关于卫生事项；

六、关于保存古迹事项；

七、其他不属于各科事项。

第十三条　南京府知事下置职员如左：

秘书长一人

秘书二人

科长四人

科员八人

视学二人

工师

工手

录事

前项秘书长，由府知事推荐，呈请内务总长委任。其余各职员，均由府知事自行委任。

第十四条　秘书长承府知事之命，掌管机要文书，并总理秘书厅事务。府知事有事故时，得代理其职。

第十五条　秘书承上官之命，分掌秘书厅事务。

第十六条　科长承府知事之命，主掌一科之事务，监督科员以下各职员。

第十七条　科员承上官之命，分掌事务。

第十八条　视学承上官之命，掌视察学校事务。

第十九条　工师、工手皆承上官之命，掌技术事务。

第二十条　录事承上官之命，缮写文件，料理庶务。

第二十一条　本制自公布日施行。

据《临时政府公报》第三十四号《大总统宣布南京府官制公布》

颁行陆军补官任职及免官免职令

（一九一二年三月十日）

中华民国临时大总统令

陆军补官任职及免官免职令着准此颁行。

孙文（印）

中华民国元年三月十日

据中国第二历史档案馆藏《南京临时政府档案》原件

附一：陆军人员补官任职令草案

第一节　总　　纲

第一条　陆军官佐，均应终身服役，与文官解职后即退为平民者不同。故任职而外，必应补官，始能各专责成，慎厥职守。

第二条　凡已补官者，如非受免官之处分，虽停职、休职或退归续后备役，仍可保有其官位。

第三条 凡各军职，均有一定之阶级，应以相当之官，任相当之职，不得越级充任，亦不得降级充任。但规定军职有两阶级者，该二级均可充当该军职。

第四条 既受免官处分人员，不得任一切军职。

第二节 补 官

第五条 陆军官佐补官办法分为四项：

(一)由陆军军官学校，及他项同等之陆军学堂毕业，充学习官期满，经所管团、营长出具考语堪以授官者，一律补以右军校，是为例补。

(二)由军士升额外官佐后，立有战功，具有相当之学术才具，经该管长官呈请特升(若临时官佐补充令，曾有此规定)，亦得补授右军校，是为特补。

(三)自右军校以上各级军官佐于停年期满后，凡应序升或拔升人员，遇有上一级军官佐缺出，于每岁五月及各月初一日，将应升人员补以升级，宣登公报，是为升补。其停年考绩轮升、拔升办法，见本令第四、五、六节。

(四)自大都尉以下各级官佐，应按本科授职。倘有改充他科军职时，应改补他科官佐(如骑兵军校改辎重兵军校，步兵都尉改宪兵都尉等)，是为改补。

第六条 上等第三级以上军官佐，由大总统补授，中初等军官佐由陆军部申请大总统补授。

第七条 额外军官佐，由各该军队、学堂、局、司之高级官长考察部下应补人员，呈由陆军部补授。

第八条 各级军士，由各团长(步、骑、炮兵)、营长(工、辎重兵)考察部下应补人员，呈请各该管高级官长补授，申报陆军部存案。

第九条 各级军官佐补官之后，应授与补官证书。该证书由陆军部制备，申请大总统盖印署名，然后由部分别发给。

第三节 任 职

第十条 凡在陆军部所定陆军官制及暂行编制内之官佐军职，从前已经委任者，均仍其旧。此令颁行之日起，如有军职缺出，须按本令手续委任。

第十一条 无论部、局、军队、学堂上等第一、二级军职（除陆军总、次长及参谋部总、次长外），均由陆军部开列胜任人员，申请大总统简任。

第十二条 无论部、局、军队、学堂上等第三级中等第一级官佐军职，均由陆军部查明合格人员，申请大总统委任。

第十三条 凡中等第二级以下官佐军职，属本部及本部直辖之军队、学堂、局、司者，由军衡局呈请总、次长委任（本部直辖军队初等第一级以下各官佐，暂由该军长、师长委任，以归直捷）。各省都督所辖之学堂、局、司，由各省都督委任。但所委任须按本令第三条而行，如有待升级始可委任者，只可暂给予代理名目，并呈请本部，俟本部按停年考绩轮升、拔升定章升补相当之级后，再行委充该军职，但中等第二级以上两阶级皆可充当之军职，虽以其第二级军官委充，仍当照第一级军官委充办法，由陆军部申请大总统简任或委任。

第十四条 凡属于各省都督、各军长、师长委任人员委任后，统由各都督、各军长、师长呈报陆军部宣布，并须由各都督、各军长、师长负完全责任。倘有中等第二级以下军职缺出，于本省或本军内无相当人员堪以胜任者，可呈请陆军部指调他省及他军人员，或直请陆军部派委亦可。

以上第十三、四两条系暂行办法，俟将来军政统一后，尚须酌量更改。

第十五条 凡任职者，均发委任书(附书式一纸)。上等第一级至中等第一级官佐军职之委任书，由陆军部办妥后呈请大总统盖印署名。中等第二级至初等第三级官佐军职军衡局请委任者，由本部发委任书。各省都督委任者，由各省都督发委任书。各军长、师长委任者，由各军长、师长发委任书。但其委任书式，须与本部委任书式同。

第十六条 凡以停职、休职人员委充军职者，须与起用例相符，经陆军部认可后，方可委任。

第四节 停年办法

第十七条 凡补官或升级人员，于补官升级之后，须充现役军职满左列所定年限者，为停年已满，始可照轮升拔升例升迁：

右军校 两年

左军校 三年

大军校 四年

右都尉 三年

左都尉 三年

大都尉 三年

右将军 四年

左将军 无定年

第十八条 停年未满人员，虽有异常劳绩，只可作为记名拔升人员，俟停年满后，归入拔升项下，尽先提升，惟于停年未满期内不得援例(战时可以酌量变通办理)。

第十九条 凡补官或升级人员,均由本部设立停年名簿,按补官或升级日期先后编号登记。嗣后停年期限,即据以起算。如有同日补官者,则以学校毕业成绩,及拔升、轮升、例补、特补考绩优劣,战功有无,以及升级前之资深资浅,为其先后次序。

第二十条 如遇有停职、休职者,须按照其解职期限,扣去停年期限。

第五节 考绩办法

第二十一条 凡全国一切现役军官佐,每年年终均由长官考绩一次,汇呈报该管长官,该管长官复出具考语判决等次汇报本部,由本部作成全国现役官佐考绩总表,以考核全国现役军官佐学识才具及其他一切。

第二十二条 考绩表记载法及有考绩权长官,如附表所列。

第二十三条 有考绩权各官,填所属官佐考绩表,应负完全责任,不得草率从事及存私徇情。

第二十四条 历年考绩均列上等者,于停年满后,如确系成绩卓著,得归入拔升项目下。倘历年考绩均列次等者,如确系成绩不良,虽停年已满,仍不得依轮升次序升级,而归入轮升次序之末,或令休职退归后备。

第六节 轮升拔升办法

第二十五条 各级军官升级,依轮升及拔升办法如左:

(一)由各〔右〕军校升左军校,轮升者三分之二,拔升者三分之一。遇有缺出,第一缺归拔升,第二、三两缺归轮升,余类推。

(二)由左军校升大军校,拔升、轮升各半。遇有缺出,第一缺归拔升,第二缺归轮升。

（三）由大军校升右都尉，拔升者六分之五，轮升者六分之一。遇有缺出，第一、二、三、四、五缺归拔升，第六缺归轮升。

（四）由右都尉升左都尉，及左都尉以上之升级，一律均系拔升。

第二十六条　停年已满人员，未经该管团、营长以上有特保，及历年考绩表未列上等或次等者，一律依停年名簿先后次序，轮流升级，是为轮升。

第二十七条　停年已满人员，当停年未满之先，如有特别战功者，归入拔升第一项。劳绩卓著，学术才具均优长，经该管长官特保者，归入拔升第二项。在陆军大学毕业者，归入拔升第三项。历年考绩均列上等者，归入拔升第四项。均不依轮升次序，提前升级时为拔升。

第二十八条　所有拔升人员于停年既满之日，一律由轮升停年名簿内摘出，列入拔升名簿内，依第一、二、三、四项次序编列，但由右、左军校升左、大军校，如拔升人员过多，拔升名次反在轮升名次之后者，可依轮升次序升级。

第二十九条　凡特保所属官佐有拔升资格者，须负完全责任，必须有确实证据，显著成绩，不得徇私滥保。

附二：陆军官佐免官免职令草案

第一节　总　　纲

第一条　陆军官佐服役，应分为现役、后备役两种。

第二条　陆军各级官佐，服现役年龄须有限制，满限则应退为后备役。其服现役年龄之限制如左：

左右军校　至四十五岁。
大军校　至四十八岁。
右都尉　至五十岁。
左都尉　至五十二岁。
大都尉　至五十五岁。
右将军　至五十八岁。
左将军　至六十二岁。
大将军　至六十五岁。

第三条　陆军官佐，凡有溺职违法行为，由军法会议判决免官职等罪名，即由陆军部宣布执行。

第二节　免　官

第四条　陆军官佐，遇有左列各项事故者，即行免官，削除兵籍：

（一）失去本国国籍者。

（一）有溺职违法行为，受军法会议判决免官者。

（一）受附加刑剥官之宣告者。

（一）犯重罪各刑，经军法会议判决宣告治罪者。

第五条　凡受免官处分者，一律追还补官证书，及军职委任书。

第三节　免　职

（甲）停　职

第六条　凡陆军官佐，遇有左列各项事故之一者，即行停职：

（一）有溺职违法行为，受军法会议判决，应得永远停职或有期停职者。

(一)考绩不良,或难胜现役军职之任,应免职退归后备役者。

(一)受免官处分者。

第七条　凡陆军官佐受有期停职处分者,于期满后,由陆军部察看,如已悔悟前非尚堪任事者,仍得派充军职。

第八条　凡陆军官佐受停职处分者,由陆军部宣布后,照补官任职令第十三、四条办法,派人接充军职,其以前之委任状取消。

(乙)休　职

第九条　凡陆军官佐,遇有左列各项事故之一者,概行休职,仍作为现役官佐:

(一)因军队遣散开去军职者。

(一)因编制变更裁去军职者。

(一)因特别职任已毕,或修学期限已满,尚未派充军职者。

(一)伤病至六个月尚无痊愈之望者。但自行辞职,或遇战事,或因任务重要,不能久派人代理者,则不以六个月为限。

(一)呈请修学或自费往旅行调查者。

第十条　凡陆军官佐,遇有左列各项事故之一者,概行休职,归入后备役:

(一)呈准辞职者。

(一)因伤痍疾病,难充现役军职者。

(一)被举为各议会议员者。

(一)改充陆军所属以外之文职者。

(一)已满现役年限,不能服现役者。

第十一条　凡陆军官佐休职者,由陆军部宣布后,照补官任职令第十三、四条办法派人接充该军职,其以前之委任状取消。

附三:陆军官佐暂行补官简章

第一条 民国初立,军务方殷,亟应任官受职,以资整理,而专责成。此项陆军补官办法,凡授有军职,在陆军部所定陆军官制及暂行编制内,均按其职级,一律补授实官。

第二条 上等第三级以上军官(大将军至右将军),由大总统简补。

第三条 中等军官(大都尉至右都尉),由陆军部申请大总统简补。初等军官(大军校至右军校),均由陆军部考察应补人员,申请补授。

第四条 额外军官佐,由各该军队、学堂、局、部之高级官长考察部下应补人员,呈由陆军部补授。

第五条 各级军士,由各旅长(步兵)、团长(骑兵、炮兵)、营长(工兵、辎重兵)考察部下应补人员,呈请各该官〔管〕高级官长补授,申报陆军部存案。

第六条 各级军官或因他项原因不能任军职者,由陆军部考察该员能力,能否改充文职,随时斟酌办理(章程另订)。

第七条 此次所补军职,系专就陆军部所定陆军官制及暂行编制内之军官佐而言。若各省歧出之军职(如各省都督府、军政分府内之军职等),俟地方行政制度制定后,再行分别补授。

第八条 参谋部人员,应由该部将应补人员通告本部,分别核补。

第九条 各军队官衔以外之军职,须有相当之学识,始准补授。

字　　　号

存根

委任状

今委任

中华民国　年　月　日

中华民国

委任状

今委任

中华民国　年　月　日

有考绩权及被考

名目区分	被考官佐	考绩官佐
陆军参谋部	局处长	陆军参谋部总次长
军司令部	军长	陆军部总次长
师司令部	师长	陆军部总次长
混成旅司令部	混成旅长	陆军部总次长
步队旅司令部	旅长	师长
步团	团长	旅长
马、炮团	团长	师长
工兵营	营长	师长
辎重营	营长	师长
各项兵器工厂	总理	陆军部总次长
宪兵队	营长	军衡局长
各陆军学校	校长	陆军部总次长
测绘学校	校长	参谋部总次长
各省都督	军政司司长	都督
各要塞司令部	要塞司令长	陆军部总次长
外国驻扎武官	武官	参谋部总次长

陆军各官佐区分表

被考官佐	考绩官佐	附记
科员 科长 副官	局长 处长	1. 表内所谓军职均指官佐所充者而言，至额外官佐以及军士则不在其例。 2. 表内各职均照现有名目开列，嗣后如有增改裁减之处，自应随时申请大总统增入。
军参谋官及军司令部所属将军都尉军校各军职	军长 军参谋长	
师参谋官及师司令部所属都尉军校各军职	师长 师参谋长	
旅参谋官及旅司令部所属都尉军校各军职	旅长 旅参谋长	
都尉军校所任各军职	旅长	
团长所属各军职	团长	
团长所属各军职	团长	
营长所属各军职	营长	
营长所属各军职	营长	
总理以次各军职	总理	
营长所属各军职	营长	
校长以次各职	校长	
校长以次各职	校长	
司长以次各职	司长	
台长、台长以次各职	要塞司令长	
随员	武官	

陆军官佐考绩表

官佐姓名	某部、某局、某师、某团、某学校、某职、某官、某人。
籍贯年龄	某省某府某县人，现年若干岁。
出身	某年、某月、某日，由某学校毕业、某队拔升。
补官日期	某年、某月、某日补授某官。
进级	某年、某月、某日委充某职。 某年、某月、某日升补某官。
战役	简单记载。
赏	关于补官授职以后之勋赏。
罚	关于补官授职以后之惩罚。
上官附记	考绩官附记
等	一 性 质 二 志 操 三 气 概 四 体 格 五 陆军出身前之经历 六 陆军出身后之景况 七 勤 务 八 学 术 九 特 长 十 义务心及品行 十一 家政及家计 十二 交 际 十三 历叙今昔之变迁及逆料将来之结果 十四 考绩官之判决
备考	如考绩官及上官记载附记时有错误须更改者，每届均须记明更改若干字并年月日，盖印署名。

中华民国元年　　月　　日考绩官印

考绩官记载已毕呈于上官，上官所见，记入此格，并分别填明上中次三等字样。	考绩官填写附记不可存私徇情，须确由平日注意该员一举一动，随时记载，不准矫饰其所长，曲护其所短，务使他人一阅附记，恰如亲见其人，而得识其性质能力，知其品行学问，是以考绩官务就其人之所行所为映于心目中者，详为记载，是为至要。

据中国第二历史档案馆藏《南京临时政府档案》原件

命司法部将各省审检厅暂行大纲留部参考令*

（一九一二年三月十日）

顷据法制局长宋教仁转呈江西南昌地方检察厅长郭翰所拟各省审检厅暂行大纲，请示遵行前来。查司法官制与中央地方官制相辅而行，现在中央地方官制尚未颁布，关于名称细节，不必遽拟更张。且所改审厅、检厅各名目亦欠妥协。四级三审之制较为完备，不能以前清曾经采用，遂尔鄙弃。该检察长拟于轻案采取二审制度，不知以案情之轻重，定审级之繁简，殊非慎重人民生命财产之道。且上诉权为人民权利之一种，关于权利存废问题，岂可率尔解决。除批示外，合将原拟审检厅暂行大纲一件发交该部留备参考可也。此令。

计发江西南昌检察厅长郭翰所呈各省检厅暂行大纲清折一扣。

据《临时政府公报》第三十四号《大总统据法制局局长宋教仁转呈江西南昌地方检察长郭翰所拟各省审检厅暂行大纲令交司法部藉备参考文》

---

* 此件所标时间系《临时政府公报》第三十四号出版日期。

令交通部整顿宁省铁路开车时间文*

（一九一二年三月十日）

前因宁省铁路开车时刻参差不一，有碍交通，业经饬令设法整顿在案。乃令行未久，故态复萌，近来仍不按时开行，闻有较规定时刻迟至一小时之久者，疲玩至此，殊堪痛恨。为此再令该部转饬该路总管务须加意整顿，遵章开驶，不得迟误。如再玩视，应即立予撤换，以重路政。切切。此令。

据《临时政府公报》第三十四号

令交通部整顿电话文**

（一九一二年三月十日）

查电话为交通要品，现当百政待举之际，传达消息，所关尤重。乃本城所用电话，每于呼应不灵、阻滞叠生之弊，贻误要公，莫此为甚。为此令仰该部赶即设法改良，抑或加线传达，以资灵敏。切切。此令。

据《临时政府公报》第三十四号

批李燮和呈***

（一九一二年三月十日）

呈悉。该司令规划东南，往来淞沪，朱家结士，翟义兴军，用张

---

* 此件所标时间系《临时政府公报》第三十四号出版日期。

** 此件所标时间系《临时政府公报》第三十四号出版日期。

*** 李燮和时任光复军司令，提请辞职。此件所标时间系《临时政府公报》第三十四号出版日期。

光复之旗，誓扫膻腥之秽。遂乃蛟腾沪渎，鹰攫金陵，收龙盘虎踞之雄，作电掣风驱之势。于是汉阳晴树，无碍云烧，岳墓南枝，顿教风定。厥功甚伟，其绩尤多。当夫开府吴淞，联军苏浙，横江锁铁，竟胶王濬之楼船；断水投鞭，直慑苻秦以草木。定倒悬之大局，推发踪之功人。今则天下一家，旗新五色，人无贰志，政美共和，国家当倚寄于长城，将军遽退藏于大树。从赤松而辟谷，固秦仇已报之心；徙朱地而计家，岂范策未行之故。然而一行已决，早知驹谷难留；百战余生，宜遂荷衣初服。用兹嘉许，放李靖为神仙；树之风声，使樊侯无容地也。惟买山之钱不备，歉仄滋多；而柱下之史待修，荣名靡替。此批。

据《临时政府公报》第三十四号

公布参议院议决临时约法

（一九一二年三月十一日）

兹准参议院咨送议决临时约法前来，合行公布。

孙文。印。

中华民国元年三月十一日

中华民国临时约法

第一章　总　　纲

第一条　中华民国由中华人民组织之。

第二条　中华民国之主权属于国民全体。

第三条　中华民国领土为二十二行省、内外蒙古、西藏、青海。

第四条　中华民国以参议院、临时大总统、国务员、法院行使其统治权。

第二章 人 民

第五条 中华民国人民一律平等,无种族、阶级、宗教之区别。

第六条 人民得享有左列各项之自由权:

一、人民之身体,非依法律不得逮捕、拘禁、审问、处罚;

二、人民之家宅,非依法律不得侵入或搜索;

三、人民有保有财产及营业之自由;

四、人民有言论、著作、刊行及集会、结社之自由;

五、人民有书信秘密之自由;

六、人民有居住、迁徙之自由;

七、人民有信教之自由。

第七条 人民有请愿于议会之权。

第八条 人民有陈诉于行政官署之权。

第九条 人民有诉讼于法院受其审判之权。

第十条 人民对于官吏违法损害权利之行为,有陈诉于平政院之权。

第十一条 人民有应任官考试之权。

第十二条 人民有选举及被选举之权。

第十三条 人民依法律有纳税之义务。

第十四条 人民依法律有服兵〈役〉之义务。

第十五条 本章所载人民之权利,有认为增进公益、维持治安,或非常紧急必要时,得依法律限制之。

第三章 参议院

第十六条 中华民国之立法权,以参议院行之。

第十七条　参议院以第十八条所定各地方选派之参议员组织之。

第十八条　参议员每行省、内蒙古、外蒙古、西藏各选派五人，青海选派一人，其选派方法由各地方自定之。

参议院会议时，每参议员有一表决权。

第十九条　参议院之职权如左：

一、议决一切法律案；

二、议决临时政府之预算、决算；

三、议决全国之税法、币制及度量衡之准则；

四、议决公债之募集及国库有负担之契约；

五、承诺第三十四条、三十五条、四十条事件；

六、答复临时政府谘询事件；

七、受理人民之请愿；

八、得以关于法律及其他事件之意见建议于政府；

九、得提出质问书于国务员并要求其出席答复；

十、得咨请临时政府查办官吏纳贿、违法事件；

十一、参议院对于临时大总统认为有谋叛行为时，得以总员五分四以上之出席，出席员四分三以上之可决弹劾之；

十二、参议院对于国务员认为失职或违法时，得以总员四分三以上之出席，出席员三分二以上之可决弹劾之。

第二十条　参议院得自行集会、开会、闭会。

第二十一条　参议院之会议须公开之，但有国务员之要求，或出席参议员过半数之可决者，得秘密之。

第二十二条　参议院议决事件，咨由临时大总统公布施行。

第二十三条　临时大总统对于参议院议决事件如否认时，得于咨达后十日内声明理由咨院复议。但参议院对于复议事件如有到会参议员三分二以上仍执前议时，仍照第二十二条办理。

第二十四条　参议院议长由参议员用记名投票法互选之，以得票满投票总数之半者为当选。

第二十五条　参议院参议员于院内之言论及表决，对于院外不负责任。

第二十六条　参议院参议员除现行犯，及关于内乱外患之犯罪外，会期中非得本院许可，不得逮捕。

第二十七条　参议院法由参议院自定之。

第二十八条　参议院以国会成立之日解散，其职权由国会行之。

第四章　临时大总统副总统

第二十九条　临时大总统、副总统由参议院选举之，以总员四分三以上出席，得票满投票总数三分二以上者为当选。

第三十条　临时大总统代表临时政府，总揽政务，公布法律。

第三十一条　临时大总统为执行法律，或基于法律之委任，得发布命令，并得使发布之。

第三十二条　临时大总统统帅全国海陆军队。

第三十三条　临时大总统得制定官制、官规，但须提交参议院议决。

第三十四条　临时大总统任免文武职员，但任命国务员及外交大使、公使，须得参议院之同意。

第三十五条　临时大总统经参议院之同意，得宣战、媾和及缔结条约。

第三十六条　临时大总统得依法律宣告戒严。

第三十七条　临时大总统代表全国接受外国之大使、公使。

第三十八条　临时大总统得提出法律案于参议院。

第三十九条　临时大总统得颁给勋章并其他荣典。

第四十条　临时大总统得宣告大赦、特赦、减刑、复权，但大赦须经参议院之同意。

第四十一条　临时大总统受参议院弹劾后，由最高法院全院审判官互选九人组织特别法庭审判之。

第四十二条　临时副总统于临时大总统因故去职，或不能视事时，得代行其职权。

第五章　国务员

第四十三条　国务总理及各部总长，均称为国务员。

第四十四条　国务员辅佐临时大总统负其责任。

第四十五条　国务员于临时大总统提出法律案、公布法律，及发布命令时，须副署之。

第四十六条　国务员及其委员，得于参议院出席及发言。

第四十七条　国务员受参议院弹劾后，临时大总统应免其职，但得交参议院复议一次。

第六章　法　　院

第四十八条　法院以临时大总统及司法总长分别任命之法官组织之。

法院之编制及法官之资格以法律定之。

第四十九条　法院依法律审判民事诉讼及刑事诉讼。

但关于行政诉讼及其他特别诉讼，别以法律定之。

第五十条　法院之审判须公开之，但有认为妨害安宁秩序者得秘密之。

第五十一条　法官独立审判，不受上级官厅之干涉。

第五十二条　法官在任中不得减俸或转职，非依法律受刑罚宣告或应免职之惩戒处分，不得解职，惩戒条规以法律定之。

第七章　附　　则

第五十三条　本约法施行后限十个月内，由临时大总统召集国会，其国会之组织及选举法由参议院定之。

第五十四条　中华民国之宪法由国会制定，宪法未施行以前，本约法之效力与宪法等。

第五十五条　本约法由参议院参议员三分二以上，或临时大总统之提议，经参议员五分四以上之出席，出席员四分三之可决，得增修之。

第五十六条　本约法自公布之日施行。

临时政府组织大纲于本约法施行之日废止。

据《临时政府公报》第三十五号（南京一九一二年三月十一日版）《大总统宣布参议院议决临时约法公布》

命内务部司法部通饬所属禁止体罚令*

（一九一二年三月十一日）

近世各国刑罚，对于罪人或夺其自由，或绝其生命，从未有滥加刑威，虐及身体，如体罚之甚者。盖民事案件，有赔偿损害、回复原状之条，刑事案件，有罚金、拘留、禁锢、大辟之律，称情以施，方得其平。乃有图宣告之轻便，执行之迅速，逾越法律，擅用职权，漫施笞杖之刑，致多枉纵之狱者，甚为有司不取也。夫体罚制度为万国所

* 此件所标时间系《临时政府公报》第三十五号出版日期。

屏弃，中外所讥评。前清末叶，虽悬为禁令，而督率无方，奉行不力。顷闻上海南市裁判所审讯案件，犹用戒责，且施之妇女。以沪上开通最早、四方观听所系之地，而员司犹踵故习，则其他各省官吏，〈难〉保无有乘民国初成、法令未具之际，复萌故态者。亟宜申明禁令，迅予革除。为此令仰该部速行通饬所属，不论司法、行政各官署，审理及判决民、刑案件，不准再用笞杖、枷号及他项不法刑具。其罪当笞杖、枷号者，悉改科罚金、拘留。详细规定，俟之他日法典。此令。

据《临时政府公报》第三十五号

批陆军部呈*

（一九一二年三月十一日）

呈悉。发扬国威，端赖军队。军队骨干，全在军官。该部成立之初，即请设陆军军官学校，为造就初级军官之所，自系为亟图民国军事进行起见，殊堪嘉慰。兹阅所呈陆军军官学校暂行条例二十八条，胥属妥洽，自应照准，仰即遵照办理可也。此批。

据《临时政府公报》第三十五号

复袁世凯电

（一九一二年三月十一日）

顷得参议院咨云："初九日准大总统咨称：'新举临时大总统袁电开：现国务总理拟派唐君绍仪，请将此电送交参议院，求其同意云云。咨请本院议决咨复转复'等语。本日常会经将此案提出，已

---

* 此件所标时间系《临时政府公报》第三十五号出版日期。

得多数同意。为此咨复，请转复新举临时大总统袁即行任命可也。”准咨，即此电闻。孙文。真。

据北京《临时公报》一九一二年三月十七日

咨参议院请将四国银行借款先行备案文*

（一九一二年三月十二日）

案据财政部总长陈锦涛呈称：“二月二十六、七日，迭接北京袁世凯、唐绍仪等来电：‘因民国南方需用甚急，已与四国银行商妥，即交二百万两，以后再可陆续商量交付，暂以民国财政部收据作保，将来由大批外债扣还。至利息及各条件，现因紧急用款，一时未及妥订，俟妥订后，再交参议院通过’等语。因军需孔急，已于二十八日由四国银行领到现银二百万两，应请咨交参议院备案，俟有大批借款时，再行并案交院通过”等因前来。相应咨行贵院即烦查照备案可也。此咨。

据《临时政府公报》第三十六号

命陆军部海军部统一长江水师编制委任妥员令

（一九一二年三月十二日）

临时大总统令

兹据长江水师二十二营前荆州营副将刘炳庭，提中营副将丁

* 此件所标时间系《临时政府公报》第三十六号出版日期。

得贵，簰州营参将杨守约，芜湖营游击王诗访，金陵营参将张玉山，沅江营参将钱四和，江阴营副将邵茂春，华阳营游击万时雨暨全体兵士代表杨受百、蒋克明、范顺贻、朱宝滋等禀称：“为选举将才，恳请擢用，以一事权，俾有遵循事：窃自武汉义师方兴，经李传芬密授方针，兵士等莫不欢欣鼓舞，同为遥遥响应。伏念我水师原设有二十二营，分置五省江面，向归统一，层层节制，息息相通。惟现今各在一方，兵气不接，不无畛域之分。兵士等往返函商，若不禀请设一统一机关，漫无所归。然选举非人，不孚众望。悉心计议，将才难得，惟有旧恩宪李成谋之公子李传芬克当此选。其人年富而负英才，文德而兼武备，向与水师兵将均有感情，人望素著，胆略兼长。前在云南为宦，政声远播，驭军有法，剿匪尤称得力。此人人所共知共闻也。兹值民国共和之秋，正是求贤若渴之日。兵士等是以不揣冒昧，公同选举李传芬为水师二十二营统制，实系全体承认，并非个人私见。所有兵士等公议选举缘由，理合具禀，仰恳大总统、陆、海军总长俯准，札饬李传芬到宁任事，并赏通知各省都督查照可也。全体幸甚，水师幸甚”等情前来。查长江水师亟须统一，其应如何编制，委任妥员接充之处，仰该部咨商海军部核办可也。此令。

陆军部总长黄兴知照

孙　文

中华民国元年三月十二日

据中国第二历史档案馆藏《南京临时政府档案》原件

令内务部遵照南京府官制办理文*

（一九一二年三月十二日）

兹据参议院咨到同意议决之南京府官制一案，合行令仰该部转饬遵照办理可也。官制并发。此令。

据《临时政府公报》第三十六号

转发祝晋条陈令交通部备采择文**

（一九一二年三月十二日）

顷据留日铁道毕业生祝晋条陈铁道四端，皆本其平日讲肄经验所得，与剿袭雷同者有间，合将原呈发交该部藉备采择可也。此令。

据《临时政府公报》第三十六号

令江北都督蒋雁行核办张惠人请赈文***

（一九一二年三月十二日）

兹据张惠人等呈，以淮北被灾，恳饬赈济等情前来。查该地素称贫瘠，重以灾祲，饥馑洊臻，在所不免。但灾情之轻重如何，能否就地散赈，合行令仰该都督体察情形，酌量办理可也。原呈并发。

---

* 此件所标时间系《临时政府公报》第三十六号出版日期。

** 此件所标时间系《临时政府公报》第三十六号出版日期。

*** 此件所标时间系《临时政府公报》第三十六号出版日期。

此令。

据《临时政府公报》第三十六号

为暂缓设置造币总厂正长批文

(一九一二年三月十二日)

临时大总统批

据该部[①]次长兼江南造币总厂正长王鸿猷呈称:"现在全国造币分厂,多未成立,正长一职,虚名徒拥,请下令取消,以正名称而昭核实"等情。据此,查原定章程,造币总厂应设正长、次长各一缺,以负监督全国造币分厂之责。既据称现时分厂无多,事务尤简,自属实情。该正长一职,应准暂缓设置,以符因事建官之义而慰该次长综核名实之心。此批。

孙　文

中华民国元年三月十二日

据中国第二历史档案馆藏《南京临时政府档案》原件

批黄复生呈[*]

(一九一二年三月十二日)

呈悉。所请以各部、局官厅官用印刷品均归该局办理,并该局刊刻印信、关防以及图书等类,一并酌量取资各节,事属可行,着即

① 该部:指财政部。

* 黄复生时任印铸局局长。此件所标时间系《临时政府公报》第三十六号出版日期。

照准。仍仰该局咨明各部、局官厅照此办理可也。此批。

据《临时政府公报》第三十六号

批张惠人等呈*

（一九一二年三月十二日）

呈悉。江淮以北，遍野哀鸿，言之实深悯恻。仰候令行江北都督体察情形，酌量办理可也。此批。

据《临时政府公报》第三十六号

复康德黎夫人函

（一九一二年三月十二日）

亲爱的康德黎夫人：

顷接惠函，不胜欣慰，而能再次看到你熟识的手笔，更觉欢悦。

大清王朝诚然是一个“过去的遗物”，但满清的逊位，并非即是中国的完全得救。在我们的前面，尚有大量工作必须完成，俾使中国能以伟大强国的身分与列国并驾齐驱。

感谢你为我而作的诚笃的祈祷。我愿高兴地告诉你，我们正在谋求在中国实行宗教自由，而在此新制度下基督教必将昌隆繁盛。

我不久将有广州之行，届时拟将此古老城市改变为新的近代城市。

---

* 原呈请求赈济江淮北部灾民。此件所标时间系《临时政府公报》第三十六号出版日期。

我的眷属现在随我一起在南京，我的儿子将返美就学，我正拟送我的长女随同其兄一同赴美留学。如他们到英国，我将嘱他们务必前往你处向你和康德黎博士问安。

结束此信时，谨致最亲切的问候及最良好的祝愿。

忠实于你的孙逸仙

一九一二年三月十二日　南京

据康德黎与琼斯《孙逸仙与中国的觉醒》（伦敦一九一二年英文版）译出

致袁世凯电

（一九一二年三月十二日）

北京袁大总统鉴：据军商各界呈称："易迺谦、王遇甲、丁士源、徐孝刚等前在汉口惨杀军民，绝灭人道，乡里切齿，咸欲得而甘心。共和成立以后，又对于南方代表谩诋共和，故意挑起南方恶感，南方将士皆称应行宣布死刑。应请径电袁总统，先行停止委用"等语。自系实在情形，即希查核办理。孙文叩。侵。

据《临时政府公报》第三十八号（南京一九一二年三月十四日版）

致王和顺电

（一九一二年三月十二日）

广东报界公会转惠军统领王和顺鉴：闻惠军在省与督部新军有冲突事。陈督设法安置民军，自为今日治粤必然之策。且分别留遣，并无一律解散之说。君等宜遵守约束，共维大局。须知世界民〔各〕国之军队皆不能讲平等，而命令必出于一是。倘以猜嫌之故，致启纷争，惊扰居民，谁任其咎？特此正告我爱国之民军知之。

总统孙文。侵。

据《临时政府公报》第三十八号

令内务部通饬各省劝禁缠足文*

（一九一二年三月十三日）

缠足之俗，由来殆不可考。起于一二好尚之偏，终致滔滔莫易之烈，恶习流传，历千百岁，害家凶国，莫此为甚。夫将欲图国力之坚强，必先图国民体力之发达。至缠足一事，残毁肢体，阻阏血脉，害虽加于一人，病实施于子姓，生理所证，岂得云诬？至因缠足之故，动作竭蹶，深居简出，教育莫施，世事罔问，遑能独立谋生，共服世务？以上二者，特其大端，若他弊害，更仆难数。曩者仁人志士尝有天足会之设，开通者已见解除，固陋者犹执成见。当此除旧布新之际，此等恶俗，尤宜先事革除，以培国本。为此令仰该部速行通饬各省一体劝禁。其有故违禁令者，予其家属以相当之罚。切切。此令。

据《临时政府公报》第三十七号

转发蒯寿枢条陈令实业部藉备采择文**

（一九一二年三月十三日）

兹据安徽都督孙毓筠呈称："近年以来，盐政不修，商民两困，于是有改革盐制之说。兹事体大，决非可囿于一隅之见，集思广

* 此件所标时间系《临时政府公报》第三十七号出版日期。

** 此件所标时间系《临时政府公报》第三十七号出版日期。

益，庶几有裨。敝省所派全皖盐政总理蒯君寿枢，留心盐务有年，出所研求，著为论说，洞悉利弊，可见施行，与空谈者迥不相侔。当兹盐政改良，其言固亦刍荛之助。合将条呈具文呈送，仰祈采择施行”等由前来。查盐政之善否，于国家收入及人民日需，利害关系，至为切要。该部长现正总理盐政，力图改良，合将该条陈发交，以资参考。此令。

据《临时政府公报》第三十七号

令内务部通饬各省慎重农事文*

（一九一二年三月十三日）

军兴以来，四民失业，而尤以农民为最。田野荒芜，人畜流离，器具谷种之类，存者盖鲜。自近海内粗平，流亡渐集，农民夙无盖藏，将何所赖以为耕植之具？夫一夫不耕，或受之饥，若全国耕者释耒，则虽四时不害，而饥馑之数，已不可免。国本所关，非细故也。方今春阳载和，正届农时，若不亟为筹划，一或懈豫，众庶艰食，永怀忧虑，无忘厥心。为此令仰〈该〉部迅即咨行各省都督，饬下所司，劳来农民，严加保护。其有耕种之具不给者，公田由地方公款、私田由各田主设法资助，俟秋成后计数取偿。各有司当知此事为国计民生所系，务当实力体行，不得以虚文塞责，勉尽厥职，称此意焉。切切。此令。

据《临时政府公报》第三十七号

* 此件所标时间系《临时政府公报》第三十七号出版日期。

命财政部核办造币总厂匠徒呈文令

（一九一二年三月十三日）

临时大总统令

据造币总厂全体匠徒呈请愿留余总理①仍充厂长等由前来，合将原呈发交该部察核办理。此令。

财政部总长陈锦涛知照

计发原呈一件。

孙 文

中华民国元年三月十三日

据中国第二历史档案馆藏《南京临时政府档案》原件

给范光启委任状

（一九一二年三月十三日）

委任状：今委任范光启君为本部政事部干事。此状。

中国同盟会总理孙文

据《国父全集》第四册（转录史委会藏影印原件）

批李文藻呈*

（一九一二年三月十三日）

呈折均悉。印花税在各国行之而有利，吾国亟应仿办，理财家

① 余总理：即余成烈。

* 此件所标时间系《临时政府公报》第三十七号出版日期。

已历历言之。况丁此改革之初，岂不计画及此。仰候发交财政部存备采择可也。此批。

据《临时政府公报》第三十七号

批江宁自治公所呈*

（一九一二年三月十三日）

呈悉。据称临时政府地点已定北京及裁撤卫戍总督等情，均系传闻之误。所请电饬代理庄都督[①]移驻江宁一节，碍难立予照准。惟保卫地方，约束军队，乃政府应尽之责，自应妥为部署，以靖闾阎。该商民等务须各安生业，切勿误信谣传，致滋纷扰。此批。

据《临时政府公报》第三十七号

致陈炯明电

（一九一二年三月十三日）

万急。广东陈都督炯明鉴：前以南北统一，民国大定，各省民军过多，亟宜分别遣留，由陆军部通行命令到粤。贵都督按切地方情形，酌量留遣，办理有方，各路民军亦遵约束。乃王和顺妄造谣言，率先狙击巡查军队，抗拒命令，并伤及派往弹压长官，开炮哄〔轰〕城，肆扰居民，自非蓄意破坏广东，何至有此暴乱行动？现闻王和顺经已在逃，除吴镜如一协遵命不动外，皆已分

---

* 此件所标时间系《临时政府公报》第三十七号出版日期。

① 庄都督：即庄蕴宽。

溃。仰贵都督迅即严行搜捕解散。其余各路民军，于起义之际，具有勤劳，北方既平，当以公安为重。慎终如始，方为善保勋名。将此通令知之，其勿负本总统之期望也。临时大总统孙文。元。

据《临时政府公报》第三十九号（南京一九一二年三月十五日版）

复奉天谘议局电

（一九一二年三月十三日）

奉天谘议局：华俄草约并无抵押之说，前后经参议院多数决议通过。惟此约因少数议员宣布，已归无效。此复。孙文。元。

据《临时政府公报》第三十九号

令内务部核办吉涌等请变卖八卦洲产业以作旗民生计文*

（一九一二年三月十五日）

兹有公文一件，应归该部办理。合就开由发交，仰查明核办可也。此令。

据《临时政府公报》第三十九号

* 此件所标时间系《临时政府公报》第三十九号出版日期。

令财政部将侨商统一联合会王敬祥等募捐清册存案文*

（一九一二年三月十五日）

据侨商统一联合会王敬祥等呈报募捐总数并列清册前来。应将该清册发交该部存案，仰即查照。此令。

据《临时政府公报》第三十九号

令内务部核办李鼎等呈请抚恤文**

（一九一二年三月十五日）

兹据江宁贫老李鼎等呈请照旧发给膏伙银两等情前来。除批示外，合行令仰该部转饬南京府知事核明办理，以恤寒畯。此令。

原禀并发。

据《临时政府公报》第三十九号

令交通部核办温世珍等呈报改良行车办法文***

（一九一二年三月十五日）

兹据宁省铁路局总协理温世珍等呈报改良办法，加车行驶等

* 此件所标时间系《临时政府公报》第三十九号出版日期。

** 此件所标时间系《临时政府公报》第三十九号出版日期。

*** 此件所标时间系《临时政府公报》第三十九号出版日期。

情，似属可行。除批示外，为此令仰该部核饬遵办。此令。

原禀并发。

据《临时政府公报》第三十九号

令江苏都督遵照财政部议复江南造币厂办法文*

（一九一二年三月十五日）

前据该都督呈请处置江南造币厂办法前来，当经令饬财政部核办在案。兹据财政部呈称“查该都督所请各节，诸多窒碍”等语。合将财政部原呈另钞发交，仰即查照。此令。

据《临时政府公报》第三十九号

批宁省铁路局总协理呈**

（一九一二年三月十五日）

所呈各节均悉。该路为人民交通利便而设，故时间不宜稍误。惟军政时代，军队开拔，运输辎重，勾留阻滞，亦是实情。兹据呈称，该局另备加车，每日往返四次，专为各项军队而设，办法甚为周妥。仰候将原呈发交交通部核饬遵办可也。此批。

据《临时政府公报》第三十九号

---

* 此件所标时间系《临时政府公报》第三十九号出版日期。

** 此件所标时间系《临时政府公报》第三十九号出版日期。

批陆军部呈*

（一九一二年三月十五日）

据呈已悉。所拟简章九条系属权宜办法，应准照行。其草案等，关系永久法典，应候咨交参议院议决后再行令发遵办可也。

据《临时政府公报》第三十九号

批吉涌等呈**

（一九一二年三月十五日）

据呈已悉。经将原呈发交内务部核办，仰候该部批示可也。此批。

据《临时政府公报》第三十九号

批陈婉衍呈***

（一九一二年三月十五日）

呈悉。既据曾经具呈教育部在案，仰候该部核办可也。

据《临时政府公报》第三十九号

---

* 陆军部将所拟陆军人员补官任职令草案、官佐免官免职令草案及暂行补官简章，呈报孙中山批准。此件所标时间系《临时政府公报》第三十九号出版日期。

** 原呈事由参见同日《令内务部核办吉涌等请变卖八卦洲产业以作旗民生计文》。此件所标时间系《临时政府公报》第三十九号出版日期。

*** 原呈拟开办复心女学校，请求饬教育部拨发经费。此件所标时间系《临时政府公报》第三十九号出版日期。

咨参议院请查照国务员名单文*

（一九一二年三月十六日）

得北京袁大总统来电云："按照初六经参议院议决第四条，受职后将拟派各国务员姓名电知参议院求其同意等因。国务总理，经参议院电复同意。兹将拟派国务员开列于下：外交部陆征祥，内务部赵秉钧，财政部熊希龄，教育部范源濂，陆军部段祺瑞，海军部蓝天蔚，司法部王宠惠，农林部宋教仁，工业部陈榥，商业部刘炳炎，交通部陈其美，邮电部梁士诒。以上各员，伏乞酌核。如不合者，即希更正，咨送参议院，求其同意"等因。准此，合行咨请贵院查照办理。此咨。

据《临时政府公报》第四十号（南京一九一二年三月十六日版）

令实业部审批王敬祥等拟办贸易会社事文**

（一九一二年三月十六日）

据侨商统一联合会王敬祥等呈请拟办兴业贸易株式会社，并列会员表、说明书及章程清册前来。合将原呈各件发交该部，仰即审定批示饬遵可也。切切。此令。

据《临时政府公报》第四十号

---

* 此件所标时间系《临时政府公报》第四十号出版日期。

** 此件所标时间系《临时政府公报》第四十号出版日期。

命财政部核办贾凤威请于无锡设分银行令

（一九一二年三月十六日）

临时大总统令

据贾威〔风〕金〔威〕[1]呈请拟设分银行于无锡，推行钞票等由前来。应将该呈发交该部核办。此令。

财政部总长陈锦涛知照

计发贾威〔风〕金〔威〕原呈一件。

孙　文

中华民国元年三月十六日

据中国第二历史档案馆藏《南京临时政府档案》原件

致袁世凯电

（一九一二年三月十六日）

兹得张季直电云：“江皖灾民待赈，死亡相属，各县函电呼吁不绝于道。前电商袁总统，复称允为借款，先拨三十万济急，迄今未到。而自三十万之说发表，灾区呼吁益迫，除再电商袁总统先行电令上海中华银行借垫银十五万以救眉急外，特更电公，请再转商袁总统迅照拨。沪。謇”等因。谨电闻。孙文。铣。

据许师慎编《国父当选临时大总统实录》上册

（台北国史丛编社一九六七年初版）

---

① 参照原呈名字校改。

祭武汉死义诸烈士文

(一九一二年三月十七日)

维中华民国元年三月十七日,国民公仆孙文,谨致祭于武汉死义诸烈士之灵,而告以文曰:

中夏不吊,满夷窃乱。盗憎主人,府尤丛怨。岂曰无人,摧仇奋患。时不可为,热血空溅。乃及辛亥,火中成军。武汉飙发,胡虏土崩。既攻既击,椓我弟昆。虽椓我昆,大功则成。人生有死,死有重轻。死以为国,身毁名荣。漠漠沙场,烈骨所暴。崭崭新国,烈士所造。千祀万禩,俎豆馨香。魄归蒿乡,魂在帝旁。伏维尚飨。

据《临时政府公报》第四十三号(南京一九一二年三月二十日版)《大总统追悼武汉死义诸烈士文》

令各省都督遵行财政部所拟发行债票办法文*

(一九一二年三月十七日)

据财政部呈称:"窃维行政以统一为先,理财以核实为要。本部此次发行债票,不独补助军需,亦以统一财政。惟自军兴以后,百务方新,各省度支,均忧匮乏,诚不得不以借贷之谋,为挹注之计。其在中央债票未发行以前,有以地方名义在各该省自行募集

* 此件所标时间系《临时政府公报》第四十一号出版日期。

公债者，中央债票既发行以后，有以军需不继为词，一再来部请领债票，漫无限制者。殊不知公债发行，在吾国为未有之创举，既关民国信用，又系外人观听。一纸无异现银，偿还即在转瞬，固不宜自为风气，尤不可稍涉虚糜。本部前以鄂军政府、沪军政府发行债票有碍统一，先后呈准饬令停止发行在案。惟查各省尚以地方名义募集公债，而其性质又非地方公债者，不独鄂、沪两地。现在中央债票发行，自应援照鄂、沪成案，将各省所发之债票一律停止。况本部定章，各省所得债款，半留中央，半归本省，原属内外兼权。在各都督体念时艰，通筹全局，自必乐于赞成。但各省光复未久，军书旁午，待理万端，发行债票，事又烦琐，兼顾之难，自在意中。应由本部遴选妥员，分往各该省，随时禀承都督暨会同财政司办理债票一应事宜。所募之款，除将一半解部，其余一半留存该省，撙节动用。惟如何用途，须由各省分别报部，静候指拨。嗣后不得藉口饷械短绌，径自来部请领债票，以示限制。除分咨各部长、各都督外，相应呈请察核办理，并乞通令一体遵照”等由前来。查现在大局底定，财政亟应整理，该部所陈债票办法，系为统一财政起见，应予通令一体遵行。为此令仰该都督查照办理可也。切切。此令。

据《临时政府公报》第四十一号（南京一九一二年三月十七日版）《大总统通令统一财政限制各省办理公债文》

令浙江都督查办刘学询呈称抵款各节文*

（一九一二年三月十七日）

据上海信大庄主刘学询略称：上海信大钱庄抵款轇轕，应由大

* 此件所标时间系《临时政府公报》第四十一号出版日期。

清银行原经理席德辉，将苏州河边货仓及浦东地基议价抵补各等因前来。此案前后轇轕，颇为复杂。兹既据称业有沪产可作抵款，其杭庄应否籍没？又此案办法能否照来呈所请办理，以清纠纷之处，合行令仰该都督[①]切实查明，秉公核办。原呈并发。此令。

据《临时政府公报》第四十一号

令内务部通令蛋户惰民等一律享有公权私权文*

（一九一二年三月十七日）

天赋人权，胥属平等。自专制者设为种种无理之法制，以凌轹斯民，而自张其毒焰，于是人民之阶级以生。前清沿数千年专制之秕政，变本加厉，抑又甚焉。若闽、粤之蛋户，浙之惰民，豫之丐户，及所谓发功臣暨披甲家为奴，即俗所谓义民者，又若薙发者并优倡隶卒等，均有特别限制，使不得与平民齿。一人蒙垢，辱及子孙，蹂躏人权，莫此为甚。当兹共和告成，人道彰明之际，岂容此等苛令久存，为民国玷！为此特申令示，凡以上所述各种人民，对于国家社会之一切权利，公权若选举、参政等，私权若居住、言论、出版、集会、信教之自由等，均许一体享有，毋稍歧异，以重人权而彰公理。该部接到此令之后，即行通饬所属一体遵照，并出示晓谕该省军民人等，咸喻此意。此令。

据《临时政府公报》第四十一号《大总统通令开放蛋户惰民等许其一体享有公权私权文》

---

① 该都督：指浙江都督蒋尊簋。

* 此件所标时间系《临时政府公报》第四十一号出版日期。

令交通部核办报界公会请减邮电费文*

（一九一二年三月十七日）

兹据上海日报公会呈称军兴以后种种困难情形，请减轻邮电费以维报界等情前来。查报纸代表舆论，监督社会，厥功甚巨。此次民国开创，南北统一，尤赖报界同心协力，竭诚赞助。兹据呈称军兴以后困难情形，均属实况，若不设法维持，势将相继歇业。合将原呈发交该部，仰即酌核办理可也。此令。

据《临时政府公报》第四十一号

咨参议院请核议商业银行暂行则例文**

（一九一二年三月十七日）

兹据财政部总长陈锦涛呈："据钱法司案呈，军兴以来，财政竭蹶，若不速图救济，恐民国虽建，而民力已疲。顾救济之策，抉本探源，尤在疏通金融，维持实业。此商业银行之组织所以万不容缓也。惟是银行之业，首贵稳固，一有不慎，即足以扰乱市面。故各国政府对于银行营业，较之他种商人，取缔特严。我国金融机关，本未完备，加以近年以来，恐慌迭起，向所称为殷实富商者，今皆相继破产，不克自存。虽曰我国商人之智识不足，亦由前清政府之监督不严。民国成立以来，各处呈请设立银行者日必数起。本部既

* 此件所标时间系《临时政府公报》第四十一号出版日期。

** 此件所标时间系《临时政府公报》第四十一号出版日期。

有管辖之责，似应亟颁则例，俾企业者有所遵循，而监督者有所依据。用特参照各国现行之法规，斟酌我国商业之现状，拟定商业银行则例十四条。于取缔营业之中，仍寓保护商人之意。理合缮具清单，备文呈请大总统俯赐察核，迅即咨送参议院议决公布施行”等因前来。为此，相应备文咨送贵院，请速议决咨复，以便颁布施行。此咨。

据《临时政府公报》第四十一号《大总统咨参议院议决财政部呈厘定商业银行暂行则例文》

令财政部察核李国梁等呈请改良盐政文*

（一九一二年三月十七日）

据李国梁等呈请改良盐政并附简章及手折前来，除批示外，合行发交该部，仰即察核办理。此令。

据《临时政府公报》第四十一号

令财政部核办左西山等请留扬州盐务办事地点文**

（一九一二年三月十七日）

据扬州保存盐务会代表左西山等呈请仍留盐务办事地点于扬州，以维市面等由前来。为此，令行该部，仰即会商实业部酌核办

* 此件所标时间系《临时政府公报》第四十一号出版日期。

** 此件所标时间系《临时政府公报》第四十一号出版日期。

理为要。此令。

据《临时政府公报》第四十一号

令实业部核办仇志远呈请泾县煤矿立案文*

（一九一二年三月十七日）

兹有公文一件，应归该部核办，合将原呈发交。此令。

据《临时政府公报》第四十一号

批仇志远呈二件**

（一九一二年三月十七日）

一

呈悉。鸦片流毒，垂百余年，祸国害民，深堪痛恨。民国建立伊始，凡我国民固当力为戒绝。该商等所熬戒烟药料，果能于卫生筹饷两有裨益，诚属美举。惟所配药料是否甚良，及所请专利五年，应否准行之处，仰候令由内务部核办可也。此批。

二

呈悉。仰候令行实业部核办可也。此批。

据《临时政府公报》第四十一号

* 此件所标时间系《临时政府公报》第四十一号出版日期。

** 原呈第一件为请求专利五年专熬戒烟药料，以助饷糈；第二件为请废泾阳煤矿原案复行立案。各件所标时间系《临时政府公报》第四十一号出版日期。

批李国梁等呈*

（一九一二年三月十七日）

呈及章程均悉。所请将前清旧票改换新钞并盐政改良各办法，已令行财政部核办矣。仰即知照。

据《临时政府公报》第四十一号

批左西山等呈**

（一九一二年三月十七日）

呈悉。已令行财政部会商实业部核办矣。此批。

据《临时政府公报》第四十一号

批胡汉民等呈***

（一九一二年三月十七日）

呈悉。查中国历代编纂国史之机关，均系独立，不受他机关之干涉，所以示好恶之公，昭是非之正，使秉笔者据事直书，无拘牵顾忌之嫌，法至善也。民国开创，为神州空前之伟业，不有信史，何以焜耀宇内，昭示方来。该员等所请设立国史院之举，本总统深表赞

---

* 此件所标时间系《临时政府公报》第四十一号出版日期。

** 原呈事由参见同日《令财政部核办左西山等请留扬州盐务办事地点文》。此件所标时间系《临时政府公报》第四十一号出版日期。

*** 此件所标时间系《临时政府公报》第四十一号出版日期。

同。应候提交参议院议决。至请行派员筹办一节,俟遴选得人,即行委任可也。此批。

据《临时政府公报》第四十一号

批杨显焘等呈*

(一九一二年三月十七日)

据呈已悉。事关诉讼,本有专司,仰即赴该管辖官署呈控可也。此批。

据《临时政府公报》第四十一号

批上海日报公会呈**

(一九一二年三月十七日)

呈悉。报纸代表舆论,监督社会,厥功甚巨。此次民国开创,南北统一,尤赖报界同心协力,竭诚赞助。兹据呈称军兴以后困难情形,均属实况,若不设法维持,势将相继歇业。仰候将原呈发交交通部核办可也。此批。

据《临时政府公报》第四十一号

批上海总商会呈***

(一九一二年三月十七日)

现在参议院为临时组织,故议员由各省都督送派。将来必合

---

* 原呈控告曹受诏混争水注,县令偏断,害税殃民事。此件所标时间系《临时政府公报》第四十一号出版日期。

** 原呈请求减轻邮电费用。此件所标时间系《临时政府公报》第四十一号出版日期。

*** 原呈请求公选参议院议员。此件所标时间系《临时政府公报》第四十一号出版日期。

集民选议会，为正当立法机关，以代表国民。民国制度，一视齐等，不分界限。以我国商业日益发达，选举普及全国之日，商界当不止占三名选举之数，正不宜以此自限。本总统有厚望焉。

据《临时政府公报》第四十一号

命内务部咨江苏都督清理阜宁苇荡积弊令

（一九一二年三月十八日）

临时大总统令

兹据谢承焘呈请将海州阜宁苇荡裁泛升科，并缮抄旧呈前清江北提督原稿办法及苏谘议局议案各节，言之成理。在前清时议局既举其弊，而有司终延玩未行，坐失膏腴，殊为可惜。今据呈前来，合亟令仰该部咨行江苏都督切实查明，协筹办法，以清积弊而收弃利。至要。此令。

内务部总长程德全知照

计发谢承焘请将阜宁苇荡裁泛升科原呈一件。

孙　文

中华民国元年三月十八日

据中国第二历史档案馆藏《南京临时政府档案》原件

批财政部呈

（一九一二年三月十八日）

临时大总统批

一件。财政部呈海外汇业银行则例乞咨参议院提议由。

呈悉。海外汇业实国际贸易之枢纽，即国民经济之关键，东西各国先例昭然。当金融紧迫之秋，得此酌剂盈虚，诚足以扩张商务，补救时艰。所拟海外汇业银行则例三十二条，仰候咨送参议院提议可也。此批。

孙　文

中华民国元年三月十八日

据中国第二历史档案馆藏《南京临时政府档案》原件

令外交部妥筹禁绝贩卖“猪仔”[①]及保护华侨办法文[*]

（一九一二年三月十九日）

兹据荷属侨民曹运郎等呈请禁止贩卖“猪仔”及保护华侨各节。查海疆各省，奸人拐贩“猪仔”，陷人涂炭，曩在清朝，熟视无睹，致使被难同胞穷而无告。今民国既成，亟应拯救，以尊重人权，保全国体。又侨民散居各岛，工商自给者，亦实繁有徒，屡被外人陵虐，然含辛茹苦，挚爱宗邦。今民国人民同享自由幸福，何忍侨民向隅，不为援手。除令广东都督严行禁止“猪仔”出口外，合亟令行该部妥筹杜绝贩卖及保护侨民办法，务使博爱平等之义实力推行。切切。此令。

据《临时政府公报》第四十二号（南京一九一二年三月十九日版）

① “猪仔”：被拐贩到西欧和美国从事奴隶劳动的华工，在我国文献中叫做“猪仔”。

* 此件所标时间系《临时政府公报》第四十二号出版日期。

令广东都督严禁贩卖“猪仔”文*

（一九一二年三月十九日）

兹据荷属侨民曹运郎等呈请禁止贩卖“猪仔”各节，查奸徒拐贩同胞，陷人沟壑，曩在前清，草菅人命，漠不关心，致使被难人民穷而无告，岂惟有亏国体，亦本总统痛心疾首，殷念不忘，殊惨绝人道①。前曾令内务部编定禁卖人口暂行条例，冀使自由博爱平等之义实力推行。惟禁止“猪仔”出口，尤为刻不容缓之事。民国既成，岂忍视同胞失所，不为拯救？除令外交部妥筹办法外，合亟令行该都督严行禁止，务使奸人绝迹，以重人道而崇国体。此令。

据《临时政府公报》第四十二号

咨参议院请核议设立国史院文**

（一九一二年三月十九日）

据胡汉民等呈称云云（原呈见前）。查中国历代编纂国史之机关，均系独立，不受他机关之干涉，所以示好恶之公，昭是非之正，使秉笔者据事直书，无拘牵顾忌之嫌，法至善也。民国开创，为神州空前之伟业，典章制度以及志士缔造经营之成绩，不有信史，何以焜耀宇内，昭示方来。该员等所请设立国史院之举，本总统深表

---

*　此件所标时间系《临时政府公报》第四十二号出版日期。

①　以上三句疑有误。似应为“亦殊惨绝人道，本总统痛心疾首，殷念不忘”。

**　此件所标时间系《临时政府公报》第四十二号出版日期。

赞同。除批示外，合行作为议案，咨请贵院迅予开会议决见覆可也。此咨。

据《临时政府公报》第四十二号

令教育部通告各省优初级师范开学文*

（一九一二年三月十九日）

自民国起义以来，教育机关一时停歇，黉舍变为兵营，学子编入卒伍，此诚迫于时势不得不然。然青年之士，问学无途、请业失据者，何可胜道？学者，国之本也，若不从速设法修旧起废，鼓舞而振兴之，何以育人才而培国脉。查阅《临时政府公报》第三十二号，载有该部通告各省电，饬令高等专门学校从速开学，免致高等学生半途废学，中学毕业学生亦无升学之所云云，自是正当办法。惟教育主义，首贵普及，作人之道，尤重童蒙，中小学校之急应开办，当视高等专门为尤要。顾欲兴办中小学校，非养成多数教员不可；欲养成多数中小学教员，非多设初级优级师范学校不可。虽一时权宜与永久经制自殊，而统筹全局，亦不可顾此失彼。此时注重师范，既能消纳中学以上之学生，复可隐植将来教育之根本，是真当务之急者。为此令仰该部迅即妥筹办法，通告各省，将已设之优级初级学校一并开学，其中小学校仍不可听其停闭，速筹开办，是为至要。此令。

据《临时政府公报》第四十二号

* 此件所标时间系《临时政府公报》第四十二号出版日期。

令实业部核办叶宝书等呈请改良浙省盐政办法文*

（一九一二年三月十九日）

据浙西场灶全体代表叶宝书等具呈，略称浙省改革盐政办法，有碍该处场灶生产，请予维持前来。除批示外，合将原呈发交该部，仰即察核办理。切切。此令。

据《临时政府公报》第四十二号

命黄兴准予烈士王家驹优恤令

（一九一二年三月十九日）

临时大总统令

据陆军部总长黄兴呈称："山西行军参谋王家驹率兵攻克宁武、怀仁、大同一带，以功升总参谋兼四标统带。由虎谷渡河，略取河西蒙古地，贼闻惊溃，进占萨城、托斯和等处。不料孤军深入，弹尽援绝，为敌弹贯脑而死。查该总参谋忠勇性成，前后十余战，无不身先士卒，卒至捐躯报国。理合申请优恤，准将该总参谋王家驹照左将军例，优给阵亡一时恤金一千二百元，遗族每年恤金七百元，并准附祀晋、鄂两省忠烈祠"等情。自属正当办法，应即照准，以示褒奖，藉慰忠魂。此令。

陆军部总长黄兴知照

孙　文

---

* 此件所标时间系《临时政府公报》第四十二号出版日期。

中华民国元年三月十九日

据中国第二历史档案馆藏《南京临时政府档案》原件

批叶宝书等呈*

（一九一二年三月十九日）

呈悉。据称浙省改革盐政办法有碍该处场灶生产，应候令行实业部核办。仰即知照。此批。

据《临时政府公报》第四十二号

批陆军部呈**

（一九一二年三月十九日）

呈暨表均悉。现今东西各国测绘人员均据文职，无据武职之例。该部所呈测绘人员可否比照陆军官佐阶级拟定之处，碍难照准。原呈及表发还。此批。

据《临时政府公报》第四十二号

批曹运郎等呈***

（一九一二年三月十九日）

呈悉。奸人贩卖“猪仔”，惨无人道，本总统痛心疾首，殷念不

---

* 此件所标时间系《临时政府公报》第四十二号出版日期。

** 此件所标时间系《临时政府公报》第四十二号出版日期。

*** 原呈人是荷属华侨，请求禁止贩卖“猪仔”及保护侨民。此件所标时间系《临时政府公报》第四十二号出版日期。

忘。前曾令内务部编定禁止贩卖人口暂行条例，以重人权。查侨民散居各岛，工商自给，实繁有徒。而屡被外人横加虐辱，含辛茹苦，不背宗邦，可悯可矜，亟应援手。今民国既成，断不忍使海外侨民不同享自由平等之福。所陈各节，已分别令行外交部及广东都督酌核办理矣。此批。

据《临时政府公报》第四十二号

批石仁山等呈*

（一九一二年三月十九日）

所呈各节均悉。该商等创立公司，采办矿业，既据呈称由该地主与各股东妥商合办，订立契据，呈明前清劝业道立案，何以当时不予认可给照。迨鄂军政府成立后，该内务、财政两司，亦屡经派委查验，如果无别种轇轕，又何以藉词再三拒绝。此中情节，非彻查不能明晰。现当共和建设伊始，人民营业权亟应保护，岂容攘夺。惟既称另禀副总统、鄂都督在案，仰候批示办理可也。此批。

据《临时政府公报》第四十二号

致袁世凯电

（一九一二年三月十九日）

北京袁大总统鉴：邮政总办帛黎，前于邮票上盖印“临时中立”字样，经外交部、交通部令其抹去此四字，加印“中华民国”字样于

---

* 原呈人是湖北矿商，控诉湖北内务司和财政司强占私产。此件所标时间系《临时政府公报》第四十二号出版日期。

上。惟伊现在仍不将“临时中立”四字抹去,遂成“中华民国临时中立”八字,实属有碍国体。闻已颁发数省,应请即令帛黎转电各处,必须无“临时中立”字样,方许发行。盼复。孙文。皓。

据《临时政府公报》第四十四号(南京一九一二年三月二十一日版)

复陈炯明电

(一九一二年三月十九日)

万急。广东陈都督炯明鉴:电悉。王和顺在粤举动,早有所闻,蓄意破坏,当非一日。此次公然作乱,目无法纪,幸除其一二私党之外,各民军皆知大义,不受所煽惑。而贵都督坚强不挠,办理尤合机宜,民害之除,社会之幸也。自兹以后,我粤民军当以遵守军纪、维持治安为第一之天职,慎终如始,善保光复之成勋,是所厚望。临时大总统孙文。皓。

据《临时政府公报》第四十五号(南京一九一二年三月二十二日版)

复上海各报馆电

(一九一二年三月十九日)

上海各报馆公鉴:电悉。经由同盟会本会监事查复,广东《七十二行商报》九日所载南京同盟会本部广东分会歌电一节,本部并未发过此项电文,在宁本部亦无各省分会之组织,该报所载,实与本会无涉,特此声明。至该报有无得过此项电文,及何人妄用本部分会名义,应再彻查。先此答复。孙文。皓。

据《临时政府公报》第四十四号

令内务部总长慎重用人文*

（一九一二年三月二十日）

临时大总统令

满清末年，仕途腐败，已达极点。亲贵以财贿招诱于上，士夫以利禄市易于下。奔竞弋谋，相师成风，脂韦突梯，恬不知耻。以致君子在野，自好不为。事无与治，民不聊生，踵循不悛，以底灭亡。民国成立，万端更始，旧日城社，扫除略尽，肃整吏治，时不可失。然而法制未班，考试未行。干进者，有〔存〕乘时窃取之心；用人者，有高下随心之便。一或不慎，弊将有甚满清之季者。治乱之分，端在于此，言念前途，能无兢兢。南京临时政府草创之际，各处奔走疏附来求一地位者，当不乏人。以此苟得之心，遂开诈伪之习，或本旧吏而冒称新材，或甫入校而遽号毕业，蒙混诬枉，得之为能。虽转瞬统一政府成立，此地各官署立即取消，然使不肖者得持此以为进身之具，其遗患方来，何可数计。为此令仰该部总、次长等于用人之际，务当悉心考察，慎重铨选，勿使非才滥竽，贤能远引，是为至要。又查各部荐任各员，每有以一人而兼两职者，殊非慎重职务之道。荐者不知，是为失察；受者不白，是为冒利，胥无取焉。以后除有特别缘故外，不得兼职，以肃官方而饬吏治。切切。此令。

---

* 此令与《临时政府公报》第四十七号《令各部局整饬官方慎重铨选文》同，经参照互校。

内务部总长程德全知照

孙　文

中华民国元年三月二十日

据中国第二历史档案馆藏《南京临时政府档案》原件

祭江皖倡义诸烈士文

（一九一二年三月二十日）

中华民国建立之元年三月二十日，国民公仆孙文，谨致祭我江院〔皖〕倡义赵、吴、熊、倪①诸烈士之灵，而奠以词曰：

呜呼！莽莽神州，山川大佳。绣错膏沃，曰江曰淮。是生哲人，文光湛湛。何期沦胥，武装璀璨。亦以族类，敢异其心。行同窃鈇，号等摸金。昆冈既炎，则莫克遏。怀襄之流，靡或不没。崇山嶕峣，横心所兵。鞺鞳宫羽，横声所鸣。滟滟江淮，壮人之泪。化碧激哀，剖心作气。呜呼！京江汤汤，戎衣锵锵。剑胆诗心，痈疽肺肠。椓我常山，天胡不牖。丽尔仙城，三月念九。呜呼！征我兵士，本我爪牙。觥觥倪英，复我邦家。亦越趠烈，曰有熊裔。在江之滨，爰举烽燧。呜呼！孰辟草莱，惟吴季子。滃濛燕云，霹雳而起。血衅金汤，脂敷窳呰。权舆椎轮，先觉是倚。呜呼！英烈多多，有名无名。大化消息，孰摄缄縢。畀我英烈，手造江山。如此江山，英风不还。滔滔东流，夹流耸翠。手提掷还，群灵之惠。有酒在尊，有肉在俎。为女歃歔，披沥丹府。悠悠我思，股肱心膂。为我告哀，九泉之下。尚飨。

据《临时政府公报》第四十五号《大总统追悼江皖倡义诸烈士文》

① 赵、吴、熊、倪：即赵声、吴樾、熊成基、倪映典。

咨参议院请核议各部院三月分概算书文*

（一九一二年三月二十日）

据财政部总长陈锦涛呈称："据会计司案呈：'《临时政府公报》二十八号内载：本部呈请饬令各部办理三月分应支款项，编具概算书，限期造送本部，由部汇送参议院，编成预算。复于本年三月十一日奉大总统公布参议院临时约法内开：第十九条第二项，参议院议决临时政府之预算、决算等语。查各部院概算书，业已陆续造送前来。兹经本司详细审查，所有各部院于本月分应支经常、临时及预备等费册内所列数目，其务求撙节者固属不少，而从宽约计者亦居多数。事关中央行政要需，应即遵照临时约法，将各部支出概算书，呈请大总统咨由参议院议决后，再行交部支出。惟各部院成立伊始，用度实繁，纷纷来部请领者，几有日不暇给之势，应请咨会该院，迅予裁决，以便遵行'等情。

"查各部院三月分概算书支领各款，为数颇巨，筹措维艰。第百端待举，既需款之孔殷，而应付稍迟，辄责言之交至，统筹出入，挹注无方。至本部收入的款，向以全国赋税为大宗。自光复以来，各州县经征款项，应划归中央政府者，虽早经本部通电催解，而各该省迄未照解前来，以致收入亦无从概算。本部专司综核，盈虚酌剂，责有攸归。但仰屋徬徨，术穷罗掘。募借外债，原非持久之谋；整顿税源，难济目前之急。外省之解拨不至，公产之收入无多。舍

* 此件所标时间系《临时政府公报》第四十三号出版日期。

此而外，别求财源，纵有孔桑，何从着手？特际此新政方兴，讵可因噎而废食；度支虽绌，总期积极以进行。锦涛等辗转筹思，深滋恐惧。与其内外相睽，坐以待困，何如同心协力，共济时艰。千钧一发，系于斯时，惟有吁恳大总统，令行各省都督，念国计关系之重，谅本部筹划之艰，将应解部款，从速催缴。其有不足，应行设法弥补之处，并请咨照参议院议定救急方法，俾本部得所遵守，而财政藉以维持，实为至要。所有呈请交议各部院三月分支出概算书，暨财政困难情形，理合备文呈报，敬祈鉴核施行。

“再：陆军部月支概数咨文，一并录送。至该部三月分支出概算书，俟交到时再行续送”等由前来。

除照呈令行各省都督催缴应解各款外，相应将概算书咨送贵院，请烦查照速行议决咨复为要。此咨。

计咨送财政部呈交各部院三月分支出概算书一本，抄录陆军部支出概算咨文一件。

据《临时政府公报》第四十三号《大总统据财政部呈送各部院三月分概算书咨参议院请议决文》

命安徽都督办理上海裘业商会呈令*

（一九一二年三月二十日）

兹有公文一件，应该都督[①]办理，合就开由发交，仰即彻实查明，究追惩处。至要。此令。

---

* 此件所标时间系《临时政府公报》第四十三号出版日期。

① 该都督：指安徽都督孙毓筠。

计发公文一件：

一、上海裘业商会呈在皖境怀远县龙亢集地方被该处练总邵德进率领土匪劫船掳货恳饬查办由。

据《临时政府公报》第四十三号《大总统令安徽都督查明上海裘业商会报告被匪掳劫追究惩处文》

令南京府知事调查饥民设局平粜文*

（一九一二年三月二十日）

兹据张瀛呈请调查金陵各属饥民情形，发帑设立粜局等情。查米价涨落，民食攸关，而米粒之屯积与夫运输，若果匮乏，尤为可虑。亟应令仰该府知事①，一面查明金陵市面有无奸商市侩抬价居奇情事，严行禁止；一面察看地方情形应否设局平粜，酌量救济，分别查明，妥为办理。是为至要。此令。

计发张瀛呈请发帑开设粜局原呈一件。

据《临时政府公报》第四十三号《大总统令南京府知事查明张瀛呈请调查饥民设局平粜情形妥办文》

令江西都督查办郑裕庆宝记银号被封案文**

（一九一二年三月二十日）

民国革命，所以去专制之淫威，谋人民之幸福，是故义师所至，

* 此件所标时间系《临时政府公报》第四十三号出版日期。

① 该府知事：指南京府知事辛汉。

** 此件所标时间系《临时政府公报》第四十三号出版日期。

一面除暴,即一面安良。对于人民财产,除果为反对民国,甘作虎伥,及显有侵吞亏欠官款确证外,应予一律保护,断不忍有株连抄没之举而祸我生民。纵使戎马仓皇之日,难免殃及池鱼,而承平以后,即应设法挽救。前经内务部颁发保护人民财产五条,各省都督自应按照饬查,分别办理,以尽保护之责。该省九江府商人郑裕庆所开设宝记银号被封一案,早经发交该都督[①]查办在案。兹复据该商人呈诉,冤抑莫伸,迫再吁恳饬令查明揭封等情前来。究竟该银号是否有亏欠官款之确证?该银号以及郑裕庆之财产,应否并为查抄?何以久悬未办?合亟令行该都督迅速澈查,秉公核办,以昭公道。是为至要。此令。

计发宝记商人郑裕庆呈诉被封冤抑迫再吁恳饬查揭封以昭公允原呈一件。

据《临时政府公报》第四十三号《大总统令江西都督速查九江商人郑裕庆所开宝记银号被封是否冤抑秉公核办文》

批潘月樵等呈[*]

(一九一二年三月二十日)

潘月樵、夏月珊等,启导伶界,开通社会,一片婆心,实堪嘉尚。所请各节,既经沪军都督批准立案,自无不合之处,应准其开办。至于抢获制造局有功,自应受赏,应禀请沪军都督咨报陆军部查核

① 该都督:指江西都督李烈钧。

* 原呈请求改良伶界教育。此件所标时间系《临时政府公报》第四十三号出版日期。

办理。此批。

据《临时政府公报》第四十三号

批邓城呈*

(一九一二年三月二十日)

呈悉。江皖灾民愁苦之状,本总统无日忘之。前日经令财政部即行拨款救济,昨又电知北京袁总统设法维持矣。此批。

据《临时政府公报》第四十三号

批辛汉呈**

(一九一二年三月二十日)

呈悉。任官惟贤,本不限乎区域。昨经内务部荐任该员接充南京府知事一职,当经本总统发给委任状在案。兹阅来呈,以频年游学在外,于地方情形未能谙悉,力辞今职。该员学优而仕,正宜为父母之邦力谋幸福,即使见闻偶有未周,父老乡人断无有不竭诚相告者。兼听则明,古有明训,何所容其顾虑。即赴新除,展乃抱负。所请辞职之处,应毋庸议。此批。

据《临时政府公报》第四十三号

---

* 邓城是财政部赋税司司员,所呈为代安徽灾民请命事。此件所标时间系《临时政府公报》第四十三号出版日期。

** 此件所标时间系《临时政府公报》第四十三号出版日期。

批上海裘业商会呈*

（一九一二年三月二十日）

禀悉。如果所控非虚，该商民等受累非轻，邵德进不法已极。仰候令行安徽都督彻实查明，究追惩办可也。此批。

据《临时政府公报》第四十三号

批郑裕庆呈**

（一九一二年三月二十日）

呈悉。民国义师所至，一面为除暴，即一面为安良。倘非果为反对共和，甘作民贼，及显有侵吞亏空官款确证，其为人民财产，应当一律保护，岂容有株连抄没之举。该案早经发江西都督查办在案，仰候令行该都督迅速查明秉公办理可也。此批。

据《临时政府公报》第四十三号

批张瀛呈***

（一九一二年三月二十日）

呈悉。米价涨落，民食攸关，如有奸商市侩敢为抬价居奇，例

---

* 此件所标时间系《临时政府公报》第四十三号出版日期。

** 原呈事由参见同日《令江西都督查办郑裕庆宝记银号被封案文》。此件所标时间系《临时政府公报》第四十三号出版日期。

*** 原呈事由参见同日《令南京府知事调查饥民设局平粜文》。此件所标时间系《临时政府公报》第四十三号出版日期。

应禁止。至请设局平粜一节,应看地方市面米谷果否缺乏,方图救济。仰候令行南京府查核办理可也。此批。

据《临时政府公报》第四十三号

致袁世凯电

(一九一二年三月二十日)

万急。北京袁大总统鉴:兹得参议员吴景濂、谷钟秀、彭占元、李鎜、刘星南函称:“前议决接收北方统治权案,当经咨由大总统照办。昨报载袁总统今已将原有督抚各省改为都督,是议决案之第一项已施行。惟都督必须由本省人民公举,其如何公举,如何委任,皆于该议决案内载明。请将该案电达袁总统,以免施行时与议案龃龉。再,公举都督,必须为一般所属望之人始能胜任。昨接直隶谘议局来电,已公举驻宁第三军军长,即广西副都督王君芝祥为直隶都督,并径电袁大总统。即请电致袁大总统,照案加以委任。不胜祷盼之至”等情。特此电闻。孙文。哿。

据《临时政府公报》第四十五号

复各政党电

(一九一二年三月二十日)

民立报馆转各政党公鉴:皓电悉。前见各报来电,当即令同盟会本部干事调查。据复歌日并无发过此项电报到粤,在宁本部亦无广东分会之组织,该电与本会绝无关系。至究竟广东《七十二行商报》有无得过此电,及何人妄用此种名义,仍须彻查严究,昨已复各报馆矣。孙文。哿。

据上海《民立报》一九一二年三月二十二日

令内务部转饬辛汉遵照批示赴任文[*]

（一九一二年三月二十一日）

顷据南京府知事辛汉呈请辞职前来，除批“呈悉。任官惟贤，本不限乎区域。昨经内务部荐任该员接充南京府知事一职，当经本总统发给委任状在案。兹阅来呈，以频年游学在外，于地方情形未能谙悉，力辞今职。该员学优而仕，正宜为父母之邦力谋幸福，即使见闻偶有未周，父老乡人断无有不竭诚相告者。兼听则明，古有明训，何所容其顾虑。即赴新除，展乃抱负。所请辞职之处，应毋庸议”外，合行令仰该部转饬该知事遵照批示，克日赴任受事可也。此令。

据《临时政府公报》第四十四号

咨参议院请核议中国银行则例文[**]

（一九一二年三月二十一日）

兹据财政总长陈锦涛呈将厘定中国银行则例缮具清单，请咨交贵院议决等由前来。相应咨送贵院，请烦议决咨复，以便转饬遵行。此咨。

计钞送财政部呈送厘定中国银行则例清单一件。

据《临时政府公报》第四十四号

---

* 此件所标时间系《临时政府公报》第四十四号出版日期。

** 此件所标时间系《临时政府公报》第四十四号出版日期。

令上海通商交涉使查复梁祖禄承办垦牧被奸商捏控情形文*

（一九一二年三月二十一日）

据商人梁祖禄呈称“承办江苏句容县属垦牧事业，迭被奸商捏控”等由前来。其中轇轕甚多，非彻查不能明晰。为此令仰该交涉使①迅即查明呈复，以凭核办。原呈及合同字据二折一并发交。此令。

计发交原呈一件、合同字据二件。

据《临时政府公报》第四十四号

命财政部核办上海源丰润号押产令

（一九一二年三月二十一日）

临时大总统令

据上海源丰润经理陈薰呈称，该号所抵押与沪关之号东自产及沪号押产，均属减值。惟此项押产，曾由沪关交存领事公会，恳候移还接收之日提回，除核抵沪关押款外，将抵余产业发还清理等情前来。当经批谓：“呈悉。该号经营三十余年，信用素著，一旦为市面牵累，以致辍业。而前清专制，非惟不予维持，抑且从而朘剥，情殊可悯。除令通商交涉使向领事公会提取沪关交存之该号押

* 此件所标时间系《临时政府公报》第四十四号出版日期。

① 该交涉使：即上海通商交涉使温宗尧。

产,候令财政部核办可也”等语。除令通商交涉使从速向领袖领事查提解交该部外,合即令仰该部知照。陈薰原呈附发。此令。

财政部总长陈锦涛知照

孙　文

中华民国元年三月二十一日

据中国第二历史档案馆藏《南京临时政府档案》原件

指拨源丰润等钱号抵押前清沪道部款为中国公学经费令

（一九一二年三月二十一日）

临时大总统令

据中国公学董事张謇等呈称:“窃维中国公学创自前清光绪三十二年,实因日本取缔风潮,学生回国,各省绅民奔走联合,愤激而设此校。其宗旨纯属民办,即以董事会组织保管。数年以来,筹集开办费已及数十万金,而常年费则取给于各省公摊约二万余两,历有案卷可稽。上年新建校舍落成,适值民国起义之际,校内师徒多半从军,校舍亦为吴淞民军所借驻,各省公摊之款更皆无着。公学停办,职此之由。今者南北统一,民国成立,凡属学校均宜及时起学,以兴教育。惟是公学性质本由各省集成,当此军备未撤,财政困难,公摊一项,甚难希望。而教育所关,公学又系对外而设,若因款绌停办,恐不免贻日人之诮,而为民国之羞。兹查有前清上海道蔡乃煌以部款存放源丰润等钱号,致被亏倒,仅有房产、股票、各抵押契据移交后任刘燕翼,其价约及百万。若蒙拨为公学经费,于义相合,而公学即赖以不坠。謇等谨合词公恳大总统,俯念公学系属民立,饬令前清上海道刘燕翼将源丰润等抵押之房屋、股票、字据发交公学，存充经费，以资持久而免旷废”等情前来。当经批以“呈悉。所请源丰润等抵押之房屋、股票、字据发交公学，存充经费，事属可行。惟闻此项票据已由刘燕翼交上海领袖领事存贮，候令通商交涉使清查提还，再行指拨可也”等语。除令通商交涉使速为查提解交该部拨收外，合即令仰该部知照。此令。

财政部总长陈锦涛知照

孙 文

中华民国元年三月二十一日

据中国第二历史档案馆藏《南京临时政府档案》原件

令陆军部查办曹锡圭请设督垦营地局文*

（一九一二年三月二十一日）

据安宁垦牧公司经理人曹锡圭呈称，拟招集资本设立陆军部督垦营地局，并请派员帮理，发给关防，拟就开办简章，呈请核示等情前来。查所请系为垦植荒地、安插游民起见，用意至堪嘉美。惟营地牧场、校场等地开垦种植，于军用有无阻碍，其简章所定行之有无流弊，所请派员帮理，发给关防，可否准行之处，仰该部会同内务部妥筹尽善，再行饬知该商遵照办理可也。原呈并发。此令。

据《临时政府公报》第四十四号

* 此件所标时间系《临时政府公报》第四十四号出版日期。

咨参议院送交袁世凯在北京受职誓书文*

（一九一二年三月二十一日）

兹由蔡专使元培等赍回袁大总统在北京受职誓书，特派秘书长胡汉民送交贵院保存。此咨。

据《临时政府公报》第四十四号

批陆海军部呈**

（一九一二年三月二十一日）

临时大总统批

一件。该部呈请发给长江上下游水师总司令长委任状由。

呈悉。长江上下游，联贯数千里，舳舻相接，商旅殷繁，宵小出没其间，宜有水师统一机关，不时巡逻来往，以资镇摄。兹据呈荐李燮和为长江上游水师总司令长，张通典为长江下游水师总司令长。查李燮和久膺戎寄，威望素孚，应即照准。惟张通典前已由交通部荐任为该部参事在案，民国鼎新，未便仍沿兼差恶习，致旷官职而阻贤路。如非张通典不能胜任，应由该部先咨明交通部撤去该员张通典参事一职，再行委任，以期核实。至长江上下游既设有司令二员，不若改总司令长名称为司令长较为妥叶，委任状发还改

* 此件所标时间系《临时政府公报》第四十四号出版日期。

** 原呈是陆、海军部于一九一二年三月十六日会衔申请。

定另呈可也。此批。

孙　文

中华民国元年三月二十一日

据中国第二历史档案馆藏《南京临时政府档案》原件

批财政部准予不补助中华银行文

（一九一二年三月二十一日）

临时大总统批

一件。财政部呈复中华银行不能由国家补助乞改正前令由。

呈悉。所陈中华银行补助一节，颇有窒碍难行之处，尚属实在情形，应予照准。仰即知照。此批。

孙　文

中华民国元年三月二十一日

据中国第二历史档案馆藏《南京临时政府档案》原件

批刘绍基等呈*

（一九一二年三月二十一日）

呈悉。前据南京府知事辛汉呈请辞职前来，当经本总统批示慰留在案。至所称南京府归并江宁民政长一节，系外间揣度之辞，该秘书等身任职官，何得遽信风说，自生惊扰。着并知照。此批。

据《临时政府公报》第四十四号

* 原呈请求饬辛汉接任南京府知事。此件所标时间系《临时政府公报》第四十四号出版日期。

批钮永建呈*

（一九一二年三月二十一日）

两呈均悉。该次长[1]参赞戎机，宣力民国，两月以来，克尽厥职。际兹共和统一，战事告终，大局虽已敉平，军备尚多筹划，允宜同心勠力，共济时艰，勉力前途，毋负委任。所请辞去参谋部次长及呈请严予处分之处，应毋庸议。此批。

据《临时政府公报》第四十四号

复夏之时电**

（一九一二年三月二十一日）

蜀军政府夏镇抚使之时鉴：艳电悉。公文程式必须盖印书名者，所以示负担责任、分晰权限之至意。行政阶级既有上下之分，即有命令服从之别，此公文格式所以有咨、呈、令等之区分。然负责任、分权限之精意，初不因行政之阶级而生歧异之点，亦不致以对于下级官署公文署名遂损上官之尊严也。总统孙文。

据《临时政府公报》第四十四号《大总统复蜀镇抚使解释公文程式署名电文》

---

* 此件所标时间系《临时政府公报》第四十四号出版日期。

① 该次长：即参谋部次长钮永建。

** 此件所标时间系《临时政府公报》第四十四号出版日期。

令法制局审核呈复律师法草案文*

（一九一二年三月二十二日）

据内务部警务局局长孙润宇呈送拟就律师法草案，请咨参议院议决前来。查律师制度与司法独立相辅为用，夙为文明各国所通行。现各处既纷纷设立律师公会，尤应亟定法律，俾资依据。合将原呈及草案发交该局，仰即审核呈复，以便咨送参议院议决。切切。此令。

计发交原呈及草案各一件。

据《临时政府公报》第四十五号

命黄兴准予陈鲁恤金令

（一九一二年三月二十三日）

临时大总统令

据陆军部总长黄兴呈称，该部二等副官陈鲁于本月二十一日在总长办公室内，忽被流弹击伤，当晚溘逝。查该员历年奔走革命，不辞艰险，乃以无妄之灾，竟至陨命，痛惜殊深。仰恳准将该员陈鲁，按照左都尉阵亡例，给予一次恤金八百元，遗族抚恤金每年四百五十元等情。自属正当办法，应即照准，以示体恤而慰忠魂。此令。

---

* 此件所标时间系《临时政府公报》第四十五号出版日期。

陆军部总长黄兴知照

孙　文

中华民国元年三月二十三日

据中国第二历史档案馆藏《南京临时政府档案》原件

批财政部呈送兴农等银行则例文

（一九一二年三月二十三日）

临时大总统批

一件。呈送兴农、农业、殖边银行则例请咨参议院核议由。

呈悉。中国地称膏腴，尤广幅帧，而东南之收获，不见其丰，西北之荒芜，一如其故，此无他，无特别金融机关以为之融通资本故耳。创设〈兴农〉、农业、殖边等银行，实属方今扼要之图。所拟各银行则例，仰候咨送参议院核议可也。此批。

孙　文

中华民国元年三月二十三日

据中国第二历史档案馆藏《南京临时政府档案》原件

咨参议院请核议暂行法律文*

（一九一二年三月二十四日）

据司法部总长伍廷芳呈称："窃自光复以来，前清政府之法规既失效力，中华民国之法律尚未颁行，而各省暂行规约，尤不一致。当此新旧递嬗之际，必有补救方法，始足以昭划一而示标准。本部

* 此件所标时间系《临时政府公报》第四十七号出版日期。

现拟就前清制定之民律草案、第一次刑律草案、刑事民事诉讼法、法院编制法、商律、破产律、违警律中，除第一次刑律草案关于帝室之罪全章，及关于内乱罪之死刑碍难适用外，余皆由民国政府声明继续有效，以为临时适用法律，俾司法者有所根据。谨将所拟呈请大总统咨由参议院承认，然后以命令公布，通饬全国一律遵行，俟中华民国法律颁布，即行废止。是否有当，尚乞钧裁施行"等情前来。查编纂法典，事体重大，非聚中外硕学，积多年之调查研究，不易告成。而现在民国统一，司法机关将次第成立，民刑各律及诉讼法，均关紧要。该部长所请，自是切要之图，合咨贵院，请烦查照前情议决见复可也。此咨。

据《临时政府公报》第四十七号(南京一九一二年三月二十四日版)

令教育部准佛教会立案文*

(一九一二年三月二十四日)

兹据佛教会李翊灼等函称设立佛教会，以求世界永久之和平及众生完全之幸福为宗旨，并呈会章，要求保护前来。查近世各国政教之分甚严，在教徒苦心修持，绝不干与政治，而在国家尽力保护，不稍吝惜。此种美风，最可效法。民国约法第五条载明：中华民国人民一律平等，无种族、阶级、宗教之区别。第二条第七项载明：人民有信教之自由。条文虽简而含义甚宏。是该会要求者，尽为约法所容许，有行政之责者，自当力体斯旨，一律奉行。合将该会大纲发交该部，仰即查照批准立案可也。

* 此件所标时间系《临时政府公报》第四十七号出版日期。

要求条件一纸并发。

据《临时政府公报》第四十七号

令财政部核办李炳耀等呈请给国债事务所札委文*

（一九一二年三月二十四日）

据泗水商务总会李炳耀等呈称该地已设立中华民国国债事务所，所中董事，恳予札委。又鄂、闽、粤各处电饬募借公债，应如何办理各等情前来。为此，合行令仰该部核办。原呈及履历书、董事表附发。此令。

计〈发交〉李炳耀原呈一扣、履历书三通、董事表一扣。

据《临时政府公报》第四十七号

令法制局核复驻沪通商交涉使分设厅科任职章程文**

（一九一二年三月二十四日）

据外交总长王宠惠呈送驻沪通商交涉使温宗尧咨交该公署分设厅科任职章程一扣，请咨参议院议决前来。合将该章程发交该局，仰即核定呈复，以凭咨交院议施行。此令。

计发通商交涉使驻沪办事分设厅科任职章程一件。

---

* 此件所标时间系《临时政府公报》第四十七号出版日期。

** 此件所标时间系《临时政府公报》第四十七号出版日期。

附:原 呈

外交部总长王宠惠为呈请事:准驻沪通商交涉使温宗尧咨称:“上海为商务总汇,交通要区。所有通商交涉事宜,以及华洋诉讼会审,界务租地纠葛,职务繁要,内部组织不容不备。兹拟分设厅科任职草章,咨请核定,送交参议院决议,示复遵办”等因。并附草章一扣到本部。准此,理合呈请察核,并候咨交参议院决议施行。须至呈请者。

附:驻沪通商交涉使分设厅科任职草章一扣。

据《临时政府公报》第四十七号

批孙道仁呈*

(一九一二年三月二十四日)

据呈已悉。查陆军部漾电所称应归公专祠及昭忠祠,系指前清时效忠满洲觉罗一姓、残杀同胞者而言。该都督故父,于前清甲申中法之役,在台北战胜敌人,保全中国土地,因于闽省得建专祠。其建造费系由该都督自行筹措。外附昭忠祠一所,系同军人合建以祀将士之捍卫同胞者。此项祠宇,自与陆军部所指应行归公之祠,迥不相侔。兹竟首先遵照部令,取消两祠名目,将祠庐交政务院照部议办理,并将祠后住宅一所,一并报效入官。在该都督恪遵部电,以表扬忠烈为怀,实堪风励天下。惟该都督故父战胜强敌,

---

* 孙道仁时任职福建都督。此件所标时间系《临时政府公报》第四十七号出版日期。

捍卫封疆，既功德之在人，宜庙食之永享。且民国法令，凡属国民，皆有完全享有财产之权。所有该都督请取消故父专祠及祠后住宅入官之处，着毋庸议。此批。

据《临时政府公报》第四十七号《大总统批闽都督遵照部议取消昭忠祠并报效住屋呈》

咨参议院请核议金库则例文*

（一九一二年三月二十六日）

据财政部呈称："窃维整顿财政，首在杜绝弊端，而机关之组织不完，则弊端无由而杜绝。各国办理方法，务使事务机关与出纳机关分离对立，以明权限而杜侵渔。前清财政紊乱已达极点，究厥原因，实以机关混同为丛弊之所出。今民国方兴，亟宜兴利除害。本部职司财政，自以剔除积弊为先，此统一国库所以不容视为缓图者也。查近今各国国库制度约分二派，曰存款制度，曰委托制度。存款制度者，系以国库收入悉数存入中央银行，作为普通存款。支出时，发银行支票，使中央银行代为应付，则库务节手续之烦，国帑无保藏之患，诚最良之制度也。英国行之。委托制度者，系以国库现金出纳，保管事务，委托中央银行办理。其国库资金与银行资金，划分为二。银行虽任出纳、保管之责，而非有部令，不得任意通融，市面虽有恐慌，而库藏不蒙其影响。欧美诸国以及日本多行之者。两者比较，互有短长。窃思我国变乱初平，市面尚难恢复，而中央银行根基始立，支店未克完成，存款制度既属难行，委托制度尚形窒碍。惟因统一国库迫不容缓，谨拟采用委托制度，订定金库则例

* 此件所标时间系《临时政府公报》第四十八号出版日期。

十四条,呈请察核后,咨送参议院议决,颁布施行,为金库规则之基础。随由本部审察目下情形,再订金库出纳事务暂行章程,以部令施行,为一时变通之计,启将来渐进之基"等情前来。查该部所呈,自属整理财政切要之图,相应缮具该项则例,咨请贵院迅即议决,以便施行。此咨。

计送金库则例一扣。

据《临时政府公报》第四十八号(南京一九一二年三月二十六日版)

令广东都督派员迎接赵声烈士灵柩文*

(一九一二年三月二十六日)

兹派赵光等赴港迎烈士赵声君之灵柩,归正首邱。仰该都督届时派员妥为照料,并照会港政府及港中绅商一体知照,以慰英魂。切切。此令。

报《临时政府公报》第四十八号

咨参议院请核议暂行传染病预防法草案文**

(一九一二年三月二十六日)

据内务部呈称:"窃查痘疮、白喉症、猩红热等传染病,已有发生之兆,非亟定预防法,不足以重卫生而便执行。兹由本部拟就暂行传染病预防法草案三十五条,另册缮就,理合一并呈送钧案,交

* 此件所标时间系《临时政府公报》第四十八号出版日期。

** 此件所标时间系《临时政府公报》第四十八号出版日期。

法制院审定后，咨由参议院议决公布施行，俾便遵循，实为公便”等情前来。查传染病发生甚易，传播至速，亟应制定预防法规，俾有司实力奉行，人民知所防范。该部所称，实为卫生行政最要之举。合将该部呈送之暂行传染病预防法草案三十五条咨送贵院，请烦查照议决见复，以便颁布施行。此咨。

据《临时政府公报》第四十八号

咨参议院请核议法官考试委员官职令草案等文*

（一九一二年三月二十六日）

司法为独立机关。现在南北统一，所有司法人员，必须应法官考试合格人员，方能任用。兹据法制局拟定法官考试委员官职令及法官考试令两种草案，呈送前来，合行咨请贵院议决咨覆可也。此咨。

计附送法官考试官职令及法官考试令草案两册。

据《临时政府公报》第四十八号

令财政部拨款实业部赈济清淮灾民文**

（一九一二年三月二十七日）

据内务部呈称：“准实业部咨开：顷准江北蒋都督①电开：‘前

---

* 此件所标时间系《临时政府公报》第四十八号出版日期。

** 此件所标时间系《临时政府公报》第四十九号出版日期。

① 江北蒋都督：即蒋雁行。

奉大总统来电，以江北灾情甚重，已筹款发交张总长[①]分别办理。现在清淮一带，饥民麇集，饿尸载道，秽气散于城郊，且恐郁为鼠疫。当此野无青草之时，定有朝不保夕之势。睹死亡之枕藉，诚疾首而痛心。现虽设有粥厂，略济燃眉，无如来者愈多，无从阻止，粥厂款项不继，势将停止。苟半月内无大宗赈款来浦接济，则饥民死者将过半矣。即有数百千万之巨款，亦不能重起饿莩于九原，令其受赈。为此情急，沥血电陈，可否仰求大总统、总长，俯念灾民垂毙，急救目前，于无论何处，迅拨款万金，由总长派员经理其事，俾饥民得稍缓须臾之死，以待夏秋之成。雁行不胜迫切待命之至'等因到部。查江北待赈孔殷，自应合力筹济。为此咨请贵部，希查核办理等因。准此，查来电量予赈济之处，似尚可行。拟请令行财政部，勉筹急赈一万元，即照前次江北赈灾办法，由实业总长遴员前往，切实散放，以苏民困"等因前来。查清淮一带，饥民麇集，流离死亡，相属于道，实堪悯恤。除令行江苏都督另筹抚恤方法、协力进行外，为此令仰该部长迅即拨银一万元，交由实业部，派员前往切实散放，以济灾黎而谋善后。切切。此令。

据《临时政府公报》第四十九号（南京一九一二年三月二十七日版）

令参谋部裁撤大本营名目文*

（一九一二年三月二十七日）

民国统一，战事终息，大本营名目，应即取消。所有关防、案卷等即交参谋部存储，以资查考。其作战局职员，向系参谋部第一局

① 张总长：即实业部总长张謇。

* 此件所标时间系《临时政府公报》第四十九号出版日期。

职员兼任，着即消去兼差，仍归本部办事。至兵站局尚有转运等事，未便即予撤除，应暂由参谋部兼管，仍酌裁冗员，以节糜费。此令。

据《临时政府公报》第四十九号

令广东都督酌发昭字全军将士功牌执照文*

（一九一二年三月二十七日）

顷据粤省昭字全军统领郑昭杰呈称："自前年三月，号召同志，分布黄龙都、石龙、增城、清远等处，所需饷项概由各人担任，并未动支公款。反正后，复以地方多故，仍理旧部，分扎各处，维持公安。今粤局粗定，志愿引退，各军士亦愿解甲归田，惟须商请酌给功牌执照，以酬劳瘁"等因。查该军将士，于粤省反正时，既能自筹饷项，立功于前，迨大局平定之后，复能不事矜伐，解甲引退，实属深明大义，殊堪嘉尚。所请给予功牌执照一节，应即照准，以彰酬庸之典。至应如何分别等差之处，仰该都督会商该军统领妥为办理可也。此令。

据《临时政府公报》第四十九号

咨参议院议决参谋部公债票预算书文**

（一九一二年三月二十七日）

据参谋部总长[①]呈称："窃本部三月分支出概算书中俸给项

---

* 此件所标时间系《临时政府公报》第四十九号出版日期。

** 此件所标时间系《临时政府公报》第四十九号出版日期。

① 参谋部总长：即黄兴。

下，系按陆军部暂行给与令章程，仅将现金数目列填，前经参议院及财政部审核给发在案。惟公债票数目未及声明，亦并未在预算数中扣除，似应仍咨财政部照数补发。前准财政部覆称：‘查贵部三月分支出概算书，业由本部汇呈大总统转咨会参议院审核在案。贵部前送概算书中既漏列公债票一项，希即径行备文呈请大总统转咨参议院代为补入。俟贵部预算经参议院核准后，本部当即照发。目下预算未定，未便先行核发’等因。似此公债票一项，既经财政部呈报在前，无从补入。仅将三月份公债票预算书列表备文，呈请大总统察核，转咨参议院代为补入，一并核准，以归划一”等因前来。合将参谋部三月份公债票预算书一份咨送贵院，请烦查照议决咨覆可也。此咨。

计送交参谋部三月份公债票预算书一份。

据《临时政府公报》第四十九号

咨参议院议决袁世凯大赦令文*

（一九一二年三月二十七日）

据司法部总长伍廷芳呈称：“案据江宁地方呈审判、检察厅呈称：三月十七日，读《临时政府公报》电报栏内载有大中华民国元年三月十一日袁大总统命令：‘今国体变更，首在荡涤烦苛，与民更始。我国民积受专制官吏之弊，失〈教〉罹罚，政多未平，陷于囹圄，或非其辜。当兹民国初基，正宜涤除旧染，咸与维新。凡自中华民国元年三月初十日以前，我民〔国〕国〔民〕不幸而罹于罪者，除真正人命及强盗外，无论轻罪重罪、已发觉未发觉、已结正未结正者，皆除免之。

* 此件所标时间系《临时政府公报》第四十九号出版日期。

我国民其自纳于轨物,怀兹刑辟,毋蹈匪彝,以保我同胞之身命荣名于无极。此令'等因。查法律命令效力发生期间,前奉规定,公布无论远近,各衙门以奉到公报后五日为施行期间。所有袁大总统此项命令,所定范围,是否包括南北一律施行?现在北京政府正在组织之中,南京政府又尚存在,是否认此命令为有效?本厅所受诉讼,三月初十日以前,除真正人命盗犯不在赦免之列,已结正未结正者共计五十八人,是否应遵袁大总统此项命令并予除免?本厅长等未便擅主,相应备文呈请示遵等情到部。据此,查南北虽已统一,而内阁正在组织,南京临时政府尚未交卸。袁大总统此项命令,曾否咨由大总统转发临时公报,饬令南北通体遵照,本部未奉明文,不敢臆断。相应据情呈请钧核,以便饬遵施行"等情前来。查临时约法第四十条,临时大总统得宣告大赦、特赦、减刑、复权,但大赦须经参议院之同意。又同法第五十六条,本约法自公布之日施行。袁总统前项命令,查系三月初十日所发布,在约法施行之前,须得贵院之追认方能有效。合就咨请贵院迅赐议决咨复可也。此咨。

据《临时政府公报》第四十九号

命黄兴优恤刘道一令

（一九一二年三月二十七日）

临时大总统令

兹据汪兆铭等呈称:"湖南烈士刘道一,游学日本,与其兄揆一密谋光复,结会党首领马福益,于丙辰冬起兵浏阳。事败乘间走日本,苦心计划,联络会党,传播革命思想。岁丙午,复与党首萧克昌等起义于萍、浏、澧等处。事败被逮,狱吏用酷刑讯供不得,遂以烈士佩章所镌'锄非'二字定狱,从容就义,死事极惨。方今民国成立,共和永建。凡从前为国死义之士,均已先后表章各在案。烈士尽瘁革命,屡蹶愈奋,联络各党,鼓励民气,厥功甚伟,而惨遭亡清官吏之毒杀,遗骸至今未掩,行路悲哀,允堪悯恻。”自应准予列入大汉忠烈祠,同享祀典,并将事实宣付国史院立传。应得恤典,仰陆军部查照恤赏章程,从优核办,以顺舆情而慰忠魂为要。此令。

陆军部总长黄兴知照

孙 文

中华民国元年三月二十七日

据中国第二历史档案馆藏《南京临时政府档案》原件

批交通部呈*

（一九一二年三月二十七日）

呈悉。所拟酌减报界邮电费办法,尚属妥协,应即照准,仰即令行所属知照。至请电袁大总统转饬北京邮局帛黎遵办一节,已电告袁大总统矣。仰即知照。此批。

据《临时政府公报》第四十九号

批司法部呈**

（一九一二年三月二十七日）

呈悉。查临时约法第四十条,临时大总统得宣告大赦、特赦、减刑、复权,但大赦须经参议院之同意。又同法第五十六条,本约

* 原呈提出拟酌减报界邮电费办法并请电告袁世凯事。此件所标时间系《临时政府公报》第四十九号出版日期。

** 原呈请示如何执行袁世凯大赦令事。此件所标时间系《临时政府公报》第四十九号出版日期。

法自公布之日施行。袁总统前项命令,查系三月初十日所发布,在约法施行之前,须得参议院之追认方能有效。已咨照参议院,候议决咨复时再行饬遵可也。此批。

据《临时政府公报》第四十九号

致袁世凯电*

(一九一二年三月二十七日)

北京袁大总统鉴:前据上海日报公会呈陈军兴以后困难情形,请减轻邮电费前来。查报纸代表舆论,监督社会,厥功甚巨。此次民国开创,南北统一,尤赖报界同心协力,竭诚赞助。所称困难情形,自属实况。若不设法维持,势将相继歇业。当将原呈发交交通部核办。兹据呈复:"拟嗣后凡关于报界之电费,悉照现时价目减轻四分之一,邮费减轻二分之一,庶商困得以稍疏,而邮电两政亦不致大受影响。除电费一项令行上海电报总局知照外,邮费一项恳电袁大总统转饬北京邮电总局帛黎遵照"等情。相应电请查照转饬遵办,并见复为盼。孙文。

据《临时政府公报》第四十九号《大总统为减轻报界邮费致袁大总统电文》

复章太炎函**

(一九一二年三月二十七日)

太炎先生鉴:

---

* 此件所标时间系《临时政府公报》第四十九号出版日期。

** 原文无年月,据所述"仆当交代之际"判断,应在一九一二年三月。又据《大共和日报》同年三月二十六日所载章炳麟《诘问南京政府一等匿名印电》,此复函当在一九一二年三月二十七日。

来翰诵悉。昨夜览报纸，见有此电，其人心事无赖，而造语不通，不足当识者一噱也。惟以一等电发寄，则不知何等细人，窃盗何种印信为之，已饬电局查报。本月发现伪电凡数起，而以曾称广东同盟分会致电粤报、冒参谋部名致电袁总统为最不法。仆当交代之际，事极繁冗，只能饬所司根究，乃俱未得主名，仆不虑此曹能变乱是非，独恶其造谣生事，居心叵测耳。时局虽称大定，然图治未见加奋，思乱者仍犹未已，于极无聊赖中，犹欲试其鬼蜮。民德如此，前途大可忧也。先复，即颂

大安

孙文　二十七早

据史委会编《总理全书》之十《函札》

命各省都督酌放急赈令*

（一九一二年三月二十八日）

溯自川路事起，武汉倡义以来，兵燹蔓延，于兹数月，东南半壁，已无宁区，加以升虏①抗命，西北兴戎，燕都失防，祸延津保，神州以内共罹兵烽。矧当连年水旱之余，益切满目疮痍之感。夫民国新造，首重保民，顾以用兵之故，致贻失所之忧。本总统每一念及我同胞流离颠沛之惨象，未尝不为之疾首痛心寝食俱废也。兹者大局已定，抚慰宜先。为此电令贵都督等从速设法劝办赈捐，仍一面酌筹的款，先放急赈，以济灾黎而谋善后，并将各处被难情形及筹办方法先行电复，俾得通盘筹算，患防未然。是为至要。

* 此件所标时间系《临时政府公报》第五十号出版日期。

① 升虏：指升允。

此令。

据《临时政府公报》第五十号(南京一九一二年三月二十八日版)

陆军官佐暂行补官简章*

(一九一二年三月二十八日)

第一条　民国初立,军务方殷,亟应任官受职,以资整理而专责成。此项陆军补官办法,凡授有军职在陆军部所定陆军官制及暂行编制内,均按其职级一律补授实官。

第二条　上等第三级以上军官(大将军至右将军),由大总统简补。初等军官(大军校至右军校),均由陆军部考察应补人员,申请补授①。

第三条　中等军官(大都尉至右都尉)及初等军官(大军校至右军校),均由陆军部考察应补人员,申请大总统补授。

第四条　额外军官佐,由各该军队、学堂、局、部之高级官长考察部下应补人员,呈由陆军部补授。

第五条　各级军士,由各旅长(步兵)、团长(骑兵炮兵)、营长(工兵辎重兵)考察部下应补人员,呈请各该管高级官长补授,申报陆军部存案。

第六条　各级军官或因他项原因不能任军职者,由陆军部考察该员能力,能否改充文职,随时斟酌办理(章程另订)。

第七条　此次所补军职,系专就陆军部所定陆军官制及暂行编制内之军官佐而言。若各省歧出之军职(如各省都督府、军政分

---

* 本简章经孙中山批准,以临时大总统名义颁行。此件所标时间系《临时政府公报》第五十号出版日期。

① 第二条中,“初等军官”以下至“申请补授”一段与第三条下段同,疑为衍文。

府之军职等)，俟地方行政制度制定后再行分别补授。

第八条　参谋部人员，应由该部将应补人员通告本部，分别核补。

第九条　各军队官衔以外之军职，须有相当之学识始准补授。

据《临时政府公报》第五十号《大总统颁行陆军官佐暂行补官简章》

致各省都督电

（一九一二年三月二十八日）

各省都督鉴：临时大总统孙令：此次改革，原为救民水火。乃闻各省光复以来，各地方行政长官及带兵将领，良莠不齐，每每凭藉权势，凌轹乡里，有非依法律辄入人民家宅，搜索银钱、衣物、书籍据为己有者；有托名筹饷，强迫捐输，甚且虏人勒赎者；有因小忿微嫌，而擅行逮捕人民，甚或枪毙籍没，以快己意者；排挤倾陷，私欲横溢，官吏放手，民人无依。若不从严缔治，将怨郁之极，铤而走险，恐非地方之福。现在地方官制尚未颁行，各省都督具有治兵察吏之权，务须严饬所属，勿许越法肆行。一面出示晓谕人民，有受前项疾苦者，许其按照临时约法来中央平政院陈诉，或就近向都督府控告。一经调察确实，立予尽法惩治，并将罪状宣示天下，以昭儆戒。本总统虽解职在即，然一念及民生涂炭，国本所关，不敢自暇。愿我各省都督百僚有司共勉之。此令。二十八日。孙文。印。

据《临时政府公报》第五十二号（南京一九一二年三月三十日版）

咨参议院请议决三月分概算表册文*

（一九一二年三月二十九日）

据财政部长陈锦涛呈称："本部汇编三月〈分〉支出概算表册，已于本月十五日呈请转咨参议院核议在案。惟查此项支出概算表册，既以月为纲，自应于月内核定，以便按款支付。现在临时政府交卸在即，各部院纷纷按照概算草案请领三月分经费。本部处此旋涡，苟欲照付，则法律之手续未完，不付则支给之事实已至，徬徨终日，应付无方，不得不呈请大总统咨会参议院，将各部院三月分概算表册迅赐议决，务在本月内公布，俾领款者知所遵循，发款者有所根据"等因前来。查现在已届月杪，所有本月预算表册理应即日公布，俾有遵循。为此咨请贵院，将前次咨请决议之三月分概算表册，即予提前决议咨复，以便转饬遵照。是为至要。此咨。

据《临时政府公报》第五十一号（南京一九一二年三月二十九日版）

令陆军部抚恤邹谢喻彭四烈士文**

（一九一二年三月二十九日）

顷据川人黄复生等呈称："四川前后起义死难者甚众，以邹容、谢奉琦、喻培伦、彭家珍四烈士功绩最为卓著，请照陆军大将军阵亡例赐恤，并请崇祀忠烈〈祠〉"等因前来。案查邹容当国民醉生梦

---

* 此件所标时间系《临时政府公报》第五十一号出版日期。

** 此件所标时间系《临时政府公报》第五十一号出版日期。

死之时，独能著书立说，激发人心；喻培伦则阐明利器，以充发难军实；彭家珍则歼除大憝，以收统一速效。所请赐恤崇祀各节，着即照准。惟谢奉琦丙午在蜀运动起义，组织各县机关等因，虽其功在民国不小，究与邹、喻、彭三烈士之功略有区别。着改照陆军左将军阵亡例赐恤，仍准崇祀忠烈祠，以慰忠魂而垂不朽。除批示外，合行令仰该部知照。原呈并发。此令。

据《临时政府公报》第五十一号

咨参议院议决国务院官制文*

（一九一二年三月二十九日）

现在国务总理唐君①业已来宁，国务院官制尚未拟定，组织一切将何以为依据。昨经本总统令饬法制局迅拟国务院官职令草案，以便依用。兹据呈送前来，相应咨请贵院迅赐议决，至要。此咨。

据《临时政府公报》第五十一号

给陈幹委任状

（一九一二年三月二十九日）

委任状：今委任陈幹充三十九旅旅长。此状。

孙　文

陆军部总长黄兴

* 此件所标时间系《临时政府公报》第五十一号出版日期。

① 唐君：即唐绍仪。

中华民国元年三月二十九日

据《国父全集》第四册(转录史委会藏影印原件)

批黄兴等呈*

(一九一二年三月二十九日)

呈悉。吾国民族生聚于东南而凋零于西北,致生聚之地,人口有过剩之虞,凋零之区,物产无丰阜之望,过与不及,两失其宜,甚非所以致富图强之道。拓殖协会之组织,自是谋国要围〔图〕,国家应予协助。所请维持经费三十万元,仰候令饬财政部编入每年预算案可也。此批。

据《临时政府公报》第五十一号

批 黄 兴 呈

(一九一二年三月二十九日)

临时大总统批

一件。陆军部总长黄兴呈复刘烈士道一应请援照杨烈士卓林例给恤由。

呈悉。应准如所请,仰即查照给恤杨烈士卓林例,一体办理可也。此批。

孙　文

* 原呈请求指拨大宗经费组织拓殖协会事。此件所标时间系《临时政府公报》第五十一号出版日期。

中华民国元年三月二十九日

据中国第二历史档案馆藏《南京临时政府档案》原件

批陆军部呈*

(一九一二年三月二十九日)

申〔呈〕悉。所请已于川人黄复生等呈内批示知矣。仰即知照。

据《临时政府公报》第五十一号

令陆军部抚恤廖传招等文**

(一九一二年三月三十日)

据呈管带廖传招运动革命多年,卒惨死于淮南蚌山之役,请照左都尉阵亡例赐恤。其队官朱广凤、李允觉,排长王怀盛、徐兆丰,亦同时殉义,请照右都尉暨大军校阵亡例赐恤。其军士十余人,请并准予附祀该忠义祠。又决胜团学生队王卓、詹蒙、周廷章、李儒清转战武汉,中弹毙命,情形极惨,经各处报告确实,请照大军校阵亡例恤赏,自系阐幽表忠之意。为此令行该部,仰即遵照办理,以恤生者而慰忠魂。此令。

据《临时政府公报》第五十二号

---

* 原呈请求抚恤烈士彭家珍并崇祀忠烈祠。此件所标时间系《临时政府公报》第五十一号出版日期。

** 此件所标时间系《临时政府公报》第五十二号出版日期。

令财政部将拨助拓殖协会经费编入预算文*

（一九一二年三月三十日）

据黄兴等呈称："窃查世界列强近皆注意于保护产业，各以扶植己国权利为唯一无上之政策。自西葡航海移殖以来，德于南美阿很第那、于亚细亚土尔其及巴尔干半岛，英于南亚非利加、尼勒河流域、扬子江流域与夫印度、波斯之间，俄于满州〔洲〕、蒙古、伊犁及波斯、土尔其，法于亚非利加及南亚细亚，皆扶植殖民之势力，而蓄谋甚阴。近益举世风靡，时会所趋，无待赘述。我国领有东西北满蒙回藏数万里，扼要之地，慢藏诲盗，以资外人。为国防计，何以固吾圉？为外交计，何以殖吾力？为经济计，何以阜吾财？为财政计，何以足吾用？藩篱既撤，堂奥岂能晏然！每一筹思，辄为心悸。

现在共和成立，百废具举，而拓殖一端，尤为当务之急。然兹事重大，断非一手一足之力所可成功。考各国拓殖历史，有因国家政治失宜，纪纲破裂，由脱走本国之人民建立者；有因国家之政策，强制人民移住，遂为后日繁荣之基础者。虽事实各有不同，而其必得国家之协助则一也。今民国建设伊始，上下一心，苟其事为国利民福所关，当不致再蹈亡清壅滞隔阂之弊。兴等不揣冒昧，发起拓殖协会，一面编纂书报鼓吹，以激国民移住之热心；一面组织公司实

* 此件所标时间系《临时政府公报》第五十二号出版日期。

行，以养国民开拓之实力。惟需款甚巨，既非个人财力所能经营，而招集股份，又恐迂缓难收急效。用敢披沥陈词，吁恳大总统俯念时艰，拨助维持经费三十万元，交参议院列入每年预算案，以便筹办拓殖公司及一切附属事宜，藉杜外人觊觎，而植国家富强之基业。伏乞鉴核，允准立案，并指拨大宗经费，以资进行。民国幸甚”等情前来。查吾国民族生聚于东南，而凋零于西北，致生聚之地人口有过剩之虞，凋零之区物产无丰阜之望，过与不及，两失其宜，甚非所以致富图强之道。拓殖协会之组织，实为谋国要图，国家自应协助。除批示外，为此合行令仰该部将该协会所请维持经费三十万元，即行编入每年预算案，即交参议院核议。切切。此令。

据《临时政府公报》第五十二号《大总统令财政部将黄兴等呈请拨助拓殖协会经费三十万元编入预算文》

咨参议院议决海军部官职令草案文*

（一九一二年三月三十日）

查海军部官职令草案，前据该部呈送前来，经交由法制局审定在案。兹复据法制局将该项官职令草案缮具清折，呈请鉴核前来。相应备文咨请贵院迅赐议决，以便颁行。此咨。

据《临时政府公报》第五十二号

* 此件所标时间系《临时政府公报》第五十二号出版日期。

咨参议院议决稽勋局官职令草案文*

（一九一二年三月三十日）

设立稽勋局一事，前经贵院议决可行在案。兹由法制局拟定临时稽勋局官职令草案呈请鉴核前来。合即缮清原案，咨请贵院议决施行。此咨。

据《临时政府公报》第五十二号

咨参议院取消陆军部概算册中之卫戍费文**

（一九一二年三月三十日）

据财政部呈称："本月二十一日，准陆军部咨开：'准南京卫戍总督徐咨称：本总督府三月分概算书，当时以赶造表册，尚须时日，经先将卫戍军队大概数目，函送在案。惟查敝处预算，军队薪饷而外，尚有总督府人员月俸及厅费各项。日昨迭准财政部咨催，经卫戍总督府暨所属军队支用各款，造具表册，全数咨送财政部，并声明嗣后领款，按月由敝处直接向财政部全数领出，以归简便，仍将支用实数造报，送请查核。相应备文，连同表册，咨请查照办理等情。查本部三月分概算书，业经咨送贵部察核。惟其中尚载有卫戍经费一项，兹准前因，自应全数取消，以免歧异'等因到部。查卫

* 此件所标时间系《临时政府公报》第五十二号出版日期。

** 此件所标时间系《临时政府公报》第五十二号出版日期。

成总督府概算,另备专册,共十二万八千六百元三角九厘,其中卫戍费一项,共需现金公债计共银元十万另六千五百十五元。前次陆军部所送概算清册又复将此项列入,自系重复。应照陆军部来咨,即将该部概算册内之卫戍费一项取消,以符概数。理合备文呈请鉴核,俯赐转咨参议院查照施行”等情前来。为此相应咨请贵院,将陆军部概算册内之卫戍费一项取消,以符概数而免歧复。此咨。

据《临时政府公报》第五十二号

令准陆军部抚恤烈士李君白等文*

(一九一二年三月三十一日)

兹据该部呈称修造科科长李君白,因在沪赶制前敌炸弹,拌合药料用力过猛,以致轰燃毙命,血肉狼藉。第一师第二旅第四团第二营长江来甫,转战颖〔颍〕州,身先士卒,在战斗第一线中弹身亡,遗骸惨被敌人酷虐。请均照左都尉例给恤。

烈士杨禹昌,历充陆军中学教员,鼓吹革命。去秋武汉起义,奔走津、沪,组织一切,厥功甚大,而卒就义于北京。请照右都尉阵亡例,优给一次恤金五百元。

江南将弁毕业生、江西新军队官彭克俭,在萍乡起义事败,为亡清赣抚冯汝骙用酷刑惨毙;安徽炮台管带薛哲,与徐锡麟同谋在皖起义事败,为亡清皖抚恩铭及江督端方惨杀。请均照右都尉阵亡例,给予一时〔次〕恤金七百元,遗族每年恤金四百元。

* 此件所标时间系《临时政府公报》第五十三号出版日期。

前湖北常备军督队官胡震江，在皖与熊成基密谋起义事败，潜至金陵，为端方所捕，瘐死狱中。请照大军校阵亡例，优给一次恤金五百元。

前湖北特别陆军学堂毕业生、巡防营排长胡炤恂，在老河口谋举义旗，被湖北光化县拿获遇害。请照左军校阵亡例，优给一次恤金四百元。

宜章志士彭遂良、彭昭，接应义军，与焦达峰光复湘省，被该县令吴道晋诈诱枪毙，情殊可惨。彭遂良请照大军校阵亡例予恤，彭昭请照左军校予恤，并咨行湘都督查明遗族，分别给予抚恤等情前来。

查以上所开诸烈士，就义之先后虽殊，而其为国为民、以身殉国之忠诚则一，所请给恤之处，自应照准。为此令行该部，仰即遵照办理，以安存殁而励来兹。此令。

据《临时政府公报》第五十三号（南京一九一二年三月三十一日版）

令各省都督将解部各款从速完缴文*

（一九一二年三月三十一日）

据财政部总长陈锦涛呈称："据会计司案呈：《临时政府公报》二十八号内载：本部呈请饬令各部办理三月分应支款项，编具概算书，限期造送本部，由部汇送参议院，编成预算。复于本年三月十一日奉大总统公布参议院临时约法内开：第十九条第二次〔项〕，参议院议决临时政府之预算、决算等语。查各部院概算书，业已陆续

* 此令与《临时政府公报》第四十三号《大总统据财政部呈送各部院三月分概算书咨参议院议决文》、第四十五号《大总统通令各省将应解部款从速完缴以资挹注文》同，经参照互校。此件所标时间系《临时政府公报》第五十三号出版日期。

造送前来。兹经本司详细审查,所有各部院于本月分应支经常、临时及预算〔备〕等费册内所列数目,其务求撙节者固属不少,而从宽约计者亦居多数。事关中央行政要需,应即遵照临时约法,将各部支出概算书,呈请大总统咨由参议院议决后,再行交部支出。惟各部院成立伊始,用度实繁,纷纷来部请领者,几有日不暇给之势,应请咨会该院,迅予裁决,以便遵行等情。查各部院三月分概算书,支领各款,为数颇巨,筹措维艰。第百端待举,既需款之孔殷,而应付稍迟,辄责言之交至,统筹出入,挹注无方。至本部收入的款,向以全国赋税为大宗。自光复以来,各州县经征款项,应划归中央政府者,虽早经本部通电催解,而各该省迄未照解前来,以致收入亦无从概算。本部专司综核,盈虚酌剂,责有攸归。但仰屋徬徨,术穷罗掘。募借外债,原非持久之谋;整顿税源,难济目前之急。外省之解拨不至,公产之收入无多。舍此而外,别求财源,纵有孔、桑,何从着手?特际此新政方兴,讵可因噎而废食;度支虽绌,总期积极以进行。锦涛等辗转筹思,深滋恐惧。与其内外相睽,坐以待困,何如同心协力,共济时艰。千钧一发,系于斯时。惟有吁恳大总统,令行各省都督,念国计关系之重,谅本部筹划之艰,将应解部款,从速催缴。其有不足,应行设法弥补之处,并请咨照参议院议定救济方法,俾本部得所遵守,而财政藉以维持,实为至要。所有呈请交议各部院三月分支出概算书,暨财政困难情形,理合备文呈报,敬祈鉴核施行"等由前来。查现当建设伊始,庶政待兴,支出则刻不容缓,收入则的款无多。该部所陈财政窘迫各节自系实情。目下各地秩序已渐回复,各种法制未经颁布以前,其一切应行经征各款项自当照旧征收,解交财政部,以充中央行政各费用。中央与各地互相维持,新造民国乃得立于不敝。我各省贤达有为之都督、司令及百有司,必能深明此义,无俟本总统之反覆说明。除照所呈另咨参议院外，为此令仰该都督即将应解部款从速完缴，俾资挹注，切切毋违。此令。

财政总长陈锦涛副署

据《临时政府公报》第五十三号

咨参议院请议决协助拓殖协会经费文*

（一九一二年三月三十一日）

前据黄兴等呈称组织拓殖协会，请由国家拨助维持经费三十万元，以资进行等情前来，业经批准立案，并令饬财政部将该项经费三十万元编入每年预算案，交贵院议决拨给。兹据财政部呈称："查现在统一政府虽已成立，而编订全国预算案尚须时日。此项拓殖协会为国利民福所关，组织自刻不容缓，所有国家协助该会经费，如必俟全国预算案成立之日始行交参议院核议，恐迂缓难收速效。相应呈请大总统将国家每年协助该会经费三十万元先行咨交参议院核议定案，俾便由政府筹款补助，以资早日成立，庶外足以杜强邻觊觎之萌，内足以植国家富强之基也"等由。据此，合行咨请贵院速赐议决，俾得早日施行。此咨。

计抄拓殖协会原呈一份。

据《临时政府公报》第五十三号《大总统咨参议院提前议决协助拓殖会经费文》

* 此件所标时间系《临时政府公报》第五十三号出版日期。

在南京同盟会会员饯别会的演说

（一九一二年三月三十一日）

诸君：

今日同盟会会员开饯别会，得一最好机会，大家相见，诚一幸事。今日中华民国成立，兄弟解临时总统之职。解职不是不理事，解职以后，尚有比政治紧要的事待着手。自二百七十年前，中国亡于满洲，中国图光复之举，不知凡几。各处会党遍布，皆是欲实行民族主义的。五十年前，太平天国即纯为民族革命的代表。但只是民族革命，革命后仍不免为专制，此等革命，不能算成功。八九年前，少数同志在日本发起同盟会，定三大主义：一、民族主义，二、民权主义，三、民生主义。今日满清退位、中华民国成立，民族、民权两主义俱达到，唯有民生主义尚未着手，今后吾人所当致力的即在此事。社会革命为全球所提倡，中国多数人尚未曾见到，即今日许多人以为改造中国，不过想将中国弄成一个极强大的国，与欧美诸国并驾齐驱罢了。其实不然。今日最富强的莫过英、美，最文明的莫过法国。英是君主立宪，法、美皆民主共和，政体已是极美的了，但是贫富阶级相隔太远，仍不免有许多社会党要想革命。盖未经社会革命一层，人民不能全数安乐，享幸福的只有少数资本家，受痛苦的尚有多数工人，自然不能相安无事。中国民族、民权两层已达到，只民生还未做到。即本会中人亦有说种族革命、政治革命皆甚易，唯社会革命最难。因为种族革命只要将异族除去便了，政治革命只要将机关改良便了，唯有社会革命必须人民有最高程度才能实行。中国虽然将民族、民权两革命成功了，社会革命只好留以有待。这句话又不然。英美诸国因文明已进步,工商已发达,故社会革命难。中国文明未进步,工商未发达,故社会革命易。英美诸国资本家已出,障碍物已多,排而去之故难。中国资本家未出,障碍物未生,因而行之故易。然行之之法如何?今试设一问,社会革命尚须用武力乎?兄弟敢断然答曰:英美诸国社会革命或须用武力,而中国社会革命则不必用武力。所以刚才说,英美诸国社会革命难,中国社会革命易,亦是为此。中国原是个穷国,自经此次革命,更成民穷财尽,中人之家已不可多得,如外国之资本家,更是没有。所以行社会革命是不觉痛楚的,但因此时害犹未见,便将社会革命搁置,是不可的。譬如一人医病,与其医于已发,不如防于未然。吾人眼光不可不放远大一点,当看至数十年、数百年以后,及于全世界各国方可。如以为中国资本家未出,便不理会社会革命,及至人民程度高时,贫富阶级已成,然后图之,失之晚矣。英美各国从前未尝着意此处,近来正在吃这个苦。去冬英国煤矿罢工一事就是证据。然罢工的事,不得说是革命,不过一种暴动罢了。因英国人欲行社会革命而不能,不得已而出于暴动。然社会革命,今日虽然难行,将来总要实行。不过实行之时,用何等激烈手段,呈何等危险现象,则难于预言。吾人当此民族、民权革命成功之时,若不思患预防,后来资本家出现,其压制手段恐怕比专制君主还要甚些,那时杀人流血去争,岂不重罹其祸么!

本会从前主义,有平均地权一层。若能将平均地权做到,那么社会革命已成七八分了。推行平均地权之法,当将此主义普及全国,方可无碍。但有一事此时尤当注意者,现在旧政府已去,新政府方成,民政尚未开办。开办之时,必将各地主契约换过,此实历代鼎革时应有之事。主张社会革命,则可于换契约时少加变改,已足收效无穷。从前人民所有土地,照面积纳税,分上中下三等。以后应改一法，照价收税。因地之不同，不止三等。以南京土地较上海黄浦滩土地，其价相去不知几何，但分三等，必不能得其平。不如照价征税，贵地收税多，贱地收税少。贵地必在繁盛之处，其地多为富人所有，多取之而不为虐。贱地必在穷乡僻壤，多为贫人所有，故非轻取不可。三等之外，则无此等差别。譬如黄浦滩一亩纳税数元，乡中农民有一亩地亦纳税数元，此最不平等也。若照地价完税，则无此病。以后工商发达，土地腾贵，势所必至。上海今日之地价，与百年前相较，至少亦贵至万倍。中国五十年后，应造成数十上海。上年在英京，见一地不过略为繁盛，而其价每亩约值六百万元。中国后来亦不免到此地步。此等重利，皆为地主所得。比如在乡间有田十亩，用人耕作，不过足养一人。如发达后，可值六千万，则成一大富翁。此家资从何得来，则大抵为铁道及地业发达所坐致，而非由己力之作成。数十年之后，有田地者皆得坐享此优先莫大之权，据地以收人民之税，就是地权不平均的说话了。求平均之法，有主张土地国有的。但由国家收买全国土地，恐无此等力量，最善者莫如完地价税一法。如地价一百元时完一元之税者，至一千万元则当完一十万元。此在富人视之仍不为重。此种地价税法，英国现已行之，经解散议会数次，始得通过。而英属地如澳洲等处，则早已通行。因其法甚美，又无他力阻碍故也。然只此一条件，不过使富人多纳数元租税而已。必须有第二条件，国家在地契之中，应批明国家当须地时，随时可照地契之价收买，方能无弊。如人民料国家将买此地，故高其价，然使国家竟不买之，年年须纳最高之税，则已负累不堪，必不敢。即欲故低其价以求少税，则又恐国家从而买收，亦必不敢。所以有此两法互相表里，则不必定价而价自定矣。在国家一方面言之，无论收税买地，皆有大益之事。中国近来患贫极了，补救之法，不但收地税，尚当收印契税。从前广东印契税，每百两取九两，今宜令全国一律改换地契，定一平价，每百两取三两至五两，逾年不换新契者，按年而递加之，则人民无敢故延。加以此后地价日昂，国家收入益多，尚何贫之足患。地为生产之原素，平均地权后，社会主义则易行。如国家欲修一铁路，人民不能抬价，则收买土地自易。于是将论资本问题矣。

国家欲兴大实业，而苦无资本，则不能不借外债。借外债以兴实业，实内外所同赞成的。前日闻唐少川先生言：京奉铁路借债，本可早还，以英人不欲收，故移此款以修京张。此可见投资实业，是外人所希望的。至中国一言及外债，便畏之如鸩毒，不知借外债以营不生产之事则有害，借外债以营生产之事则有利。美洲之发达，南美、阿金滩[①]、日本等国之勃兴，皆得外债之力。吾国借债修路之利，〈如京奉〉以三年收入，已可还筑路之本，此后每年所进皆为纯利。如不借债，即无此项进款。美国铁道收入，岁可得七万万美金，其他附属之利，尚可养数百万工人，输送各处土货。如不早日开办，迟一年即少数万万收入。西人所谓时间即金钱，吾国人不知顾惜，殊为可叹！昔张之洞议筑芦汉铁道，不特畏借外债，且畏购用外国材料。设立汉阳铁厂，原是想自造铁轨的，孰知汉阳铁厂屡经失败，又贴了许多钱，终归盛宣怀手里，铁道又造不成功。迟了二十余年仍由比国造成，一切材料仍是在外国买的。即使汉阳铁厂成功，已迟二十余年，所失不知几何？中国知金钱而不知时间，顾小失大，大都如是。中国各处生产未发达，民人无工可作，即如广东一省，每年约有三十万“猪仔”输出，为人作牛马。若能输入外资，大兴工作，则华人不用出外佣工，而国中生产又不知增几倍。余旧岁经加拿大，见中国人在煤矿用机器采挖，每人日可挖十余

① 阿金滩：即阿根廷。

吨，人得工资七八元，而资本家所入，至少犹可得百数十元。中国内地煤矿工人，每日所挖不足一吨，其生产力甚少。若用机器，至少可加十数倍。生产加十数倍，则财富亦加十数倍，岂不成一最富之国。能开发其生产力则富，不能开发其生产力则贫。从前为清政府所制，欲开发而不能。今日共和告成，措施自由，产业勃兴，盖可预卜。然不可不防一种流弊，则资本家将从此以出是也。

如有一工厂，佣工数百人，人可生二百元之利，而工资所得不过五元，养家糊口，犹恐不足，以此不平，遂激为罢工之事，此生产增加所不可免之阶级。故一面图国家富强，一面当防资本家垄断之流弊。此防弊之政策，无外社会主义。本会政纲中，所以采用国家社会主义政策，亦即此事。现今德国即用此等政策。国家一切大实业，如铁道、电气、水道等事务皆归国有，不使一私人独享其利。英美初未用此政策，弊害今已大见。美国现时欲收铁道为国有，但其收入过巨，买收则无此财力，已成根深不拔之势。唯德国后起，故能思患预防，全国铁道皆为国有。中国当取法于德，能令铁道延长至二十万里，则岁当可收入十万万。只此一款，已足为全国之公用而有余。尚有一层，为中国优于他国之处。英国土地多为贵族所有，美国已垦之地大抵归人民，惟未垦者尚未尽属私有。中国除田土房地之外，一切矿产山林，多为国有。英国矿租甚昂，每年所得甚巨，皆入于地主之手。中国矿山属官，何不可租与人民开采以求利？使中国行国家社会政策，则地税一项，可比现在收入加数十倍。至铁道收入，三十年后，归国家收回，准美国约得十四万万，矿山租款约十万万。即此三项，共为国家收入，则岁用必大有余裕。此时政府所患已不在贫。国家岁用不足，是可忧的。收入有余而无所用之，亦是可虑的。此时预筹开销之法，则莫妙于用作教育费。法定男子五六岁入小学堂，以后由国家教之养之，至二十岁为止,视为中国国民之一种权利。学校之中,备各种学问,务令学成以后,可独立为一国民,可有参政、自由、平等诸权。二十以后,自食其力,幸者为望人、为富翁,可不须他人之照顾。设有不幸者,半途蹉跎,则五十以后,由国家给予养老金。此制英国亦已行之,人约年给七八百元。中国则可给数千元。如生子多,凡无力养之者,亦可由国家资养。此时家给人乐,中国之文明,不止与欧美并驾齐驱而已。凡此所云,将来必有达此期望之日,而其事则在思患预防。采用国家社会政策,使社会不受经济阶级压迫之痛苦,而随自然必至之趋势,以为适宜之进步。所谓国利民福,莫不逾此,吾愿与我国民共勉之。

据胡编《总理全集》第二集《民生主义与社会革命》

附一:中国革命的社会意义*

(一九一二年三月三十一日)

中国宣告成立共和国。我虽然辞去了中华民国临时大总统的职务,但这绝不是说,我将不为共和国效劳。我之辞职,实因有更为重大之事务要我操心。

中国受清朝统治二百七十年,在这期间,曾有无数志士,试图恢复中华。其一便是五十年前的太平天国革命,但此举纯为汉族反对满洲人的种族革命。即令这次革命取得了胜利,国家仍然处

* 此文为孙中山一九一二年三月三十一日《在南京中国同盟会会员饯别会的演说》的前半部分,被译成法文后,载于同年七月十一日比利时工人党机关报——布鲁塞尔《人民报》(*Le Peuple*);又被从法文转译成俄文,七月十五日载于俄国布尔什维克报纸《涅瓦明星报》(*Невская Звезда*)第十七期,它同时发表了列宁的《中国的民主主义和民粹主义》一文,对孙中山的这篇作品进行评论。

于专制政府统治之下；则此种结果亦不能称之为成功。

几年前，我们一批人数不多的朋友们在日本会集，创立了中国同盟会。

那时我们采取了三大主义：民族、民权、民生。

前两个主义因清廷退位而付之实现，现在我们应该实行经济革命。这个问题虽是目前全国争论的焦点。但大多数中国人民对这几个字的意义恐还不甚了然，以为振兴中国的目的就在于把中国变成足以和西方各国并驾齐驱的国家。

我们的志向不在于此。现今没有那一个国家比英美更为富足，比法兰西更为文明的了。英吉利是君主立宪政体，法兰西和美利坚以共和立国，但这些国家国内贫富间的悬殊仍极明显，所以革命的思潮常激动着这些国家的国民。如果不进行社会革命，则大多数人依然得不到生活的快乐和幸福。现在所谓幸福只是少数几个资本家才能享受的。

劳工群众依旧是赤贫，当然在情绪上不可能是安然的。种族革命和政权革命不难，但社会革命则大不易。只有从事伟大事业的人民才能实现社会革命。

有人反对我说："你们的革命到现在为止进行得很顺利，该满足了，要善于等待，在财力充沛科学发达的英美至今都不敢问津的事情，为什么你要赶忙呢？"

这是不明智的政策。因为英国和美国有高度的文明和发达的工业，要在那里实现社会革命确是难事。

我们的中国还没有发展到那种地步，故社会革命对我们来说就比较容易。我们有可能预防资本主义制度的进攻，在资本主义国家里对既得利益是紧抱不放的，要打破这种利益是困难的。在中国既无资本家，也没有既得利益，因而进行这种革命就比较容易。

有人常问我:“这样的革命需要动用武力吗?”我的回答是“在英美是需要的,在中国来说则不需要”。英国煤矿工人的大罢工证明我的论断是正确的。但大罢工远不是革命,它仅仅是表现了人民想掌握社会财富资源的一种愿望而已,显然,只有用武力才能达到这一目的。

实现社会革命可能是很困难的,但革命成为事实的时候是迫近了。我们并不想揣测革命的实现会对国家带来多少激烈的手段和危险。

如果我们从中华民国存在之日起就不去考虑如何防止资本主义在最近将来的孳生崛兴,那么等待我们的就是比清朝专制暴政还要酷烈百倍的新专制暴政,要挣脱这种新的暴政就必须用流血手段。那是何等暗淡的前途!

有一个情况需要我们加以特别注意。新政府一成立,就必须改变不动产的全部法权根据(tous lestitres)。这一措施是革命的必要手段。进步要求这样做。以前,土地所有者缴地价税,分成三等:优等地、中等地和劣等地。将来必须使税和地价相称,因为土地的质量比上述三种等级所表现的差别要大得多。我知道南京的地产与上海外滩的地产价格的差别究竟有多大,但在旧制度下我们决不能规定公平合理的价格。如果对地价税实行贫瘠土地少纳税、优等土地多纳税的办法,则更为合理。拥有优等土地的都是有钱人,课之以较高的税,毫无不公正之处。价格最低的土地为穷乡僻壤贫民阶层的财产,只应向他们收最轻的税。目前外滩的土地和农场缴纳同样的税这很不合理。要消除这种不合理现象,应该使税和地价相称。上海房产地价百年来增加了一万倍。中国处在大规模的工业发展的前夜,商业也将大规模地发展起来,再过五十年我们将有许多上海。要能预见未来,我们必须是有远见的人,而且要现在就作出决定,使地产价值(la plus-value)的增殖额,成为创造这一价值增殖额的人民的财产,而不是成为那些侥幸成为土地私有者的个别资本家的财产。

据北京《人民日报》一九五六年十一月十一日

附二:中国的下一步*

(一九一二年三月三十一日)

中国共和政体之建立已告成矣。余虽已辞卸临时大总统之职,然余非从此停止革命之工作。盖余辞职后,尚有更大之事以待余注意者。中国被沦于满人者几二百七十年,其间谋革命者屡矣。五十年前太平天国之事,即其一也,但此仅为种族之革命而已(汉族对满族之革命)。使当时一举而告成,而仍不脱专制政府之羁绊,则去革命之道,不甚远乎?

数年前,余等若干人集会日本,成立革命团体,决定三大原则。一曰:中华民国自主(即不受外族之统治),二曰:政府受人民之支配,三曰:国家财富受人民之支配。现在满清政府既倒,则此三者中之二大原则,已获有相当之成功,然尚有待于吾人之努力者,则有社会革命之一大事焉。

夫社会革命者,正为今日世界人士聚讼纷纭之问题,而吾国人大都尚茫然无所知者,盖彼等以为中国复兴之目的,无非欲成为一强盛之大国,以与西方列强并驾齐驱而已。然此绝非吾人努力最

---

* 此文为孙中山一九一二年三月三十一日《在南京中国同盟会会员饯别会的演说》的前半部分,被译成英文后,载于一九一二年七月十三日出版的纽约《独立杂志》。

后之目的。良以今日之世，财富之丰盛，无有过于英、美者；文化之昌明，无有过于法国者。英为君主立宪国，美、法则为完全共和国。而此数国之人民，贫富悬殊，判若天渊。于是革命之思想，依然流播于多数人心怀之中而未尝去之。可知社会革命一日未成就，即多数人无一日能享受完全之快乐与幸福也。此种幸福仅为少数资本家所享有，劳动群众则仍日度其困苦之生活，而未能稍事休息。因种族革命与民权革命之工作易，而社会革命则甚难。盖以社会革命之成功，须有赖于有学识者之努力。或曰：吾人对于革命，已有若斯之成功，何犹未足而更有所待耶？以英美两国之财富与学术，尚未能成就之事，吾乃亟亟于此云何哉？不知此实计之左也。

夫英美两国文明既进步，工业复发达，是以欲求有一社会革命，实为难能之事。然我国则尚未达此阶段，故社会革命易于实现也。盖英美之资本家于既得权利已根深蒂固，将有何术以驱除之？至若我国资本家与既得利益均尚未出现，故欲达社会革命之目的，实在为简易之事也。

或又将询余曰："然则达到社会革命之目的，将以武力为必须乎？"则余必答曰："在英美两国，武力殆为必须，我国则不然。"观乎英国煤矿劳工之罢工，即可为余说之明证。顾煤矿劳工之罢工，究不能谓为革命，仅为人民欲占有此种种财富资源而不得不出以激烈之手段而已。社会革命，在今日虽尚难成功，然至事实无可避免之日，必将一发而不可遏。若其实现之手段为何及经过危险之情形如何？则无有能为之预料者矣。如吾人于共和初成之日而不预谋及此，一旦资本主义渐次成长，则其所予吾人之压迫，必将更甚于吾人所推翻之专制政体。当此之时，吾人又将经过一大流血时代。此种情形，岂非可悲可叹？

尚有一点，为吾人所极应注意者，即当新政府已成立，所有一切地契，必须更改，此乃革命后所不能免者也。倘吾人实行社会革命，欲得最大之效果，则当先稍变地契之形式。我国地税，素以面积多少计，其中只分上中下三等而已。但将来地税，须以地价之高下而定，不能定于面积之多少也，因地价之差异远非上中下三级之比例所能比拟。如南京地价与上海外滩地价之差异如何，余虽未详知，但欲详论二地之价值，其用三级之旧法而得者，结果必非公平。苟地税依地价而定者，甚为稳当。地价高则纳税多，地价低则纳税少。地价高之地，常在繁盛商场，地主必富厚，故可以纳重税而不为苛。地价低者常居乡间，远离商场，多为平民所有，彼等所纳税宜轻。比如有地在外滩，其税每年只数元。有地在乡间，其税亦与外滩者无异，此岂非不公平乎？如地税照地价高低而定，则不公平者可免矣。上海今日地价较百年前增加奚止万倍？我国工业，现方形发展，商务亦日见繁盛，五十年后，吾人将睹许多商埠与今日之上海无异者也。故吾人当早为筹谋，务使将来土地不劳而获之增益归于人民，而不致为占据土地之资本家所私有也。

据《研究中山先生的史料与史学》(台北中华民国史料研究中心一九七五年版)中陈福霖《美国〈独立杂志〉所刊孙中山先生的三篇著作》所附译文，并对照英文原文校订

临时大总统解职令*

(一九一二年四月一日)

前由参议院议决统一政府办法第六条，孙大总统于交代之日

---

* 孙中山于四月一日，莅临时参议院辞总统职。此为通告全国人民解除总统职务的命令。此件经与北京《临时公报》一九一二年四月三日所载该文参照互校。所署日期，即据《临时公报》增补。

始行解职。今国务总理唐君南来，国务员已各任定，统一政府业已完全成立，于四月初一〈日〉在南京交代，本总统即于是日解职，是用宣布周知。此后国中一切政务悉取决于统一政府。本处〔府〕各部办事人员，仍各照旧供职，以待新国务员接理，勿得懈怠推诿，致多旷废。本总统受任以来，栗栗危惧，深恐弗克负荷，有负付托。赖国人之力，南北一家，共和确定，本总统藉此卸责，得以退逸之身，享自由之福，私心自庆，无以逾此。所愿吾百僚执事，公忠体国，勿以私见害大局；吾海陆军士，谨守秩序，勿以共和昧服从；吾五大族人民，亲爱团结，日益巩固，奋发有为，宣扬国光，俾吾艰难缔造之民国，与天壤共立于不敝。本总统虽无似〔德〕，得以公民资格勉从国人之后，为幸多矣。此令。

（印）

中华民国元年四月初一日

据《临时政府公报》第五十六号(南京一九一二年四月三日版)《大总统通告解职令文》

公布参议院议决参议院法*

（一九一二年四月一日）

兹准参议院咨送议决参议院法十八章共一百零五条前来，合行公布。

---

* 此法公布日期，《临时政府公报》第五十五号标为三月二日，据该公报第五十六号"正误"栏更正为四月一日。

中华民国元年四月一日

孙　文(印)

内务总长程德全副署

参议院法目录

第一章　总纲
第二章　参议员
第三章　议长副议长
第四章　委员
第五章　会议
第六章　委员会
第七章　选举
第八章　弹劾
第九章　质问
第十章　建议
第十一章　请愿
第十二章　国务员及政府委员
第十三章　参议院与人民官府及地方议会之关系
第十四章　纪律及警察
第十五章　惩罚
第十六章　秘书厅
第十七章　经费
第十八章　附则

参议院法

第一章 总 纲

第一条 参议院设于临时政府所在地。

第二条 参议院以约法第十八条所定,各地方有五分三以上派参议员到院,即行开会。

第三条 参议院开会期间,至解散之日为止。

第四条 参议院经议长提议、参议员过半数可决,得休止开会,但休会期间,不得过十五日。

休会期中,有紧急应议事件,议长得通告开会。

第二章 参议员

第五条 中华民国之男子,年龄满二十五岁以上者,得为参议员,但有左列条件之一者,即失其资格:

一、剥夺公权者,及停止公权者;

二、吸食鸦片者;

三、现役海陆军人;

四、现任行政职员及现任司法职员。

第六条 参议员有不合资格之疑者,〈其〉他参议员得陈请审查,由院公选委员九人审定,报告议长,付院议决定。

第七条 参议员于选定通知到院后,六十日内不报到者,应即取消,由院咨请另选。但甘肃、新疆、西藏、青海、内外蒙古各处参议员,不在此限。

第八条 参议员到院,须提出委任状于议长,但原选地方先有通知者，委任状得于日后补交。

第九条　参议员既到院者，原选地方非得参议院同意，不得取消。

第十条　参议员任期，以参议院解散之日为限。

第十一条　参议员辞职，须具理由书，请参议院许可。参议院许可辞职时，应即通告该原选地方，于一定期间内另行选派。

第十二条　参议院认参议员辞职理由为不当时，得劝告留任，但劝告后七日间犹无确答者，应即解职。

第十三条　参议员非有正当理由，不得请假。〈请〉假期间在五日以内者，得由议长许可，五日以上者，须付院议决定。

第十四条　参议员不得任意缺席，违者分别惩罚。

第十五条　参议员不受岁费。

第三章　议长副议长

第十六条　议长维持参议院秩序，整理议事，对于院外代表参议院。

第十七条　议长得任免秘书长及其下各职员，并指挥监督之。

第十八条　议长于常任委员会及特别委员会，均得出席发言，但无表决权。

第十九条　议长有事故时，副议长代理其职。

第二十条　议长、副议长均有事故时，得另选临时议长，行议长之职务。其选举方法，准用临时约法第二十四条。

第二一条　议长、副议长任期与参议院同。

第二二条　议长、副议长因故请假或辞职，须提出理由书，付院议决定，但请假期间在五日以内者，不在此限。

第二三条　议长、副议长有违法徇私情节，经参议员十人以上提议，得交惩罚委员会审查后，付院议决定，如多数认为不称职时，即解职另举。

第四章　委　　员

第二四条　本院设全院委员、常任委员、特别委员三种。

第二五条　全院委员以全院参议员充之。

第二六条　常任委员分设法制、财政、庶政、请愿、惩罚五部，各担任审查本部事件，由参议员用无记名连记投票法互选之，其各部员数由院议决定。

第二七条　特别委员担任审查特别事件，由议长指定或本院选出之。

第二八条　常任委员得兼任特别委员。

第二九条　凡被选或被指定为委员者，非有正当理由不得辞职。

第三十条　全院委员长由本院选定，但议长、副议长不在被选之列。常任委员长及特别委员长由各委员会互选之。

第五章　会　　议

第三一条　参议院除休会外，每星期一至星期五上午九时至十二时为寻常会议时间，但有紧急事件，特别开会不在此限。

第三二条　参议院议事日程，由议长编定，先二日通知各参议员，并登载公报。

第三三条　参议院非有到院参议员过半数之出席，不得开会，但临时约法及本法关于出席员数有特别规定者，从其规定。

第三四条　参议院会议时，以出席参议员过半数之所决为准；但临时约法及本法关于表决员数有特别规定者，从其规定。

第三五条 参议院议决可否同数时，应依议长之所决。

第三六条 参议员于议案有关系本身及其亲属者，不得参预表决。

第三七条 凡未出席参议员，不得反对未出席时所议决之议案。

第三八条 关于法律、财政及重大议案，须经三读会始得议决，但依政府之要求或议长、议员之提议，经多数可决，得省略三读会之顺序。

第三九条 政府提出之议案，非经委员审查不得议决。但紧急之际，由政府要求、经多数可决者，不在此限。

第四十条 政府提出之议案，未经本院议决以前，无论何时得修正或撤回之。

第四一条 议员提出法律案，须有十人以上之赞成者，其他提议，除别有规定者外，须有三人以上之赞成者，会同署名，先期交议长通告各参议员。

第四二条 参议员于议场上临时动议，附议在一人以上，方成议题，得请议长付讨论。

第四三条 委员于议场得自由发表意见，不受该委员会报告之拘束。

第四四条 参议院会议须公开之，但有左列事由，经多数可决者，不在此限：

一、依政府之要求；

二、依议长或参议员之提议。

第四五条 开秘密会议时，议长得令旁听人退席。

第四六条 参议院会议之结果，按期编成速记录、议事录、决议录，惟秘密会议事件，不得宣布。

第四七条 参议院议事细则另行规定。

第六章 委员会

第四八条 参议院遇有重要问题,由议长或参议员十人以上之提议,经多数议决者,得开全院委员会审议之。

第四九条 常任委员会遇有同一问题,须有两部以上协同审查时,得由该数部之同意,开连合委员会审查之。

第五十条 全院委员会,非有委员三分一以上出席,常任委员会及特别委员会,非有该委员半数以上出席,不得开会。

第五一条 凡委员会均禁止旁听。

第五二条 常任委员会及特别委员会,得许参议员莅场旁听,但得议决禁止。

第五三条 各委员长须将委员会议决之结果报告于参议院。

第七章 选举

第五四条 依临时约法第二十九条,选举临时大总统或副总统时,参议院应于五日前,将开选举会日期布告全国。

第五五条 施行选举之前一日,参议员以十人以上之连署,得推举临时大总统或副总统候补人。

第五六条 施行选举以前,由议长延请院外相当之行政官或司法官,届期临场,检验选举票。

第五七条 选举用无记名投票法,其对于候补人以外之投票,作为无效。

第五八条 选举会投票既毕,即将票柜封锁,以后入场者,不得投票。

第八章　弹　　劾

第五九条　弹劾大总统案，非参议员二十人以上之连署，弹劾国务员案，非参议院〔员〕十人以上之连署，不得提出。

第六十条　决定弹劾案，须用无记名投票法表决。

第六一条　弹劾大总统案通过后，即日将全案通告最高法院，限五日内互选九人组织特别法廷〔庭〕，定期审判。

第九章　质　　问

第六二条　参议员对于政治上有疑义时，得以十人以上之连署，提出质问书，由参议院转咨政府。

第六三条　关于前条之转咨，应酌量缓急，限期答复。

第六四条　政府答复后，如提出质问者，认为不得要领时，由参议院咨请国务员限期到院答辩。

但国务员如有不得已事故，不能到院时，得委员代理。

第十章　建　　议

第六五条　建议案非有参议员五人以上之连署，不得提出。

第六六条　建议案通过后，即日将全案咨告政府。

第六七条　已通过之建议案，政府不能采用时，不得再以建议方式提出于参议院。

第十一章　请　　愿

第六八条　国民请愿书，非有参议员三人以上之介绍，不得受理。

第六九条　请愿书当付请愿委员会审查，如委员会认为不符格式时，议长应交介绍人发还之。

第七十条　请愿委员作请愿事件表，录其要领，每七日报告一次。

请愿事件，如有委员会或参议员十人以上之要求，得提付院议。

第七一条　除法律上认为法人者外，以总代之名义请愿者，不得受理。

第七二条　请愿书对于政府或参议院有侮辱之语者，不得受理。

第七三条　参议院不受变更临时约法之请愿。

第七四条　参议院不受干预司法及行政裁判之请愿。

第十二章　国务员及政府委员

第七五条　国务员及政府委员，无论何时得到院发言，但不得因此中止议员之演说。

第七六条　国务员及政府委员，于委员会审查议案时，得到会陈述意见。

第七七条　委员会得经议长要求国务员或政府委员之说明。

第七八条　国务员及政府委员于各会议均不得参与表决。

第十三章　参议院与人民官厅及地方议会之关系

第七九条　参议院不得向人民发布告示。

第八十条　参议院不得因审查事件召唤人民。

第八一条　参议院为审查事件，得向政府要求报告，或调集文书，政府除事涉秘密者外，不得拒绝。

第八二条　参议院审查关系地方之政务，得谘询该地方议会，令其答复。

第十四章 警察及纪律

第八三条 参议院院内警察权，依本法及本院所定规则，由议长行之。

第八四条 参议院设守卫警护全院，听议长指挥。

第八五条 参议员于会议时，有违背院法及议事规则，或紊乱议场秩序者，议长得警告制止之，或取消其言论，若仍不听从，得禁其发言，或令退出。

第八六条 议场骚扰不能维持秩序时，议长得中止会议或宣告散会。

第八七条 旁听人有妨害会议者，议长得勒令退席，或发交警厅。若旁听席骚扰不能制止时，议长得令旁听人全体退出。

第八八条 参议员于议场不得用无礼之言辞。

第八九条 参议员于议场或委员会受诽毁侮辱时，得诉之参议院求其处分，不得私相报复。

第十五章 惩 罚

第九十条 参议院对于参议员有惩罚之权。

第九一条 凡惩罚事件，必交惩罚委员会审查，经院议决定始得宣告。

第九二条 惩罚之种类如左：

一、于公开议场谢罪；

二、一定之期间内停止发言；

三、一定之期间内停止出言〔席〕；

四、除名。

第九三条　参议员无故缺席连续至五日者，应酌定五日以上之期间停止其发言，一月内无故缺席至七日以上者除名。

第九四条　参议员携带凶器入议场者除名。

第九五条　前二条惩罚事件，得由议长提议，其他惩罚事件，须由参议员五人以上之提议，统照九十六〔一〕条规定办理。

请付惩罚之提议，须于惩罚事件发生后三日内行之。

第十六章　秘书厅

第九六条　参议院设秘书厅，掌本院文牍、会计，编制各种记录，并办理一切事务。

第九七条　参议院秘书厅，设秘书长一人，秘书员若干人，此外必要职员，由议长酌定。

第九八条　秘书长承议长之命，管理本厅一切事宜。

第九九条　秘书员承秘书长之命，分掌各科事务。

第一百条　秘书厅办事细则，由秘书长拟订，呈由议长核定施行。

第十七章　经　费

第百一条　参议院经费由国库支出。

第百二条　参议院经费，除开办费外，其款目如下：

一、参议员公费及旅费；

二、议长、副议长津贴费；

三、秘书厅经费及守卫经费；

四、杂费及预备费。

第百三条 前条所列各款经费,其数目别以支给章程定之。

第百四条 前条所列各款经费,除旅费外,由参议院按月制定预算表,咨请财政部提交参议院,分别支给。

第十八章 附 则

第百五条 本法自公布之日施行。

据《临时政府公报》第五十五号(南京一九一二年四月二日版)

令交通部限制官电文*

(一九一二年四月一日)

一等官电之设,原为传递紧要公文,务求捷速起见。乃查近日来去电文,长者辄至数百千言,司电报者,收发一电,动经十数小时,始能完结。是不免以一人一事之交通,致碍各方之信报。推原其故,实缘官电往来,概未取费,发电之人,遂致不知翦裁,往往以单简之事由,发为繁重之言论,烦人废时,几忘设电本意。甚至匿名诋毁,亦借官电传达。此则官署如林,得印甚易,发送无费,恣意何难。若不设法限制,不特于交通有妨,抑恐别生枝节,致碍要政。为此令仰该部迅即拟一暂行条例,规定每电至长不得过若干字,并于各处官电酌量取资若干,通饬遵行,以示限制而杜流弊。此令。

据《临时政府公报》第五十四号(南京一九一二年四月一日版)

---

* 此件所标时间系《临时政府公报》第五十四号出版日期。

令财政部拨给武汉死义烈士遗孤教养所经费文*

(一九一二年四月一日)

据马伯援、居正、丁仁杰、查能一、李俊英、张权、张楚、倪汉信、胡若龙、杨莹、但焘呈称:"窃维武汉一呼,天下响应,专制倒幕,百度维新。联五族为一家,合南北为一体,庶政概从公意,元元咸得自由,民国基础,至是确立。微我武汉诸先烈士,掷其头颅,弃其妻孥,以为代价,宁克底此。伯援等尝侧身赤十字会,目击战地暴尸数十里,地方为之赤。战事方剧,转载伤者之行列,有如鱼贯,疮痍满目,呻吟昼夕。昔人所谓肝脑涂中原、膏血润草野者,殆无以逾此。夫诸先烈既惨淡经营,缔共和之幸福,遗之后人,而己身不获享,或乃有茹痛忍苦、赍遗憾以没者。吾人饮水思源,而不谋所以报之,何以对诸先烈于地下?顾死者已矣,报之曷及。而其后裔,以失恃而家计艰难,无以为生,为数夥颐,遑论教育之事。若将其子若女,集于一处,幼者育之,长者教之,俾后长成,擅一技之艺,足以自立,同享共和之幸福,是亦稍慰英魂之道。此伯援等发起遗孤教养所之微志也。理合联词呈请大总统察核,并恳令下财政部拨给公债票二万元,作为开办经费,曷胜翘企之至"等情前来。查民国开创,武汉实为首功,而诸烈士死事之惨亦独烈。该发起人等遗孤教养所之设,既昭博爱之忱,亦协报功之义。所请拨给公债票二万元之处,即由该部照拨可也。

---

* 此件所标时间系《临时政府公报》第五十四号出版日期。

此令。

据《临时政府公报》第五十四号

批马伯援等呈*

（一九一二年四月一日）

呈悉。民国开创，武汉实为首功，而诸烈士血战捐躯，其死义亦最烈。该发起人等拟设遗孤教养所，既孚博爱之精神，亦协报功之典礼，殊堪嘉尚。所请拨给公债票二万元作为开办费之处，已令行财政部照拨矣。此批。

据《临时政府公报》第五十四号

批陆军部呈**

（一九一二年四月一日）

呈悉。应准如所请，仰即查照给恤杨烈士卓林例，一体办理可也。此批。

据《临时政府公报》第五十四号

在南京参议院解职辞

（一九一二年四月一日）

本总统自中华民国正月初一日，至南京受职，今日四月初一

* 此件所标时间系《临时政府公报》第五十四号出版日期。

** 原呈请求援照杨卓林例，优恤刘道一，并附祀大汉忠烈祠事。此件所标时间系《临时政府公报》第五十四号出版日期。

日,至贵院宣布解职。自正月初一日至四月初一日,为期适三阅月。在此三月中,均为中华民国草创之时代。当中华民国未成立以前,纯然为革命时代。

中国为何而发起革命?盖吾辈革命党之用心,以连合中国四万万人,推倒恶劣政府,造成国利民福为宗旨。自革命初起,南北界限尚未化除,不得已而有用兵之事。三月以来,南北统一,战事告终,造成完全无缺之中华民国,此皆中国国民及全国军人之力所致。在本总统受职之初,亦不料有此种之好结果,亦不料以极短之时期,而能建立如此之大事业。

今日中华民国,南北统一,五族一家,本总统已在一个月前,提辞职书于参议院,当时因统一政府未成,故辞职之后,仍由本总统代理。现在国务员已均由国务总理唐君发表,政府已宣告成立,本总统自当辞职,今日特莅贵院宣布。但趁此时间,本总统尚有数语宣告,以供贵参议员之听闻。

中华民国成立之后,凡中华民国之国民,均有国民之天职。何谓天职?即是促进世界的和平。此促进世界的和平,即是中华民国前途之目的。依此种目的而进行,即是巩固中华民国之基础。又凡政治、法律、风俗、民智种种之事业,均须改良进步,始能与世界各国竞争。凡此种种之改良进步,均是中华民国国民之责任。人人能尽职任,人人能尽义务,凡四万万人无不如此,则中华民国之进步必速。中国人民居地球四分之一,则凡有四人之地,即有一中国人民。况交通既便,世界大同,已有中外一家之势。中华民国国民,均须知现今世界之文明程度。当民国初立时,人民颇有不知民国之为何义,文明进步之为何义,凡吾辈先知先觉之人,即须用从前革命时代之真挚心,努力进行,而后中华民国之基础始固,世界之文明始有进步,况中国人民本甚和平。现在世界上立国百有数十，雄强相处，难保不有战争发现。惟中国数千年来，即知和平为世界之真理。人人均抱有此种思想，故数千年来之中国，纯向和平以进行。中华民国有此民数，有此民习，何难登世界舞台之上与各国交际。以希望世界之和平，即是中华民国国民之天职。本总统与全国国民同此心理，用心研究，将人民之知识习俗，以及一切事业，切实进行，力谋善果，即为吾中华民国国民之本分。

本总统解职之后，即为中华民国之一国民。政府不过一极小之机关，其力量不过国民极小之一部分。其大部分之力量，则全在吾中华民国之国民。本总统今日解职，并非功成身退，实欲以中华民国国民之地位，与各国民之力量，与四万万人协力造成中华民国之巩固基础，以冀世界之和平。望贵院各位参议员与将来政府，勉励人民，同尽天职，使中华民国从今而后，得享文明之进行，使世界舞台从今而后得享和平之幸福。

据上海《民立报》一九一二年四月五日《孙总统之解职辞》

咨参议院报告解职日期文*

（一九一二年四月三日）

前由贵院议决统一政府办法第六条，孙大总统于交代之日始行解职。今国务总理唐君南来，国务员已各任定，统一政府业已完全成立，于四月二〔一〕①日在南京交代，本总统即于是日解职。此后国中一切政务悉取决于统一政府。本总统受任以来，夙夜忧惧，深恐弗克负荷，有负国人付托之意。今幸南北一家，共和确定，本

---

* 此件所标时间系《临时政府公报》第五十六号出版日期。

① 日期误，据《临时大总统解职令》和《在南京参议院解职辞》校改。

总统获免于戾，退居林泉，长为自由国民，为幸多矣。此咨。

据《临时政府公报》第五十六号

命陆军部议恤令*

（一九一二年四月三日）

溯自武昌雷动，各省云兴，一鼓而专制之幕翻，崇朝而共和之旗树，竟至欢腾五族，祸弭萧墙，鼎定初基，安于磐石。此固全国人民精神之所孕育，抑亦数千百辈血肉之所代偿。方其义旅恢张，豪雄奋发，头颅孤注，功业千秋。或免胄而幸生还，或舆尸而伤革裹，或食少而戕诸葛，或援绝而困霁云。甚至郤克轮殷，中军鼓壮；岑彭盗杀，陇蜀功成。凡夫百战之余生，以及丧元之勇士，不加抚恤，何以酬庸？本总统眷念弗忘，怆怀无似。为此令仰该部，迅速调查民国开国之始，其立功尽瘁者及死事者，分别速行议恤，毋涉疏略，致没勋庸，庶慰精诚，亦资借镜。此令。

据《临时政府公报》第五十六号《大总统令陆军部调查开国立功尽瘁及死事者速行分别议恤令》

令准陆军部请抚恤赵康时等文**

（一九一二年四月三日）

据该部呈称："前清四川第十七镇正参谋官赵康时，当四川光复之初，兵变遇害，身后凄惨，请照陆军左都尉阵亡例，优予一次恤金八百元，遗族年金四百五十元。徐淮巡防第五营哨长陶振基，单

---

* 此件所标时间系《临时政府公报》第五十六号出版日期。

** 此件所标时间系《临时政府公报》第五十六号出版日期。

骑追击张勋，被勋溃兵击毙，现妻子流拓镇江，沿门乞食，情殊可悯，请照陆军右军校阵亡例，给予一次恤金三百元，遗族年金二百五十元。又沪军营队官王介夫，光复上海，攻制造局阵亡，现家室流寓沪上，情形极惨；宁巡防缉营管带朱继武，受密约反正，谋泄，为张勋惨杀，均请照大军校阵亡例恤赏。杨作商因赶装炸弹，历三昼夜未息，倦极失慎，弹裂毙命，肢体破碎，极为惨酷；又张钊奋攻南京阵亡；沈克刚光复吴淞，运动军警各界，颇著劳绩，后吴淞军政分府财政长以手枪误伤毙命，均请照右军校阵亡例恤赏”等情前来。查以上诸志士，或因光复之初，兵变遇害；或因只身御敌，为国捐躯；或因赶制炸弹，失慎毙命；或因密图光复，谋泄被戕。其死事虽殊，而其忠于民国则一，所请恤赏之处，理合照淮〔准〕。为此令行该部，仰即遵照办理，藉恤生者而慰忠魂。此令。

据《临时政府公报》第五十六号

批黄兴等呈*

（一九一二年四月三日）

呈悉。该会以人道主义提携五族共跻文明之域，使先贤大同世界之想象实现于二十世纪，用意实属可钦。所拟教育、编译、调查、实业各种办法，尚属切实可行，应即准予立案。至请政府拨款补助一节，俟该会各项事业开办时，再行呈请拨给可也。此批。

据《临时政府公报》第五十六号

* 原呈提出拟设立中华民国民族大同会，请求准予立案。此件所标时间系《临时政府公报》第五十六号出版日期。

致李晓生函*

（一九一二年四月三日）

晓生兄鉴：

宋君嘉树者，二十年前曾与陆烈士皓东及弟初谈革命者，二十年来始终不变，然不求知于世，而上海之革命得如此好结果，此公不无力。然彼从事于教会及实业，而隐则传革命之道，是亦世之隐君子也。弟今解职来上海，得再见故人，不禁感慨当年与陆皓东三人屡作终夕谈之事。今宋君坚留弟住其家以话旧，亦得以追思陆皓东之事也。

兹他亲身来客店，取弟之行李，请将两皮手包及一棉质杠及南京新买之皮袋共四件交他带来便可。

弟明日午后两三点当来客店略谈，然后赴自由党五点之约也。弟拟送汉民、精卫、仲恺兄并兄等以最好之洋服，并托宋君带公等往最好之洋服店做之，请兄等尽量做，多多益善也。此候

晚安

弟孙文谨启　即晚

据《国父全集》第三册（转录史委会藏影印原件）

在上海自由党的演说

（一九一二年四月四日）

数月来，各处政党民党发生甚多，然皆未能十分组织完备。当

* 原件无日期，经王耿雄考证为四月三日，参阅王耿雄：《孙中山史事详录 1911—1913》，第二六〇页。

此共和时代，无论政党民党，有互相监督、互相扶持之责。政府善则扶持之，不善则推翻之。然现在我民党之势力，尚甚薄弱，恐未能达此目的。惟既具此心，不可不互相勉励，各谋进行，对于今后民国前途，获益非鲜。切盼诸君，勉而行之。

据《总理演讲新编》

在上海答《文汇报》记者问

（一九一二年四月四日）

记者问：先生退职后将何所从事？

先生曰：政治上革命今已如愿而偿矣，后当竭力从事于社会上革命。社会革命比诸政治上革命愈属重大，且非兵力所能援助，必须以和平手段从事。中国现有无数荒野地段，未经开垦，故社会革命事业比诸欧美各国较易达到目的。

又谓：余乃极端之社会党，甚欲采择显理佐治[①]氏之主义施行于中国。中国无资本界、劳动界之竞争，又无托拉司之遗毒。国家无资财，国家所有之资财，乃百姓之资财。民国政府拟将国内所有铁路、航业、运河及他重要事业，一律改为国有。

据史委会编《总理全书》之八《谈话》

在武昌十三团体联合欢迎会的演说

（一九一二年四月十日）

近来团体之多，至不可数，此可征民智之发达矣。而仆深恐其

---

① 显理佐治：今译亨利·乔治（Henry George，1839—1897年）。

不能抱一目的，为一致之进行。夫民族思想，根于天性，故十余年来，各团体群趋于革命，一言排满，举州〔国〕同声，乃遂有今日。满洲专制政府倒矣，以中国史例征之，大可以本族专制政府代之，而乃不然，帝王思想，不谋而绝迹于天下，意见虽偶有参差，而无不同向于共和。是种族革命与政治革命两种，皆以一致之目的行之。今社会革命着手伊始，仆以是希望各团体，复以其一致之精神，从事斯业。

今之反对社会革命者，谓中国之当急者乃政治问题，至社会问题则相去尚远。盖吾国生活程度低，资本家未尝发见，欧美现象与吾相反，社会主义且忧其捍格不入，奚言吾国？为此言者，真浅见之徒，不足与言治也。诸君须知，欧美改良政治之时，其见解亦胡不同于吾人。当其时社会之流弊未生，彼以为政治良，百事皆良，遂不注意于社会事业。及至社会事业败坏，至于今日之欧美，则欲收拾之，而转无从。诸君只知欧美今日社会上补苴罅陋之政策，为应于社会问题而起，而不悟倘欧美早百年注意社会问题，而今日补苴罅陋之政策可不发生。甚矣其疏陋也！当美利坚离英自立，岂不于政治上踌躇满志，乃未及百年，而社会上之苦痛以生，国利民福，以此牺牲者多，倘起百年前美洲政家询之，彼必自叹其失策。今吾国之革命乃为国利民福革命，拥护国利民福者，实社会主义。故欲巩固国利民福，不可不注重社会问题。夫美洲之不自由，更甚于专制国。盖专制皇帝，且口不离爱民，虽专横无艺，犹不敢公然以压抑平民为帜志。若资本家则不然，资本家者，以压抑平民为本分者也，对于人民之痛苦，全然不负责任者也。一言蔽之，资本家者无良心者也。

迩来欧美工人对于资本家之无良，常为同盟罢工之事，然总无效。盖工人皆贫，无持久之宿粮，工人求增值，资本家故靳之，逾两三月，工人以不能耐饿，不得不以原值俯就羁勒。至用货者，有时亦复同为资本家所厄，盖用货者嫌价昂，相率不购，而储货者可转运他国，或居奇久囤，以困用者，使终不得不就而购之。世间颇误认同盟罢工为社会主义，而实非也。罢工一事，乃无法行其社会主义而始用之，以发表其痛苦，非即社会主义也。

据上海《民立报》一九一二年四月十六日《孙前总统社会革命谈》

在湖北军政界代表欢迎会的演说

（一九一二年四月十日）

此次革命，乃国民的革命，乃为国民多数造幸福。凡事以人民为重，军人与官吏，不过为国家一种机关，为全国人民办事。自光复以来，共和与自由之声，甚嚣尘上，实则其中误解甚多。盖共和与自由，专为人民说法，万非为少数之军人与官吏说法。倘军人与官吏借口于共和与自由，破坏纪律，则国家机关万不能统一。机关不统一，则执事者无专责，势如一盘散沙，又何能为国民办事。是故所贵夫机关者，全在服从纪律，如机械然，百轮相错，一丝不乱，而机械之行动，乃臻圆满。此在有形之机关为然，在无形之机关，亦何莫不然。盖在政治机关，〈凡〉百执事，按级供职，必纪律严明，然后能收身使臂、臂使指之效。必收此效，然后可以保全人民领土，与列强相竞争。由斯而谭，闻者或以为与平日所信之共和与自由主义大相冲突。其实不然。仆前言之矣，共和与自由，全为人民全体而讲。至于官吏，则不过为国民公仆，受人民供应，又安能自由！盖人民终岁勤动，以谋其生，而官吏则为人民所养，不必谋生。是人民实共出其所有之一部，供养少数人，代彼办事。于是在办事期内，此少数人者，当停止其自由，为民尽职，以答人民之供奉。是人民之供奉，实不啻为购取少数人自由之代价。倘此少数人而欲自由，非退为人民不可。自由之范围本宽，而在勤务期间则甚狭。仆为总统时，殊不能自由。今日来鄂，与诸君相见，实以国民的资格，而非以总统的资格。故仆今日所享之自由，最为完全，其所以完全者，以为国民的自由也。

仆此次解职，外间颇谓仆功成身退，此实不然，身退诚有之，功成则未也。仆之解职有两原因：一在速享国民的自由，一在尽瘁社会上事业。吾国种族革命、政治革命俱已成功，惟社会革命尚未着手。故社会事业，在今日非常紧要。今试即中国四万万人析之，居政界者多不过五万人，居军界者多不过百万人，余者皆普通人民，是着眼于人数，已觉社会事业万万不能缓办。未统一以前，政事、军事皆极重要，而统一以后，则重心又移在社会问题。前者乃牺牲自由之事，后者乃扩张自由之事，二者并行而不悖。仆此次解职，即愿为一人民事业之发起人。盖吾人为自由民，而自由民之事业甚多。且吾人困顿于专制政体之下，人格之丧失已久，从而规复之，需力绝巨，为时亦必多。仆不敏，请担任之。同时有一语奉告诸君，则诸君如欲得完全自由，非退为人民不可。当未退为人民，而在职为军人或官吏时，则非牺牲自由、绝对服从纪律万万不可。在尽力革命诸君，必且发问曰：“吾辈以血泪购得之自由，军人胡乃不得享受之？”须知军人之数少，人民之数多，吾辈服务之时短，为普通人民之时长。朝作总统，夕可解职，朝为军长，夕可归田。完全自由，吾辈自可随时享之。故人民之自由，即不啻军人之自由，此语最须牢记，惟在服务期间，则不可与普通人民一律，此其异点耳。

据上海《民立报》一九一二年四月十五日《孙先生演说辞》

答谢武汉各团体布告

（一九一二年四月十二日）

敬启者：文此次薄游武汉，得与我首义诸君子暨父老昆弟相见，无任感幸！重承各界、各团体厚意欢迎，尤所惭谢。本期稽留时日，得相与从容讨论此后之建设问题，只以粤事孔殷，函电交迫，势难久延，拟先回粤一行，再谋相见。此次各界、各团体诸君盛意隆情，统此申谢。尚有函柬相邀，而以时间迫促，未获一一领教者，有负期望，实为歉甚，尚希鉴谅为盼。兹定于明日首途，谨此布告，并申谢悃。

据陈霁云《中山先生驻鄂记》（一九一二年铅印本）

致武汉报界联合会函

（一九一二年四月十二日）

报界联合会诸君大鉴：

文薄游武汉，备承报界诸公厚意欢迎，所以勖勉期望之者，至殷且切，曷胜惭感！重承订约相会，文甚愿一聆诸君子之謦欬，以匡所不逮。惟文解职时，广东已举代表前来，述粤乱新定，诸事待理，坚邀回粤一行，此后更函电交驰，敦促就道。文抵沪后，即拟买舟南旋，适奉黎副总统函约相见，文于武汉首义之地，心驰已久，故中道来鄂，既得承黎副总统之大教，且与我鄂中父老昆弟周旋于一堂，慰百战之辛劳，谋建设之端绪，诚知非数日间所能竣事，只愿以最短之时间，慰向来之渴想，其不尽之情，留待他日重来再为详叙，想报界诸公当不以匆匆见责也。此次民国成立，舆论之势力与军队之势力相辅而行，故曾不数月，遂竟全功。我报界诸公鼓吹宣导于前，尤望指引维持于后，俾我国民得所指南，是则文所属望于报界诸公者，愿以此为临别之赠言。临楮神驰。肃此，耑候
撰安

据陈霁云《中山先生驻鄂记》（一九一二年铅印本）

在上海《民立报》之答词*

（一九一二年四月十六日）

此次革命事业，数十年间，屡起屡仆，而卒睹成于今日者，实报纸鼓吹之力。报纸所以能居鼓吹之地位者，因能以一种之理想普及于人人之心中。其初虽有不正当之舆论淆惑是非，而报馆记者卒抱定真理，一往不渝，并牺牲一切精神、地位、财产、名誉，使吾所抱之真理屹不为动，作中流之砥柱。久而久之，人人之心均倾向于此正确之真理，虽有其他言论，亦与之同化。惟知报纸有此等力量，则此后建设，关于政见政论，仍当独抱一真理，出全力以赴之，此所望于社中诸君子者也。

据上海《民立报》一九一二年四月十七日《本社欢迎孙先生》

在上海南京路同盟会机关的演说

（一九一二年四月十六日）

同盟会之成立，于今十数年矣。昔吾辈同志开会讨论，惟于海

* 此件为孙中山四月十六日参观上海民立报馆时对该报社的答词。

外能之，今日竟能于内地设置机关，且能自由言论，呜呼盛哉！虽然今日革命虽告成功，共和虽已成立，不过达吾人一部分之目的，决非已遂初心者也。愿诸君以推翻满洲政府之精神，聚而求以后之进步，使吾人向持之三民主义实行无遗，夫然后为吾人目的到达之日，而对于政纲所负之义务，庶几无憾矣。

三民主义者，同盟会唯一之政纲也。曰民族主义、曰民权主义、曰民生主义。今满政府已去，共和政体已成，民族、民权之二大纲已达目的。今后吾人之所急宜进行者，即民生主义。是夫民族、民权之二主义，在稍有人心者，举莫不赞同之。即有坚持君主国体之说者，然理由薄弱，稍一辩论，即归消灭。而独近日吾人提倡民生主义，居然有起而反对者。其言曰："社会主义之实际，在欧美文明国中尚不能行，而况于中国乎？且今日外国之资本家，以金钱之势力垄断我国财政，苟吾国不极力提倡资本家，图实业之发展，以资本之势力抵制外人，则当今经济竞争之世界中，无中国人立足地矣。"听其言似亦有理，然彼辈之所以为此说者，盖未知民生主义为何物，故盲然为无谓之反对耳。夫吾人之所以持民生主义者，非反对资本，反对资本家耳，反对少数人占经济之势力，垄断社会之富源耳。试以铁道论之，苟全国之铁道皆在一二资本家之手，则其力可以垄断交通，而制旅客、货商、铁道工人等之死命矣。土地若归少数富者之所有，则可以地价及所有权之故，而妨害公共之建设。平民将永无立椎〔锥〕地矣！苟土地及大经营皆归国有，则其所得，仍可为人民之公有。盖国家之施设，利益所及，仍为国民福利，非如少数人之垄断，徒增长私人之经济，而贫民之苦日甚也。虽然国有之策，满清政府以之亡国，吾人所反对者也。然则向之反对铁道国有者，岂与本政纲抵触者乎？是不然，满清政府者，君主专制之政府，非国民公意之政府也。故满清政府之所谓国有，其害实较少数资本家为尤甚。故本会政纲之次序，必民权主义实施，而后民生主义可以进行者此也。论者又曰："凡事必有等级，今资本家之等级尚未经过，瞢然言民生主义，人民智识、社会组织皆无此程度也。"呜呼！果如所言，则共和之先必经君主立宪之阶级，而今之共和又何以能成厥功乎？此更不待辩而自明者也。

要之，本会之民族主义，为对于外人维持吾国民之独立；民权主义，为排斥少数人垄断政治之弊害；民生主义，则排斥少数资本家，使人民共享生产上之自由。故民生主义者，即国家社会主义也。前二者吾同志既已洒几许热血，而获今日之成功，则今后更宜极其心思，尽其能力，以达最后之目的。此则予之所深望于同志诸君者也。

据上海《民权报》一九一二年四月十七日《孙中山演说词》

在沪南商会分会欢迎会的演说

（一九一二年四月十六日）

中国商业之日就窳败，其故由天地自然之利不能兴，工商陈腐之习不能改，加之赔款日重，厘税剥削，皆满清专制之病。欲求与世界各国竞争可得乎？今民国成立，国民须人人有爱国心，则知中华民国乃自己的民国，非政府的民国，各就其业，改良提倡，尽应尽之义务，政府更扶助而掖励之，则将来之富强，可操券而得。

据上海《民立报》一九一二年四月十七日《商界欢迎孙先生》

在上海中华实业联合会欢迎会的演说

（一九一二年四月十七日）

中国乃极贫之国，非振兴实业不能救贫。仆抱三民主义以民生为归宿，即是注重实业。顾推倒满清政府，民族主义已达，改良专制政治，民权主义已伸。至于民生主义，非以社会主义行之，不能完全。然此义人多未明，以致有从而反对者，谓社会主义系反对资本家，又谓社会主义系均贫富，中国万做不到。不知资本家应维持，如何反对，特资本家之流弊，则不能不防备。譬如美国大资本家如煤油大王、铁路大王，全国财政几操此数人之手，任其专利，以致其国虽强，其民仍复苦楚。中国有鉴于此，既求国利，更应求民福。至贫富相均之谓，乃谓富者不能以专制剥削民财，贫者乃能以竞争分沾利益。彼谓夺富者之财以济贫，如是谓之均，乃误会也。至于致富之法，中国最富者莫如煤铁，欧美富强之国，无不重在煤铁。中国汉冶萍为富国基础，倘全国有数百汉冶萍，安得不富。论资本一层，外债非不可借，但合办则流弊甚大。仆之意最好行开放主义，将条约修正，将治外法权收回，中国有主权，则无论何国之债皆可借，即外人之投资亦所不禁。欧美各国无限制投资之事，盖一国之财力有限，合各国之财力则力量甚大矣。仆既承贵会举为会长，敢勉尽义务。但仆之宗旨在提倡实业，实行民生主义，而以社会主义为归宿，俾全国之人无一贫者，同享安乐之幸福，则仆之素志也。

据上海《民立报》一九一二年四月十八日
《中华实业联合会欢迎孙先生记》

附:同题异文*

今中华由专治〔制〕而创共和,国既成立,而贫弱至此,何以能富强。我中华之弱,由于民贫。余观列强致富之原,在于实业。今共和初成,兴实业实为救贫之药剂,为当今莫要之政策,所惜者,社会主义未能明了,以致贫富不均,实业不易发达,对于民生主义亦未易收效。其弊如铁路煤矿,则少数富豪投资,全社会受其制裁,价格之高下,不得不听其垄断,不能推广,难以发达。故贫者日贫,富者亦苦甚。且国家之富,在于矿产,今中华煤矿,甲于全球,英美亦所未及。如能合全国之资与力分头开采,并多筑铁路以便转运,能如是则民富矣。民富即国富,既富即强。此则全赖实业诸君研究社会主义,次第举行,以挽回莫大之利源。余有厚望焉!

据中国国民党中央委员会宣传部编《总理演讲新编》(南京一九三〇年三月版)

复联合义振会函

(一九一二年四月十七日)

联合义振会诸君大鉴:

示悉。弟兹托张君清泉在沪,后闻伊以事往北,非所及也。弟此时急须返粤,对于振济之义务,殊不能尽,甚为愧歉。惟以公等

* 此篇与前篇为同一讲演的不同记录,二者内容文字互有异同,并录于此。

相推之挚意，只得另委人代办。友人马君武，前实业部次长，办事勤勇，当能尽力于振务，今以奉白。同时弟当通知马君武君与公等接洽也。

弟孙文

据上海《民立报》一九一二年四月十九日

致蒋尊簋电

（一九一二年四月十七日）

杭州蒋都督鉴：前接绍兴公民孙杰等控诉黄皆亲等罪状，并在宁省遍发传单，始以所控未知虚实，三黄又不知为何许人，曾经电令查办在案。兹查悉黄竞白即黄宝箴，系同盟会会员，黄皆亲即介卿，系光复会会员，黄柏青即宝箴之父。此次杭州光复，该员等皆卓著勋劳。所控各节，语多影响，显系挟嫌者所为，希即将前电取消，并行知绍兴军政分府，查明孙杰等捏词诬控，系何人指使，按律严究，以销隐慝而雪冤诬为望。孙文。十七。

据上海《民立报》一九一二年四月十九日

《孙前总统致浙江都督电》

在福州欢迎会的演说*

（一九一二年四月二十一日）

文以解职旋粤，便道过闽，既感闽政府暨社会诸君子欢宴迎送矣。到马江船政局，又荷船政局长沈君希南尽礼欢迎，邀观制造轮

* 孙中山于四月二十日自上海抵福州。

机、铁胁〔?〕、锅炉等厂十余所，乃知从前船政缔造之艰，经营之善，成船不少，足为海军根基。惜乎甲申、甲午两次挫败，兵船毁失殆尽。而满清政府既不能整顿于前，复不能补救于后，一蹶不振，日趋腐败。今幸民国光复，以此任属之沈君。沈君在欧美习学制造有年，办理必能称职。且当时此局，系沈君令祖文肃所创设。从此沈君绳其祖武，勉力进行，兴船政以扩海军，使民国海军与列强齐驱并驾，在世界称为一等强国，则文所厚望于沈君也。

据上海《民立报》一九一二年五月三日《追记孙中山先生过马江事》

致陈其美及各界电

（一九一二年四月二十五日）

陈都督、各报馆、商学各界、〈各〉社团鉴：文于今午抵粤，在沪荷公等渥厚之待遇，情犹如昨，感不能忘。谨此电谢，并闻。孙文。

据黄编《总理全集》下册

在广州军界欢迎会的演说*

（一九一二年四月二十六日）

兄弟飘荡海外，二十年于兹，今始回粤，连日蒙各界开会欢迎，愧弗克当。诸君为军界中人，此次革命之所以成功，民国之得以成立者，全靠军人之力，兄弟特代同胞感谢。

想我中国未革命以前，列强环伺，欺陵侵并，无非以我国武力不足。今日民国正当草创，欲中国成为强固之民国，非有精强陆军

* 孙中山偕廖仲恺、胡汉民等于四月二十五日自福州抵广州。

不可，故民国前途倚赖我军人之力正多。今日要务在乎扩张军备，以成完全巩固之国，然后可与世界列强并驾齐驱。

更有为军人告者，既为军人，须牺牲个人之自由，个人之平等，以为四万万同胞谋自由平等，使四万万同胞得享自由平等之幸福，此军人之天职。乃或者谓军人出力以革命，军人自应与一般国民共享自由平等之幸福。不知革命虽全仗军人，而此乃为军人之本分。若军人忘其本分，不为四万万同胞谋幸福，而为个人谋权利，恐非军人最初所抱之革命宗旨。况军人以服从为主，一涉于自由平等，尤大乖军人之本旨。然军人出死力以为同胞谋幸福，亦非全无幸福之可言。凡事有利于人者，未必有害于己。且军人之牺牲自由平等，只在现役，为时甚暂，退伍后即可与一般国民共享自由平等之幸福。又民国巩固渐臻强盛之后，军人之子子孙孙以至万世，皆得永享自由平等之幸福。

据上海《民立报》一九一二年五月二日《孙中山先生抵粤记》

在广东省议会的演说

（一九一二年四月二十七日）

今次旋里，承诸位雅意欢迎，感谢不已。

兹将有涉于广东最紧要最急迫之事情为诸君言之。兄弟到香港时，即闻有人欲行第二次党〔革〕命，以图推翻广东政府。其印信及旗帜等物均已齐备，兄弟曾亲见之。未知贵会诸君有所闻否？此等举动，不独关于广东之安危，实关于中华民国全部。广东为全国之肢体，一有祸乱，全国牵动。若辈一发难，北京政府为保全大局计，势必调兵南下，各省必互相救援，玉石俱焚之祸不免，可不寒心！又广东不用一兵，而达反正目的，实为桑梓幸事。然军政府成立未久，一般贪禄之流，欲假第二次革命之名，谋破坏广东大局。我辈若不急起维持，将目前紧要事件速为筹划，恐祸端即见于顷刻，欲图补救，已无及矣。

陈都督此次离省，蓄志已久。陈都督极有本领，不避劳怨，前屡辞职，经屡电挽留，隐忍至今。兄弟到省时，与谈时局，未尝不殷殷求治，未稍露去任之意。今去如此其速，实由于外界不甚原谅，多诬捏之词。即如此次汪精卫先生不回，竟有谓为陈都督阴令拒之，以固其位者。此种妄词，陈都督如何能受？所以一见胡汉民先生抵省，即恝然以去，不得已也。至汪精卫先生不回广东，别无他意。汪之生平，只敢当担义务，权利一节，毫不计及。其去也，亦欲避权利耳，与陈都督有何关系？

今且论选举都督问题。顷兄弟到时，闻议长说及，贵会本日经已表决请胡汉民先生暂行权理，另日再开正式选举。以平常论，此为正当办法。今则不然，盖目下时势如此危迫，亟应即日举定胡汉民先生为正任都督，以安大局，否则乱象立生。若论胡汉民先生为人，兄弟知之最深，昔与同谋革命事业已七八年，其学问道德，均所深信，不独求于广东难得其人，即他省亦所罕见也。前革命军起时，兄弟约其同到江南，组织临时政府，彼力为多。嗣兄弟蒙参议院举为临时总统，一切布施，深资臂助。迹其平生之大力量、大才干，不独可胜都督之任，即位以总统，亦绰绰有余。故敢推荐于贵会，务请早为解决。若再延迟，恐一般争权利之流，乘机以逞，则广东前途不堪设想矣！且广东军界，经陈都督组织，已著成效。窃谓主持广东军事者，非陈都督不可，但其志存谦让，若不另举都督，彼必不肯复出。至汪精卫先生之意，亦与陈都督同。兄弟曾电促其返粤，彼谓如能举定胡汉民为都督，一星期内即可回粤。否则，虽返香港，亦必不来广东。是举〈胡〉都督一人，可得汪、陈二人之用。

抑念广东今日，舍此三人外，更有何人能胜广东都督之任？非敢谓广东无人，但一时实难其选耳。盖今日为广东择都督，须有学问而兼有道德者，始能胜任。苟用非其人，则一般不逞之徒，必乘机窃发，万一广东为其所据，由长江而黄河，长驱直进，大局尚堪问乎？窥若辈之用心，无非欲登九五，破共和，复行专制而已。虽现在共和建设尚未完全，一切疾苦亦未除尽，然此系必然之事。盖欲行大改革，非费多少心血，多少时日，必不能达其目的。总之，目前之最急者，惟速举胡汉民先生为正任都督一事。胡汉民先生前在都督任内，外人或有不甚满意之处，此不足为怪。即以孔子复生，处于今日，亦必有人非之者。然不能以一眚掩大德也。贵会为人民代表，窃谓此事关系全粤安危，其责甚重，万不可稍涉迟疑，务请于今日解决。是所厚望！

据上海《民立报》一九一二年五月四日《孙先生之治粤谈》

对粤报记者的演说

（一九一二年四月二十七日）

诸君：

此次中国推倒满清，固赖军人之力，而人心一致，则由于各报鼓吹之功。各报之所以能收效果者，由于言论一致。惟今日虽已共和，尚未大定，欲其大定，必须统一。统一之法，非恃人心，则恃武力。若恃武力，其流弊必致于专制。然人心不能统一，必生祸乱。尔时外人不视我为共和，视我为乱贼，起而干涉，此大乱之道。与其如此，毋宁专制之为愈。继任总统袁君，其人甚欲建大功于民国，服从舆论，绝无自私自利之心，但祸机既生之时，亦迫其不得不以武力统一。北方军队虽服袁君，而其人民不知共和为何物，又有宗社党为之煽惑。在前月之乱,第三镇兵向称知方,亦不免乱,其他可知。今日中国果有帝制自为者,外人犹不敢藉口,但举目实无其人,不过藉乱以为掳掠,安能免瓜分之祸。人心不统一之弊如此。

近观上海各报,言论不能一致。今回粤省,见各报之言论益紊,不按公理,攻击政府。不知一般人民重视报纸,每谓报纸经载,必有其事,以致人心惶惶,不能统一。粤都督陈炯明,其人本甚难得,然欲其任劳任怨尚可,欲其不避嫌疑则难。伊未去之前,屡电汪精卫回粤,汪恐被报纸攻击,不肯就任,伊亦未去。至今以兄弟及胡汉民回粤,可以卸责,乃即潜行。现举胡君复任,惟胡仍惧攻击,仍恐其不安于位。王和顺、杨万夫、关仁甫等在外招摇,人心不一,彼即乘机而至。迨至乱者四应,牵动外交,糜烂我广东人民生命财产,岂非自取其咎。报纸在专制时代,则利用攻击,以政府非人民之政府;报纸在共和时代,则不利攻击,以政府乃人民之政府也。政府之官吏,乃政〔人〕民之公仆。譬如设一公司,举人司理,股东日言其司理人之狡诈,生意安望兴盛?如果政府行恶,人民可一致清除之,若我三千万人一致请除此官吏,又谁敢留?惟报馆记者,攻击之结习,今仍如前。诸君有习见动物学者乎?动物学言,有一种蟹,穴于草陂,必将其穴外之草除去,其遗传性然也。不料有一种鸟,专认无草之标志,下啄食之,蟹种几无噍类。后生一种蟹,改易方针,穴处必护以草,其种乃得保全。故今日报纸,必须改易其方针,人心乃能一致。现在人民每谓共和不如专制,不知共和之结果,须在十年以后。譬如生子虽好,返哺必在二十年之后,若产下数月,即望食报可乎?

不知汪精卫返粤,大是有益。盖其人熟悉北方之情形,为北人所信服,遇有南北意见不洽,伊可以解释调和。

兄弟回粤欲办两事:其一则练兵。粤省军队此次甚有名誉,南京、宿州之役，战胜有功，徐州之戍，徐人留不使去。必须练兵十万，乃能为民国之后盾。其一则办实业，使粤人生计不致困难。均愿诸君赞同。言论一致，而人心亦能一致也。

据上海《民立报》一九一二年五月五日《孙先生之治粤谈》

在广州与记者的谈话*

（一九一二年四月二十七日）

廖平庵起问：借债问题。

孙先生曰：现在外人不欲瓜分中国者，不过惧北京之十数万、武昌之数万、南京之数万，共三十万训练之师耳。查度支部月用经费二千万，兵费为多，而杂税多免，民间又缓不纳粮，不借外债，兵费何取？一旦乏支，立即哗溃。明知借债遗累后人，然不借债，则连后人皆无，故借债为生死问题，非利害问题，譬如有病不食药则死，故明知其苦而食之。

廖平庵又问：外人监督财政若何？

孙先生曰：现在虽抗比国借款，然究以有路可借，不致监督，若果监督，则应拒之。

陈藻卿起问曰：指斥政界，是报界确有一事，非出于私意，则言论统一，自是无难。第以后报界对于政府行政确有差谬，官吏确有不法，又当如何办治？

孙曰：忠告政界，属监督行政范围，自是正当之舆论，第不可轻信谣言，攻讦私德耳。

据上海《民立报》一九一二年五月五日《孙先生之治粤谈》

---

* 参加谈话的记者有廖平庵、陈藻卿和朱民表等人，谈话系接续上一演说而来。

在广州答香港电报公司代表问

（一九一二年四月二十九日）

倘四国[1]利用中国现今财政困难而阻中国之进步，则国人必将发愤自助，设法在国中募集公债，以济目前之急。盖中国并非困穷，惟筹款之机关不完备耳。

据上海《民立报》一九一二年五月一日《孙前总统借款谭》

通告粤中父老昆弟书

（一九一二年四月）

在昔满人专制，国是日非，吾人感外界之激刺，惧中国之沦亡，奔走呼号，流离转徙，图谋改革，越十余年，屡经失败。迨武汉兴师，各省响应，复历几许艰难，糜几许血汗，乃幸而告成。方今南北统一，大局粗安，正吾人破坏告终，建设图始之时也。

就吾粤言，上年光复，兵不血刃，市不易廛，举动文明，中外称许。徒因民军云集，冲突频闻，复有王和顺辈者，包藏祸心，图谋不轨，以致行者戒途，居难安枕，此等状态，邦人诸友当能念之。幸而一举扑灭，于是得所藉手，以次第遣散民军，粤局于焉敉平，商民于焉复业，此亦见天不助逆，相我粤人，使吾人得以着手办事之良好机会也。

鄙人当返粤时，目睹夫城市依然，人民无恙，吾粤气象有日新

① 四国：指英、法、德、美四国银行团。

之机，方以为慰。乃风闻有不逞无赖之徒，妄借扶正同盟会为名，及推举某某人为首领，散布谣言，谓将起第二次革命。此种无稽之言本不是〔足〕道，惟察其原因，此等风说，实由两种人而起：其一则无意识之人也，误会平权自由之说，以为革命功成，吾辈可以逾闲荡检，为所欲为，迨见政府偶加限制，不能任意胡行，于是互相诋毁，希冀一旦有事，得于扰攘之际，复行其鬼蜮之私，此一因也。其一则不得志之人也，当反正之初，淑慝未明，贤愚并进，如黄世颂者流，遂得恣肆于一时。迨军务渐平，是非大定，彼辈遂不得逞，乃从而多方煽惑，结党营私，冀人售其欺，而彼亦得于中取利，此又一因也。大约近日造谣之人，不出此两种。夫无意识而造谣者愚也，不得志而造谣者妄也。以非愚则妄之人，而作行险侥幸之事，欲望有成，殆无是理。且民国成立，实由多数志士牲〔牺〕牺〔牲〕生命财产构造而成，断非一二希荣谋利之徒，瞎进盲从之辈，行同盗贼，志图利禄者，所可同日而语。试更以革命二字论，具有真理，何等神圣。共和之国，只有改良政治之事，更无二次革命之可言。为此说者，其人之不学无术已可概见，稍有识者，必不受其愚。此鄙人深愿我父老兄弟，毋轻信此等乱言也。

虽然，尤有说者，鄙人抱三民主义，此次辞识〔职〕归来，实有无穷之希望于吾粤。思以我粤为一模范省，诚以我粤之地位之财力，与夫商情之洽固，民智之开通，使移其嚣张躁妄之陋习，好勇斗狠之浇风，萃其心思才力于一途，以振兴实业，谋国富强，不出数年，知必有效。若此而不思，日以谬妄觊觎之心，为犯上作乱之事，使商务凋残，民生疲敝而已，亦何赖焉？且多行不义，终必自毙，纵幸逃乎法网，亦不齿于乡评，彼即不为大局计，可不为一己计耶！是诚何心而乃忍为此？此鄙人所以复愿父诫其子，兄勉其弟，勿效此暴乱之行为也。

方今之时，外人尚未承认民国，则窥伺堪虑，满人或私结宗社，则隐忧未已。凡我同志，务宜万众一心，维持粤局，即所以保安全局，使他日民国史上，我粤得大光荣，此则鄙人所昕夕期之而馨香以祝者也。特此通告，其各鉴诸。

据吴砚云编《孙大总统书牍》（一九一二年七月上海广益书局版）

江皖烈士追悼会启*

（一九一二年春）

天不祚汉，宸极失纲，曼珠窃发，入据神州。农胄轩裔，悉隶奴籍，沉沦黑狱，垂三百年。其间志士仁人，锐志光复，慷慨蹈难，不旋踵者，何可胜数？大江上下，夙多豪杰之士，十稔以还，烈士奋起，或潜谋狙击，或合举义旗，取义成仁，项背相望，如赵君声、吴君樾、熊君成基、倪君映典者，尤其卓然著称者也。人心思汉，胡运告终，鄂师崛起，天下应之，曾不十旬，区宇混一。今者共和之帜方张，民国之基已定，抚今思昔，能不怆怀！呜呼！大江东去，逝者如斯，吾曹食共和自由之福，以及于吾曹孙〔子〕子〔孙〕而至于无穷，向非诸先烈士之断胫决项，前仆后起，曷克臻此？而河山依旧，日月重光，吾诸先烈士乃不克睹其成也，斯足悲矣！用特开会追悼，以慰忠魂，并励来者。凡吾族类，亮有同心，爰詹某日，开会南都，届时务望贲临襄礼。承锡鸿词，乞先惠邮，以昭香花之供。谨闻。

发起人孙文、黄兴、柏文蔚、徐绍桢、胡汉民、范光启、柯森、周诗、龚维鑫、龚镇鹏、方潜、顾忠琛、吴忠信、洪承点、

---

* 原启无日期。查江皖烈士追悼会于三月二十日举行，此启当发于追悼会前，故定为一九一二年春。

巴宪、孙麟、陈懋修、胡维栋、秦毓鎏同启。

据《江苏革命博物馆月刊》一卷五期（南京一九二九年十一月六日版）

致林载伯函*

（一九一二年春）

载伯先生大鉴：

刘君汉华，前在金山由弟委派回国，发起义师，既于香山拔戟，自成一队，薄有勤劳。惟闻有人告伊纵兵掳掠，被诬为匪，以刘平日为人，当不至是，应请执事秉公澈查。如刘汉华确有掳掠行为，自不能为之左袒；如其被诬不实，亦希伸理一切，应功罪分明，舆论昭服。当此民国统一之时，刘极愿解散所部，惟遣发无资，是用进退维谷。凡此壮士，莫非乡人，倘能俾之释甲归耕，自是地方之幸，而贤父母所宜留意也。专此，即颂

勉安

孙文顿

据《总理全书》之十《函札》

在广州报界欢迎会的演说

（一九一二年五月四日）

我党二十年来，持三民主义奔走海外，以谋中国之大革新。幸今日时机已熟，人心不死，自武汉起义，不三月间而全国底定，五族共和，民族、民权目的已达。今后欲谋国利民福，其进行之方针，惟

* 原函无日期。据内容有“当此民国统一之时”推断，此函当写于一九一二年春季。

有实行提倡民生主义耳。若美利坚，若法兰西，为共和之先进国，在今日社会主义尚阻碍不行，何以故？则以两国之政治，操之大资本家之手。我国革命，为五千年未有之举，故所主张不必取法于各国，或且驾美法而上之。惟革新伊始，在在需财，现时国家岁入，比之亡清尚少，欲救其弊，必须实行税契及平均地权之法，两方并举，事简而易行。

平均奈〔为〕何？非如封建时代行井田之法也。古者通力合作，计亩均分，不过九而取一。今日地少人稠，无论面积不能平均，即税率亦有不同。以长堤繁盛之区，与清远、花县荒僻之地较，其价值已有天渊之异，若与伦敦、纽约比，真不可同日语矣（纽约一亩有高至五六百万者，清远一亩价最高不及百两者）。后此民国必以工商发达为本务，将来可望致太平。一二年后即当建设，十年、八年，物质之进步，当未可量。二三十年后，不切实整顿，则地权愈不平均，将举国成一赌世界，而团〔国〕家愈不可问矣。赌不必博奕也，世界最大之赌赛，莫如买卖土地之投机业，如今日英属之加那大是。世界有一公例，凡工商发达之地，其租值日增，若香港、上海，前一亩值百十元者，今已涨至百十万有奇。及今不平均地权，则将来实业发达之后，大资本家必争先恐后，投资于土地投机业，一二十年间，举国一致，经济界必生大恐慌。虽其间价有涨落，地有广兴〔狭〕，资本家因而亏折，然土地有限，投机者无限，势必至有与平民以失业之痛苦之一日。嗟乎！我国数千年未尝以文明法治之，今治之，而亦既进步矣，乃一日将社会为赌世界（即土地投机业）所累，不大可哀耶！然当此过渡时代，投机业愈盛者，其工商业必为阻滞，若实行税价法及土地收用法，则大资本家不为此项投机业，将以资本尽投之于工商，然后谋大多数之〔人〕幸福之目的乃可达。税地之法，莫善于照价纳税，若纽西伦之值百抽一，若英伦敦新例抽二百四十分之一（即每磅税一边尼）。我国则察看情形，然后定税地标准，因地价现在不平均故也。今于无可平均之中，筹一自然平均之法：一即照价纳税，二即土地国有。二者相为因果，双方并进，不患其不能平均矣。照价纳税之法，浅而易行，宜令有业之家，有税亩多少，值价若干，自行呈报，国家即准是以课其若干分之一，则无以多报少及过抬地价之弊。又土地国有之法，不必尽收归国家也，若修路道，若辟市场，其所必经之田园庐墓，或所必需之地亩，即按照业户税契时之价格，国家给价而收用之。惟买卖之定例，卖者必利其价高，买者必利其价廉。业主既冀国家之收用其土地，其呈报价格高，而国家之土地收入税，亦因之而增长，此两方面不同，而能相需为用。准是而折衷之，则地权自无不平均矣。地权既均，资本家必舍土地投机业，以从事工商，则社会前途将有无穷之希望。盖土地之面积有限，而工商之出息无限，由是而制造事业日繁，世界用途日广，国利民福，莫大乎是。否则，我辈推翻专制，因〔固〕为子孙谋幸福，而土地一日不平均，又受大地主、大资本家无穷之专制耳。遗害子孙，何堪设想。此则在今日宜实行民生主义之第一级也。

舆论为事实之母，报界诸君又为舆论之母，望诸君今日认定宗旨，造成健全一致之言论，使全国人均晓然按价纳税及平均地权之大利，则百废无不举矣。

又，欲本国工商业之发达，当收天然税，而不收人工税。人工税如亡清政府之厘金、盐税，均有害于民。天然税如耕地税、屋地税，只收其价百分之一，或二百分之一，于平民无痛苦也。至于换印新契，而收一次之契租〔税〕，亦能补救目前财政之困。旧政府有土地买卖印契之税，尝抽百分之九，此在今日则不行。因买卖不常有，而换契则必一律通行，故当从而减轻至值百抽三或值百抽五。

先由省会通过，定一标准，如今年值百抽三，明年值百抽五，又明年值百抽九之类，成法一立，业户当无不乐从，自将争先恐后。此款为收入一大宗，即为救贫之第一策。用之广东，不患不给，且足供中央之征求，而厘金杂税可免，一举而数善备。余外测绘全省详图，调查全省人口，所费之巨款，亦由此出。扩而充之，则水力、发电、垦荒、开矿，均可由此进行。是则余所厚望，亦望诸君子于此加[之]意也。

据上海《民立报》一九一二年五月十二日《粤报界欢迎孙先生记》

在广州与报界记者的谈话*

（一九一二年五月五日）

【孙先生】略谓：民生问题，须从税契入手。实行税契，似乎多取于民，其实不然。税契实行，各税可免，外债不举，息款不需。故表面虽屡增税，而内容实是减税。

朱民表曰：生计学说，固有如是之例者。

孙先生又曰：实行税契，全国每年可得四十万万，今日支出之数不过四万万。度支既足，可以再筑铁路、开采矿山两种实业。计两项税，二十年后亦可得四十万万，尔时国家不患其贫，且患其富。盖富无所支销，亦甚难耳。至时乃将所入支作教育费，年八岁至二十皆令入学，饮食衣服一切供备，又支作养老费，年五十以上皆令归休，饮食衣服亦一切供备。

王秋湄曰：至此不患行政官自肥耶？

孙先生曰：议会有监理财政之权，可以稽核也。此种问题须耐

* 参与谈话的记者为朱民表、邓慕韩、王秋湄。

研究，甚愿报界诸君设一谈话会，讨论其事，可以随时问答。

据上海《民立报》一九一二年五月十三日《孙先生演说辞汇志》

在广东女子师范第二校的演说

（一九一二年五月六日）

今日广东女子师范第二校开会，欢迎兄弟到校，兄弟对于此校，极为赞成。惟有一言为诸君告，现在中华民国成立伊始，万种事业皆由此时发起，由此时举办。凡为中华民国之人民，均有平等自由之权。今民国既已完成，国民之希望甚大，然最要者为人格。我中国人民受专制者已数千年。近二百六十余年，又受异族专制，丧失人格久矣。今日欲回复其人格，第一件须从教育始。中国人数四万万人，此四万万之人皆应受教育。然欲四万万人皆得受教育，必倚重师范，此师范学校所宜急办也。而女子师范尤为重要。今诸君发起此校，诚得要务。因中国女子虽有二万万，惟于教育一道，向来多不注意，故有学问者甚少。处于令〔今〕日，自应以提倡女子教育为最要之事。诸君今既成立此女〈子〉师范第二校，生徒达百七十人，将来此百数十人，各担荷教育之事，希望固甚大也。

惟必有学识，方可担任教育。盖学生之学识，恒视教师以为进退，故教师之责任甚大。兄弟今日惟望诸君谨慎小心，养成国民之模范，即教育乃可振兴。教育既兴，然后男女可望平权。女界平权，然后可成此共和民国。但今乃军政时代，正宜上下一心，补救政府，巩固教育。诸君能竭力维持，兄弟有厚望焉。

据上海《民立报》一九一二年五月十三日《孙先生演说辞汇志》

在广东中国同志竞业社欢迎会的演说

（一九一二年五月六日）

洪门所以设会之故，系复国仇，倡于二百年前，实革命之导线。惟现下汉族已复，则当改其立会之方针，将仇视鞑虏政府之心，化而为助我民国政府之力。我既爱国，国亦爱之，使可以上感下孚，永享幸福，此求自立之真谛也。

洪门因避鞑虏查办，故将所有号召及联络处秘而不宣。今既治溥大同，为共和之国，自不必仍守秘密。可将从前规矩宣布，使人知之，此去局外猜忌之理由也。

人贵自重，须知国无法则不立，如其犯法，则政府不得不以法惩治之。惟自纳于范围之中，自免此祸，此相安之理由也。

人要知取舍，譬如附船舣岸，既由此达彼，即当急于登岸，以出迷津。如仍在船中，便犯水险。故今日大众，当勉为爱国之国民。

据上海《民立报》一九一二年五月十三日《孙先生演说辞汇志》

在广州岭南学堂的演说

（一九一二年五月七日）

仆今日得贵校诸君开会欢迎，不胜欣谢！

诸君在此，莘莘济济，有缘同学，今我见之，顿触少年时事。忆吾幼年，从学村塾，仅识之无。不数年得至檀香山，就傅西校，见其教法之善，远胜吾乡。故每课暇，辄与同国同学诸人，相谈衷曲，而改良祖国，拯救同群之愿，于是乎生。当时所怀，一若必使我国人人皆免苦难，皆享福乐而后快者。又数年即回祖国，就学于本城之博济医院，与贵校廖得山同学。仅一年，又转香港推〔雅〕利士医院，凡五年，以医亦救人苦难术。然继思医术救人，所济有限，其他慈善亦然。若夫最大权力者，无如政治。政治之势力，可为大善，亦能为大恶，吾国人民之艰苦，皆不良之政治为之。若欲救国救人，非锄去此恶劣政府必不可，而革命思潮遂时时涌现于心中。惜当时附和者少，前后数年，得同心同行者不过十人。得此十人，即日日筹划，日日进行。甲午中东之役后，政学各界人人愤恚，弟等趁此潮流，遂谋举事于广州，失败后居外经营，屡蹶屡起，直至去年八月在武汉起事，不半载而大功告成。此固天之不欲绝吾中国也。然则功既成矣，吾从前之志愿，岂遂达乎？非也，千未得一也。今日所成，只推倒一恶劣政府之障碍物而已。以后建设，万端待理。〈负责〉何人，则学生是也。

凡国强弱，以学生程度为差。仆从前以致力革命，无暇向学读书。行医日只一两时，而事革命者实七八时，而学业遂荒。沿至于今，岁不我与。今见学生，令人健羡，益见非学问无以建设也。譬诸除道，仆则披荆斩棘也，诸君则驾梁砌石者也。是诸君责任，尤重于仆也。肩责之道若何，无他，勉术学问，琢磨道德，以引进人群，愚者明之，弱者强之，苦者乐之而已。物竞争存之义，已成旧说，今则人类进化，非相匡相助，无以自存。倘诸君如有志而力行之，则仆之初志赖诸君而达，共和新国亦赖诸君而成。是则仆所厚望于诸君者。

据上海《民立报》一九一二年五月十四日《孙先生演说辞》

在广州耶稣教联合会欢迎会的演说*

（一九一二年五月九日）

兄弟今日返来，得立于念年前从学之地，与牧师兄弟姊妹同聚一堂，诚梦想所不及。回忆同事医学之至友，犹复相见，其欣感更难言状！今幸民国成立，扫除黑暗，驱逐异种。以今日而上溯前半年，其境地大有天渊之别。盖前则专制束缚，今则恢复自由。我兄弟姊妹，对于教会则为信徒，对于国家，则为国民。专制国之政治在于上，共和国之政治在乎民。将来国家政治之得失，前途之安危，结果之良否，皆惟我国民是赖。岂可如前清时代之以奴隶自居，而放弃其根本乎？且前清之对于教会，不能自由信仰，自立传教，只藉条约之保护而已。今则完全独立，自由信仰。为基督徒者，正宜发扬基督之教理，同负国家之责任，使政治、宗教同达完美之目的。兄弟怅触旧怀，百感交集，非一二言所能尽。惟望此后勉力前进，同担责任，得享宗教之幸福。是兄弟所祷祝者也！

据上海《民立报》一九一二年五月十六日《孙先生重话旧游》

在潮州旅省同乡会欢迎会的演说

（一九一二年五月上旬）

潮州今日开欢迎会，使鄙人得与我潮州诸父老兄弟相聚于一

* 开会地点在博济医院礼拜堂，该院为孙中山早岁学医之所。

室，以讨论现世界之一切情形，诚为可幸！

我中华民国，久苦于专制之横暴，异种之入主。今日革命，岂非吾人之大幸！第革命时代，社会之秩序不免紊乱，经战之地方不免残破，斯亦无可如何之事，然较之历朝已为减少。我广东之光复，受祸最少，加之过去都督与现在之都督，并有图治之心，宜其风平浪靖。惟现时各州府县之不安静者尚多，而潮州之扰乱为甚，此亦革命后所经之阶级，无足怪者。

惟鄙人今日对于我潮州诸父老昆弟深有希望者，即能有责任心，而不可生倚赖性。人人对于国家社会，当视为我个人与他人组织而成。凡国家社会之事，即我分内事。有时凡有益于国家社会之事，即牺牲一己之利益，为之而不惜，然后国家社会乃能日臻于进步。且国家之治，原因于地方，深望以后对于地方自治之组织，力为提倡赞助。地方自治之制既日发达，则一省之政治遂于此进步，推之国家亦然。如此做去，将来中国自能日臻强盛，与列强相抗衡于地球上，愿我父老昆弟勉之。

据上海《民立报》一九一二年五月十三日《孙先生演说辞汇志》

与香港《士蔑西报》记者的谈话

（一九一二年五月上旬）

访员问：比国借款若何？

孙曰：现因四国反对，恐不能成议。

访员问：然则无从借款以应急需乎？

孙曰：予可以与华人资本家借款。若为四国所迫，则宁借本国人之款。华人一旦明白政府财源困乏，需财行政，则其热诚之心，立即发生，自愿将资财输出。中国之资财极大，不过无完善之机器以取集之，而又未能遽与列国经历多年之机器互相比美。试将中国与别等商业之国比较，则中国凡事皆在幼稚时代。吾侪未尝因经济缺乏之故，自缩其志，其问题是求资于本国人，而不求自外人。本国之人姑愿循其旧习，完全拒绝外人，自闭门户，或杜绝外人资本及外国品物。吾侪革命中人，〈后〉见为国民所信任，及革命军起义后，局面亦变，故今日愿取外国资财，以开放中国原有之大财源。现在政府初成立，取财于外国，较易于本国，故吾侪乃乐设法以求外国之财。惟外国欲握我国财权，及多生阻力，倘仍不转机，吾侪不得不另筹别法。彼等在北京停止交款已有两星期，当初虽订定每星期交款若干，然因北京小有风潮，遂不交款。内阁总理然后向比国借款，列强又多方阻止。倘四国自认误会，吾等亦将领受其款。若不能调停及不能销其阻力，则惟有与本国人借款之一法。昔粤汉铁路集股时，转瞬间集巨款四千万元，于此可见国人之热心矣。

访员曰：然则先生信中国之多财矣。

〈孙〉曰：诚然，中国隐藏资财当多，惟中国之交通不如外国耳。

访员曰：国民何时方识革命之益？

孙曰：现在亦觉共和之益。此次革命非在于战，是由国民醉心共和所致。

访员曰：先生让总统之位与袁世凯，是由于个人之意乎？抑以为如此更换更有益于国家乎？

孙曰：两者皆是，因袁君鼓动共和久矣。

孙君又论借款之事曰：倘四国乘我财政薄弱之时，阻我通行，则国民将受其激刺，必奋然应我之求，敢信政府之所需，定能容易满足。本国人一知为外人挟制，必出维持之矣。

访员又问：蒙古之事若何？

孙：料蒙古无甚大事，不久可停妥。最好是将蒙古改为行省，与中国各省平等。内蒙古极赞成共和，外蒙古则尚未知其益处，彼等一明白后，必绝对赞成。彼等教育未足，未易明白此问题，惟逐渐开导之而已。

据上海《民立报》一九一二年五月七日《孙中山先生借款谭》

在广州对报界公会主任的谈话*

（一九一二年五月十三日）

先生曰：民生问题，兄弟主张实行税契及平均地权之法。其平均之法：一照价纳税，二土地国有。二者已向贵报诸记者详言之矣。但有一二报馆记者，仍未深悉平均地权之法，以为不善，而主张累进纳税之法。凡理以辩驳而愈明，某报记者之能研究此问题，我甚乐闻之。惟彼所言之累进法，即我所言之平均地权法。彼以我所言为不善，是知二五而不知一十也。盖累进之法，地价愈高，其税愈重，我之所谓平均之法亦然，非一律加税也。

彼报又谓地税应定多少之值，须设一衙门以为主裁。不知英国因地税事，设有两衙门：一定价者，二以定价不合而上控者。但仍不能无争。今我听其自定地价纳税，但以土地国有权以限制之。若其自定之地价太贱，则国家可照价收为国有，如此，则不必设立裁判衙门，而人民自不致与国家兴讼矣。

彼报又谓平均地权之法，今日不宜行之。不知正惟今日，乃

---

* 底本原标题为《平均地权乃以土地之利还之大众》。另有胡汉民编《总理全集》第二集所收《续论民生主义之实施》一文，不用问答形式，内容与本篇“先生曰”以下至“某君问”前的文字基本相同。仅在“此等人多，为国家之大害”之下，多“然世界日日有进步，托拉斯实亦进步之阶，潮流所趋，夫谁能免？”而少两问两答。

宜施行，将来恐欲行而不得。何则？因今日中国尚无有如欧美之大资本家富有土地者也，土地国有，无损于民。若至如欧美之时，其富人必出死力以抵拒。不见今日欧美之托拉斯乎？一国之需要，皆取给于数托拉斯，一国之民生权，遂为数托拉斯所握。凡物供过于求则贱，求过于供则贵，自有托拉斯，则物有贵而无贱矣。盖供过于求，彼可藏而不沽也。此等世界，谓之经济界之无政府。

夫煤铁等物质之托拉斯，其小焉者也，若土地之托拉斯，则最大者也。故我预防新造之民国，使将来不至生出土地之托拉斯。且因土地可以世袭，其子孙食税衣租，无所用心，适以窒其智慧，谚所谓"蛀米虫"者，国家亦何贵有此等人？此等人多，为国家之大害，亦当思所以制之。譬如粤省有报二十家，分之则各需资本三万元，各用机器一架。苟今而用一大机器，则用人必少，资本必省，获利必多，人莫不乐为之。然使利归于一家，则只见其减人之害，而不见获利之利。若其利仍均于二十家，岂不只见其利，而不见其害乎？今我平均地权之法，亦以其利还之大众，而不使利归于数托拉斯耳。

某君问：土地之税可以从轻否？

先生答：太轻不得。地税太轻，则资本家可以多购，听其荒废，欲其兴盛甚难，岂不阻障〔碍〕进步？

某君曰：年纳地税，平民恐不能供。

先生曰：村落之地，每亩不过值银四五十元，百分税二，不过一元八毫。田园卢〔庐〕舍之地税，计尚少于今日之赋粮也。

据《总理全书》之八《谈话》

祭黄花岗七十二烈士文

（一九一二年五月十五日）

维民国元年五月十五日，乃黄花岗七十二烈士殉义一周之辰，文适解职归来，谨为文致祭于诸烈士之灵曰：

呜呼！在昔建夷，窃夺中土。凶德腥闻，天神怨怒。嗟我辕孙，降侪台隶。含痛茹辛，孰阶之厉。种族义彰，俊杰奋发。讨贼义师，爰起百粤。觥觥诸子，气振风雷。三日血战，虏胆为摧。昊天不吊，忽焉殒踬。碧血一坏〔抔〕，歼我明懿。寂寂黄花，离离宿草。出师未捷，埋恨千古。不有先导，曷示来兹。春雷一声，万汇蕃滋。越有五月，武汉师举。荡荡白旄，大振我旅。天厌胡德，乃斩厥祚。廓清禹域，腥膻尽扫。成仁之日，距今一周。民国既建，用荐庶羞。虔告先灵，汉仪光复。九京有知，庶几瞑目。呜呼！尚飨。

据胡编《总理全集》第一集

致粤汉铁路股东电

（一九一二年五月十七日）

粤汉干路，关系民国建设前途甚大，且大利所在，并为振兴实业之首务。弟顷到商办粤路公司，提倡速收三期股款，联合湘鄂，推广进行，国利民福，望速图之。孙文。篠。

据《总理全书》之九《文电》

在香港与《士蔑西报》记者的谈话*

（一九一二年五月二十日）

访员谓：近日香港华商劝省城商人不可用洋人资本，以免瓜分之祸，此说是否？

孙答以“涂说”两字。

问：中国不得不用外款乎？

答谓：然，此乃旧日之政见用于今日者也。吾侪将劝导商人，使彼等知借用外款乃为互相利益起见。

谓：将款作何用法？

答谓：用以办各种实业，如建设新城邑、开通全国及建筑铁路等，皆为要政。

问：兴农业用款多否？及能仿效英美两国开垦如许之田亩否？

答曰：予不能料，然此固要政。

访员又谓：华人谣传英国欲扩张新界，方肯承认民国。

孙笑曰：予不理此等言语，予知其言之不确。以我意见而论，敢信英人不至如此自利。予素知英国人，别等华人或不知之，有意识之人断不理会其言。

问：孙君是否欲隐居澳门？

答曰：否！

---

* 据一九一二年五月二十一日《民立报》电讯报道：“孙中山先生到港，现寓英皇大酒店。”据此，谈话地点当在香港。

问：人传孙君在澳门建屋，此说是否？

答曰：此是兄居，非予居也。

问：孙君现在对于中国之设施，是否尚未告竣？

答曰：予已卸却政治上之事业，专办振兴工艺，及改良社会之大设施。

问：注重教育否？

答曰：然。

问：从何处入手，是否先办学堂？

答曰：予将从根本上入手，先使每乡皆有蒙学校，由蒙学校而至高等，由高等学校而至大学堂。

问曰：然则欲仿英美之法矣。

答曰：然。

问曰：既如是，则先生定以此次革命，为促进中国社会之教育道德矣。

答曰：然。

孙先生言次又谓：中国政府将取消各口岸〈之租界〉。

访员问曰：如此则沙面亦归中国政府管辖权内矣。

答曰：吾侪将扩张沙面，与共和国全境无异。

问曰：英人在中国之权限，将与中国人之在英国者同乎？

答曰：必然！曰：此是数年后之问题。曰：吾人将取法日本。日本所有之外国人，皆受日本管辖，而吾人之政见，又欲极力保存国体。

孙又言：中国人进步极快。

访员问曰：其快捷如日人乎？

答曰：然。此次革命，即为明证。

问曰：五六十年后，则与日本相等乎！

答曰：甚似。

据上海《民立报》一九一二年五月二十八日
《孙先生与西报记者谈话》

复国民捐总会电*

（一九一二年六月一日）

万急。南京六十团体公鉴：号电悉。民国危急，确以现刻为至甚。国民捐为救死之良剂，公等热心提倡，至为钦佩！举弟为总理，义不敢辞，望速以弟名分电各省，使四方闻风响应。粤中自接黄留守电，认捐者甚为踊跃。民国存亡，胥视此举，望公等勉之。孙文复。东。

据上海《民立报》一九一二年六月二十日
《孙中山复国民捐总会承认总理电》

致袁世凯及参议院电

（一九一二年六月三日）

民国存亡，千钧一发，前经留守发起国民捐，实为救亡要策。南京已由六十团〈体〉组织国民捐总会，举文为总理，义不容辞。现在各省闻风响应，认捐踊跃。惟此举须由参议院采累进法颁行一定章程，方能有效。务祈诸公极力提倡，庶使共和基础得以巩固，

---

* 时民国临时政府财政困难，四国银行团提出了监督中国财政的极为苛刻的借款条件。黄兴在孙中山支持下，倡议发起国民捐，以解决财政危机，抵制列强的无理要求。但财政总长熊希龄在袁世凯支持下，仍然签署了监督中国财政的垫款章程。为此，黄兴及社会舆论纷纷谴责熊希龄，并掀起了一阵募集国民捐的爱国热潮。

民国幸甚。孙文叩。江。(留守府代印)

据《孙大总统书牍》

在广州行辕对议员记者的演说

(一九一二年六月九日)

今民国注重建设,其首要当在财政,而财政之收入,莫大于税。世界学者,发明行用单税法,本多可采,惟事属改革,必得大多数舆论之赞成,乃易着手。今国家之税不一,其收入机关诸多繁重。若厘金关卡等,销耗既多,且有流弊,不如就地征税,较为简单,此即吾前所谓"平均地权"之道也。税法繁重,易招民怨。当满清入关时,定收地丁钱粮,法既简单,民皆感之,至末年乃复趋繁重耳。吾国以前亦惯行单税法,惟只分上中下三等,不能确定税率,则不平实甚。就广州地论,其上者若长堤,一亩值数万元,乡间一亩只值数百元,但同纳上税,岂得谓平?故不如就价抽取。今世界多用此法,英国上年提议此案,亦经国会通过。但各国定收多少,各有不同,有二百四十分抽一者,有百分抽一者,但无论所定若干,若照价收取,则平均之甚者也。革命乃为多数人谋幸福,若地〈权〉不平均,则不能达多数幸福之目的。今民国地广人众,如能积极治理,前途有绝大之希望,但若不从根本上解决,其何能达?

吾前言平均地权,有疑为从实均地者。岂知地有贵贱,从实均分,仍是不平。昨工务司对予言,谓方计划筑一电车路,而地乃大起价。可知地价乃随社会之进步而增长,将来其高者仍是少数人所享受耳。英、美京城地价,比未进步时增至五六万倍。设如吾国中人,有地百亩,仅值万元,后乃顿增至五六百万元,则已成一大资本家。聚此大资本以垄断高贵之地，则可以制世界之死命，将来必变出资本家与工人划分两级之世界，及今不防，弊必至此。现今财政困难，日求济于募捐借债，不过一时权宜之法，孰若速定平均地权之法之为愈乎！

昨都督交省会议换地契收费法，我意尚须确定地税，照价增收一层，实行单税法。盖地是天然的，非人为的，就地征税，义所应有，即此已足国用，一切各税，皆可豁免。又只抽地之原价，凡需人力，如建筑上盖等，概不抽取。此中有三利：一可免地之荒废，二可奖励人工之进步，三可免资本家垄断土地之弊。至抽收之数，鄙意则拟值百抽一。为防以贵报贱起见，可附一条件以补助之，即声明公家随时可以照价购回是也。且公家将来必需用多地，以谋地方之发达，如省会欲谋推广，收地建设，为必有之事。故定价时声明照价收回，可免日后定价之繁杂，是两利之事也。

世界学者多主张地归国有，理本正大，当可采取；惟地不必尽归国有，收取其需用之地，斯亦可矣。然此说一出，世人又疑收回时因原主受有损失，必生反对者，予谓不然。果行此法，确定公道之价，对于原有地主，不惟无损，且有利益，尚何反对之有？如顷所言，工务司方议定电车路线，而用地增价十倍，此虚价也，以虚价获实利，何益如之。而公家收回此地，将来增价，或至千数百倍不等，是公家亦无损也。以上所言，实为民生主义社会主义手段之一种，及今不行，后将无及。

总之，实行就地抽税，则国家即变成一大业主，何等富厚。国家为人民所有，国利民福，何乐不为！抑尤有进者，英美立宪，富人享之，贫者无与焉。吾法若行，无论贫富，皆能享受幸福。今日政体改革，果能以此绝大之建设先施行于广东，则其功比改革政体更远大也。所愿诸代议士切实讨论，报界诸君努力鼓吹，以期实现，则岂独广东之幸哉！

据《总理演讲新编》

在广州行辕与各界的谈话

（一九一二年六月九日）

孙先生起言：今日请诸君到来，研究地价抽税问题。我中华民国成立，今正当建设之始，财政为急。外国有一种单税法，最为可采，视地价之贵贱，为抽税之多寡，办法亦最为单简。前清行一条鞭法，当时亦以为便，然仅分上中下三则，殊不得其平。试观城镇与乡落，纳税相去不甚远，而地之价值，何止倍蓰？不平孰甚！若行地价抽税之法，乃为平匀。若英国某某处属土，经已开〔实〕行之而有效，其抽法或抽百之二，或抽百之一，他日由省会议决，然后执行。至于地价贵贱，由业主自报多寡。如防业主以贵报贱，由省会定一条件，如国家开铁路、马路或建一大工场等，可以随时收归国有，则以贵报贱之弊，可无虑矣。若行此等地税，杂税可以不收，声明只收其地之天然税。至于建筑楼房等之人为税，一概免纳，实为平均地权之一法也。及今不图，他日人民进步，富者愈富，贫者愈贫，其害伊于胡底。如外国土地权全操于少数大资本家，其势必流于资本专制，其害更甚于君主专制。闻都督有换旧契议案交省会议决，深望议会与报界诸君能通过而鼓吹之，于国利民福有绝大关系，比诸破坏之功，不更大且伟哉！如此财政问题可以解决矣。

报界记者朱代〔民〕表起言曰：照价税地法，鄙人向于言论上绝对赞成。此法能行，平民与国家皆有益。今日税法之不平甚矣。鄙人居西关繁盛之地，地价值银六百，每岁纳地税一分二厘。乡人居荒僻之地，地价值银六两，其税与之同等。是乡人值百抽一，而鄙人值万抽一也，不均已甚。且昔之田每亩收十石谷，值价十元，今日收十石谷，值价四十元，而纳税则今昔无殊，亦不均之甚。况今日非照价税地之法，亦无以救国。无论民捐、外债、公债，均救一时之策，他日仍须患贫，纳息要偿，终不得了，不如此宗年年有所收入也。

黄议长[①]起言曰：孙先生地价抽税问题关系甚大，田地税、房屋税二者是否分清，吾粤行之，于中央税法未知有无抵触？有无干涉？尚应研究。

孙先生云：只收田屋之天然地税，房屋等人为税一概不收。至于虑及中央政府不允，无庸虑及。现时中央税法未定，吾粤首先行此地价抽税良法，收入必丰于前，可为各省模范。若中央税法既定，吾粤一年应解中央税若干，则如数解去，绰有余裕，以办地方要政，断无不允之理。

周代议士[②]起言曰：省会为临时议会，非正式议会，又为舆论攻击，则信用不足，通过案件，向不照办。今又通过，其如不照办何？

姚议士又谓：三权尚未分明，何议之有？

黄、谢议士亦均起言，大都均含有纠举无效、约法不颁之意思。借此题以发挥其不平之气。

随后廖司长[③]起言曰：此案为政府交议，若省会通过，无不举办。

谢、李议士[④]均起驳之，大意谓政府欲办之事件，则利用省会，

---

① 黄议长：即黄锡铨。

② 周代议士：即周孔博。

③ 廖司长：即广东军政府财政司司长廖仲恺。

④ 谢、李议士：即谢公伟、李思辕。

省会决议事项，均置之脑后，岂省议会代议士尽为政府傀儡乎？

夏重民曰：孙先生欲研究地价抽税问题，诸君所言为权限问题，似出今日研究范围之外。

议士谢公伟略为辩论片时。

苏慎之略谓：省会虽通过此案，究不若由报界担任鼓吹，一纸风行，其效甚捷。

孙先生曰：此地税问题，关系于国利民福，若省会能达此议案目的，众代议士为不朽矣，虽与政府有些小意见，又何足介意。

又有某议士辨论，非闹意见，争立法之权也云云。咄咄不休。

孙先生复起言曰：权限是谁与之者？从公理求之也。革命党之权，谁与之者？少数人牺牲性命于公理上求之也。不然，都督欲得权限优胜些，代议士又欲权限优胜些，谁能与之？又谁能均之也？前日闻省会请将约法宣布，而都督以中央有取消各省约法之议，故未便宣布。省会电中央争之，复派代表入京争之，现中央竟有取消各省约法明文，此举似可不必，何若向公理上求之。此地税问题，众代议士果能毅然进行，不计舆论攻击，信用之足不足，求达我目的，使粤造成一模范省，不独我粤三千万同胞崇拜我众代议士，吾国四万万同胞亦当崇拜我众议士，咸称我众代议士为圣人、为英雄，何信用足否、舆论洽否之足言乎？所谓向公理求之者此也，我众代议士其勉之！

说毕，孙先生复发挥外国不平均之弊，极为痛快淋漓。

吴女代议士曰：孙先生之言极为佩服，我代议士当竭力研究进行之。

据上海《民立报》一九一二年六月十五、十六日《孙先生与各界谈话会》

附:同题异文*

今日请诸君到来,研究地价抽税问题。我中华民国成立,今正当建设之始,财政为急。外国有一种单税法,最为可采。视地价之贵贱,为抽税之多少,办法亦最为单简。前行一条鞭法,当时亦以为便,然仅分上中下三则,殊不得其平。试观城镇与乡落,纳税相去亦不甚远,而地之价值何止倍蓰,不平孰甚?若行地价抽税之法,乃为平匀。若英国某处属土,经已实行之而有效。其抽法,或抽百之二,或抽百之一,他日由省会议决,然后执行。至于地价贵贱,由业主自报多寡。如防业主以贵报贱,由省会定一条件,如国家开铁路、马路,或是建一大工场等,可以随时收归国有,则以贵报贱之弊概免,可毋虑矣。若行此等地税,杂税可以不收,声明只收其地之天然税。至于建筑楼房等之人为税,一〈概免〉纳,实为平均地权之一法也。及今不图,他日人民进步,富者愈富,贫者愈贫,其害伊于胡底!如外国土地权全操于少数大资本家,其势必流于资本专制,其害甚于君主专制。

闻都督有换旧契议案交省会议决,深望议会与报界诸君,能通过而鼓吹之,于国利民福,有绝大关系,比诸破坏之功不更大且伟哉?如此政〔财〕财〔政〕问题可以解决矣。

此地税问题,关系于国利民福,若省会能达此议案目的,众代议士为不朽矣。间与政府有些小意见,又何足介意!立法权限是谁与之者?从公理求之也。革命党之权,谁与之者?少数人牺牲

* 此篇与前篇为同一谈话的不同纪录,内容文字互有异同,并附于此。

性命于公理上求之也。不然都督欲得权限优胜些，代议士欲得权限优胜些，谁能与之？又谁能均之也？日前闻省会请将约法宣布，而中央有取消约法之议，故未便宣布。省会电中央争之，复派代表入京争之。现中央竟有取消各省约法明文，此举似可不必，何若向公理上求之？

此地税问题，众议士果能毅然进行，不计舆论攻击，信用之足与不足，求达我目的，使吾粤造成一模范省。不独我粤三千万同胞，崇拜我众代议士，吾国四万万同胞，亦当崇拜我众代议士，咸称我众代议士为圣人、为英雄，何信用足否、舆论洽否之足言乎？所谓向公理求之者此也，我众代议士其勉之！

据中国国民党中央执行委员会宣传部印《中山先生演讲集》（一九二五年广州版）《说地价抽税》

拟创办中华振兴商工银行说帖

（一九一二年六月十一日）

股　　本

一千万元分为十万股，每股一百元。

又一百万镑分为十万股，每股十镑。

地　　点

总银行设在上海。

又中国境内与亚、美、欧三洲及环球各处，皆可酌量设立分行。

宗　旨

本银行为统〔纯〕粹之商工银行，其宗旨专求发展中国一切之营业，又对于中国之商业与工业在经营创始之际，当间接、直接与以助力，且助中国兴办矿务、铁道、航路以及一切经营之事业，能于中国之福利与贸易实有补益者。

性　质

本银行之性质，纯系商办处理中国商界上之银市与财政，与政府毫无关涉。

管　理

欧洲银商既愿协助本银行资本之半，又愿对于实行本银行之宗旨所有一切要款皆将得自欧洲。欧商之意，不但认招股本一百万镑而已，所有将来商业、工业、农业、矿务、铁道、水利以及安设电灯、行使电机等，凡需集款者其总额可代筹至一百兆镑，或可多于此数，故欧商不能不谋妥保其利权。

因欧商对于欧洲人之愿投巨资者，自以慎保其权利为必要，即无论于欧于华，对于社会上银行之信用，亦必郑重。所以，欧洲银商主张管理本银行必用西法，其权当操于素有经验及富于习练者之手，总经理必聘用西人。其余一切席位，华人能相宜者，皆可聘用华人，惟处办之权必授于外国总理，他人不能干预。

董　事

设立一董事部，皆以中国股东为之，不能少于五人，亦不能多于九人。

孙逸仙先生为总董。

顾　问

欲谋本银行之发达及得欧洲入股者之普通信用，宜在欧洲设一顾问团，遇有重大事件可献议而致助力于中国之董事部。

簿　记

簿记必用西文，且用西国最新之簿记法。

（荷兰银行家士丕文拟）

附录：创办中华振兴商工银行草约

开列以下之大纲，已得中国资本家代表孙逸仙先生及欧洲资本家代表士丕文先生之同意，应视为本银行将来规程之底本。

资　本

银币一千万元，分为十万股，每股一百元。

金币一百万镑，分为十万股，每股十镑。

银币股份由孙逸仙先生担任处办，速为集合，一经海电商妥，即交第一次股银，其额不超于二百五十万元，约在西历一千九百十二年八月间交付，以后各次交付股银之日期，先一月通告。

金币股份由欧洲资本家备集，以士丕文先生为代表，一切交付股银之额数及时期，皆依照交付银币股份之例。

办事所

总银行设在上海。

中国境内及亚、美、欧三洲设立分行，其余环球各处应设分行者，可由董事部及顾问团随时决定。

事　　业

本银行所处办者，如银市上及财政上各种事业及间接、直接有关于商业、工业、农业、矿务、铁道、航路、水陆工程、行使汽机、电机等，并押借及实购产业之类，一切皆包括之。

董事部

董事部以中国股东组织之，永远不得多于九人，亦不得少于五人。

董事部设立于上海，并在欧洲增设一欧人顾问团，协助中国董事部，又兼监督欧洲之分行及出张所。

董事部及顾问团之从新组织，须在每年第一次之股东大会。

资　　格

必在自己名下占有二百股份，始得被举为董事部及顾问团之人员。

总　　董

孙逸仙先生应推为本银行第一次总董。

管　　理

管理本银行应用西法。

中国董事部会同欧洲顾问团，任用外国总经理，本银行管理上之执行权，当授于该总经理，惟彼必受董事部及顾问团之监督及劝告。

本银行所需中国及外国之职员与役人，当由总经理承董事部、顾问团之允许，然后选用。

总经理

士丕文先生应为第一次总经理。

规程

孙逸仙先生担任将应有之规程，如准许外国人为本银行股东之类，陈请北京政府承认。

优先股

酬谢创设本银行出力之人，议设优先股二万股，此项优先股得享照例之公积及六厘股息外，对于本银行之溢利应分百分之三十。

无论何时欲赎回此项优先股者，由董事部及顾问团承股东大会之允许，然后决定每股必给以墨银一百五十元或金币十五镑。

此二万优先股之分配，由海电约定。

论争

凡有论争必依从仲裁人之判断，银行与股东相争者亦同。

簿记

簿记当用西文，并用最新之簿记法。

士丕文先生即回欧洲将本银行规程草定，用英文或法文或兼用英法文，因而照译为华文。

倘有不甚明了之处，俟士丕文先生一到欧洲，即竭其能力互通海电，了解清楚。

路里士先生两方面皆认彼为讨论时之居间人。

关于股本事务，欲知对于预定之总额临时或增或减，当互通海电确定之。

此次草约不能视为有效，必经孙逸仙先生与士丕文先生交换海电更相确定，其更相确定之期限，应不出于阳历七月。

西历一千九百十二年六月十一号订于广州

签字人： 孙逸仙

士丕文

士丕文先生之签字见证人：路里士

孙逸仙先生之签字见证人：容　开

据《国父全集》第四册（转录史委会藏铅印原件）

在上海与《民立报》记者的谈话

（一九一二年六月二十二日）

【孙中山六月二十二日由粤至沪，《民立报》记者往访，问以粤中近事。】

承答谓：日前少有谣言，近已敉平无事。

记者复问：关于政界近情之意见何若？

先生谓：此时不欲发表。现拟专办铁路事业，欲以十年期其大成。目下正与黄君克强商议一切，俟过数日，当可发表计划。

记者遂闻〔问〕：是否到京？

答谓：铁道计划定后，当赴京商诸政府，促其实行。

记者因先生不欲问政界事甚为投机，乃言曰：北京政界近颇险恶，南方人心因之摇动，若得先生一言，国民当可知所遵守。

先生闻此笑谓：时局虽少混沌，然亦无大变动。此时余以别有所图，故不欲干预时事。鄙意欲握政权者既大有人，似尽可使之肯负责任。设时局竟不可为，余固不能坐视，惟目前则小小争执耳，不足虑也。

据上海《民立报》一九一二年六月二十三日《孙中山先生一夕话》

《新国民》杂志序

（一九一二年六月二十四日）

自武汉发难，不数月而共和政治出见于亚东大陆，论者推原功首，咸以为数年来言论提倡之力，固矣！顾共和虽成，而共和之实能举与否，则当视国民政治能力与公共道德之充足，以为比率。蒙稚之众，以登未习之域，识者有忧之。主言论者既提倡之于前矣，而不督责之于后，可乎？政革以来，民气发舒，上海一隅，日刊报纸，蔚然云起，独杂志缺然未有闻。然求其移风易俗感人之深者，日报之过目易忘，不如杂志之足资玩索也。新国民报社刊行杂志《新国民》将成，来请序于余，余喜国民之有良导也，为识数言于卷首。
中华民国元年六月二十四日

孙文序

据《国父全集》第四册（转录史委会藏抄件）

在上海与《民立报》记者的谈话

（一九一二年六月二十五日）

问：先生对于近日北京之政争，胡为一若不甚措意也者？

先生微笑曰：我国之现象，时人之意，皆隐隐以为缺乏人才，故未能一致进行。以吾观之,颇不为然。吾觉现在无论政府、议会及各处政界、军界,皆有极有本领之人主持其间,尽足以奠安吾民国而有余。所以意见纷歧,有才莫展者,皆为经济问题所窘,间接直接,遂生困难。因困难而督过,因督过而参差,甚而至于因参差而诟讥。局外之人又因部分之诟讥,而生全局之恐怖,始成最近不静稳之现象,其实多有所误会也。故我国之经济问题若不解决,甚难得一致进行之效果。惟经济问题,每当急迫之时,止能舍本而图末,因本务每乏近效,而末法可以应急,此亦处于无可如何之势。然非本末俱举,将永无手足宽闲之日,必继续而陷于应急之地矣。我政府近日所居之地位,即日夜迫促,止能使用末法聊以应急,此最为可悯者!吾人悠然处于民间,若复从而议其后,即或言之成理,恐不免于隔靴搔痒。

我国一般之舆论,能作务本之谈者,皆以为振兴中国惟一之方法,止赖实业。果其此说而信,胡为吾人皆骑马寻马,并不十分注意于实业,仍一意乞灵于不得已之政府?故吾既居国民之地位,应追逐国民之后,力任不计近效之本务。所谓振兴实业者是其旨,暗助我政府渐自拔出于应急之漩涡,还而力助吾国民实业之进行,本末并举,循环相救,此官民协力之道也。且与吾人注重于民生一方面,亦为循序而进,当然必至之手续。

实业之范围甚广,农工商矿,繁然待举而不能偏废者,指不胜屈。然负之而可举者,其作始为资本,助之而必行者,其归结为交通。今因从事于资本之企画、银行财团之组织,随在有人,而谈论交通者稍寡,热狂留意于交通事业中之重要所谓铁道者尤鲜。盖承前清扰乱于铁道事业之后,而厌倦中之,亦当然之趋势也。

虽然,铁路顾可冷淡视之,以为置之于实业中,仅占区区部分乎?请问苟无铁道,转运无术,而工商皆废,复何实业之可图?故交通为实业之母，铁道又为交通之母。国家之贫富，可以铁道之多寡定之，地方之苦乐，可以铁道之远近计之。仆之不敏，见识浅薄，然二十年来每有所至，即收其舆图，虽用意颇杂，适用于舆图之计划甚多。但留心比较世界之铁道，实偏有所嗜。故在戊戌以前，内国虽知铁道之利者已多，然能大气包举，谋及于内部重要之干路者卒少。仆曾首绘学堂应用之中国地图，精神所最注射者，为内部之干路，幸而亦有助于变易时人耳目之小效，于是京汉、津浦、粤汉、川汉等之干路问题，人人视为重要矣。

独是此仍为腹地狭隘之计划，屈于前清孤儿寡妇愚弱政府之下，得此苟且聊以自足而已，尚非通筹全局，诚得完全强固、捷速振兴之要图者也。以吾策之，沟通全国之真干路则有三条：一、南路：起点于南海，由广东而广西、贵州，走云南、四川间，通入西藏，绕至天山之南。二、中路：起点于扬子江口，由江苏而安徽，而河南，而陕西、甘肃，超新疆而迄于伊犁。三、北路：起点于秦皇岛，绕辽东，折入于蒙古，直穿外蒙古，以达于乌梁海。论者必对于北路尤有难色，且谓张家口至库伦之直线为更要，余则以为北路更急。北路乃固圉之要道，亦破荒之急务，殖边移民，开源浚利，皆为天然之尾闾。张库直线，虽亦当并作，但彼尚不过连续俄路，依人篱下而已。然三路次第进行，缓急自有斟酌，非与君今日对谈时可毕。故比较上之论争，今可暂置。

〈记者问〉：先生之筹此三干路者，其为过屠门而作大嚼之希望乎？抑竟有所把握耶？

先生笑应曰：此曾无袁大总统建设中华民国之难也。

又正色曰：仆虽不敏，以为策此而无难。【有客至，谈话中断】建筑此三路之计划，吾已思之审且详。虽然，今不暇语君，恐简言之，有所误会，仆当择暇详言之。

惟吾有求于一般国民之注意者，先当知振兴实业，当先以交通为重要。计划交通，当先以铁道为重要。建筑铁道，应先以干路为重要。谋议干路，尤当先以沟通极不交通之干路为重要。盖交通尚便之地，人见僻远之干路正在兴筑，而投资相应起营稳便之内部干路者必多。故吾人能放大目光，用全力注意于其所难，是不啻四面包围，适促全国人群起而竟罻画之内线，是难之适以易之也。

更有进者，货之弃于地，必荒僻为多，荒僻之足以移民，为世界公认。生齿之繁，至吾国而极矣。仅以内部容吾民，恐即交通便利，而谋食仍艰。即兴矿务，尚有工不应人之虞，农产无可加辟，早有食不应工之患。世界皇皇然，日夜止有一争点，致糜其倾国之财，以扩张军备而不惜者，则开辟殖民地之问题是也。吾有天然固有之殖民地，置而不经营，则以患贫之国，又自重过庶之困，乃所谓大愚不灵者也。

据上海《民立报》一九一二年六月二十六日《孙中山先生之谈话》

在上海与《大陆报》记者的谈话

（一九一二年六月二十五日）

先生曰：粤东以及各省，均并无乱象，有之，只见于报纸上，或发于数西人之心意中而已。倘有兵士一时病狂，轰放空枪，报纸即捕风捉影，指为又起政治革命矣。

记者问：先生对于袁世凯及现在政府能否信任？

先生答：余深信不疑。我知袁世凯实能斡旋大局，必不至有变动。中国人情性和平，为天下最易治理之民。试观香港，以英国寥寥数人，即可管辖数万华人。顷者，吾方潜心规划铁路大计，将使中国全境四通八达，此诚发展中国财源第一要策。此事告成，则中国虽有一千兆之外债，亦不患无力偿还矣。外国不允借债中国则已，苟信任中国，而借之以债，则不应过问中国作何用途。假使中国将款投弃于海，亦系自由权。中国于财源发展时，无论债款如何浩大，必有力以如数清还也。

记者问：先生反对政府商借外债否？

先生答：中华民国成立伊始，固不得不借外债，惟各国资本家不应要求监督财政权。

记者问：先生曾与黄克强君筹商招募国民捐办法否？

先生答：吾现居黄君寓所，固曾与黄君商及其事。粤省已认捐三千万元，惜各省不若粤人之踊跃耳。鄙人来沪之宗旨，在于筹办铁路之大计划，大约须留沪两阅月。但顷尚未组织公司，亦未开办其事。吾拟先〈与〉国人筹商一切，然后晋京，并赴各省，与袁世凯及各都督熟商开办章程。建筑之路，拟全归国有。一俟各路告成，则货物流通，苦乐可均，而饥馑之灾亦可免矣。惟所需经费极巨，非一国之资本家所能应借。

记者问：外间传先生在南京任临时大总统时，收受贿赂一百万始允让位于袁世凯。此种诬蔑之词，亦闻之否？

先生答：此款我实未见，大抵传播此种谣言之各报纸，应给余此数也！南京政府所有款项，悉归财政部收支，一切余不过问，故余闻此谣言，即驰电向唐绍仪诘问，第电未抵京，而唐已出走天津矣。

据史委会编《总理全书》之八《谈话》

致咸马里夫人函

（一九一二年六月二十七日）

亲爱的咸马里夫人：

我非常高兴听到你和将军在回国的旅途中，至为愉快。我更高兴的是将军的身体日益复元，以及医生所说的他不久以后就可以走路了。在你收到我这封信的时候，你应该已在海滩上了，无疑的，空气和阳光的转变更会加快将军身体的复元。

我的儿子和两个女儿明天将乘 Shinyo Maru 轮赴美攻读。孙科将入加州大学，要念那一些课程，现在还没有决定。我相信在他留美期间，一定有机会接近贵国的人民。

在中国的事情已渐渐粗具规模，由于内阁总理被迫引退后的北京政党的争执并不严重。我相信并且希望在不久之后，每一件事情都会再一次顺利发展下去。我想尽可能避开政治方面的事情，我要尽我的力量来发展本国的自然资源，特别是铁路的建设，我希望我能够完成这些事情。

孙逸仙

一九一二、六、二十七　上海

据《传记文学》第十四卷第四期（台北一九六九年四月一日版）黄季陆《中国革命之友荷马李将军》

致袁世凯等电*

（一九一二年六月二十九日）

北京袁大总统、国务员、参议院、财政部、各省都督暨唐少川、陈锦涛二先生钧鉴：报纸喧传文私受比款百万。比款用途，财政部有底帐可查，请详细宣布，以昭大信。此事为国家名誉、政府信用、国民道德所关，政府应有明白宣布之责。如文受贿之事果确，国法

---

* 时共和党等攻击国务总理唐绍仪在南京组阁期间滥用比国借款，且用途不明。此件韵目代日艳，据一九一二年七月四日《大公报》增补。

具在，甘受不辞。倘实为少数私人平空捏造，更岂能任其逍遥法外？而南北报纸喧传殆遍，政府诸公坐视不理，文一人之信用不足惜，宁不为国家信用计乎？文毁家奔走国事迄数十年，共和告成，虽不敢自居有功，亦自信未有大过。而以党见纷争之故，少数私人竟不惜以毁文一人之名誉者牺牲中华民国，该辈造谣毁谤之徒，清夜扪心，宁毋汗背。要之，比款用途既为国家经费，政府应有宣示于国民之责。请财政部将前后用途，正式通告全国，以全国家信用，不胜翘盼之至。孙文叩。艳。印。

据上海《民立报》一九一二年六月三十日
《孙前总统请宣布比款用途电》

在香港与《南清早报》记者威路臣的谈话*

（一九一二年六月）

问：北方电请到京与袁总统会商要事一节，尊意如何？

答：此常事也。约三数星期，余将北上。

问：胡汉民氏其人如何？

答：胡君汉民乃余之旧参赞，现为都督，最是人地相称。

问：先生对于时局之意见如何？

答：余当初返粤省，大局未靖，今则事事和平，秩序井然，各党融和，可期逐渐振作。昨礼拜六日，南清报刊有美国人来论一则，谓共和势力恐难耐久（该论乃美国记者所著，谓革命之结果，将分

---

* 底本在原标题下附有“民国元年解职后在香港与西报记者谈话”等字样，未署日期。按孙中山一九一二年五、六月间曾两次抵港，又据谈话中“约三数星期，余将北上”推断，当在是年六月。

为两国，北为君国，南为共和，而以长江为界线）。此诚为无意识之谈，世人岂无耳目闻见乎？彼造此说者，不独定为中国之仇敌，且为慈善之对家〔象〕。惟是人各有见，安能自视，故此等卑劣之言，无事鄙人之辩驳。彼言南北不能联合，终成南为共和、北为君国之说，乃属美人之意见，非华人之意见也。彼作者诚不知中国之情形，其所谓南北两方未能同情一节，全不真确。因中国并无种族之恶感，边外地方，虽或有滋乱，然其关系何如，可以想见。共计华人有四百兆，尽属同种同心，而蒙人不过百万，满人二三百万，并藏民五百万，及别族总共不过一千五百万，互相比较果何如耶？设使伊等果有种族之嫌疑，此亦不过甚小之数，未足以鼓动结实之势力。

问：北边地方有不欲共和者，果属真确否？

答：试问美洲南省黑人有不欲共和者否？吾以此相答，反问足下可以明白。夫各种无知之人，虽有多少意见之不同，而非反对。然有识之人，断不若是。况自共和成立以来，各可独立，更加自由，而无压制之苦。

问：先生言通商口岸定必裁去，此何故也？

答：然此乃华人之志意，谓吾人必要独立者，更不愿在中国而归洋人统辖也。然吾人将必开放中国各方，以为酬偿。目下洋人只可囿于通商口岸，若果裁去各口岸，则洋人将可到通国各地，由太平洋以至西陲。果尔，吾料欧洲甚欢迎，因洋人所得利益甚大也。虽然，此事非欲即行，吾人将必先行自立妥善，使欧洲诸国满意，然后请其裁去口岸；时机一到，料各国无有抗拒者。因各国对于日本、暹罗，既不相拒，岂独拒于中国乎？洋人欲拓上海租界，惟吾人不允，此乃当然之理也。譬如别国今居中国之地位，岂不亦如中国之所为乎？足下为英人，抑美人乎？若为英人，则必不欲有德人租界于伦敦也明甚。

问：先生对于世界各方限止华人入境之事，感想如何？

答：各国设法保护自己工人，甚合道理。惟此等保护，不久可以不须。中国地方甚广，而不知开垦，此是自误。将来一经开拓，则吾国工人无庸出外。其实余意中国若兴农、矿、制造，则十年之间，可以自养其民也。

问：黄祸之说何若？

答：欧人多恐中国他日之侵犯，此诚所见不远。若中国被逼而为此，则将成水师强国与武力强国。惟吾意中国无侵略志，因吾人志尚和平，吾人之所以要水陆大军者，只为自保，而非攻人。若果欧人势逼吾人，则吾人将以武力强国。果尔，将来事势所趋，则难预言。

据胡编《总理全集》第二集《南北统一后之政治与外交方针》

致日本某君函*

（一九一二年六月至七月）

文近拟与西人合股立一银行，专以输入外资为目的，直接则振兴中国实业，间接则抵制四国团。现已联合欧洲银行数大家，其势力信用，十倍于四国团，其所发债票，可不靠彼政府之承诺，亦能畅消于市面，迥非四国团之比也。四国团之所以要求种种之条件者，以非此则不能得各该国政府之承诺；不得承诺，则市场无信用，非故以中国政府为难，实欲畅彼债票之消场耳。故与之相持愈久，则条件愈严，此必然之势也。而各国政府又欲乘机利用，以申张其势

* 原件无头衔，无日期。《国父全集》标题为《为与西人设立银行事致日人某君函》。据吴景平考证，日期当在一九一二年六月至七月间，参阅吴景平：《孙中山建立近代银行的思想主张与实践》，《民国档案》二〇〇一年第二期。

力于中国，此四国团之交涉，无论如何，皆无好果也。文所联合之银行，力能自任十万万以上之债务。惟四国团借债之事，已成一国际问题，故此团不能直排四国团而与中国政府交涉，必借一中国银行为机关方可，然纯为中国人之银行，彼又难见信，此中西合股之所由生也。此银行各号属中国，注册在中国，董事全为中国人，惟总司理则用西人。而欧洲股东则组织一顾问局，专助理输入外资之事。现拟各投资本千万元以成立之，八月底先各交股本二百五十万元，即行开市。此银行若成，则为中国开一生路，可免种种之干涉条件也。现在发轫之初，尚须秘密，不能公布，以广招徕。而文一人之力，于此短期诚恐难集二百五十万之现金，故将实情详达左右，望公有以助成之。沪上公产及前清道台所交下领袖领事代管财产等项，若得中央承诺，就地抵押数百万金，当属无难。能否酌量设法拨抵入股，统乞卓裁，并祈示覆。

孙文谨启

据《国父全集》第三册(转录史委会藏亲笔原件)

复陈其美函*

(一九一二年七月一日)

英士同志惠鉴：

来函备悉。中国之海军，合全国之大小战舰，不能过百只，设不幸有外侮，则中国危矣。何也？我国之兵船不如外国之坚利也，枪炮不如外国之精锐也，兵工厂不如外国设备齐完也。故今日中

* 底本原注日期是“二年(一九一三)七月一日”，据本函内容有“文闻袁同志世凯拟向外国大借外债……可计日而待也”句，时间应为一九一二年七月一日。原件称“袁同志世凯”，较罕见，今从史委会编《总理全书》之十《函札》类(上)，改作“袁君世凯”。

国欲富强,非厉行扩张新军备建设不可。同志谓中国国防不有相当武备建设,此中国不富强之原因,诚是也。故中国欲勤修军备,然后可保障国家独立、民族生存也。文闻袁君世凯拟向外国大借外债,以为扩张新军备建设之需,果此事实行,则中国有相当新军备建设也。如是则中国富强矣,可计日而待也。昔满清政府将扩张海军建设之费,以为建设一大娱乐园,以作私人之娱乐,吾想今日民主政府,必定努力整理新军备建设,改革中国旧军备也,而不有昔日满清政府之腐败也。现在强邻如虎,各欲吞食我国,若我国不有相当武械自卫,则我国必为虎所食也。故我国须改良武器,然后能自卫也,不为虎所食也。手此,即候
近安

孙文 七月一日

据《世界兵学》第六期(一九四二年六月一日版)
李浴日《孙中山先生未发表的两篇军事遗著》

在上海中华民国铁道协会欢迎会的演说*

(一九一二年七月二十二日)

各国人民之文野,及生计之裕绌,恒以交通为比例。中国人民之众,幅员之大,而文明与生计均不及欧美者,铁路不兴,其一大原因也。今中华民国业已成立,发起此会,督促铁道进行,余极赞成。凡立国铁道愈多,其国必强而富。如美国现有铁道二十余万里,合

* 中华民国铁道协会是原南京临时政府交通部发起组织的。演说地点在上海味莼园。

诸中华里数，则有七十万里，乃成全球最富之国。中华之地五倍于美，苟能造铁道三百五十万里，即可成全球第一之强国。否则，人民虽多，不能一呼即集，与少何异。幅员虽广，自南而北，自西徂东，交通不便，载运不灵，虽大无济。

惟现欲办路，因国库款支绌，不得不借外债。然借债立约得当，则永不失败。倘如前清之借债筑路，实亡国之导线。必于订立合同时，脱离国际关系，俾成个人交涉，方无后患。美国未造路以前，其贫与我国相同，后向外国借债兴路，刻已收效。务望诸君勉力进行，于十年内将全国铁路赶紧造竣，以期早收国利民福之效。

据《总理演讲新编》

复中华银行董事局函

（一九一二年七月二十六日）

中华银行董事局诸公伟鉴：

惠函具悉。总董一席，当敬承雅命，勉从其后，请即宣布可也。至如何整顿业务，以求进行之处，容于日内偕一深明银行学者，同至尊处从长商酌，详订善法，以期营业发展。耑此，谨复。顺颂

公安

孙文　七月二十六日

据中国人民政治协商会议全国委员会文史资料研究委员会藏原函照片

中华民国*

(一九一二年七月中下旬)

目前,我对我们中国的社会革新,比党务与政治问题更有兴趣。政治革命的任务已经完成,现在我正集中我的思想与精力于从社会、实业与商务几个方面重建我们的国家。对于西方国家劳资间的不协调以及劳工大众所处的困境,我所见已多,因之,我希望在中国能预防此种情形的发生。由于实业的发展,生产必将增加;而此种情形的变化,必将有加深劳工阶级与资本所有者之间分野的危险。我希望看到人民大众的生活状况获得改善,而不愿帮助少数人去增殖他们的势力,直至成为财阀。中国迄今尚没有形成大的中产阶级,我们没有欧美产业发达国家社会上的那些缺点,我们今天所需要的是开发自己广大的资源,对数量上占优势的农民灌输新观念,建立有助于资本成长与流通的新实业,并准备对水灾及其他灾害的受难者,迅速提供救济。这些问题,乃是我目前所关注的,我希望能够完成一些有益于我们民众的事。

我被问及,关于共和政体是否真正适合于中国人民这一问题,我是否反对阐明自己的意见?

---

* 这是孙中山在上海接见纽约《独立杂志》特约代表、美国长老会在华代言人李佳白(R. G. Reid)的谈话记录。发表于一九一二年九月九日出版的纽约《独立杂志》(*The Independent*),署名孙逸仙。发表时未注明时间,据李佳白在该文后的"注记"说,这篇谈话"发表于北京因党争而致否决了陆征祥总理所提内阁阁员名单之时"。按:陆征祥系在七月十八日出席参议院提出议员名单,七月十九日为参议院投票否决,则李佳白访问孙中山当在七月十八、九日之后,故时间酌定为七月中下旬。

那一直是我的计划的一部分，我不但要推翻满清政府，并且要建立共和政体。民主的观念在中国一向颇为流行，没有理由要以君主政体来妨害这种民主观念。中国人民不但爱好和平，遵守秩序，而且也浸染了选择自己的代表管理自己事务的观念。我们所需要做的，只是把这种民主观念付诸实行。为此，人民须有自己选出的全国的及各省的代表，他们为人民所选，代表人民，将为人民的最高利益而工作。我们现在为建立一种最能适应我们广大国土与众多人口的共和政体所遇到的困难，是不可避免的，但我确信没有其他的政体再会在中国建立。中华民国将永久存在。

对于一个政党政府是否构成共和政体的主要部分此一问题，我的答复是：中国和其他所有国家一样，不管政府是民主的或是君主的，政党总是存在的，而且政府的指导权也总是从此一党转移到彼一党的。中国也已开始有了自己的政党。事实上，中国的党、社，已经太多，最好他们能联合成两三个有力的大党。每一政党的明确的政策将会随着时间的推移而确定下来。

鉴于目前临时政府时期就有若干政党并存的危险，以及对于人们将热心于其所属的党，而忽视共和以致减弱建立共和政体的努力一事所生的忧虑，我个人的希望是：所有各方均应集中全力于组织新政府，并获得其他国家的承认。临时政府结束之后，民国的首任总统被推选出来，那时组织政党将是安全的。我赞成由行政官员对国民议会负责，犹如几乎所有欧洲国家所采行者。在此种制度之下，政党必须有存在之地位，而且政党间的竞争也无可避免。目前，我以为我们都不应计较彼此间的分歧，共同致力于全国各方面的团结。自从我为让袁世凯出任民国总统而退职以来，我已尽全力支持他并建议一致行动。我深知不和将为国家带来危险，因之，我将运用我所有的影响力以努力于国家的统一、人民的福利和我们资源的开发。

（前大总统孙逸仙有保留地发表了如上意见，他不愿意于此时将其意见公布出来。正因如此，他的观点更有特殊重大的价值。

孙前大总统的上述意见，发表于北京因党争而致否决了陆征祥总理所提内阁阁员名单之时，尤其具有重要性。激烈分子似乎有意要把他们为之奋战而建立的共和制度毁掉，孙前大总统意在缓和紧张气氛的论调，令人从纷乱的政局中看到了一线希望。他的谦抑值得人们赞扬。孙先生是革命的领导者，他的希望一向为所有革命党人——同盟会的会员们所尊重。革命党人对袁世凯及其国务总理的政府行动的阻挠，将不会形成灾难，因为孙逸仙的意见才是决定性的力量。举例来说，在我们的简短谈话中，孙先生提议说，临时政府副总统兼湖北都督黎元洪将军，乃是出任国务总理并负责组阁的最佳人选。而黎元洪将军乃是不同于孙博士及其友人的政党的另一个党的领袖。我个人愿意推荐孙逸仙为国务总理——至少是在黎元洪不能担任时，我愿推荐孙先生。

今后数月内，大家的注意力将集中于临时政府的结束，与第一届真正国会及第一任正式总统的选举。在这次足以发展个人雄心的机会中，孙博士仍然保持他谦逊的性格，他将以温和但决非无效的手段，帮助他的国家实现共和的理想，他本人则以继续保持一个普通公民的身分而感到满足。——李佳白，上海，中国。）

据《研究中山先生的史料与史学》中陈福霖《美国〈独立杂志〉所刊孙中山先生的三篇著作》所录李云汉的译文，并对照英文原文校订

致同盟会各支部电

（一九一二年八月十三日）

各支部鉴：按北京本部来电云："连日与统一共和党、国民公进会、国民公党协商合并，另行组织。彼此提出条件如下：一、定名国民党。一、宗旨巩固共和，实行平民政治。一、党纲五条，保持政治统一，发展地方自治，励行种族同化，采用民生政策，保持国际平和。一、用理事制，于其中推一人为理事长。昨日开全体职员、评议员联合会，合并条件已通过"云云。文等以上列各条，与本会宗旨毫不相背，又得此多数政团同心协力，将吾党素所怀抱者见诸实行，此非独同人之幸，亦民国前途之福也。文等深为赞成。且同盟会成立之始，其命名本含有革命同盟会意义，共和初建，改为政党，同人提议变更名称者日益众，即此时而易之，可谓一举而两得矣。特此通电贵支部，务求同意，以便正式发表。文等屡承袁大总统遣使持函来邀，已定十七日起程北上，赐复即交北京同盟会本部为盼。孙文、黄兴。

据上海《民立报》一九一二年八月十五日《同盟会报告并党改组事件》

附：国民党宣言*

（一九一二年八月十三日）

一国之政治，恒视其运用政治之中心势力以为推移。其中心

* 此件未能肯定出于何人手笔，但孙中山赞成"宣言"中所述的国民党宗旨和党纲等，故列为《致同盟会各支部电》附录，以供参考。

势力强健而良善，其国之政治必灿然可观；其中心势力脆薄而恶劣，其国之政治必暗然无色。此消长倚伏之数，固不必论其国体之为君主共和，政体之为专制立宪，而无往不如是也。天相中国，帝制殄灭，既改国体为共和，变政体为立宪，然而共和立宪之国，其政治之中心势力，则不可不汇之于政党。

今夫国家之所以成立，盖不外乎国民之合成心力。其统治国家之权力，与夫左右此统治权力之人，亦恒存乎国民合成心力之主宰而纲维之。其在君主专制国，国民合成心力趋重于一阶级、一部分，故左右统治权力者，常为阀族，为官僚。其在共和立宪国，国民合成心力普遍于全部，故左右统治权力者，常为多数之国民。诚以共和立宪国者，法律上国家之主权在国民全体，实事上统治国家之机关，均由国民之意思构成之，国民为国家之主人翁，固不得不起而负此维持国家之责，间接以维持国民自身之安宁幸福也。

惟是国民合成心力之作用，非必能使国民人人皆直接发动之者。同此圆顶方趾之类，其思想知识能力不能一一相等伦者众矣。是故有优秀特出者焉，有寻常一般者焉。而优秀特出者，视寻常一般者恒为少数。虽在共和立宪国，其直接发动其合成心力之作用，而实际左右其统治权力者，亦恒在优秀特出之少数国民。在法律上，则由此少数优秀特出者，组织为议会与政府，以代表全部之国民。在实事上，则由此少数优秀特出者集合为政党，以领导全部之国民。而法律上之议会与政府，又不过藉法力，俾其意思与行为，〈为〉正式有效之器械，其真能发纵指示为代议机关或政府之脑海者，则仍为实事上之政党也。是故政党在共和立宪国，实可谓为直接发动其合成心力作用之主体，亦可谓为实际左右其统治权力之机关。

且夫政党之为物，既非可苟焉以成，故与他种国家之他种中心势力同其趋向，非具有所谓（强健而良善）之条件，不足以达其目的。强健而良善之条件者非他，即巩固庞大之结合力，与有系统有条理真确不破之政见是也。苟具有巩固庞大之结合力，与有系统有条理真确不破之政见，壁垒既坚，旗帜亦明，自足以运用其国之政治，而贯彻国利民福之靳〔蕲〕响。进而组织政府，则成志同道合之政党内阁（责任内阁制之国，大总统常立于超然地位，故政党不必争大总统，而只在组织内阁）。以其所信之政见，举而措之裕如。退而在野，则使他党执政，而己处于监督之地，相摩相荡，而政治乃日有向上之机。是故政党政治，虽为政治之极则，而在国民主权之国，则未有不赖之为唯一之常轨者。其所以成为政治之中心势力，实国家进化自然之理，势非如他之普通结社，可以若有若无焉者也。

今中国共和立宪之制肇兴久矣，举国喁喁望治，皆欲求所以建设新国家之术。然为问国中运用政治之中心势力，果何在乎前？〈有〉识之士，皇然忧时，援引徒众，杂糅庞合，树帜立垒，号曰政党者亦众矣。然为问适于为运用政治之中心势力者谁乎？纵曰庶几将有近似者焉，然又为问能合于共和立宪国之原则，不以类似他种国家之他种中心势力杂乎其间，而无愧为共和立宪国运用政治之中心势力者谁乎？质而言之，中国虽号为共和立宪，而实无有强健而良善之政党焉，为运用政治之中心势力而胜任愉快者。夫共和立宪国之政治，在理未有不以政党为其中心势力，而其共和立宪犹可信者，而今乃不然，则中国虽谓为无共和立宪国之实质焉可也。嗟乎！兴言及此，我国人其尚不知所以自反乎！我国人之有志从事于政党者，其尚不知所以自处之道乎！

曩者吾人痛帝政之专制也，共图摧去之，以有中国同盟会。比及破坏告终，建设之事不敢放置，爰易其内蕴，进而入于政党之林。

时则俊士云起，天下风动，结社集会，以谈国家事者比比焉。吾人求治之心，急切莫待，于是不谋而合，投袂而起，又有统一共和党、国民公党、国民共进会、共和实进会之组织①。凡此诸党，斳〔蕲〕响所及，无非期以利国福民，以臻于强健良善之境。然而志愿虽宏，力行匪易，分道扬镳，艰于整肃。数月以来，略有发抒而不克奏齐一之功，用树广大之风声，所谓不适于为运用政治之中心势力者，吾诸党盖亦不免居其一焉（此吾人深自引责而不能一日安者）。若不图改统〔弦〕更张之策，为集中统一之谋，则是吾人放弃共和国民之天职，罪莫大焉。

且一国政党之兴，只宜二大对峙，不宜小群分立。方今群言淆乱，宇内云扰，吾人尤不敢不有以正之，示天下以范畴。四顾茫茫，此尤不得不以此遗大图艰之业，自相诏勉者耳。爰集众议，询谋佥同。继自今，吾中国同盟会、统一共和党、国民公党、国民共进会、共和实进会，相与合并为一，舍其旧而新是谋，以从事于民国建设之事，以斳〔蕲〕渐达于为共和立宪国之政治中心势力，且以求符于政党原则，成为大群，藉以引起一国只宜二大对峙之观念，俾其见诸实行。

共和之制，国民为国主体，吾党欲使人不忘斯义也，故颜其名曰国民党。党有宗旨，所以定众志，吾党以求完全共和立宪政治为志者也，故标其义曰巩固共和，实行平民政治。众志既定于内，不可不有所标帜于外，则党纲尚焉。故斟酌损益，义取适时，概列五事，以为揭橥：曰保持政治统一，将以建单一之国，行集权之制，使建设之事纲举而目张也。曰发展地方自治，将以练国民之能力，养

① 全国联合进行会于一九一二年八月十三日后也加入了国民党，故后来的《国民党宣言》增加了该会的列名。

共和之基础，补中央之所未逮也。曰励行种族同化，将以发达国内平等文明，收道一同风之效也。曰采用民生政策，将以施行国家社会主义，保育国民生计，以国家权力，使一国经济之发达均衡而迅速也。曰维持国际平和，将以尊重外交之信义，维持均势之现状，以专力于内治也。凡此五者，纲领略备，若夫条目，则当与时因应，不克固定。

嗟乎！时难方殷，前途正远，继自今，吾党循序以进，悬的以赴，不务虚高，不涉旁歧，孜孜以吾党之信条为期，其于所谓巩固庞大之结合力，与有系统有条理真确不破之政见，庶几可以计程跻之乎！由是而之焉，则将来运用政治之中心势力，亦庶几可以归于政党之一途，而有以副乎共和立宪国之实质。世之君子，其亦有乐与从事者乎！是尤吾党之人所愿为执鞭者耳。

中华民国元年八月十三日

中国同盟会本部
统一共和党本部
国民公党本部　公布
国民共进会本部
共和实进会本部

据北京《民主报》一九一二年八月十三日

复民生国计会函*

（一九一二年八月十六日）

民生国计会总部诸公大鉴：

---

* 此件所标时间系《民立报》发表日期。

手书具悉。移民就垦，增益田赋等〈事〉，〈其〉指〔旨〕甚伟。惟事关国政，应由议院与政府双方主持，仆未便以个人名义径向政府商议。贵会宗旨与此事性质甚合，祈努力鼓吹，以收倡导之功，于民国前途大有利益也。

据上海《民立报》一九一二年八月十六日《孙先生赞成移民就垦》

介绍梁重良西医士启事

（一九一二年八月十八日）

梁君重良，南海名士，研精医学，确有心得。早岁毕业香港医校，历任南京中西医院医师、广东军医学堂监督、随营病院院长、江北军医局长、四川军医学堂监督、军医局长。医界良才，出梁君门者后先接踵，而军学界同胞，受梁君再生之德者，尤难更仆。上年遄归江南，历任军医局军医学堂坐办。未几民军起义，编卫生队出秣陵关，救护受伤兵士。雨花台之役，不避艰险，于硝烟弹雨之下，设幕救伤，始终不懈，受创者多赖以全活。金陵既克，任江浙联军军医部长暨宁垣中西医院院长，热心毅力，万人同钦。现因事平，辞职来沪，任《天铎报》协理。同人等以梁君学有渊源，经验甚当〔富〕，竭力请其于馆政余暇，以仁术济世，业蒙慨允。用述大略，以告当世，倘亦卫生家所乐闻乎。……①

孙文、黄兴、陈其美、徐绍桢、邓家彦、吕天民、周浩、戴天仇、周桂笙、李怀霜、蓝欣禾谨启

据上海《民权报》一九一二年八月十八日《介绍梁重良西医士》

---

① 原文的诊所地址及诊病时间从略。

与送行者谈话*

（一九一二年八月十八日）

欢送孙公诸人中，登船后尚有劝孙公勿往者。大致谓：公世界伟人，历经艰阻，岂怯于民国成立之后。惟此行以有益、无益为断。观北方情形，似即行亦无大裨益。

孙公谓：无论如何不失信于袁总统，且他人皆谓袁不可靠，我则以为可靠，必欲一试吾目光。

据上海《民权报》一九一二年八月十九日

复社会党崇明支部地税研究会函**

（一九一二年八月二十日）

社会党崇明支部地税研究会诸公伟鉴：

手书领悉。单税一事为社会主义进行之一端，而仆所主张照价征税之法，粤省刻已议行。倘得诸君子遥为赓和，友声相应，庆幸奚如。江亢虎先生峻才雅藻，卓荦一时，发起社会主义，深具救世之婆心。诸君子以志同道合相与组织社会党支部于尊处，弘毅致远，我道为不孤矣。蒙不弃，欲招至尊处，藉演讲以广声气，厚意

---

* 孙中山和黄兴应袁世凯一再邀请，准备北上时，袁世凯根据黎元洪的密电，捕杀了张振武与方维，京津同盟会员电阻孙、黄北上。但孙中山坚持进京，在沪同盟会员劝阻无效，为策安全，决定孙行黄止。这是孙中山登上招商局安平轮船后，与继续劝阻他北上的人谈话。

** 此件所标时间系《崇明报》发表日期。

隆情,感深衷曲。惟鄙人近为民生实业事,朝夕栗六,绝少暇时,趋承左右之愿,恐难遽偿于月前也。我辈相知在心,当不以形迹之亲疏而异其情好,幸诸君子努力前修,弗辞劳悴,周旋正有日也。

临复无任依依,诸维垂鉴不备。

据《崇明报》一九一二年八月二十日《孙中山先生复社会党崇明支部地税研究会书》

在烟台各界欢迎会的演说*

（一九一二年八月二十一日）

今年中华民国之第一年,比去年大有分别。去年今日尚在专制之下,今日在光天化日之下,人人都平等自由。今日四万万人合满、蒙、回、藏五大民族为自由民,真是莫大荣幸。但第一年不过将专制推倒,政府须待再造,人人须负义务,令中华民国造成庄严之民国始足称幸。

据上海《太平洋报》一九一二年八月二十八日

附:同题异文

各界欢迎,无任感激。我中华民国之今日比去年今日,则大不同。去年今日,处专制政府之下,人人都受苦痛。今年则为中华民国之人民,都享有自由幸福。但中华民国缔造伊始,百步维艰,我中国人民皆有应尽之义务。兄弟此次至京,关于建设政

* 据《太平洋报》八月二十二日报导:孙中山"于二十日抵烟台,翌晨入港"。孙中山在烟台停留一日,即经塘沽、天津,于二十四日至北京,此演讲当在二十一日。时间在是日上午。所录是演说的大意。

见，当一一商之于政府，见诸实行。所有一切政见，谨烦魏先生代表略述。

据《国父全集》第二册(转录《中华民报》一九一二年八月二十七日)

在烟台社会党、同盟会欢迎会的演说*

(一九一二年八月二十一日)

此次光复由于人心趋向共和，同盟会不过任发难之责而已。但国中政党，只当有进步、保守二派。此次同盟会与各党合并，即欲使国中只存二党，以便政界竞争。

据上海《太平洋报》一九一二年八月二十八日

在烟台商会的演说

(一九一二年八月二十一日)

中国商业失败，不止烟台一埠，凡属通商口岸，利权外溢，到处皆然。为今之计，欲商业兴旺，必从制造业下手，如本埠张裕公司，设一大造酒场，制造葡萄酒，其工业不亚于法国之大厂，将来必可获利，又如玻璃公司亦然。张君以一人之力，而能成此伟业，可谓中国制造业之进步。如山东草弁为出产一大宗，中国既改文明装束，则草帽之需要不知若干。烟台商人如能将草弁自制成草帽，则将来获利当无算。不独草帽为然，其他如丝、如棉花，皆生货输入，熟货输出，若能一一制造出成各种应用之布匹，其获利当不出亿计。总之，中国今日农工商各种实业，宜互相提携，力求进步。不

---

* 演说时间在下午。此件是演说的大意。

但烟台为北洋之一大繁盛商埠，即富强之基础，亦于是乎在。此兄弟所最希望者。

据《国父全集》第二册（转录《中华民报》一九一二年八月二十七日）

致宋教仁函*

（一九一二年八月二十二日）

民国大局，此时无论何人执政，皆不能大有设施。盖内力日竭，外患日逼，断非一时所能解决。若只从政治方面下药，必至日弄日纷，每况愈下而已。必先从根本下手，发展物力，使民生充裕，国势不摇，而政治乃能活动。弟刻欲舍政事，而专心致志于铁路之建筑，于十年之中，筑二十万里之线，纵横于五大部之间。计划已将就绪，而资本一途，亦有成说。（弟所拟之借资办法，较之往日借资筑路条件优胜甚多：一、事权不落外人之手，二、国家不负债务，三、到期收路，不出赎资。）今所待者，只要参议院之赞同、政府之特许所〔即〕可从事。然多数同人不免以此举规模过于宏大而起惊疑者，故现尚未敢发表。拟先来北京一行，以觇人心之趋向。

据上海《民立报》一九一二年八月二十二日《致宋遯初书》

在塘沽与某报记者的谈话

（一九一二年八月二十三日）

记者问：先生在津可稍住否？

先生曰：然。

---

* 此件所标时间系《民立报》发表日期。前后删略去该报“前略”、“下略”原文。

记者问：先生北上之用意。

先生曰：予此次来北之意，不外调和南北感情，巩固民国基础。至于外交、财政、内政各事，若袁总统有问，余必尽我所知奉告袁总统，以期有所裨补。如袁不问及，余亦不便过问。

记者又问：先生之铁道政策如何？

先生云：余之来意尤在振兴实业，但欲振兴实业，必自修造铁道入手。余意全国铁道当有全国大计划，但此计划须俟政府之政策决定及得参议院之同意，始能决定。余意如国民全体不尽赞同，得数省同意，亦可就数省开办。

记者又问：资本金之筹划政策。

先生云：如国民有力担任，自应由国民兴办；如国民无力担任，只好大借外债兴办。但借债必须有最良之条件，不至如前清时之损失权利。总之，铁道政策为中国近日最要问题，无论政府、议院意见如何，余必尽力提倡此事。

据上海《太平洋报》一九一二年八月二十八日

与招待员施愚等的谈话*

（一九一二年八月二十四日）

此次北来，惟一宗旨在赞助袁大总统谋国利民福之政策，并疏通南北感情，融和党见。本拟即时进见大总统，面商一切，因路途困顿，须暂休养。祈将此意转袁总统，并订明日相会，畅谈一切①。

据北京《民主报》一九一二年八月二十六日《孙先生对于招待员之宣言》

---

* 孙中山于一九一二年八月二十四日下午经天津抵达北京。

① 当天晚上，孙中山即拜访袁世凯，进行了长时间的谈话，改变了原来的安排。

在北京同盟会欢迎会的演说

（一九一二年八月二十五日）

兄弟北来，于我中华民国前途有无穷之希望。盖自武昌起义，全国响应，南北统一，共和告成，是吾国此次革命，非系一党之功，乃全国人之功。即我同盟会奔走十余年，流多少热血，提倡革命，苟不得全国人心之赞成，其成功必不致如是之速。今专制业已推翻，破坏之局已终，建设之局伊始。然以二者相较，破坏易，建设难。易者既赖全国同胞相助，则难者更当欲全国同胞相助，庶可巩固此中华民国也。然或挟党见、闹意气，是不以国家为前提，民国前途异常危险。今五党合并，废除意见，以谋国利民福，将勠力同心，造成一伟大中华民国，雄视亚东。故曰兄弟北来于民国前途有无穷之希望也。

据北京《民主报》一九一二年八月二十六日《二十五日之两大会纪盛》

附：同题异文

中华民国成立以来，兄弟第一次到京，今日得与同会诸君子，共话一堂，乐何如之！此次革命成功，如此神速，实梦想不及。去岁武昌起义，全国响应，未及四月，满清推倒，共和告成，虽同盟会之主动力，然亦实系我中华民国各界同胞之赞助，始得成功。今破坏已终，建设伊始，破坏固难，建设尤难。破坏尚需众同胞之助力，建设岂独不需同胞之助力乎？望勿以满清时代对待会外诸同胞之手段，对待现时会外诸同胞，须同心以谋建设，不可存昔日之心理。

满清时代同盟会，多为人仇视，共和时代，无人仇视。而同会之少数人，尚以满清时代为人仇视之心理，对待今日会外诸同胞，故外间有今日之同盟会，如昔日贵胄之说。此种谣言，皆由同盟会少数人尚存昔日之心理，有以致之也。今日之政体既变，同盟会诸君子昔日之心理，亦当随之而变。盖既无仇视共和之人，同盟会对会外人，尤当极力联络，毋违背昔日推倒黑暗政体、一视同仁、互相亲爱之宗旨，以巩固中华民国。此我所希望于同志诸君子者也。

据上海《民立报》一九一二年八月三十一日
《孙中山先生人京后之第一大会》

在国民党成立大会上的演说

（一九一二年八月二十五日）

兄弟此次北来，于南北同胞有无穷之希望。盖共和虽说成立，而国本尚是动摇。国本动摇皆由人心不能巩固，故欲巩固国本必先巩固人心。今五党合并，兄弟切望诸君同心合志，破除党界，勿争意见，勿较前功，服从党纲，修明党德，合五党之力量气魄，以促民国之进行。是中华民国前途之无量幸福。即有他党反对，我党亦宜以和平对付，决不宜为鹬蚌之争。中国当此危急存亡之秋，只宜万众一心，和衷共济。五党合并，从此成一伟大政党，或处于行政地位，或处于监督地位，总以国利民富〔福〕为前提，则我中华民国将可日进富强。故兄弟于五党合并，有无穷之希望也。再者，现时人心总以军人破坏共和为虑。据兄弟看来，此次共和既由军人赞成，则军人决无破坏共和之事。吾人苟心志坚定，以国家为前提，决可不怕军人武力干预政事。军人如家〈主〉雇用之武士，以防外患者也。设家主父子不能相安，甚至杀人放火，则武士亦不忍坐视矣。故家主自能治家，然后武士自知防外患，军人固用以防外患，决不至用武力干预内政，以破坏共和。

政党均以国利民福为前提，政党彼此相待应如弟兄。要知文明各国不能仅有一政党，若仅有一政党，仍是专制政体，政治不能有进步。吾国帝皇亦有圣明之主，而吾国政治无进步者，独裁之弊也。故欲免此弊，政党之必有两党或数党互相监督，互相扶助，而后政治方有进步。故政党者虽意见之不同、行为之不同，要皆为利国福民者也。今五党合并，诸君皆当持此观念，则民国前途永无危险之象。

我同盟会素所主张者，有三主义：一民族主义，二民权主义，三民生主义。今民族、民权已达目的，惟民生问题尚待解决。北方同胞误会吾党民生主义，以为劫富济贫，扰乱社会秩序。此荒谬绝伦，公理上决无此事，富人幸勿恐怕。要知民生主义，富人极应赞助提倡之。何则？民生主义盖防止富人以其富专制毒害贫民。譬如英、奥等国，君主国也，而政治之进步与民主国无异，因君主虽有君主之位，而不能干预政治专制害民故也。民生主义即以富人虽富，不使以其富害贫人，犹之君主虽有君主之位，无君主之权以害人民也。吾国受君主专制之苦，尚未受资本家之苦。举一例以明之，美国资本家以买空卖空手段，以十万元之股票吸收人民数百万元之现金，致人民不能聊生，此即资本家以富毒害人民之法也。吾国资本家尚无，然不可不预为富人劝告，预为贫人防备。此即民生主义也。

男女平权，本同盟会之党纲。此次欲组织坚强之大政党，既据五大党之政见，以此条可置为缓图，则吾人以国家为前提，自不得不暂从多数取决。然苟能将共和巩固完全，男女自有平权之一日。否则，国基不固，男子且将为人奴隶，况女子乎？

据北京《民主报》一九一二年八月二十六日《二十五日之两大会纪盛》

附：同题异文

自去年武汉起义，各省响应，不数月间，南北即已统一。发端虽始于南方，实以北方将士军人，同心一德，以故成功之速，无与伦比。鄙人深信中华民国之共和，皆四万万同胞人心之所趋向，非用兵力强迫所能解决，实我南北爱国军人同心同德之所肇造也。近来嚣嚣之口，或不免恐军队干预政治，吾则谓我爱国军人，既造成此庄严灿烂之中华民国，决不至有此破坏之举。但衮衮诸公，亦当消除意见，以国家为前提，毋使我爱国军人苦心孤诣，经数十年创造之而不足，一旦任一二挟持意见者败坏之而有余，则中华民国当可蒸蒸日上，超轶全球，自不至惹军人之干涉。否则各人权利自私，排斥异己，萧墙之内，祸起须臾，则我爱国军人或亦有不忍坐视者。

譬之一家然，请武士防守门庭以自卫，家内秩序井然，固不至太阿倒持，引武士之过问。假一旦兄弟阋墙，自相鱼肉，武士虽专司御侮，或亦有不得不设法调停之举。治国亦犹是也。使我国之内，人人以中华民国为公共之中华民国，合群策群力以图富强，牺牲一己之权利，完固共和之政治，我爱国军人自不至扰攘于其间，而放弃其保卫之天职者也。盖军人所以卫国，非以乱国；所以防外，非所以防内。国乱则不得以兵力为最后之解决，以召危亡；国治则军人自不得干涉其间，摇动全局。而况造成此中华民国者，皆我南北爱国军人，吾决其不至前后异辙也。

国家之有政党，原以促政治之进行，故世界文明各国，无不有政党以维持之。今日合五大政党为一国民党，势力甚为伟大，以之促进民国政治之进行，当有莫大之效果。但望诸君振刷精神，组织完备，力求本党之发达，以冀有裨于国家。并须化除畛域，毋歧视异党，毋各持党见。（中略）则本党之成立，即为中华民国富强之嚆矢焉。

国民党之主旨，首在注重党德，已为诸君略发其端倪。惟鄙人尚有一言，即民生政策是也。从前同盟会原取三民主义，今则民族、民权均已解决，惟民生尚待进行。然民生问题，一般人之心理，每多误解。甚或谓为劫富济贫之法，以至小康之家，闻之既有戒心。殊不知此理本极平常，约而言之，即在预防资本家压制贫民耳。若在英、美各国，其煤油大王、钢铁大王等，皆以一资本家之操纵，贻祸全国，过于天灾，甚或影响且及于世界。则欲解决此问题甚难，而贫民之受祸最惨。吾国则资本家尚未发生，但能预防资本家之压制，民生目的即可达到。如英国虽有皇帝，而实权操之全国之人民，初无须于武力，而政治问题，即已解决也。男女平权，实属天经地义。但现在国势危急，当先设法巩固政府。盖有国家，不患无平权之一日。若有平权而无国家，虽平权将无所用。惟鄙人亦深望诸君赞助女界达此目的，并深信吾国女界必终能达到此目的也。

据《总理演讲新编》《解决民生问题》

与汤漪的谈话

（一九一二年八月二十六日）

袁总统才大，予极盼其为总统十年，必可练兵数百万，其时予所办之铁路二十万里亦成，收入可决每年有八万万，庶可与各国相见。至铁路借款，须向欧美大银行直接议借，不必由在京银行团经手。袁总统意欲中美联盟，予不谓然。至首都地点，宁、鄂两处最好，无已，则宜在开封。容当与袁力商。

据上海《时报》一九一二年八月三十日

在北京与陆征祥的谈话

（一九一二年八月二十六日）

八月二十六号，陆总理[①]扶病晋谒孙先生，寒暄数语，陆即请示巩固民国之手续。

先生谓：巩固民国，不外整顿内政及联络外交。能维持现状，实践约法，即为现时整顿内政之要著。至联络外交一项，最要之问题，即系承认民国。此事关系过巨，甚费手续，非得一二国单独承认，难收效果。

陆总理因请先生亲往日、美一行，俟经日、美承认，各国不待要求，自可一律办理。

先生慨然允诺。并劝陆总理以国家为前提，万勿再存退志[②]，致使国基摇动云。

据上海《民立报》一九一二年九月四日《经国远谟》

与袁世凯的谈话

（一九一二年八月二十七日）

现在蒙、藏风云转瞬万变，强邻逼视，岌岌可危，凡我国人，莫

① 陆总理：即国务总理陆征祥。

② 陆征祥时因张振武案，参议员拟对他提起弹劾，故一再提请辞职。但实际上陆并未参与谋划张振武案。

不注目。近日报纸所载蒙、藏情形，多不免得之传闻。须知蒙、藏如此危急，国人又如此注意，若以误传刊登报章，引为事实，使人心恐慌，外人将乘此时机直来谋我，当以何法对付。故文主张此后蒙、藏消息，责成各该处办事长官逐日报告一次，由政府再分送各报登载。既免误传，且得真相。

据北京《民主报》一九一二年八月二十八日《孙先生之蒙藏谈》

与某人的谈话*

（一九一二年八月二十七日）

【孙中山与袁世凯会议，出语人云】袁总统可与为善，绝无不忠民国之意。国民对袁总统万不可存猜疑心，妄肆攻讦，使彼此诚意不孚，一事不可办，转至激迫袁总统为恶云。

据上海《民立报》一九一二年八月二十七日《北京电报》

在北京与《大陆报》记者的谈话**

（一九一二年八月二十八日）

记者问：现在政局大势如何？

先生答：余已与袁世凯开诚布公，面商一切。倘公举袁世凯为正式总统，余亦愿表同情。至于大局，较前颇有进步。

记者问：除袁世凯外，尚有他人谋任总统否？

先生答：容或有之，但未能指定何人。

---

* 此件所标时间系《民立报》发表日期。

** 此篇与下篇为同一谈话的不同记录，史委会编《总理全书》标为《民国元年春在南京与报馆记者谈话》，误。

记者问:外间风传南北分离,果有此事否?

先生答:此等事亦未可断必无。但以现在时局而论,此事断不至有。若万一有之,余与袁世凯亦可以有能力阻止之。

记者问:关于银行团要求监督借款用途一节,先生之意见若何?

先生答:此事余极端反对。盖银行团无须要求监督,中国自有措置之方。倘银行团以不得监督而不允借款,则中国政府便在国内自筹款项。

记者问:满、蒙现状若何?

先生答:中国方今自顾不暇,一时无力控制蒙古。惟俟数年后,中国已臻强盛,尔时自能恢复故土。中国有四万万人,如数年以后,尚无能力以恢复已失之疆土,则亦无能立国于大地之上。余深信中国必能恢复已失之疆土,且绝不需要外力之帮助。

据《总理全书》之八《谈话》

附:同题异文

【《大陆报》驻京访员谒见孙中山】孙君宣称:目下袁总统与彼感情,颇为融洽。彼当赞助袁氏,使得为正式总统。现下大局景象颇好。

访员问:将来举行选举时,有无其他候选总统。

孙君答称:或者有之。然未指出何人。

访员又问:近日外间风传南北两方面仍有罅隙,果有其事否?

孙君谓:或有此风说,然实际上并无此事。

据孙君之意,有袁君与彼两人在,此种风说必不能见诸事实。于银行团要求监督中国财政一层,孙君极端反对,谓彼未尝见监督之必要。

访员复问：若无监督，奈银行团不肯贷款何？

孙君谓：若然则国内未尝无款可筹也。

访员又问：满、蒙大局毕竟如何？

孙君谓：中国目下势力薄弱，欲声罪致讨，戛戛乎其难哉。数载之后，国势强健，当不难复我故土也。若今后四万万人民不能达此目的，何以国为？若中国不自振奋，欲借助他国，以恢复已失之土地，彼实未见其可也。

据《国父全集》第二册（转录《中华民报》一九一二年八月三十日）

与《亚细亚日报》记者的谈话*

（一九一二年八月二十八日）

问：先生来京，各界认为于政治上、社会上皆有莫大之影响，今日特谒诚访问先生，可容许若干时间之谈话？

答：刻有要事出门，但可腾挪三十分钟。

问：见各报传载，先生近主张铁路、练兵两策，欲以十年工夫筑铁路二十万里，练兵五百万[里]，有之乎？

答：事诚有之。惟两策以铁路为先，工商、教育可一呼而起。若路不成，有兵亦无所用。中国政府与社会向来作事因循，以区区数千里铁路，往往数年不成。此后应积极进行，必须年筑二万里，方可奏效。不过，国民刻尚反对外资输入，将来或须加以开导功夫为费手耳。

---

* 八月二十八日下午，北京《亚细亚日报》记者（未署名）访问孙中山。这是孙中山和记者所作的谈话。《国父全书》和《国父全集》均标题为《筑路与练兵》，并误注为一九一二年八月二十九日与北京各报记者的谈话，其所据的文本还删去了一部分内容。

问:二十万里铁路兴筑费须六十万万,我国焉有此巨款?先生所谓外资,是否仰给外债?

答:但能兴利,又无伤主权,借债自不妨事。我现在已筹有绝好法子,将来借款筑路,有利无害。

问:此项铁路归国有乎?抑民有乎?

答:初办宜定为民有,便于竞争速成,国家与以保护,限四十年后收为国有。盖与以四十年期间,民有铁路已获利甚巨,国家可以不须款项,以法律收回。无害于民,有益于国。

问:路归民有,将由国家借债,抑任人民自行借债?

答:二十万里铁路,可分为十大公司办理,得各以公司名义自行借债。

问:以民有铁路公司名义借外债,能否达到目的?且以四十年之久,此十大公司得毋为托辣斯乎?

答:民有铁路公司借外债,必能达到目的。彼外国银行惟恐我不借债,借则皆争先恐后。至托辣斯亦可预防。若国家见某路获利最多,亦可于未至限期前,随意择其尤者,用款收买之。

问:先生铁路、练兵二策,既以铁路为第一著手,对于练兵若何主张?

答:练兵五百万,系二十年后事,刻下焉有此巨款。且所谓五百万,指常备兵言。如依征兵制,练兵百万,二年一退伍,有十年工夫,即可得常备兵五百万。再者,练兵乃专指陆军言,海军需款过多,我国纵不能不兴海军,要只先办到防守一方为止。但使铁路贯串全国,有常备兵五百万,即不虞外人欺侮。

问:然则练兵从缓,铁路居先,先生此后将专从事于开导人民及借外债事乎?

答:然。

问:先生专从事社会事业,实令人钦佩!但第二期大总统选举为期不远,恐国民不许先生专从事社会事业奈何?

答:我有我之自由权,国民不能相强也。

问:先生既不欲重当政局,第二期总统恐难得其人。

答:仍以现总统袁公为宜。依我所见,现在时局各方面皆要应付,袁公经验甚富,足以当此困境,故吾谓第二期总统非袁公不可。且袁公以练兵著名,假以事权,军事必有可观。

问:现在一部分议论,对于国体、政体颇有怀疑者,以先生高见,以为民国国体、政体,现在已确定稳固否?

答:何待多疑,民国招牌已经挂起,此后无足虑者。

问:记者亦知民国招牌已经挂起,但如买货者,既问招牌,更必考查所卖之货物。此问题甚大,敢望先生明白赐教。

答:此语予颇不解,是否谓政体与国体恐有不相符者?此在国民心理如何,国民既欲共和,非当局之人所能强以所不欲。彼拿破仑之为皇帝,非拿自为之,乃国民皆欲其为皇帝。否则,虽有强力武功,不能为所欲为。故吾谓此在国民心理。我国民心理既造成共和,即将来绝无足虑,彼外间一部分舆论特虚报恐怖耳。

问:先生铁路、练兵两策,既得闻教,惟皆系将来问题。刻下国家尚未完全统一,若不迅速解决,恐铁路、军事皆无从说起。先生对于现在统一问题之主张,可得闻否?

答:今日国家已经统一矣。

问:中央政府法令不行于全国,各省意见尚未化消,军民分治及省官制争议不决,其他各种权限问题,皆悬搁停滞。先生所谓已统一者,果何所见?

答:此固为现在待决问题。但予以为无难。将来军民分治后,兵权全收归中央，都督可由中央任命。其他交通、财政、外交、司法，皆为中央独占之大权，余则可放任地方。至民政长则以民选为宜。非谓中央任命者皆非好官，以各省人心多趋向民选，若任命则必群起反对，恐更调撤换，政府不胜其烦耳。再者，国家统一，各有限度，如英殖民地坎拿大[①]，濠大利亚[②]等，尚有自练海军及与外国结条约者，然亦终不妨其统一也。

问：先生此项政见，欲在北京发挥之，见于实行乎？

答：予亟欲从事社会上事业。政治上问题，颇拟从缓。

问：对张、方事件[③]，先生之意云何？

答：据我观之，张、方不得谓为无罪。但在鄂都督，似当就地捕拿，诛之于武昌，即不生此问题。假手于中央，未免自无肩膀。而民国草创时代，法律不完，中央政府即接电报，若无依据，以致惹起反对。吾谓中央政府当日应将张、方拿获，解去武昌为上策；否则，亦当依法审判。而中央政府又不在行，故吾谓鄂、京两方皆有不当处。

问：此案误似在于北京，鄂督并无违法。盖鄂督恐张、方党羽众多，杀于武昌，难保不致糜乱，故不得已假手中央。案各省有犯罪者，电请中央拿捕，事理似不为过，在法亦无违背。特中央接电后欠审慎耳。先生谓民国初创，无法可据，难道约法上人民身体非依法律不得逮捕、拘禁、审问、处罚之条文，政府亦未之注意乎？故

① 坎拿大：即加拿大。

② 濠大利亚：即澳大利亚。

③ 张、方事件：南北议和后，黎元洪不断排挤革命党人，张振武屡次与黎抗争。于是，黎与袁世凯勾结，以调和为名，诱张入京。一九一二年八月十五日夜，袁命令逮捕张振武及随员方维，并于翌日凌晨一时，即予枪杀。事后，袁公布了黎元洪请杀张振武、方维的密电，该电诬告张“破坏共和，倡谋不轨”。

此案误在政府不在行，于鄂督不相干。

【记者报导：孙中山闻言默然点首，时已至约定时间，遂握手而别。】

据北京《亚细亚日报》一九一二年八月二十九日《孙中山先生之政谈》

在北京袁世凯欢宴席上的答词*

（一九一二年八月二十八日）

今日承大总统特开大宴会，备极嘉许，实深感谢！

我中华民国成立，粗有基础，建设事端，千头万绪，须我五大民族全体一心，共谋进步，方可成为完全民国。现有少数无意识者，谓中国空有共和之名，而无共和之实，大不满意于政府。殊不知民国肇建，百废待举，况以数千年专制一变而为共和，诚非旦夕所能为力。故欲收真正共和效果，以私见所及，非十年不为功。今袁总统富于政治经验，担任国事，可为中国得人庆。

兄弟所最崇拜袁总统，有一件事最为人所信者：中国向以积弱称，由于兵力不强，前袁总统在北洋时，训练兵士，极为得法，北洋之兵，遂雄全国。现共和粗建，须以兵力为保障。昔南非洲有某二共和国，以无兵力，卒至被人吞并。可见共和国家，无兵力亦不足救亡。今幸有袁总统善于练兵，以中国之力，练兵数百万，保全我五大族领土。外人素爱平和，断不敢侵略我边圉，奴隶我人民。但练兵既多，需费甚巨。我辈注重人民，须极力振兴实业，讲求民生主义，使我五大族人民，共浚富源，家给人足，庶民生有赖，而租税

---

* 是日晚，袁世凯正式宴请孙中山，并请各部长、各高级军官及参议院议长、秘书长与诸满蒙王族作陪。席间，袁对孙中山备加赞扬，并高呼中山先生万岁。

有所自出，国家岁入，日见增加，则练兵之费，既有所取，教育之费，亦有所资。以我五大族人民既庶且富，又能使人人受教育，与列强各文明国并驾齐驱，又有强兵以为之盾，十年后当可为世界第一强国。想在座诸公，亦乐观厥成。

【词毕，孙中山举杯高呼：袁大总统万岁！中华民国万岁！五大民族万岁！】

据上海《民立报》一九一二年八月三十日

在北京广东公会欢迎会的演说

（一九一二年八月二十九日）

兄弟去国离乡数十年于外，与诸君承颜接词之日少。去岁以全国同胞之力，推翻专制，建设共和，兄弟奔走其间，得以达平生之目的。后南北统一，退居公民，得回本省，与父老闲话沧桑。然睹我广东之情形，实有可危之象。今承诸君厚意，复得欢聚一堂，兄弟于我广东，对于诸君有无穷之希望。现我广东有三大问题：一、政治问题，二、经济问题，三、军队问题。对于政治应求良美，对于经济应求活动，对于军队应求拣〔?〕遣，保全地方治安，维持中央政府。此兄弟所窃望于诸君者也。

据北京《民主报》一九一二年八月三十日《孙中山先生一日之小史》

在北京全国铁路协会欢迎会的演说

（一九一二年八月二十九日）

现在中华民国成立，得达共和目的，人人皆志愿已足。愚则以为未也，必使中华民国立于地球上为莫大之强国而后快。特今日中国既贫且弱，曷克臻此，故欲能自立于地球上，莫如富强。富强之道，莫如扩张实行交通政策。世人皆知农、工、商、矿为富国之要图，不知无交通机关以运输之，则着着皆失败。譬如香山县，由县城至敝乡，不过五十里，舟车不通，人以肩负物，每百斤脚价约一元，以每吨计之，不下七元。若由美国经数万里运货至中国，每吨不过二元五毛。以中西同一货物，价值五元，加以水脚计之，在美来不过七元五毛，而中国自运则十二元矣。人情喜便宜，断不能舍贱而买贵，则交通不便，实业必不能发达，可以断然。前时在安南、广西曾见农家烧毁陈谷，询之，因运道不通，无处可藏，故毁弃之，可为旁证。故今日欲谋富国之策，非扩充铁路不可。

愚见拟于十年建筑二十万里铁路，在旁人乍听之，以为诧异。若以最浅近、最简单之法言之，则人人共晓。譬如以十人一年工作筑造路工一里，以此推之则二十万人一年可筑二万里，二百万人一年可筑二十万里矣。以中国四万万人计之，能当路工者，岂止二百万人乎？特一人驾驭二百万人或不易，或以各小团分办，则规画自易。期以十年，则范围更宽，其成功可操券也。惟是此项预算，必须六十万万元。以美国铁路每年收入七万万计之，合中国币不下十五万万元。将收除支，大约盈余准在六七万万元，以十年计之，尽可还本。将来每年增加十数万万，比现在中国每年收入三万万算之，多出四倍，则民间负担之力，可以锐减，兴办各事，不必患贫矣。而鄙人尤以缩短时间为最要。以今日草创伊始，以为路之速成与否，似无关得失。由其后路溢利之日，回首当初，其时间岂止一刻千金，至为宝贵。即如美国收入十五万万，平均计之，每日四百万，若迟筑十日，则四千万矣。延误光阴，坐弃巨款，岂不可惜！故鄙人尤以迅速为要。至于藉此筑路，运输农工商之实业，其中直接间接官民受益，岂止倍蓰！故今日欲言富国，必以此始，亦舍此别无良策也。

至强国一节，譬如中国有二百万兵，分布二十余省，平均不过十万耳，人以三十万兵，可以制胜而有余。盖人以三十万兵敌十万，非敌二百万也，其制胜可断然矣。其故皆由交通不便，运兵运饷，非数月不能到，及其到时，则大事〔势〕已去矣。则名为二百万兵，与无兵同。今若铁路交通，不过百万兵已足。盖运输便利，不过数日可到，分之虽少，合之则多。以百万兵敌三十万，加以主客异势，蔑不胜矣。故鄙人以为欲谋强国，亦必自扩充铁路始也。

以上各节，仅就愚见所及，布臆于诸君，祈诸君有以教之。如果诸君不河汉斯言，各出其经验及专长以经营之，鄙人可决中华民国为最富最强之国，亦可决中华民国为地球上[为]最有名、最富强之国。民国幸甚。

据上海《民立报》一九一二年九月五日《欢迎孙先生三大会记》

在北京邮政协会欢迎会的演说

（一九一二年八月二十九日）

鄙人于邮政素无学问，但现在〔由〕欧美回来，颇有新知，愿贡诸君之前。一、邮政。各国邮政，向来用邮船或铁路输送，现在发明一种新法，用汽管运输，其快便比船路数倍。二、电报。中国用号码，翻译甚为不便，现在各国发明一种绘图电机，将来用写中文，亦可仿行。三、因邮便之便利，以运送各物。各国近今甚发明，以为收入之大宗。至于储金一事，德、美各国最为发达，为人民生计上甚有关系也。以下〔上〕各节，略举所闻，以贡于诸君。日谋邮政之发达，则中华民国幸甚。

据上海《民立报》一九一二年九月五日《欢迎孙先生三大会记》

在北京湖广会馆学界欢迎会的演说

（一九一二年八月三十日）

兄弟今日承学界诸君厚意，欢聚一堂。兄弟于我中华民国学界前途，对于诸君有无穷之希望。盖学问为立国根本，东西各国之文明，皆由学问购来。我国当革命以前，专制严酷，人无自由之权。然能提倡革命，一倡百和，以至成功，皆得力于学说之鼓吹。数十年来，奔走运动，都系一般学界同志之熟〔热〕心苦业，始得有今日之共和。今破坏已完，建设伊始，前日富于破坏之学问者，今当变求建设之学问。

世界进化，随学问为转移。自有人类以来，必有专门名家发明各种专门学说，然后有各种政治、实业之天然进化。二十世纪以前，欧洲诸国，发明一种生存竞争之新学说。一时影响所及，各国都以优胜劣败、弱肉强食为立国之主脑，至谓有强权无公理。此种学说，在欧洲文明进化之初，固适于用，由今视之，殆是一种野蛮之学问。今欧美之文明程度愈高，现从物理上发明一种世界和平学问，讲公理，不讲强横，尚道德，不尚野蛮。从前生存竞争之学说，在今日学问过渡时代已不能适用，将次打消。何谓过渡时代，盖由野蛮学问而过〔进〕于文明学问也。诸君今日于学问一途，尚当改良宗旨，着眼于文明，使中国学问与欧美并驾，则政治、实业自有天然之进化，将来中华民国庶可与世界各国同享和平。且专制时代，一般士子求学之心思皆以利权为目的，及目的达到，由是用其智识剥害民权，助桀为虐。是学问反为贼民贼国之根由，此兄弟从前之所痛恨最切者。今国命既革，诸君求学之心思，亦宜更革。盖共和之国，首重平权，弱肉强食、优胜劣败之学说是社会之蠹，非共和国之所宜用。我国四万万同胞，智愚不一，不能人人有参政之智能。才智者既研究各种学问，有政治之能力，有政治之权势，则当用其学问为平民谋幸福，为国家图富强。诸君须知此后求学方针，乃期为全国人民负责任，非为一己攘利权。从此研究文明学问，铲去野蛮学问，使我国之道德日高一日，则我国之价值亦日高一日。价值日高，则有神圣不可侵犯之地位，而瓜分之说，自消灭于无形也。兄弟于诸君有厚望焉。

据北京《民主报》一九一二年八月三十一日
《中山先生之学界伟谈》

附：同题异文*

此次革命成功，多赖学界之力。此后各种建设，亦须赖全国学界合力进行，方能成功。学界关于国家前途既如此之重，不能不定一进行之方针。从前学界中人所知者，生存竞争、优胜劣败而已。然此种学说，在欧洲三十年前，颇为盛行。今日则不宜主张此说，应主张社会道德，以有余补不足。大凡天之生人，其聪明材力各不相同。聪明材力之有余者，当辅助聪明材力之不足者，在政治上为工人，在社会上为社会公仆。今日中国革命成功，适值改良学说之际，学说既宜改良，方针亦宜改变。所谓今日唯一之方针者，社会道德是也。

从前惯习，往往学生自命为学校之主人翁。鄙意以为此等思

* 《总理演讲新编》中注明，此件为“民国元年八月在北京学界欢迎会演讲大意”，当与前文系同一次演说，但文字有异，现附载于此。

想，只宜于专制时代。皇帝为全国之大主人翁，压制平民，学生在学校学成之后，辅助君主，欺辱平民，虽不能为大主人翁，亦可为小主人翁。今则不然。现值政体改更，过渡时代，须国民群策群力，以图振兴。振兴之基础，全在于国民知识之发达。学界中人，当知所负责任之重，今日在校为学生，异日即政治上之工人，社会上之公仆，与专制时代学生之思想大不相同。学界能尽其责任，国基方能巩固。愿诸君勉之。

据《总理演讲新编》《学生应主张社会道德》

在北京参议院欢迎会的演说

（一九一二年八月三十一日）

兄弟今日所最希望参议员诸君者，在于民国建都一事。北京以地势论，本可为民国首都，故自明迄清俱无迁移。而北有山海关，南有津沽，炮台林立，国防亦固，此兄弟二十年前北来所目睹者也。无如庚子以后，国权丧失，形式〔势〕一变，南北险要，荡若平夷。甚至以一国都城之内，外人居留，特画区域，炮台高耸，兵队环集，是无异陷于外人势力包围之中，被束缚其手足。此后我若举行练兵增防，彼必横行干涉，甚且彼亦愈增兵设防。而况都城地点，北邻两大强国。俄在蒙古，日占南满，韩、满交通日便，一旦有变，五日间日兵可运到十万，北京内外受困。如此，可知时势不同，断难拘守旧说。在前清时代，举国上下，敷衍因循，遗误至此，可胜浩叹！兄弟之为此言者，非好事变更，实国家中心之政府，处此危城，万无腾展之余地，为可哀也。

即如兄弟此次来京，前日至〈东〉交民巷，我兵有一人误入外人门户，次日外人即有公文到外交部，责我违背条约。本国人在本国都城内，尚受外人限制，此地尚可一朝居乎？古人谓城下之盟，为丧权辱国。诸君试想，国都内受此限制，辱岂仅如城下之盟！夫亚洲国家，强如日本，弱至暹逻〔罗〕，皆无受困至此者。而我以莫大之古国，新造之邦基，岂可不于此首谋所以位置。故兄弟谓北京万不可居，将来须急速迁移。至于地点，则长安、开封、太原、武昌、南京，无之不可。春间武昌、南京之争，皆不成问题。亦非谓武昌离海较远，即可图存。盖图存在能自强，如不自强，即远至成都，贼亦能往。不过目前择一离外人稍远，免于就近受缚如北京之地者，便于自由练兵，从容活动耳。

今日世界各国，乃武装的和平。无事时不知感觉，一旦有事，北京政府只有坐以待毙。兄弟来京，认此为最大问题，二三日后，即将与袁总统详细协商。在袁总统对此亦无甚成见，将来不难得其同意。至有谓迁都为外人所不许者，兄弟谓外人断不至如此野蛮。我之国都，我欲迁徙，外人不应无理干涉。若担保其无意外危害，谅外人亦必以我之迁都为然。兄弟所见如此，愿参议员诸君注意。是所切望。

据上海《民立报》一九一二年九月六日《参议院欢迎孙先生记》

在北京与各报记者的谈话

（一九一二年八月）

记者问：先生此次来京，约有几日勾留？

先生答：约三四星期，即须他往。

记者问：先生离京之后，尚往何地游历？

先生答：当由东三省往日本，并须赴欧洲一行。

记者问：闻前清隆裕太后欢迎先生，有此事否？

先生答：未闻此说。

记者问：黎氏于张、方案，先生意见若何？

先生答：黎氏办理张、方案件，实属过当，若张振武有罪，尽可径由鄂省办理，不必移至京师也。

又，先生极主张迁都，其地点或在南京，或在武昌，或在开封均可。谓北京乃民国首都，而东交民巷乃有大炮数尊，安置于各要隘，殊与国体大有损辱。且北京乃前清旧都，一般腐败人物，如社鼠城狐，业已根深蒂固，于改良政治颇多掣肘。又以地势衡之，北京地点偏于东北，当此满、蒙多事之秋，每易为外人所挟制。故迁都问题，实为目前之急务。

据中国国民党中央委员会宣传部编《总理谈话新编》
（南京一九三〇年版）《迁都问题为目前之急务》

在北京与袁世凯的谈话

（一九一二年八月）

袁氏问：国人对于借款，多不满意，现在借款已决裂，影响所及，究竟如何？先生高明，幸有以教我。

先生答：目下财政困难，势不能不出借款之一途。但用途宜加详审，数目不可太多耳。现大借款已决裂，其影响于国内，必有以下之数端：一、各省自由借款，恐引起外人无穷之干涉。二、地方自由借款，中央失其统一能力，财政愈觉紊乱。三、中央财政困难，则惟恃盐税等为补苴，对内外之信用，不易确立。四、中央恃地方协济，则必力撙节行政经费，人才必不愿入新政府任事。

袁氏问：先生对于军民分治问题，有何意见？

先生答：军民分治，法美意良。惟须规定一妥善之法，务使分治得宜，两方俱有完全之责。然军权亦不可尽归都督，须由军长与兵士分掌之，庶免仍蹈专制故智。故消纳军队，实为分治之要着。文意莫如俟国会开时，乃行讨论，较为妥善。

袁氏问：西藏独立，近有主张以兵力从事者，先生以为然否？

先生答：余极端反对以兵力从事，一旦激起外响，牵动内地，关系至大。故余主张两事：一、速颁待遇西藏条例。二、加尹昌衡宣慰使衔，只身入藏，宣布政府德意，令其自行取消独立。

据《总理谈话新编》《消纳军队实为军民分治之要着》

复农业促进会函

（一九一二年八月）

顷奉惠函及农业草章一束，维诵之余，深叹诸公于农业一事，造端宏大，筹备精详，一洗向来因陋就简之习，国利民福，实基于此，不禁额手欣颂，敬佩无涯。民生主义，为仆素所主持，农业又为民生切实之图，深望贵会早日成立，督促进行，挽救当前之凋敝。仆向以我国农业之不修，思欲振兴而改良之，蓄志已久，以时机未至，未能见诸施行。今得诸公力为提倡，正欣我道之不孤，仆不敏，敢不从诸君子之后以相与有成耶。八月。

据史委会编《总理全书》之十《函札》

在北京军警界欢迎会的演说

（一九一二年九月一日）

军警为立国之基本，世界各强国皆由军警购来。我国去岁起义武昌，各省响应，亦皆由军警界同胞热心向义，始得将专制政府推翻。今共和告成，外侮环伺，所赖于军警界同胞较革命时为尤甚。盖未革命之前，吾人所反对者为专制，故不得不藉军警界同胞之力，将帝制锄而去之。今专制已革，中国一家，所恃以保护我国民者，即军警界同胞是也。我军警界同胞既能同心一志，破坏专制，必能同心一志，稳建共和。当此国势频危，日人驻兵于南满，俄人驻兵于蒙古，英人驻兵于西藏，法人驻兵于滇、黔，思为瓜分，以印度我，波兰我，而我之所赖以为对待者，则军警界同胞是。是军警界同胞之责任，较革命之责任为尤重。我军警同胞须知合力同心，以尽对外之义务，决不可干预政治，扰乱腹地，以促中国之亡也。

我国共和程度，尚在幼稚时代。我军警界同胞只宜扶持之，保护之，决不宜鞭笞之，摧残之。专制时代之军警，专为保护皇室，残害同胞。共和时代之军警，则为捍御外侮，守卫同胞，共享利益。外国军警，皆以对外为主义，于本国之内政，立于观望之地，各尽天职，不相妨害，故其国之富强，蒸蒸日上。今我军警界同胞，果能以国家为前提，努力前途，对于外尽捍御之劳，对于内尽维持之力，则我中华民国自此日进富强，可称雄于东亚也。兄弟承诸君厚意，欢聚一堂，实于诸君有无穷之希望焉。

据上海《民立报》一九一二年九月八日《九月一日孙先生欢迎会记》

在北京蒙藏统一政治改良会欢迎会的演说

（一九一二年九月一日）

今日此会，聚蒙、藏同胞于一堂，实为亘古以来未有之盛举，至足感佩！我国民以自由、平等、博爱三主义造成共和国家。凡我蒙、藏同胞，首即当知共和国家异于专制国家之要点。专制国家，其利益全属于君主，共和国家，其利益尽归于国民，此即共和与专制之特异点。前清极盛时代，合并蒙古、西藏、青海、回疆为亚洲东部一大部，然国民实无丝毫之利益，其利益尽为皇帝一人所占有。即如今之俄国，其政府之强固，国力之充实，正如前清盛时，且或过之。然而俄国人民不惟不能享受国家何等之利益，于政治上且感受种种之苦痛。盖专制国通例，国愈强者，其人民之苦亦愈甚。共和国则反之。在共和国度中，其国民利益之增减，视国家之强弱为正比例。国家强盛，其国民之利益日日增多，国家衰弱，其国民之利益日日减少。盖共和国以国民为国家之主体故也。

今我共和成立，凡属蒙、藏、青海、回疆同胞，在昔之受压制于一部者，今皆得为国家主体，皆得为共和国之主人翁，即皆能取得国家参政权。方今共和初建，各种政治条理尚未发生，将来国家立法，凡有利于己者，我同胞皆得赞同之，有不利于己者，同胞皆得反对之。非如前清之于蒙、藏，部落视之；俄国之于人民，奴隶视之；日本之于高丽，牛马视之。日本虽强，高丽人乃日即于苦痛，无丝毫利益之可言。凡我蒙、藏同胞，亦当知所以审择矣。惟以蒙、藏同胞目前未知此理，日受外人挑弄，乃发生种种背谬之行为。吾辈丁此时艰，所当力为劝导，俾了解共和之真理，与吾内地同胞一致进行，以共享共和之幸福。则贵会诸君之责任，亦即鄙人所希望于诸君者也。

据上海《民立报》一九一二年九月八日《九月一日孙先生欢迎会记》

复阎锡山电*

（一九一二年九月一日）

此次来京，本拟游晋，以领诸同志大教。乃先辱蒙电招，感激无似。一俟事竣，即当奉命。

据北京《民主报》一九一二年九月一日《晋人欢迎孙中山先生之热忱》

在北京报界欢迎会的演说

（一九一二年九月二日）

今日蒙报界诸君欢迎，甚幸！此次中国革命，数日成功，皆报界诸君言论鼓吹之力。今日得与主持言论机关诸君一堂握手，鄙人现有一种意见，欲与诸君详晰言之，尚望诸君协力提倡，以底于成。

鄙人之意见，以现在政治之事，有袁大总统及一般国务员担任，鄙人从此即不厕身政界，专求在社会上作成一种事业。如蒙诸君赞成，俾鄙人所怀抱之计划得实行，必与民国前途大有利益。鄙人所计划者非他，即建筑铁道问题是也。鄙人此种计划，在上海时既已宣布，到京之后，亦与袁大总统商议。如得国民多数之同意，鄙人即着手进行。鄙人拟于十年之内，修筑全国铁路二十万里。惟现当民穷财竭之时，国家及人民皆无力筹此巨款，无已，惟有募集外资之一法。惟借外资修路一事，在前清之时已成弊政，国民鉴

---

* 此件所标时间系《民主报》发表日期。

于前者之覆辙，多不敢积极主张。殊不知满清借债修路，其弊病在条约之不善，并非外资即不可借。当满清之时，反对借债修路者，以四川、湖南、湖北几省为最烈。然鄙人亦与该数省之人士讨论此问题，皆谓当日之反对外债，实因条约不善，动辄妨害国权，并非借外债即反对。若能使借债之条约不碍主权，借债亦复何伤！近日各省舆论皆如此。况且我国现有铁路，如京汉、京奉、津浦、正太各线，何一非借债而成。惟京张铁路，系中国自己出资所修，然其资本又系京奉铁路之余利，其实仍系间接借债，并非中国自出资本。惟中国借债，往往将各种权利抵押外人，或以厘金为投〔抵〕押，或以关税为抵押，故人民多不赞成外债。现在鄙人之计划，虽预计借款六十万万，其实此项借款并非全用现款。综核计之，不过用五分之一现款，其余仍由外国购办材料。所余五分之一之现款，为数不过十余万万，在外国资本家视之甚易。

又有谓现在我政府屡次与各国资本团磋议借款，其额数多则六万万，少则二万万，然至今仍未成立，将来能否续行开议，尚不可定，岂六十万万借款，反可立集乎？不知铁路借款，与他种政治上之借款不同。我用外国之款，转购外国之材料，所有各国公司工厂皆有利益，各国必争先投资，绝无观望之可虑。

又有谓地球之上安有此多数之款，以借我用。此说尤误。譬如饥荒之人，以为天下皆无钱无米，其实米店之中，惟恐米不畅销，钱铺之中，惟恐钱不流通。盖在饥荒人之眼光，以为自己无钱无米，则谓天下皆无钱无米。此大不然。吾国今日处此财穷物尽之秋，以为本国资本缺乏，即谓各国皆无资本。不知各国之资本家，即如米店钱铺，惟恐我不借他之款。今我若以借款修路为计划，募集外债一层，决不甚难，无可过虑。英国现在提出铁路之资本，已达三百万万之数，就此一端，已可概见。

又有谓二十万里之铁路，虽有资本，十年亦不易修成。此又非也。今以十年为计划，此中已有宽余之岁月。以二年募齐外债，以二年测量线路，有五年之工夫，可以全路告成。此亦并非空言。坎拿大修筑铁路，全线亦计十万里有奇，在中国招集华工十五万，三年全路告成。我国自修铁路，不用远涉重洋募集工人，难易已大不同，五年之内，必定可以竣工。

又有谓鄙人之计划，未免言大而夸，万难办到。不知以我国幅员之广大，修路二十万里，此为至小之计划。美国全国现有之铁路已在八十万里之数，然美国之幅员，不敌我国之大。以此计之，我国十年之内，修路二十万里，确系极小之规模，并非大言夸众，千万不可误会。又况以国防而言，以政治而言，以文化而言，铁路皆有极大之关系。

现在以国防不固，俄在北满及蒙古进行，日本在南满洲进行，英国在西藏进行。我国兵力若能保护边圉，断无此等事实。然我国果无兵乎？则何以筹借外债，遣散军队。既遣散军队，人人皆知兵少〔多〕，然用兵之处，则并一兵而无之。此何故哉？此即交通不便之故。又如现在俄国政府议由恰克图修至张家口一条铁路，筹议已久，转眼即见事实。试问俄国向我政府提议之后，我政府将何以应付？将拒之乎？仰〔抑〕承认之乎？我若及早自修，俄政府即无所藉口，而可以保全我之领土。且闻我政府提出此议后，法国资本家皆欲附股，将来筹款必易。我国若能趁此自修，法资本家亦必投资于我，此必然之势。至虑将来资本家压制劳动社会，此层不必过虑。鄙人之铁路计划，系预定四十年后，由国家赎回，仍为国有。不过开办之时，由民间与外国借款，政府每年仍可得利。铁路公司并不能专利垄断，如美国之有钢铁大王及铁路大王等名目。至于以保全领土而论，此事尤不可缓。东三省非我之完全领土乎？现在何以入于日，入于俄？此无他，即因俄有东清铁路，日有南满铁路故也。

总之，今日修筑铁路，实为目前唯一之急务，民国之生死存亡系于此举。惟民国之主权在人民，人民以为可则可，人民以为否则否。此事如人民以为然，鄙人可以担任，十年之内一律修成。惟诸君为舆论代表，务望诸君一致鼓吹，使全国之人趋向一致，鄙人即可壹志进行，总期达此目的而后已。此事总须诸君竭力协助，方可有成。鄙人之所祈祷于诸君者此也。

据上海《民立报》一九一二年九月九日《九月二日之孙先生欢迎会》

附：同题异文

兄弟今日承诸君盛意，欢聚一堂，兄弟之所希望于诸君者至为深远。盖我国此次革命，全赖报界鼓吹之功。今共和告成，建设伊始，报界之力量较前日为宏，而报界之责任较前日尤重。上而监督政府，下而开导人民，为全国文明进化之导引线。故报界之力量日大，则国家之文明程度日高。

今当国疾民贫之时，我国立国之本，当以建筑铁路为第一政策。兄弟主张于十年内修二十万里铁路，借六十万万外债以为资本，实救国之要着，必赖报界尽鼓吹之能力，使一般人民皆知铁路之有益无害，借债之有益无害，庶铁路有告成之日，而中国有富强之期。盖借债修路，本系百利而无一害。譬如我国京奉铁路，是借外债以修成者，后以所得之利续修京张铁路。现京奉铁路所获之利，十倍于资本，而东三省之农业、工业、商业皆因之而发达。此外如沪宁铁路等等，无不恃外债而始筑成。但从前借债筑路，或以盐务抵押，或以厘金抵押，或以关税抵押，或以所修之铁道抵押，故虽铁路筑成，而利权已入他人之手。从前一般人民多反对借债修路之事，探其实际，非真反对借债修路，系反对条件不善，丧失国权也。兄弟今日借债之意见，与从前不同，不由政府与外国银行团借。盖由政府与外国银行团借，即成为国际交涉，银行团势必质问本国政府，彼国政府势必多方要挟，是今〔昔〕日借债之现象是也。兄弟今日借债，则直由本国国民名义与外国资本家交涉，不须政府担保，不须抵押。外国资本家自愿以其资本投入我国，必不至如今日政府借债之难也。以国民名义组织一铁道公司，获利可接济政府，失本与政府无干。后来政府即可将原本购取所修铁道，收归国有，此为至要政策。

今日者强邻环视，我国若不急急将铁道修成，则俄人必欲夺我之蒙古铁道路线，日人必欲夺我之闽浙铁道路线，英人必欲夺我之西藏铁道路线，法人必欲夺我之云贵铁道路线。铁道为人所夺，国即为人瓜分。我报界诸君，既为全国言论机关，果能尽力鼓吹，使全国人民无排外之恶感，知借债筑路为救国之急务，于十年之内将二十万里之铁道筑成，中国富强可与欧美并驾。

兄弟现于政界务脱离关系，惟于铁道则引为己任，极力提倡。报界为开通民智之先觉，诸君亦当引为己任，提倡之，鼓吹之。兄弟于诸君有无穷之希望焉。

据北京《民主报》一九一二年九月三日《中山先生昨日莅会之名言摘要》

在北京中华民国铁道协会欢迎会的演说*

（一九一二年九月二日）

日前鄙人曾受北京铁路协会①之欢迎，当日并举鄙人为名誉

* 中华民国铁道协会为原南京临时政府交通部次长于右任等组织。

① 北京铁路协会：即全国铁路协会，是由北京政府交通部组织。

总理。今日又受本会之欢迎，鄙人亦为总理。在鄙人之意，则甚主张两团体合并，以厚积势力，俟将来徐图之可也。但今日之铁路问题，实为中国生死存亡之问题。今日修筑铁路之困难问题，即借债问题。今日若能修筑铁路，惟有欢迎外债，不能反对外债。若反对外债而欲修铁路，则铁路必无修成之望。鄙人深信外债之不足以祸国，且深信借债修路与中国有百利而无一害。即现在所有已修之铁路，无不获利。即如京奉铁路尚不十分发达，每年所获之利已属不赀。京张铁路为其余利所修，此可概见。又如东清、南满两铁路，为日、俄两国所修，似与我国无利，然亦不然。当东清、南满两路未成之前，满洲之大豆，仅由营口一处出口，每年出口不过一百余万，自两路修成之后，今则达一百万万〔?〕以上，皆因两路交通之利，故东三省农民，受益匪浅。此犹他国修成之路，我犹受益如此，若我自修之路，更当受益何如？故今日我国，如欲立足于世界，惟有速修铁路，以立富强之基。不然，外人之势力日益伸张，而铁路政策，实足以亡人家国。铁道协会之组织，即以鼓吹提倡为宗旨，想诸君亦必以鄙言为然。

据上海《民立报》一九一二年九月九日《九月二日之孙先生欢迎会》

附：同题异文

前日由诸公举兄弟为全国铁道协会会长，兄弟是所愿意。盖今日铁道为立国之本，兄弟已屡言之，借债筑道之利益，是皆诸君之所赞成者也。借债筑路宜急不宜缓，中国当此极贫极弱之时，非多筑铁路不能转贫为富，转弱为强。中国因无铁道，以致交通不便。政府借债大半为解散军队，倘有铁道，则交通便利，可将内地之军队输于边疆，以保吾圉。如蒙古，如西藏，皆由兵力薄弱，以致外侮侵凌，是皆交通不便之故。南美六十年以来，全国铁道修至八十万里，皆借外债以修成之。南美之疆土不过三万万里之广，尚有八十万里之铁路。我国疆土有十一万里〔?〕之广，二十万里铁路，较〈南〉美固为极少焉者。俄国、日本之铁道，大都借债以修成，而国即因铁道而富而强。我国人数极多，佣工于外洋者不计其数，以筑路之工程而论，一千人每年可筑一万里。如全国人皆一律赞成，无有反对，五年即可将二十万里路线修成。由是以所获之利，渐次续修，将来利益必有十倍于兄弟所云者。铁路协会有提倡此事之责，愿诸君研究办法，实力进行。兄弟于诸君有厚望焉。

据北京《民主报》一九一二年九月三日《中山先生昨日莅会之名言摘要》

在北京的谈话*

（一九一二年九月二日）

一、关于迁都事

予不至北京已二十年，此次重来，未改旧观。惟国都有外兵驻扎，城头安置各国巨炮为可慨耳！试思举一国之首都，委之他国人代为守护，是可忍孰不可忍？所以予有迁都之建议也。

二、关于达赖背叛事

达赖背叛，纯系外人运动所致，我如诱以爵位，饵以重金，或可就我范围。若专恃正式讨伐，微特无济，恐益坚其外向之心。

三、关于张、方案

弹劾大可不必，盖于事实毫无补救，徒费良好时光。

据《国父全集》第二册《游京杂志》（转录《中华民报》一九一二年九月二日）

---

* 此件所标时间系《中华民报》发表日期。

复南京参政同盟会女同志函

（一九一二年九月二日）

同盟会女同志公鉴：

来函敬悉。男女平权一事，文极力鼓吹，而且率先实行。试观文到京以来，总统府公宴，参议公宴，皆女客列上位可证也。至党纲删去男女平权之条，乃多数男人之公意，非少数人可能挽回，君等专以一、二理事人为难无益也。文之意，今日女界宜专由女子发起女子之团体，提倡教育，使女界知识普及，力量乃宏，然后始可与男子争权，则必能得胜也。未知诸君以为然否？更有一言奉献：切勿倚赖男子代为出力，方不为男子所利用也。

此复，并期努力进行。

孙文谨启　九月二日

据南京市博物馆藏原函

在北京五族共和合进会与西北协进会的演说

（一九一二年九月三日）

五族共和合进会、西北协进会欢迎鄙人，愧不克当！窃维民国成立，五族一家，地球上所未有，从古所罕见，洵为〈盛〉事。大〈抵〉革命之举，不外种族、政治两种，而其目的，均不外求自由、平等、博爱三者而已。征之历史，世界革命有因种族而起，有因政治而起。（中略）我国去年之革命，是种族革命，亦是政治革命。何则？汉、满、蒙、回、藏五大族中，满族独占优胜之地位，握无上之权力，以压制其他四族。满洲为主人，而他四族皆奴隶，其种族不平等，达于极点。种族不平等，自然政治亦不能平等，是以有革命。要之，异族因政治不平等，其结果惟革命，同族间政治不平等，其结果亦惟革命。革命之功用，在使不平等归于平等。（中略）

我国去年革命，影响及于全部，而仅以数月之短时期，大功〈已〉告成。成功之速，可云天幸。今者五族一家，立于平等地位，种族不平等之问题解决，政治之不平等问题亦同时解决，永无更起纷争之事。所望者以后五大民族，同心协力，共策国家之进行，使中国进于世界第一文明大国，则我五大民族公同负荷之大责任也。现在世界文明未达极点，人数〔类〕智识，犹不免于幼稚，故以武装求和平，强凌弱，大欺小之事，时有所闻。然使文明日进，智识日高，则必能〈推〉广其博爱主义，使全世界合为一大国家，亦未可定。

原夫国之所由成，成于团体。自有人类，即有团体，随世运之变迁，小团体渐并而为大团体。蒙昧之世，小国林立，以千万计，今则世界强国大国仅六七耳。由此更进，安知此六七大国不更进而成一世界唯一大国，即所谓大同之世是也。虽然，欲泯除国界而进于大同，其道非易，必须人人尚道德、明公理，庶可致之。今世界先觉之士，鼓吹大同主义者已不乏其人，我五大种族皆爱和平，重人道，若能扩充其自由、平等、博爱之主义于世界人类，则大同盛轨，岂难致乎？

民国人口繁殖，占地球全人口四分之一，为他国所莫及；版舆辽阔，除英、俄二国以外，无与伦比。然美〔英〕属地虽多，过于散漫，将〈来〉难免不分裂。俄则领地瘠寒，可生产之沃土不多。惟中国地带温和，物产较〈繁盛〉，占天然之优胜。加以人物聪秀，比白晰人种有过之无弗〈及〉。从前衰弱，实因压抑于专制淫威〈所〉致。

此时国体改定共和，人民生息于良政治之下，其文化进步甚速，不出十年八年，必成一至强极盛之国无疑。是故以前之中国，为悲观失望之中国，以后之中国，为乐观有望之中国。但愿五大民族相爱相亲，如兄如弟，以同赴国家之事。主张和平，主张大同，使地球上人类最大之幸福，由中国人保障之，最光荣之伟绩，由中国人建树之，不止维持一族一国之利益，并维持全世界全人类之利益焉。此则鄙人所欲与五大民族之同胞共勉者也。

据上海《民立报》一九一二年九月十日《初三四日之孙先生欢迎会记》

与某人的谈话*

（一九一二年九月三日）

维持现状，我不如袁，规划将来，袁不如我。为中国目前计，此十年内，似仍宜以袁氏为总统，我专尽力于社会事业，十年以后，国民欲我出来服役，尚不为迟。

据上海《民立报》一九一二年九月三日

在北京共和党本部欢迎会的演说

（一九一二年九月四日）

兄弟此次北来，今日蒙贵党欢迎，至为感谢！现在中华民国共和政体，与专制政体不同。专制政体之主权，为君主一人所私有，共和政体三权分立，各有范围，三者之中尤以立法机关为要。立法机关乃人民之代表，欲求有完全国家，必先有完全议院，必先有完

* 此件所标时间系《民立报》发表日期。

全政党。民国初立所发生之政党，一曰贵党，一曰国民党。二党发生伊始，国民多未解政党之作用，兄弟请与诸君解释政党为何物。

世界最完全政党之国，一为英国，一为美国。英国有两党：一自由党，一保守党。自由党主张自由贸易，保守党主张保护关税，此问题至今相持未决。美国两党：一为共和党，一为民权党。一千八百四十年麦利坚氏征服西班牙及菲律宾群岛之后①，罗斯福继为总统，以扩张海军为急务。罗属于共和党，故共和党亦主张拓张国权，是谓之帝国主义。民权党则反对练兵，彼以为美利坚本世界最富之国，闭关自守，足以自豪，勿须破坏人道主张，侵略他国，是之谓门罗主义。两党各持一义，至今尚未有正当之解决。可知英、美两国政党所争持者，皆是极要问题。至于议院之议案，两党各以是非为依归，不以党见相倾轹。若党中先有意见，提议一案，先联属党员，私自运动，本党提出之议案，虽知无益，亦必通过，他党提出之议案，虽知有益，亦必反对，此种政党，纯乎私见，必与国家无益。民国初成，吾愿两党诸君，以英、美先进国之〔为〕模范。倘以公理为依归，将来必有发达之望，若不以公理为依归，虽人多势众，终必失败，此一定之公理也。

兄弟此次北来，拟从事社会事业，当脱离政界关系。前国民党举兄弟为理事长，今晚开职员会，兄弟即拟辞职，此后即专心致志，办理实业。兄弟前曾主张三民主义，民生主义亦即其一端，惟民生主义至今尚未达到。然民生主义关系国民生计至重，非达到不可。使大多数人享大幸福，非民生主义不可。但外间对于此问题，颇有

---

① 此处有误。事实为：1898年，美国战败西班牙，12月10日美西签订和约，西班牙出让波多黎各、关岛和菲律宾群岛给美国，美付与西班牙二千万美元作补偿。时美国总统是麦金莱（William Mckinley）。

疑虑，与前二十年反对革命相同。殊不知民生主义，并非均贫富之主义，乃以国家之力，发达天然实利，防资本家之专制。德国俾士麦反对社会主义，提倡国家社会主义，十年以来，举世风靡。日本前年杀社会党多人，其政府又主张烟草专卖等事，仍是国家社会主义。可知此主义并非荒谬，世界通行。英、美各国皆受资本家专制之害，总统岁俸不过十万，而资本家之一法律顾问岁俸至三十万，可知资本家之势力矣。至议员又多为资本家所收买。中国十年以后，必至有十万人以上之大资本家，此时杜渐防微，惟有提倡国家社会主义，此则兄弟提倡国家社会主义之微意也已。兄弟欲办铁路，每主张铁路国有，是国家社会主义，为民国富强之基。尚望贵党诸君赞成鄙意是幸。

据上海《民立报》一九一二年九月十日《初三四日之孙先生欢迎会记》

在北京答记者黄远庸问

（一九一二年九月四日）

问：先生之政见，已经各处发表，大都领悉。惟闻先生竭力推举袁总统，以为可以救治中国，但袁总统与参议院之多数党及各省都督，尚未能诚信相孚。长此迁延，国家必无统一之望，先生有何法以维持之？

答：袁总统尚未言及此事。然此事却不甚难，只须袁总统略为迁就，便可互相了解矣。

问：所谓迁就者，于法律上减少中央权限乎？抑用别种方法乎？

答：并非于法律上。即如各省都督，多半主张民选也，有主张中央派的（中山君随将手中所持电报示曰：此即贵州来的电报，他们是主张中央派的)。然欲由中央派去,即于中央不利。

记者急问之曰:即是有主张民选,也有主张简派,然则欲求调和之法,必愿意民选者即任其选举,愿意简派者即由中央简派乎?

答:照原理上,总是民选的好。何以说中央简派反于中央不利呢?此话须得解释。第一,中央派人,不见得尽是好的,而且难得见好。若都督与地方冲突起来,则地方人民抱怨中央,反生地方与中央之恶感,而且中央往往无相当之人可派。譬如我们广东,中央不晓得情形,派那个去才好?若由民选,则即都督不好,他们只能由少数党埋怨多数党,说他不应该选出这种都督,就埋怨不到中央了。第二,都督既由民选,则地方上有不满意都督之处,他就来京依重中央的势力去牵制他。都督恐怕他们牵制,也就不能不借重中央。中央之权力,反能因此增大。譬如我们广东,前有少数人不满意于现在都督,就来京想法子推倒他,即是先例。

问:军民既未分治,则所谓民选者,由军人选举出之耳。先生既主张民选,是否主张军民分治?

答:五六年内,军民分治的事情也是办不到的。因为不主张分治的人,中央未必能派兵去打他。

问:然则有何方法以处之?

答:此必等待兴征兵制度,将此等的新兵,尽归中央管理。而地方老兵,或归天然淘汰,或改归警察。地方上无兵权,自然渐渐可以分治矣。

问:然则如先生所定,五六年之内,中国必无统一之望矣。

答:五六年不统一,有甚么要紧,何必如此心急。美国到如今还没有统一。

问:美国之统一,似应比中国更难。因为中国向来是统一的,美国却原是联邦的雏形。

答:美国革命之后,乃是联邦,其先并非联邦也。

问:若是国内可以自立,照现在情形,本没有什么要紧。但现在外蒙之乱,已及内蒙。西藏原有驻军,已自大吉岭送归,而四川征藏之兵又不能前进。外患情形,如此逼迫,国内四分五裂,何以对外?

答:对外一层,是与这个问题没有关系的。若是现在要打仗,我们广东尽可出兵三万,自行筹饷。说到外国的事情,我们中国的人心,人人是一致的。

问:现在蒙、藏情势如此,外交紧急,全体皆动,先生以为中国有亡国之忧否?

答:决无,决无。

问:先生政策,记者向颇研究,也有懂的,也有不懂的。自先生到京后,记者深佩先生为中国第一之乐观派。但全国人心多半是消极悲观,有一部分人对于先生乐观之说,颇怀疑义。以为人已快死,你还是那里说种种高兴的说话。故记者之意,以为先生必须将蒙、藏诸紧要问题,设法与袁总统解决,令全国人心恍然大悟,中国之必不至于亡,而后对于先生所说种种事业,亦必异常踊跃。

答:这个是关系外交很复杂的很秘密的法子,是有不能宣布。

问:记者决不发表,先生作为个人的秘密谈话何如?

答:决不可以,决不可以。

问:先生的铁路计划,定于何时切实发表,真正实行?

答:这个我已经与政府商议。政府答应的条件是很宽的。只要外国人肯借,没有十分损害主权,就会答应。将来看参议院怎么样通过,我就按照所定条件,去募债,去造路。

问:铁路计划既是先生发起,别人不能十分明白,将来光景是要由先生一个人承办的。

答：那个我总得要同各省商量，即如湖南现在就有电报请我去帮他们的忙。

问：先生所开三条路线，内有好多已归外人承办，此等如何办法？

答：本来是外国人办的，原是归他们办，我们不过辅助他们，并无妨碍。

问：先生将来必须还要到外国直接募债罢？

答：募债的事情，非到临时不能豫计，将来或是直接募债，或是与外国工程师订立合同，共同办理。

问：究竟先生对于袁总统之批评何如？

答：他是很有肩膀的，很喜欢办事的，民国现在很难得这么一个人。

问：他的新知识、新思想恐怕不彀么？

答：他是很清楚的。象他向来没有到过外国的人，能彀这么清楚，总算难得的。

问：他有野心没有？

答：那是没有的。他不承认共和则已，既已承认共和，若是一朝反悔，就将失信于天下，外国人也有不能答应的。除非他的兵不特能彀打胜全国，并且能抵抗外国，才能办到。这是怎么能彀的事情？况且现在已经号令不行于地方，他若改变宗旨，于他有什么利益呢？

问：这种说话，都是由各政党生出来的，于国家有种种不利，究竟先生看看现在中国政党之弊病在什么地方，有何方法可以救正？

答：这个一时是没有甚么法子的。让他们自己闹闹，闹过几年，自然明白。

问：先生向来主张地价单税，这就是国家社会政策之一种，就是先生向来所提创〔倡〕民生主义之最要政策，究竟现在要实行不要实行？

答：这是要从速实行的。因为地价不定，地皮一天贵一天，将来造办铁路购买地皮时，异常不利。现在英吉利、纽锡兰均已实行了。

问：地价单税法，系专按照地价收纳租税。此税一行，则其余租税是应该一律停办的。先生既欲实行地税，则其余租税，一概停办乎？

答：一时试办，是不能停办一切的。等待有把握之后，再想办法。

问：先生之乐观说，我们是很佩服。但是先生的老同志，如汪精卫、蔡孑民，个个都上西洋，似乎又很消极。就此看来，似乎乐观派的人不很多。

答：他们都是很乐观的，所以上西洋求学，不然他们就不去了。

问：先生从北京就要往东京、欧洲，有此说乎？

答：现尚未定。

据黄远庸著《远生遗著》卷二（上海商务印书馆一九二七年版）

在北京基督教等六教会欢迎会的演说

（一九一二年九月五日）

今日蒙各大教会牧师先生及众教友男女先生开会欢迎，〈兄〉弟实不敢当。兼谓此次革命功成，兄弟亦滋愧悚。但兄弟数年前，提倡革命，奔走呼号，始终如一，而知革命之真理者，大半由教会所得来。今日中华民国成立，非兄弟之力，乃教会之功。虽然民国告成，自由平等，万众一体，信教自由，亦为约法所保障。但宗教与政治，有连带之关系。国家政治之进行，全赖宗教以补助其所不及，盖宗教富于道德故也。兄弟希望大众以宗教上之道德，补政治之所不及，则中华民国万年巩固，不第兄弟之幸，亦众教友之福，四万万同胞受赐良多矣。

据上海《民立报》一九一二年九月十三日《孙先生旅京记》

在北京迎宾馆答礼会的演说*

（一九一二年九月五日）

鄙人此次北来，蒙各界诸君盛意欢迎，实甚感谢。今日特约诸君来此一谈。鄙人此次到京，所见各界现象，十分满意。鄙人在南方时，不料北方有此奋发有为之气象，及至来京之后，与各界诸君接洽，始见北方程度之进步，实出意外。且深信从此南北绝无界限，国内问题，今日即为圆满解决。所可虑者，惟蒙、藏尚不尽知共和真理，颇有反对之趋势。然此情事，实由于两情之不融洽，遇事隔阂。即在前清之时，因内地与蒙、藏不通闻问，此等现象，亦所不免。不过今日之事，比以前较甚，一时不易解决。然此事虽为国内之问题，其实则皆关于外交之问题，今日欲解决此问题，非先解决外交问题不可。

我中华民国自成立以来，及今已有九月之久，尚未得各国正式之承认。此事之原因有二：一、由于临时政府字样，为各国所不信任。在各国之解释临时二字，以为非稳固永久的机关，乃一时假设的机关，将来有无变动，尚不可知，故对于承认一节，亦多有迟回顾

* 是日，孙中山约请国务员、参议员及各界、各团体开茶话会，到者数百人。

虑之态度。当南京设立临时政府之时，鄙人初由海外归来，承南方同志委托，组织临时政府事宜。其时以革命尚未成立，若不亟行组织政府，与大局上非常危险，然此〔彼〕时皆谓南北尚未统一，组织政府，本为一种临时之机关，故皆主张定为临时政府。鄙人虽知此事不妥，亦不便勉强，而当时主张此议之人，亦不料有今日外交上之问题。今我国内问题，悉已大定，所困难者，惟此外交上之问题耳。临时政府已成立九月，此刻“临时”二字，已不适用，鄙人主张及早取消“临时政府”字样，以免惹外人之疑虑，冀求早得各国之承认。即如前巴拿马革命政府成立一日，即首得美国之承认。盖美国深信巴拿马之新政府，为稳固永久之政府，并非一时假设之政府，故美国敢首先承认。今我民国因“临时政府”四字，受害非浅。

其二、即各国现在对我之态度，皆取一致进行，未有一国肯于先犯众怒，故于承认一事，皆迟迟不决。此中原因，盖以各国对于我国皆有种种权利之关系，如一国有单独之行动，即启各国之惊疑，必须各国同时承认，而一国不能先自承认，此亦最大之一原因也。故鄙人以为目前重大问题，莫如外交。将欲解决此困难问题，非改变从前之闭关主义不可。

今人多以为外交问题无从解决，其实不然。我若改变闭关主义而为开放主义，各国对于我国种种之希望，必不能再肆其无理之要求。暹逻〔罗〕在前清之时，视之不如高丽、安南，人口仅有五百万，且为实〔专〕制政体，较之我国从前时代，殆有过之。然至今能保其独立国之资格，其领土如故，主权如故，无他，即用开放主义。使其国中之矿山、铁路皆准外人经营，不加以种种限制，因开放其小者，而获保全其大者。即如俄国之制造厂、兵工厂，皆用英、美人为之。日本、意大利国其关于制造事业，亦多由英人主持。

今日为钢铁世界，欲立国于地球之上，非讲求制造不可。我国因排斥外人，不肯由外人办一工厂，而出重价以购他国之军器，其不合算亦甚矣。惟今日欲办一可用之兵工厂，其资本至少须一万方。现我国绝无此力可以筹此大款，仍必以借款为之。与其如此，何如与外人合办。由外人入股五千万，我国自出五千万。如准外人入股，外人因有希冀可图，绝非如雇佣之关系可比，于我必有利益，此无待言。鄙人主张用外人办理工商事业，乃订立一定之期限，届期由我收赎，并非利权永远落于他人之手。惟我国以卖路、卖矿皆为世所诟病，故于此事不敢主张。然鄙人敢保此事有利无害，日本行之已获大利，此又彰明较著者也。

即如[张十]主张十年修二十万里之铁路，势不能不用外资，即开放主义。我国之受害，即因凡事自己不能办，又不准外人来办。然一旦外人向我政府要求，或以其政府之名义向我政府要求，我又无力拒绝，终久仍归外人之手。如满洲铁路，全归日、俄之手，即此例也。但路权一失，主权领土必与俱尽，此大可为寒心。若因保全小事而失大事，何若保全大事而开放小事之愈也。故今日欲救外交上之困难，惟有欢迎外资，一变向来闭关自守主义，而为门户开放主义。此鄙人对于现在外交问题之意见，尚望诸君切实研究。

据上海《民立报》一九一二年九月十二日《孙先生迎宾馆答礼会记》

在北京八旗生计会等欢迎会的演说*

（一九一二年九月六日）

政治改革，五族一家，不分种族。现旗民生计[会]困难，尚须

* 此件是演说的大旨。

妥筹，务使人能自立，成为伟大国民。

据上海《民立报》一九一二年九月八日

致黄兴电*

（一九一二年九月六日）

上海黄克强先生鉴：到京以后，项城接谈两次。关于实业各节，彼亦向有计划，大致不甚相远。至国防、外交，所见亦略相同。以弟所见，项城实陷于可悲之境遇，绝无可疑之余地。张振武一案，实迫于黎之急电，不能不照办，中央处于危疑之境，非将顺无以副黎之望，则南北更难统一，致一时不察，竟以至此。自弟到此以来，大消北方之意见。兄当速到，则南方风潮亦止息，统一当有圆满之结果。千万先来此一行，然后赴湘。幸甚。孙文。

据上海《民立报》一九一二年九月六日《孙中山致黄克强电》

在张家口各界欢迎会的演说**

（一九一二年九月七日）

兄弟到张，蒙军、学、商、工各界及各团体欢迎，实不敢当。今日中华民国成立，汉、满、蒙、回、藏五族合为一体，革去专制，建设共和，人人脱去奴隶圈，均享自由平等之幸福，实中国四千年来历史所未有。吾人何幸开此创局。诸君回思去年今日，犹处于专制政体之下，以四万万人受制于一人，以四大族屈服于一族。较之今

* 此件所标时间系《民立报》发表日期。

** 孙中山九月六日自北京至张家口，视察詹天佑设计修建的京张铁路。

日共和政体，人人自由，五族平等，其尊贵卑贱相去何如。盖专制国以君主为主体，人民皆其奴隶，共和国以人民为主体，政府为之公仆，无贵族、平民之阶级，无主国、藩属之制度。此五族共和之所以可贵，而孟子“民为贵，社稷次之，君为轻”之言为不诬也。但共和国家，既以人民为主体，则国家为人人共有之国家；既为人人共有之国家，则国家之权利，人人当共享，而国家之义务，人人亦当共担。界无分乎军、学、农、工、商，族无分乎汉、满、蒙、回、藏，皆得享共和之权利，亦当尽共和之义务。

据《国父全集》第二册（转录上海《中华民报》一九一二年九月十七日《中山之关外游——张家口之盛会》）

与袁世凯的谈话*

（一九一二年九月上旬）

自尹司令①进藏迄今数旬，虽无失利，然伤人耗财，究属得不偿失。且达赖背叛之原因，大半受外之〔人〕之运动。故收拾西藏，亦须由运动着手，施行种种政策，如诱以高爵、饵以重币等类。若徒恃征伐，不惟无济，且恐坚其外向之心。

据上海《太平洋报》一九一二年九月九日

与梁士诒的谈话**

（一九一二年九月上旬）

革命数十年，今幸始得共和成立，又值满、蒙不靖，于心有愧。

* 此件是孙中山与袁世凯谈及西藏问题时所表示的意见。

① 尹司令：即尹昌衡。

** 袁世凯指使梁士诒和孙中山密谈大局。

大总统既为同胞谋幸福，敢不竭驽力，以国家为前提，共图国荃。

据上海《太平洋报》一九一二年九月十七日

在北京回访四国银行团的谈话

（一九一二年九月上旬）

鄙人此次北来，深欲与列邦诸友携手以联中外之欢，并愿贵银行诸君有以扶助之。盖吾国现虽财政困难，不得不求助于列邦，然使实业发达、铁路大通，则十年后未尝不可成为极富之国也。更冀世界各国共进大同，永不至再有战事。

据上海《民国新闻》一九一二年九月十一日

在北京与路透社记者的谈话

（一九一二年九月十一日）

路透社访事今日谒孙中山君。据谓：政府议每月付银三万两，由交通部筹拨，以供进行中国铁路计划，政府准□□其组织一铁路总公司，□其督办，政府已予其筹划全国铁路全权。将来一切事务，当由参议院议决及政府批准。

孙君又谓：今将请参议院正式赞成其开拓实业之计划。第一为筹借外债與〔興〕造某某数线铁路。第二为准许外国公司兴造某某数线铁路，订定年限，期内所生之利归于造者，期满即以该路交还中政府。第三为组织公司，或全系华资，或中外合资，兴造铁路，订定租期若干年。第一计划，拟施于边界一带。〈第二〉第三计划，拟施于户口稠密之处。

孙君又主张：开放中国本部全土，以供外人营业，无须复用护照。惟须订明寓于通商口岸以外之外人，应服从中国治权：并设立特别法庭，以审关涉西人案件。

或谓外人投资中国之后，华人商业大兴，必将祸及全世界之商业。孙君对于此说颇非笑之，谓：中国果能日臻发达，则全世界之境况均可借以进步。

据上海《民立报》一九一二年九月十二日

与广东旅京同乡的谈话

（一九一二年九月十一日）

陈治安问：中国有两岛：一台湾，一琼州。台湾已被日本占去，惟余琼州，万一再为法占，则全国受影响。若欲整顿，非将琼州改为一省不可。但一切行政之费，非得中央政府扶助及借外债不可。此事望孙先生帮忙。

梁士诒继云：广东僻处一隅，去中原颇远，且山多田少，民食不足自给。从前粤人争往外洋谋食，近因各国禁阻华工，粤华侨恐无立足地。近虽有殖民于东三省或蒙古之说，然其地苦寒，与粤人体质不相宜。琼本广东九府之一，粤人移此，必能相合。然非改为省，而请中央政府协济，则此事原不易言。昨与孙先生谈及此事，今日又得琼州陈君为之萌芽，诸君如以为然，则请研究此问题可也。

中山先生起立答云：近日江苏人欲将江北改省，然其地与江南仅隔一扬子江耳，改省与否，无关紧要也。琼州则孤悬海外，当民国之最南，其海峡之最狭者，亦与内地口岸隔八十里，万一不能关照，失去琼州，则高、廉、雷等府及广西之太平等处大有危险。今为边防起见，宜将琼州另立一省。其五指山内黎峒所未辟之地，则移广州〔东〕八府之人以实之，则琼州或可自守矣。况琼州有一榆林港，极合军港之用。此港为欧亚航路所经，如立为军港以守之，则不特可以固中国之门户，且可以控制南洋一带。至于实业，则琼州四面滨海，海物甚丰。琼多山木，其材木足供数百〔?〕铁路上枕木之用。农田岁数熟，矿产又极富。琼地又能种树胶之木（近日树胶之用极广，每树胶一磅，值银数元，一树能出十余磅）。琼之糖产、槟榔等又极丰。若为外人所占，则大利外溢，贻患无穷。且檀香山面积不过六七千方里，从前粤人侨此者四万，日本七万，土人数十万，亦足供殖民之用。今琼地万余方里，地大于檀，产腴于檀，美人为海防起见，尚极力保全檀香山，何中国人不以琼为意乎？今陈君提倡设法保卫琼州，琼全则粤全，诚急务也。

张汝翘问：先生之办全国铁路，必须要求大总统付以全权，是否含有官场性质乎？

中山答云：全国铁路二十万里，非借外债无此巨资。如以私人资格借债，则外人不信，不能借，非政府授以特权不可。例如日本之正金银行，亦系私人营业，而政府假以大权者也。如国家以全权授我，照日本之邮船会社办法，俾我办全国铁路有对外借债之全权，复又须得参议院通过，则我以私人营业造路，与外国大公司商量，造成之后四十年，将全路交回国家。不观香港之批地建屋者乎？批地以四十年为期，建屋收租，到期则连地连屋皆归还地主，而建屋之人亦获大利也。况建路之费，比建屋为省得多乎？如不用此策，我度十年以后，中国亦不能造成五万里之铁路。若用此策，则政府对于外国资本家不负责任，而我公司则对外国资本家负完全责任，则国家可免许多棘手之处也。不观日本东京之电车乎？先由民办二十五年后，收归国有。今我仿此办法，四十年后全路收归国有，则此时人材已出，条理亦臻完善，政府可以坐享其成矣。

但此事非得国民赞成亦不能办。大总统系四万万国民之代表，故非由大总统任命不可，并非含有官场性质。

据上海《民立报》一九一二年九月十八日《孙先生旅京记——粤同乡欢迎会》

与《中国报》记者的谈话*

（一九一二年九月十三日）

彼意照其之办法，决不致如报界等所云，以中国权利送与外人。彼拟游历各省，以中国无力自行筹款，实行其计划之情形，详为国民开示。彼拟先将各省私团所筑之铁路，已成未成者，尽为政府购入，付以相当之价值，以为入手第一办法。并解释如何筹借外债，则可无碍中国利权之理由。游历之后，尚拟赴外洋亲自调查路政，向外国资本家商订借款。交通部今虽拨款助其铁路公司，然是否以外国资本造路，或以筑路之权许与外人若干年，或由中外组织公司合造，此项问题，政府均不干预。须俟以该路归与政府后，政府始行过问。

据上海《民立报》一九一二年九月十六日

在北京招待报界同人时的演说和谈话

（一九一二年九月十四日）

【先由孙中山起立演说】今日约请诸君，仍系为讨论铁路问题。因近日见有一二种报纸，对于鄙人主持修筑全国铁路，多有误会，发生反对之议。其派别有两种：一派实系未明白此事之真理，一派

---

* 此件为谈话大意的报道。

明知此事有益，而故意反对。若因不明白而批评讨论，鄙人极为欢迎。若故意反对，立于极端反对之地位，以推翻此事为目的，要知此次鄙人主张修筑全国铁路，实为中华民国之存亡大问题，推翻此事，不啻推翻民国立国根本，此则鄙人期期以为不可。鄙人先将此事分晰言之。

自大总统委任鄙人筹办全国铁路之命令一下，反对者或据法理，或就现势，其所言虽各有一偏，其实际则皆由误会。以鄙人主张民办铁路而由政府委任，为反对根据，此论最为无聊。即如前清政府修筑迎宾馆，委任美人坚利逊包工，清政府苟不发一号令，坚利逊焉能包办工程？今日鄙人之地位，亦是一包工者，政府发此号令，是承认鄙人包此工程。鄙人对于铁路事业，颇有几年研究，此次始敢发表意见，担任此事，更蒙多数人赞成，又受政府委任。然鄙人包办此事，不过一工头之资格，并非职官，与前清委任坚利逊修筑迎宾馆，事同一例。国民既承认国家应修铁路，即不能反对大总统发此号令，更不能反对鄙人领此号令。若谓政府委任一包工之人，仍须得议院同意，然则前清委任坚利逊，亦曾交资政院通过耶？以此为反对理由，不大可笑乎？即以一报馆论，须造房屋，必须觅一包工者，承认此事。报馆之经理人必以全权委之工头，不能谓报馆修一房屋，仍须得股东同意。事之大小虽不同，其理则一。鄙人计划拟修筑二十万里铁路，需款在六十万万。现在中国财力必不足以举此，势必利用外资，此事又稍与平常委任一工头包办工程不同。因既委人包工，必先有资本放出，包工者始能着手。今委任鄙人办理铁路，并无一文交出，其资本仍须鄙人设法筹借。既欲鄙人担任资本，必须交给鄙人一种证据，鄙人始能持此与外人交涉。外人见我有政府委任证据，始不疑我，资本始能募集。且鄙人现在受任之全权，系有范围，按照参议院将来议决之借债办法，并非不守国家法律。盖因现在我政府实无资本可办铁路，不得已而借外资。然以政府之名义借债，动辄牵起国际交涉。鄙人拟以私人资格，与该国资本家直接交涉，不与我政府相干，即外国政府亦不能过问。此实因我国外交问题困难，不能因此又牵动国际问题。即如开平煤矿之事，前清以政府资格派人到英国与英商起诉，其丧失国家之体面，莫此为甚。今鄙人以私人资格，与外国资本家议借款，是鄙人对于我政府负责任，对于外国资本家负责任，不对于外国政府负责任，我政府亦不对外国政府负责任。若不如此，必不能免国际交涉，故自信此种办法，最为稳当。且鄙人拟于十年之内，修筑全国二十万里铁路，若能得国民全体赞成，鄙人深信不待十年，可以全路告成。若国民处处反对，不但十年，即五十年亦不能修成。鄙人亦曾与外人商议组织公司事，外人亦多赞成此举，将来可望有成。况鄙人之计划，原定修成二十万里铁路，俟四十年后，由国家收回。

或谓四十年后，国家若无此六十万万之资本，不能收赎将奈何？殊不知此大不然。此路修成后，国家可不用一钱，四十年后得二十万里铁路，并非要国家出钱收赎，不论赚钱赔钱，与国家无干。国家不出一钱之资本，以四十年平均计之，国家每年得一万五千万，此层可以无虑。或又谓铁路事业获利甚大，即如京张铁路，五年可以归本，若归外人办理全国铁路，岂非四十年内应得之利，皆为外人所赚，不吃亏太巨乎？此又不然。我等若不先存此贪心，尽可由他赚去。倘使此路不能修成，千万年我亦无利可赚，今让他赚四十年以后，归我完全所有，合计尚是便宜。况鄙人另有一条件，各路初修之时，我与外人即先订好合同，俟二十年可以由我备价收赎，凡可以获大利者，我即可以赎回，不获利者即由他们办去，在我也绝不吃亏。即如将来由上海修至伊犁八千里一条铁路，必能获利，俟二十年后，我即按照该路股票之市价收赎，如原价一万万，我即出到二万万，亦不吃亏。此种办法，较之借债修路，利益甚大。如中国沪宁铁路，为借债所修，然第一年赔至二百八十万，第二年赔至二百五十万，凡赔钱在我，赚钱在人，即收回之时，仍须照出原价五千万，其吃亏为何如。今政府拟提交参议院三项条件：一、借款修路，如京汉、京奉、粤汉、川汉等路之办法，与外人订立借款合同。二、招股章程，按照华洋合办公司办理。三、批给外人修筑，凡有资本者皆准包修一路，届四十年期满，由我收回。惟批办一层，今人多不明白此中道理，以为路权一亡，主权随之，此殆不知外国之成例。外国修路以批办为最妥，批办之合同，不牵及主权，与我何害？现在法国资本总较我国充足万倍，然法国铁路尚批给英人办理。至于意大利亦然。若西班牙、秘鲁等国，皆将全国铁路一律批给外人包办。此盖以私人资格办理交涉，与国际上无丝毫关系也。

今反对此事之报纸，鄙人亦未细看，大约可分为三项：

一、不明白大总统发命令之理由，且谓政府违法。不知此项命令，不过委任一工头，筹划此事，并非委任一职官。

一、不明白批办铁路之利益，以为我招人资本代办，势必丧失主权。此层鄙人已曾详细言之，不必再辩。若实在不获利之铁路，如西藏铁路，在我不为不紧急，然若批给外人，则外人必不肯办。故此项铁路，惟有借债自修。

一、谓此项大款一定难借，且谓鄙人在上海拟办一银行，借款不过一千万，尚须将官产抵押。以此为反对理由。不知此事之原因，系因六国银行团挟制太甚，借款久不成立。鄙人是时在上海与各外国资本家商议，拟图抵制。六国银行团皆谓此事非办一中西合股之银行不可，由华洋各出资本一千万，外国即将此项债票寄往各国发卖，如此银行组成，即可担任六万万之借款，因该银行有华股在内。鄙人当时曾电商政府，是否可以筹划一千万款办理此事。当时政府一钱不名，安能筹出一千万现款。后又与外国资本家商议，我先出二百五十万。因上海现有一项官产，可以抵充此数，故有此一议。此盖因抵制六国银行团而发。现在大借款已又有转圜之望，鄙人故未再议此事。鄙人以为今日之借款问题，亦犹之二十年前之革命。当鄙人主张革命之时，皆谓无理取闹，万无成功之望，今已达到目的。此事总比革命较易，将来自有美满结果之一日。

一、对于鄙人民办国有主义，驳诘甚力，且引出美博士所著之经济学，以为根据。殊不知美博士此书，著在二十年前，当时美国仅有四十万里铁路，今美国已达到八十万里铁路，故该博士之言已久不适用。且该博士以四十万里铁路为多，今反增至八十万里，其说当何解？该报更有一种最离奇之议论，谓中国之幅员，东至西为三千英里，岂能容二十万里之铁路等语。法国之领土，长仅三百英里，宽仅二百英里，今法国有七十万里铁路，此又何说？至于民办，固有最好之办法。日本东京铁路，即是三十年后由政府收回。今先问国家自办铁路，究竟能赚钱否？吾敢断定，借款六十万，必先消耗三十万，此不独中国为然，即各国亦犹是也。故鄙人主张，惟有批办一法为最好。我若批给人办，其承办之人绝不肯任意消耗。此一定之理。

鄙人主张借款办铁路，更主张批给外人包办，且欲实行民生主义，以救种种方面之弊害，此即鄙人修办铁路之大意也。诸君如有不甚明白之处，可以随便质问。

【演说后当有《新中国报》何雩君起立谓：中山先生谓借款与包工二者，将来究竟如何办法？请先生说明。中山先生答云】鄙人主张最好是批给外人包办，借款由外国银行，使与政府相涉。其次即组织中西合股公司，准外人入股。然此层办法，终不如批给外人包办为妥善。此种办法，在外国甚普通，惟中国人则不知此中利益。鄙意以为三次〔项〕皆须利用外人：一、我无资本，利用外资。二、我无人材，利用外国人材。三、我无良好方法，利用外人方法。且铁路专门人材，全地球未必能有百人，故美国一铁路公司顾问，月薪十余万，较总统多至数倍，其公司总理诸人更无论矣。我国包工修路，其专门人材始能受其利益云云。

【又有黄君为基质问三事：一、将来与外人订立批办合同，将用我国政府名义，抑用政府委任孙先生之全权名义？二、我国从前已修未修之铁路，多半已与外国人订有条约，动辄关系外交问题。如上年我国拟自修张恰铁路，俄国即不承认，且声明中国如修此路，必用俄国资本。又如我国拟修锦瑷铁路，日、俄又出而干涉。此种问题，皆甚困难。将来我若修办全国铁路，势不能不修边省铁路，若修边省铁路，即不能不引起外交问题。此事当如何解决？三、现在内地铁路已有川汉、粤汉、京汉、京奉、津浦各路，将来再修二十万里铁路，其路线当如何计划？请略为宣布。中山答谓】将来批定包修合同，自应由公司出名与外国资本家交涉，不用政府名义，以免引起国际交涉。至于边地铁路，恐起外交问题，可以先从内地修起。若取开放主义，即准日、俄投资，亦未尝不可。不过关系主权之事，不能丧失，即如保路兵应由我自派。但求主权不丧失，无论何国包修，皆未尝不可。又全国路线计划，曾拟有一图，现在交通部未取回，大致系分数条干线：一、从广州到成都。一、从广州到云南大理。一、从兰州到重庆。一、从长江到伊犁。一、从大沽到广东、香港。一、从天津到满洲各处，其大概如此。

据上海《民立报》一九一二年九月二十日《孙黄两君旅京记——迎宾馆报界招待会》

附一：同题异文

鄙人今日邀请诸君，仍系为讨论铁路问题。因近见有一二报纸对于鄙人主张修筑全国铁路事，尚有误会，时发反对之论。此等反对论调，可分为二派：一派系未明此事真理，一派明知此事有益，而故意反对。因不明白而批评讨论，鄙人极为欢迎；若故意反对，立于极端反对地位，以推翻此事为目的，则鄙人期期以为不可。要知此次鄙人主张修筑全国铁路，实关系中华民国存亡之大问题。若推翻此事，即无异推翻民国立国之根本，故鄙人不得不再将此事为诸君分析详言之。

属于第一派之报纸，谓鄙人主张民办铁路，而由政府委任，且大总统命令中有"全权"二字，在法理上、事实上俱有不合。在法律上，对于国内之职官，无此委任。在政治上，则不免侵越各国务员行政官厅之权限。此说大谬，且最为无聊。盖国家委任命令，有职务之委任，有事务之委任。职务委任者，即委任各职官之谓，事务委任者，即以一事一物，特别委任之谓。今鄙人所受委任，乃事务委任也。国民既承认国家应修筑铁路，即不能反对大总统发此命令，更不能反对鄙人接受此命令。

且鄙人包办此事，不过一工头资格，并非职官。今试设小譬以喻诸君。例如此迎宾馆，乃美国工头坚利逊所包工修造。然坚利逊在我国土地上，本无建造房屋之权，所以得建造此迎宾馆者，以有前清政府之委任耳。鄙人今日受此全权委任，计划铁路，以迎宾馆之坚利逊例之，直可谓中国之铁路工头，不得谓之官职。铁道与迎宾馆事业之大小虽不同，而法理上、事实上初无差异，则于行政官厅有何妨碍乎？若谓政府委任一包工之人，仍须得议院同意，然则前清委任坚利逊，亦曾交资政院通过耶？以此为反对理由，抑何可笑！即以一报馆论，欲建房屋，即可由经理觅一包工之人，而以全权委之，不能谓建屋觅工，仍须得股东同意也。

至于必用“全权”二字，亦有理由。鄙人计划，拟修筑二十万里铁路，需款六十万万元。以中国现在财力，必不能举此，势必要利用外资，此人人所知也。然欲招外债而无政府特别之委任，则我全国四万万人，皆可以铁路名义招集外债矣。其谁信之者？故此项委任，又稍与寻常委任工头包办工程不同。因既委任包工，必先有资本放出，包工者始能着手。但今委任鄙人办理铁路，并无一文交来，其资本仍须由鄙人设法筹借。既欲本人担任筹借资本，则必须交给鄙人以一种特别证据，鄙人始能持此与外人交涉。外人见我有政府全权委任，始不疑我，而资本始能募集也。

且鄙人现所受任之全权，亦有范围，须按照参议院将来议决之借债办法，并非一名全权，即可不守国家法律。盖现在我政府实无款修筑铁路，不得已而借外债。然若以政府之名义借债，动辄牵起国际交涉。如开平煤矿之事，前清以政府资格，派人至英国与英商起诉，其丧失国家体面莫此为甚！今鄙人既受全权委任，即可以私人资格，组织公司，而以公司营业性质，与外国资本家直接交涉借债。此则脱离政治上、国际上种种之关系，一切交涉，皆以私人资格，与外国资本家磋商。惟对我政府负责任，对外国资本家负责任，不对外国政府负责任，我政府亦不对外国政府负责任。此种办法，自信最为稳当，即有轇葛，亦不致惹起国际交涉，诸君其知之乎？

又或有不明批给外人包修铁路之真相，以为国家吃亏太甚，或至丧失主权，此亦属过虑。鄙人拟于十年内修筑全国二十万里铁路，若得国民全体赞成，深信不待十年，可以完全告竣。若国民处处反对，不但十年，即五十年，亦不能修成。鄙人曾与外人商量组织公司，批修铁路事，外人亦多赞成，将来可望有成。鄙人批修之计划，原定修成二十万里铁路，俟四十年后，由国家收回。或谓四十年后，国家若无此六十万万之巨款，不能收赎，则将奈何？殊不知此路收回，并不要钱，四十年后，国家不用一文，即得二十万里铁路，四十年内，不论赚钱赔钱，概与国家无干。四十年后，国家不出一文，即将价值六十万万之铁路，以四十年平均计之，国家每年已得一万五千万，不但不用钱赎，且已获利。

若谓铁路事业，获利甚大，即如京张铁路，五年即可归本。若全国铁路，皆批给外人办理，则四十年内应得之利，皆为外人所赚，不吃亏太大乎？此又不然者。我等若不先行存此贪心，尽可由他赚去。因倘使此路不能修成，即千万年我亦无利可赚。今让他先赚四十年，以后完全归我所有，合计尚是便宜。况鄙人另有一条件，各路初修之时，或即与外人先订合同，俟二十年后，可由我备价收赎。故凡可以获大利者，我即可以赎回，不获利者，即由他们办去，在我亦不吃亏。即如将来，由上海修至伊犁八千里一条铁路，必能获利，俟二十年后，我即可按照该路股票之市价收回。如原价一万万，我即出到二万万亦不吃亏。

总之批修办法，较之借债修路，利益甚大。如沪宁铁路，乃借债所修，然第一年赔二百八十万，第二年仍赔二百五十万。凡赔钱在我，赚钱在人，即收回之时，仍须照出原价五千万，其吃亏为如何！

至于丧失主权，更可无虑。现今政府提交参议院三项条件：一、借款修路：如京汉、京奉、沪宁等路办法与外人订立借款合同。二、招股修路：按照华洋合办公司办理，其主权仍属中国。三、批给外人承办:凡有资本者,皆准包修一路,四十年后,收归国有。关于一、二两项,自办有危险之担负。但若实在不获利之铁路,如西藏铁路,在我不为不紧要,然若批给外人,外人亦必不肯包办。故此项铁路,惟有借债自修,或招股合办。惟批办一项,今人多不明此中道理,以为路权一亡,主权随之,此殆不知外国之成例。外国修路,以批办为最妥。批办之合同,不牵及主权,与我何害?现在法国,其资本总较我国充足万倍,然法国之铁路,尚多批给英人承办,意大利亦然。至西班牙、秘鲁等国,皆将全国铁路,一律批给外人包办,亦未闻丧失主权。盖此事纯以私人资格办理交涉,与国际上初无丝毫关系也。

此就资本与利益言之也。又以人材论,亦不能不批给外人包办。中国此时所最可虑者,厥为人材缺乏。合计全国现有之铁路人材,其实在可用者,不过百余人,而经理之材,尤为难得,即外国亦不多有。如美国之铁路公司,雇一主任总经理人,其岁俸往往在百万元以上,高出于大总统十倍。在中国今日欲求此人材,顾可得乎?若无此人,则又必至有折阅之患。借债修路,我虽折阅,仍必岁还利息,其亏损不更多乎?故不若批给外人承办,既无还利折阅之患,又得借用其人材。订立合同,约定四十年后,不论赢亏,仍归中国所有。则我不费一文,不负危险,其利益盖至大也。

以上所述,系不明此事真理,而加以反对者。至于明知此事有益,而故意反对之报纸,其持论更为可笑。鄙人今日限于时间,不能详辩,请撮其最有力之三要点而批驳之。

第一,该报谓比来临时政府大小借款,均未成立,鄙人在上海拟办银行,借款不过一千万,尚须将官产抵押,今欲借款修路,恐目的难达。不知此事之原因,乃因六国银行团要挟太甚,条件太苛,故借款久不成立。鄙人是时在上海与外国各资本家商议,拟图抵制，皆谓此事非办一中西合股之银行不可，由华洋各出资本一千万。如此银行组成，即可将此项债票寄往各国发卖，担任六万万之借款。因该行有华股在内，鄙人当时即电商政府，问是否可以筹划一千万现款以办理此事。当时政府不名一钱，安能筹此巨款。后又与外国资本家商议，由我国先出二百五十万。因上海有一项官产，可以抵充此数，故有此议。此纯为抵制六国银团，使见我由此抵制，或能改善其条件，以促成大借款也。现大借款已有转圜之望，鄙人亦未再议此事。鄙人以为今日之借款问题，亦犹之二十年前之革命。当鄙人主张革命之时，国人皆谓为无理取闹，万无成功之望，然今日已达到目的。此事总比革命较易，将来自有美满结果之一日也。

第二，该报因鄙人主张民办国有，乃以美人亿黎博士所著之经济学为根据，以相诘难。不知亿氏乃主张资本家垄断，而鄙人则主张民生主义者，以亿氏与鄙人相提并论，未免冤人太甚。且亿氏著书，乃在二十年前，彼谓美国之铁路已太多，应从此停止修筑。但何以当亿氏时，美国尚只有四十万英里铁路，而今乃反增至八十万英里乎？是该博士之言，久已不适用矣。考求外国之政治者，不可徒读外国之古书，尤不可徒震于外国博士之名，遂谓其说无以难之也。

第三，该报更有一种最离奇之议论，谓中国版图东西三千里，南北二千里，何能筑二十万里之铁路等语。不知法国之领土，长仅三百英里，宽仅二百英里，而铁路之长，乃至七十万里，此又何说？盖土地纵横之里数，纯以直线计算之，而铁路之在国内，则回环屈曲，各随其势，其道里岂能与国境方里相合。

由此观之，该报反对之说，毫无价值，诸君当可了然矣。且鄙人所主张铁路民办国有，确有最好之办法与先例。日本之东京铁路，即是民办二十年后，乃由国家收回。若由国家自办铁路，试问究竟能赚钱否？此无论中国之京汉、沪杭已有成例，即如法、如英、如美亦莫不皆然。盖凡百事业，公办不如私办之省时省费。私人之经营，往往并日兼程，晷之不足，继之以夜。官之经营，则往往刻时计日：六时办事，至七时则以为劳，一日可完，分作两日而犹不足。吾敢断定，借款六十万，必先消耗三十万。故往往一种事业，有官办之十年不成，私办之五年可就者。若批给外人承办，彼必不肯迁延时日，任意消耗，此可断言者。故鄙人主张借款修路，更主张批给外人包办。惟私人经营之事业，每易流于垄断之弊，是以鄙人又主张民生主义，四十年后，收归国有。

据《总理讲演新编》《修筑全国铁路乃中华民国存亡之大问题》

附二：同题异文*

记者问：修筑全国二十万里铁路，此等伟大事业，非伟人不能办，先生之所主张，敬闻命矣。惟鄙衷不能无疑惑者有三：一、先生主张批拨外人承办，是否由政府批拨，或径由公司批拨？二、满洲、蒙古在日、俄势力范围之下，如批归日、俄承办，适中日、俄之计，中国前途，益形危险。如另觅他国，而不归日、俄承办，日、俄又必干涉，先生将用何法避去此种困难？三、南北各干线如京汉、津浦，均已修竣，粤汉正在兴工，先生现在计划之路，是否与各干线并行，有无冲突？请将路线规划大略说明。

先生答：第一问，自以径由全权组织之公司批拨为善。盖批拨

---

* 此件与上一件谈话从内容上看，不尽相同，但据《总理全书》所标日期，应为同一次谈话，故附录于此。

之权既在公司，则外国资本家只能与我公司交涉，而不能与我政府交涉，此即兄弟欲脱离政治上种种关系之作用。第二问，满、蒙外交不免棘手，但有一避其冲突之方法。现在兄弟所拟之路线，内地十五万里，满、蒙不过五万里，尽可先从内地各省之路筑起，暂留满、蒙路线，以待最后之解决。若以兄弟眼光视之，日、俄国内，均甚空虚，无大资本家，即欲承办满、蒙路线，亦须自英、法各资本家转借巨款，始能兴工建筑。如兄弟计划已成，则英、法各资本家已投巨资于我国内地各路，必无余资再借于日、俄两国，此可悬揣而得者也。将来日、俄因此或不能要求承办满、蒙路线，亦未可知。即令日、俄用各种方法，筹得资本，坚请承办，只要合同上之条件订立妥善，亦无不可以允许之处。何也？东清铁道主权，所以全属俄人者，以沿路各站保护之兵，均系俄兵，俄人自由行动，中国不能过问故耳。盖当时订约，允许俄人以置兵保路之权，则毋怪俄人之自由行动。今兄弟主张请外国资本家包办中国铁路，将来订约，必不许外人有置兵保路之权，沿路之兵，均由我国设置。主权在我，操纵自如，即日、俄承办，亦无不可。第三问，京汉、粤汉均系贯串南北干线，兄弟所计划者，则均系贯通东西干线，既不与原路并行，亦不与原路冲突。兄弟日前已将路线绘画送往交通部，其路先从西北筑起，大略分为三线：一、由广州经广西、云南，接缅甸铁路。二、由广州经湖南、四川，达西藏。三、由扬子江口经江苏、安徽、河南、陕西、甘肃、新疆，迄于伊犁。若使此等干线全体告成，则全国交通便利，调兵运饷，攸往咸宜，日、俄亦不敢出头干涉矣。又此次政府因兄弟筹划铁道，动需经费，月拟拨款三万元，兄弟暂拟收用。将来公司成立，此项垫款，仍须归还。大约此项借款，兄弟须往欧洲一行，能否成立，两月之内便可分晓。万一此事难成，亦可由兄弟赔偿。因前在南京政府时，兄弟曾向华侨筹得洋银六十万，已为政府用去，尚未归还，将来即在此项扣除，亦无不可。恐不知者误会其事，故为诸君言之。

据《总理全书》之八《谈话》《批修铁路及东西干线之规划》

在北京国民党欢迎会的演说*

（一九一二年九月十五日）

月前国民党开成立大会，鄙人已与诸君谋面，今又蒙欢迎，感何可喻。民国初建，应办之事甚多，如欲其积极进行，不能不有赖政党。政党者，所以巩固国家，即所以代表人民心理，能使国家巩固，社会安宁，始能达政党之用意。国民因之而希望于政党者亦大。故为政党者，对于一般国民有许多义务，均应相〔担〕当而尽心为之。

此次来京，所极欲办者铁路。幸得参议院诸公及大总统之赞成，又已奉大总统命令。鄙人才力有限，担任此事，已虞竭蹶；而国民党成立后，承诸君不弃，又推鄙人为理事长，鄙人且感且惧。因一经任为理事长，则对于党中有多少义务，不能不尽。路事甚为紧要，双方并进，诚恐照料不周，推辞至再。后经党中在职诸君再三强鄙人担任，鄙人即不敢再辞。但党中事务纷繁，非一人力量所能办，尚望党中诸君合力担任。今黄、陈二先生初到，诸君皆十分欢迎，鄙人不能多费时间，不过就对于党中之意见大略言之。

据北京《民主报》一九一二年九月十六日《孙先生演说之名言》

---

* 此会为欢迎孙中山、黄兴、贡桑诺尔布（蒙族）、陈英士（其美）四人。

在北京广济庙与旗人的谈话

（一九一二年九月十七日）

先生曰：共和事业，虽势力拓展于南方，但旗人于北方，协力同心，故收效甚速。若所展施者能一如南方国民之筹设共和事业，则两方可受同等之荣誉。

某君问：关于旗人生计，民国有救济之方法否？

先生答：现在五族一家，各于政治上有发言之权。吾意对于各种工业，应即依次改良，使各旗人均有生计，免致失业。苟起冲突，国必倾危。凡我国民，均应互相团结，以致共和政治于完善之域。人人之志愿，均应为人民求幸福，为国家求独立，而国家乃进于强盛，共和之目的乃可达到。

据《总理谈话新编》《五族互相团结共和之目的乃可达到》

在太原各界欢迎会的演说

（一九一二年九月十九日）

今天兄弟初次到晋，蒙诸君欢迎，实深感激！

去岁武昌起义，不半载竟告成功，此实山西之力，阎君百川之功，不惟山西人当感戴阎君，即十八行省亦当致谢。何也？广东为革命之原初省分，然屡次失败，满清政府防卫甚严，不能稍有施展，其他可想而知。使非山西起义，断绝南北交通，天下事未可知也。然古来破坏甚易，而建设甚难。今日五族共和，天下一家，建设方法非各省联络一气，同舟共济，万不足以建稳固之基础。况共和虽已成立，而列族尚未承认，危险之状，纷至沓来。是全在我四万万同胞，奋勇直前，不避险阻，不争意见，不尚权利，不分畛域，方可以达到真正共和之目的。

溯自前清入关以来，其第一政策，即以破坏团结为目的，故令各省自为风气，不相统一，久之遂成为一种习惯。厥后留学日多，省界之见，渐渐融化。而又日受外人之激刺，始知团沙之势，不足以恃，于是联络一气，共策进行，始能有今日之良好结果。兄弟甚望我同志坚持此志，不少变更。盖中国现在时世，尚在危险时代，如各自为谋，不以国家为前提，无论外人虎视眈眈，瓜分之祸，危在眉睫，即使人不我谋，而离心离德，亦难有成。是中国欲建巩固之国家，非大众一心，群策群力，不足以杜外人之觊觎。然此种境遇，非从心理入手不可。必人人将旧有思想全行消除，换入一副崭新思想方能成功。即如政治革命、种族革命，皆系共和未成以前之名词。今民国成立，目的已达，须将此种旧思想扫除净尽，才可以谋建设。

盖今是共和时代，与专制不同，从前皆依政府，今日所赖者国民。故今日责任，不在政府而在国民。必要我四万万同胞一齐努力，方可以造成共和自由幸福。且今日幸福虽人人皆知，而幸福真谛，究竟尚未达到，此时不过有幸福之希望而已。但既有此希望，即须以此为目的，务必达到而后可享真正幸福。所以当建设时代，还要牺牲个人，为大家谋幸福。譬如破坏时代，要牺牲性命，今日建设，也要牺牲，且要比从前牺牲加倍。如不能牺牲性命，不能牺牲权利，则真正自由之幸福即万万不能达到。所以兄弟今日甚望大家努力前进，勿谓破坏时代须牺牲性命权利，建设时代即可不必。此是兄弟今日之希望，我同胞其加勉之。

据上海《民立报》一九一二年九月二十八日《孙先生游晋记》

在太原商学界宴会上的演说

（一九一二年九月十九日）

前在日本之时，尝与现任都督阎君谋盡〔畫〕，今〔令〕阎君于南部各省起义时，须在晋省遥应。此所以去年晋省闻风响应，一面鼓励各省进行，一面牵掣满兵南下，而使革命之迅疾告成也。革命虽成，而吾侪不能暇豫以处，天下事往往破坏易而建设难。今日最要之事，乃各省当统一是也。晋省于民军起义之际，既立此好榜样，则今于令中国重行建立之事业，亦当为各省模范。[庶]民国數〔数〕月以来，外患迭生，险象阴伏，各省急当消灭意见，联合为一。推各省意见之深，大约系有奸人从中播弄，以阻各省之联合，以图遂其阴谋。留学海外之学生，对于中国早具一种理想，如能以各民族合而为一，则可称雄地球。故归国后咸宣扬此说之真理。凡在旧政府所蕴之心理，处今时代，悉当屏除。革命非即能使中国富强也，不过藉此过渡，以达彼岸。吾人必牺牲目前私利，而求将来之幸福。

据上海《民立报》一九一二年九月二十一日

在山西同盟会欢迎会的演说

（一九一二年九月十九日）

兄弟此次到山西，承诸同志欢迎，感谢无已。民国成功，乃吾人良心所创造，同盟会不得居功。然同盟会固尝提倡于〈前〉矣，现破坏告终，建设之事较破坏尤难且大，非合大多数人才，同负此责不可。故近已联合各党，并为一国民党。因各党政见与同盟会大致相同，政纲第一条国家平民政策，即实行民生主〈义〉手段。得此最强健之政党，建设不难完全进行。是同盟会即国民党。山西自今日起，亦可改为国民党。

我辈所抱三大主义，为民族、民权、民生。今五族共和，建立民国，民族、民权两层已经达到目的。今日所急则在民生一层，从前不暇讲此，今则不可再缓。因现在世界上机器发明，资本家可不劳而代千万人之力，以致全国财货尽归其手。彼恃其财力，不惟足以压制本国，其魔力并可及于外国。即如正太路，以一机器之力，而使无数骡马全归无用，其明征也。实业发达，世界财力悉归少数资本家之掌握，一般平民全被其压制，是与专制政府何异。吾辈因不甘一种民族压制，故有民族革命。因不甘政治不平等，故有民权革命。今坐视资本家压制平民，而不为之所，岂得谓之平等乎？在昔欧美革命之初，机器未发明，民生主义尚非所〈急〉。今机器盛行，我国此次革命成功后，若不预为防范，将来社会上必生种种不平等。迨至欧美资本专制已成而始为之计，则其难不啻倍蓰。美国大总统某氏，曾恶资本家专制，以大总统之力抵制之，卒未有效。其专制较政府专制为尤烈，良堪危惧。我国何可不预为防之。譬如人身预讲卫生之术，则病不生。若至病生始言救治，其苦难有不堪言者。民生主义即卫生主义也。惟今日讲民生主义，可以不用革命手段，只须预为防范而已。此其与欧美不同处。但机会却不可失。

昔吾党宣言有平均地权一层，即为民生主义第一件事。此事做不到，民生主义即不能实行。吾人非地不生活，而地又为人人所共有，故必地权平均，而吾人始能平等。地为百货之源，物莫不由地生者。土地、人力、资本（即机器）为营业三大要素，而土地为尤重。平均之法，人多误会为计口授田，若古井田之法，则大不然。此在未开化时代尚可行之，而在今日绝不适用。今平均地权有一最善、最简之法，即按价收税而已。盖同一土地而因异其所在，其价值遂大相凭〔悬〕殊。在专制时代按地征税，今则按价征税。价重者税亦重，所负担并不加重，而价轻者税亦轻，得享平均之利益，至公平也。且繁盛之区所得重大之地价，非由地而生，实因交通种种发达而得此结果。则此功劳当归社会，不当归地主明矣。上海市地前值数十元，今忽涨至数十万不等，此利益岂市人所当享有，岂一地主不劳而可坐致耶？故重价之地必完重价之税，始得为平均也。建设最大者莫如交通事业，交通既便，广东、山西数日可达。然于铁路未成以前，须预筹平均地权之法，而后于民生有利益。因铁路所至地价必增，有地者得利，无地者死，受害多矣。资本家得以贱价购地，垄断其利，穷民又何利之有。故乘此革命大变动之际，土地必须有换契之〈举〉，政府可藉调查地价，布告全国，实行地价税法。其地价多寡由所有者自为报定，将来政府公用征收，即按所报之价而付与之。地主惧异日收买之吃亏，自不肯以多报少。而既按地价征税，亦必不肯虚报重价，致目前重其负担。如此，则所报地价不患不公平矣。

至土地国有一层，亦非尽土地而归之国家也，谓收其交通繁盛之地而有之耳。美国牛约地租，每年美金四万万，俱归地主私有。中国将来发达，全国得二十个牛约，亦未可知。既为民国，则国家所有亦吾人民所有，亦何惮而不为之。以中外资本办全国铁路，四十年后尽收为国有，每年可得十五万万。此按二十万里铁路计划而言，美国土地较小于吾国，铁路至八十万里，吾国将来铁路尚不止此，在吾辈毅力何如耳。现在中国之困，只在一穷字。数年后民生主义大行，地价、铁路、矿产及各种实业俱能发达，彼时将忧财无用处，又何患穷哉！所谓教育费、养老费皆可由政府代为人民谋之，夫然后吾党革命主义始为圆满达到，中华民国在世界上将为一安乐国，岂非大快事哉！

据北京《民主报》一九一二年九月二十三日《孙中山先生之旅行记》

在山西军界欢迎会的演说

（一九一二年九月二十日）

去岁革命成功，全赖军人之力，方今维持民国，亦须赖我军人。军人责任即在国防一方面，因二十世纪立国于地球上者，群雄争逐，未能至于大同时代，非兵力强盛不能立国。是立国之根本，即在军人。今幸与山西军界同人相见一堂，愿与诸君研究现在列强之大势。兵法曰"知己知彼，百战百胜"。军人既负国防责任，对外责任即不能不研究。外国之大势，英、德、法、美虽强，势力尚未能完全及于东方，其与我国国境毗连者厥惟日、俄。日本有二百万陆军，战时可出兵一百万，俄国有五百万陆军，战时可出兵三百万。近者两国连络，对于蒙、满颇具野心，已视为其国之范围地，甚为可虑。量我兵力不及两国之强，一时颇难抵抗。但日本人口不过五千万，俄国人口不过一万万三千万，合两国人口不足两万万。今我民国有四万万人，兵数不过百万。夫兵之原素为人，中国如此众多原素，将来练数百万兵决非难事。即以现势而论，如能筹备完善，以客我形势论，尚可抵抗两国。在政府方面，原可以外交消祸患于无形，然非兵力完足，不能为外交之后盾。此等责任，即在诸君身上。

今日告诸君有两事：第一存心，即军人当存一与国存亡之心。即我辈军人不愿中华民国亡，中华民国就可以不亡。诸君人人皆能以国家存亡为一已〔己〕存亡，何忧外患！第二学间〔问〕，中国在前清时代，对于日、法战后所以失败者，在军事学问之不足。即以日俄战后论，辽阳、奉天之役，俄兵实三倍于日兵，独因组织不完全，预备不周到，不能一致行动，卒至失败。所以军学最要，所以兵不在多，如能组织完全，预备周到，则可以百万人敌三百万人而有余。

此次到山西，见山西煤铁甲于天下。方今为铁钢世界，有铁有钢可以自制武器，即能争雄于世界。兄弟拟在山西设一大炼钢厂，造制最新武器，以供全国扩张武备之用，要求军界诸君赞成。

据北京《民主报》一九一二年九月二十六日
《晋省欢迎中山先生追志——军界之演说》

在山西实业界学界及各党派欢迎会的演说

（一九一二年九月二十日）

兄弟此次来晋，受各界欢迎，得与吾晋父老兄弟欢聚一区，兄弟极荣耀、极喜欢的。兄弟略说数语为诸君告。

中华民国的国家与前清的国家不同，共和国体与专制国体不同。中华民国的国家是吾四万万同胞的国家，前清的国家是满洲一人的国家；共和国体荣辱是吾同胞荣辱，专制政体荣辱是君主一人的荣辱。在前清专制之下，吾同胞无一人脱离奴界；在共和民国之下，无一人能隶于奴界。以多数国民受压制于一人之下，是世界上最不平等、最不自由事。兄弟宗旨首先推倒专制，建设共和，实行民族、民权、民生三主义。今专制推倒，共和成立，是吾同胞由奴界一跃而登之主人地位，民族、民权主义已达目的。惟民生主义尚在萌芽，吾同胞各享国家权利，要各负国民责任，各尽国民义务。吾国土地如此之大，人民如此之多，物产如此之富，何至于如此之贫？推原其由，实因前清专制政体，人民无权利，遂无义务的思想。无自由平等的幸福，自甘暴弃责任，毫无竞争之心，进取之性。此实吾国民至于贫弱之一大原因也。（未完）[①]

据北京《民主报》一九一二年九月二十六日《晋省欢迎中山先生追志——陈列所之演说词》

在北京迎宾馆与某君的谈话

（一九一二年九月上中旬）

某君问：先生对于近来党争，将如何调和，以维持大局？

先生答：政党竞争，各国皆然，惟当以国家为前题〔提〕，不当以党派相倾轧。且各党尤当互相磨励〔砺〕，交换意见，否则固守私见，借政党之名，行倾轧之实，报复无已，国家必随之而亡。余为调和党派，一言以蔽之，愿各以国家为前题〔提〕而已。

某君问：先生解决南北所争持之种种问题，其意见可得闻否？

先生答：南北所争持之问题，解决之法有三：一、中央政府务须开诚布公。二、取决于国民公意。三、组织强有力之政府。至于进行之手续，则一言难尽。

据《总理谈话新编》《政党竞争当以国家为前提》

① 查《民主报》后无续文。

在北京回教俱乐部欢迎会的演说*

(一九一二年九月中旬)

今日之中华民国,乃五族同胞合力造成。国家政体既经改良,不惟五族平等,即宗教亦均平等。当初地球上最有力量者为回教,崇信回教之国亦不少。现宜以宗教感情,联络全国回教中人,发其爱国思想,扩充回教势力,恢复回教状态。

据《国父全集》第二册(转录上海《中华民报》一九一二年九月十八日《回教俱乐部开会欢迎孙黄陈诸君》)

复汪精卫电**

(一九一二年九月中旬)

铁路计划已有端倪,蜀、滇、粤、桂、黔五省已由公认,即可着手先办。借政府之力,扶助成功,六十年内中国二十万[方]里铁路,全归国有。乘此时机,祈先与法国资本家商议借款,如有头绪,再往纽约、旧金山等处与美国资本家筹议办法。如摩根君者,当必赞成此举。

据上海《民立报》一九一二年九月十五日

---

* 此件系演说的大意。

** 时汪精卫赴欧,电告孙中山已抵巴黎。

在石家庄国民党交通部欢迎会的演说

（一九一二年九月二十一日）

兄弟今天到此，承诸君欢迎，甚是感激。现在改为共和政体，国人多有不解“共和”二字之义意者，诸君到者不外绅学各界中人，明了共和义意者自不乏人。今日兄弟再将共和政体对诸君略为解释。

共和之所以异于专制者，专制乃少数人专理一国之政体，共和则国民均有维持国政之义务。现在数千年之野蛮专制政体业已改革而为共和政体，人民均得享自由幸福。虽然健〔建〕设之事尚多，大家必须合力共作，则我中华民国始克进于最富、最大之列。矧以我中华民国之人数当全世界四分之一，若从此猛力图强，不难骤晋于第一等强国。所以必须要大家维持者，以共和政体人人有维持国家之义务。

专制的时候，人人俱受官府监督，共和政体，人人皆是主人。二者比较，譬如营商，专制政体乃东家一人之生意，无论若干伙计，所得利益尽归东家一人，且如伙计，又皆受东家一人管辖；共和政体则不然，犹如合资营业之公司，人民尽属股东，公司赔赚，各股东自然痛瘠〔痒〕相关，各股东不但有监查公司之权利，且对公司负有出资之义务。况我民国有四万万人民，统世界诸国计算，亦系最大之国。如能四万万一致晋行，对于国家均能尽其义务，则我中华民国当为世界上最强之国。如大家均不尽其义务，恐国家陷于危险之地位。诸君试思，如国家不能存，则国民之生命财产何能保存？

保存国家，即所以保存个人生命财产，欲保存生命财产，幸无徒托空言。

从前专制的时候，官府为人民以上的人，现在共和，人民即是主人，官府即是公仆。官府既是公仆，大家须出资以养其廉耻，所谓国民有纳税之义务也。国家对内、对外有时为保护晋行起见，必须兵力。国家既为大家所有，则兵力亦必全恃乎国民，所以国民又必有充兵之义务。国政百端，绝非少数人所能办理，必合全国。全国协力筹商，始克希望诸政妥善，晋于富强。倘互任少数人独断独行，则势必流于专制，何得云共和。故为防此少数人之专制，凡属国民均有参政之权。所以义务、权利两相对待，欲享权利必先尽义务。务望诸君切实转告我民国父老兄弟，甚勿放弃个人义务，陷国家于危亡。幸甚。

据北京《民主报》一九一二年九月二十四日
《石家庄欢迎孙先生盛会追志》

致袁世凯电

（一九一二年九月二十一日）

文此次游历中外，纯从铁道政策上着眼，惟筹备之先，应将煤炭预为计划。我国产煤区域几遍全国，往年产额在一万万吨之上，近更增加，设再整顿，定能生色。请饬农林部酌派精晓矿学者数人，随同文沿途考察一切。

据北京《民主报》一九一二年九月二十二日

在济南各团体欢迎会的演说*

（一九一二年九月二十七日）

今日破坏告终，建设伊始，各政党、各团体务宜联络一气，以国家为前提，而不能以本党为前提。直言之，即各自牺牲其本党，以为国家也。若各自为谋，则甚非国家之福。譬如大屋之建设，虽土木瓦石，性质不同，而其为建设大屋之必需品则同。万不可自相矛盾，致误建设工程。盖人必有所牺牲，而后能求绝大之幸福，愿山东各界，皆勉思鄙言。

然所谓建设者，有精神之建设，有物质之建设。兄弟所主张之铁路政策乃物质上之建设。惟关乎统一政治，及矿产商工各业，均属重要。但二十万里之铁路，须款六十万万，以中国独力为之，非百年不可。列强进步之速，一日千里，岂能待我百年？兄弟欲以十年之时期告竣，已属缓无可缓。而此时期中之铁道事业，则有三事须与诸君商之：一、借资兴办，二、华洋合股，三、定以限期，批与外人承筑，期满无价收回。三者之中，以批办为最相宜。因此时中国资本、人才、方法三事皆缺，若批办则可收三事之利。方今世界交通，一国有大计划，若合数国之力以经营之，则事之成功甚易，以一国独当之，则成功极难。中国人向富于排外性质，与今之世界甚不相宜。且数千年之专制政体，既可推倒，则昔日之政策之心理之习惯，何尝不可推翻？以前事事不能进步，均由排外自大之故。今欲

* 欢迎会在省议会举行，参加者有山东议会、教育会、国民党、自由党、共和党等五十二团体。

急求发达，则不得不持开放主义。利用外资，利用外人，皆急求发达我国家之故，不得不然者。

今日之中国，麻木不仁之中国也，其受病之源，则由于交通不便。如由山东至新疆路程，须五六个月，较西人环游地球，尤为迟滞。此等弊病，于政治、军事、矿产、商工事业，均为窒碍，即于国家之活动，不便甚矣。人不活动，则为废人；国不活动，则为废国。比利时之土地不足当我国一省，而其在国际上之地位较我国尚高一等，以其铁道事业发达，而国家之活动自由也。我国地大物博，若能于最速之时间内，造成二十万里之铁路，何患不为地球第一等国？此事倘在专制时代，以皇帝一人之名义，与外人订一借债条约，即可举办。然今日我国为共和国，应以人民为主体，凡事须求人民之同意，此兄弟对于铁道政策之三事，均须要求我全国父老兄弟之赞成者也。

据上海《民立报》一九一二年十月三日《孙先生东行记》

在济南记者招待会的谈话

（一九一二年九月二十七日）

【孙中山首先发言，先生即谓】今日演说，度必有速记，恐记录有失真者，可将稿出阅，俾免误会。

先生复言：日间所言推行铁路三政策，借资开办、中外合资二层，尚不如批归外人承办，与国家较为有益。例如借资外人，而我国人材不足，材料不足。外人应募而来，惟计力受值，对于我本无甚感情，工程上求其适可而止，已属万幸，安望其竭尽心力。且购买材料，折扣殊多，收利不可知，而彼已坐获六厘安稳之保息。至合资开办，以中国现在状况，即半数合资，亦非易言，反不如直接批归外人承办，限年无偿收回。则此限期内，以彼之资本，彼之人材，营彼之事业，自无不竭尽所长。而我于一定年限后，不啻坐获资财。惟此事对于人民现时之心理，颇难通过。但此事并非将主权送之外人。从前外人造路，路之所至，兵即随之，故路一经外人承修，不啻割地，此则所宜注意者也。至归外人批办，仍宜用私人名义交涉，不牵外交问题。

旋由《齐鲁报》记者王君乐平、蔡君春潭提出四条款，请先生宣布政见：一、集权分权之得失；一、铁路政策利用外资，能否不用国家名义；一、现在之外交；一、省长民选简任问题。

先生答：第一问题，实无所谓分集，例如中央有中央当然之权，军政、外交、交通、币制、关税是也。地方有地方当然之权，自治范围内是也。属之中央之权，地方固不得取之，属之地方之权，中央亦不得代之也。故有国家政治、地方政治，实无所谓分权集权也。第二问题，若用第三政策，当然可以办到。第三问题（略）。第四问题（先生转询各记者以本省所主张），我系主张民选者。但现在之都督，带军事性质，当然任命。至省长问题，以现在人民数目调查未能确实，以言选举，亦有为难。

某记者又进叩先生谓：现在领事裁判权尚未收回，铁路骤归外人承办，外国法人不受我国制裁，得勿有流弊否？

先生谓：开放门户，正所以为收回法权地步。（极言开放之益，大致谓）开放正所以保全领土，如满洲开放过晚，即为日本所干涉。至将来收回裁判权，自应先从内地法庭着手，次第推及商埠。

据上海《民立报》一九一二年十月四日《孙先生东行记》

对《大陆报》记者的谈话

（一九一二年十月五日）

【《大陆报》记者谒见孙中山】孙中山君谓：日前所传政府允许法比银公司建筑铁路，自兰州达开封，并自河南府至西安府一节，不但与其铁路政策不相抵触，并足为其计划之臂助。政府与外国银公司磋商，渠亦经政府告悉。尚有二处路线，各长九十英里，正在与外人商订承造。惟此等代建铁路合同，政府业已允准与否，目下尚未能悉耳。

孙君又谓：渠愿招各资本家而品评其条件，或应许其半，或另筹他法。渠近接表同情之消息及电报颇多，深信关于铁路事务者，对于其计划，莫不深为注意。

孙君又谓：观今中国工业现状，凡兴造铁路，除资本外，如建筑管理等事，亦需外人助力。

【随提及六国借款停顿事】孙君深望政府速与银团重开借款谈判，并双方互为让步，庶使大借款即行告成云。

据上海《大共和日报》一九一二年十月七日

在上海国民党欢迎会的演说

（一九一二年十月六日）

今日承同志诸君欢迎盛意，并得此机会与诸君相见，甚幸！

兄弟现方从北京归来，甚愿将在京之事，一述于诸君。初兄弟在上海时，外间颇谓南北意见不同，兄弟不以为然。及至京，探访北方同志，觉南北意见并无有不同之处。当南北统一之顷，余即推荐袁大总统，因平日甚慕其为人。在前清官场中，项城有真实能力，勇于干事，迥异常庸。其在北洋练兵，卓著成效，故此人而入民国，亦必为重要人物。当南北战争时，袁项城表示君主立宪，与吾人意见不合，故不能合气作事。后袁赞成共和，南北统一，袁与吾人意见已同。惟南方人士尚有疑其非出于真意，目民国为假共和者，余则决其出于真诚之意。盖凡经宣布政见之后，即无反悔之余地。大丈夫作事，能相信即从之而行。故余推荐袁项城于国民，得参议院同意，举为临时总统，遂有统一之好结果，而使民国入安宁之域，得享莫大之幸福。然嗣后南北意见往往因误会而起，且造有南北分治之一说。余绝不赞同，故思协力调和南北，以为国家永久之联合。惟南方人士爱国之热忱，余素所知，而北方人士意思之真象，尚未能晓。自余抵京，觉北方人士之意思，与南方无异，其想望共和之热度，亦与南方等，其意见表示之方法，则容有不同耳。

余在京与袁总统时相晤谈，讨论国家大政策，亦颇入于精微。故余信袁之为人，很有肩膀，其头脑亦甚清楚，见天下事均能明彻，而思想亦很新。不过，作事手腕稍涉于旧，盖办事本不能全采新法。革命起于南方，而北方影响尚细，故一切旧思想未能扫除净尽。是以北方如一本旧历，南方如一本新历，必新旧并用，全新全旧，皆不合宜。故欲治民国，非具新思想、旧经练旧手段者不可，而袁总统适足当之。故余之荐项城并不谬误。不知者致疑袁总统有帝制自为之意，此种思想，且非一省有然。故袁总统今日实处于嫌疑之地位，作事颇难，其行政多用半新旧之方针。新派以其用旧手段，反对者甚众，其今日欲办之事，多方牵制，诚不易于措施也。

余注全力于铁路政策，以谋发达民生。黄克强抵京后，主张政党内阁，调和各派意见，袁总统均甚赞成。余出京时，邀国务员加入国民党之议始起。今阅报，国务员已入加本党。是今日内阁，已为国民党内阁，民党与政府之调和，可谓跻于成功。嗣后国民党同志，当以全力赞助政府及袁总统。袁总统既赞成吾党党纲及主义，则吾党愈当出全力赞助之也，建设前途，于此望之矣。今日合六党成一国民党，其功与南北统一同。故宜以谋国家之公见为前提，不可一党之私见相争，应一心一德，以图进行。选举方法，应以大团体为前提，不可专顾小团体，并宜以北京为模范。上海此次选举，余甚望诸君以完全研究之手续行之。欲选举得一好结果，必先定好选举方法，然后可以成功。今日似不必汲汲也。

据上海《民立报》一九一二年十月七日《孙先生演说辞》

致南洋同志书

（一九一二年十月九日）

南洋诸同志公鉴：

文以国事奔波，久未修函问候，心甚歉然。兹有数事堪为诸同志告者：

一、文归国之初，只经历南方诸省。迨共和告成，国基粗定，即解大总统之职，将实行民生事业。然论者谓共和形式虽具规模，南北犹存意见，大局尚不足恃者。顾文于前月漫游燕、晋、齐、鲁间，见北方人士之倾向共和，实有真意。不过于行事上，新旧之见一时难除，彼此遂有误会。文所到之处，深受各界欢迎，皆有相见恨晚之态度。经文数番劝解，众皆翕然从风，而南北意见之疑团，至此乃涣然冰释。嗣后一道同风，共趋正的，国事当日有进步也。

二、同盟会改组政党之后，党势日见发达，而共和党势力差堪相埒，时因党见之不同，国事颇受影响。近有数政团与同盟会政纲相和，协同并合，定名为国民党，业于八月间开成立大会，设本部总机关于京都。时适文抵京之日，故得躬亲其盛。惟思政党天职在恪守党纲，观察国情，以舒展国民意旨，种种应付，当剔除偏见，一以国家为前提，党德清澄，党势必日臻强盛。今国民党基础已定，势力已宏，此后当体察大局情形，从稳健上相机行事。吾国国基未固，势力衰微，是犹大病之后，不宜遽投剧剂，维持之责，是在政党。文不敏，甚愿与诸同志共相黾勉，以求持我党为国为民至大至公之名誉也。再，国民党本部当然立于中央政府地点，凡分立于各都邑者，称为支部或分部，尊处宜即日改称国民党南洋支部为要。

三、同盟会既改为国民党，嗣后同盟会名义虽存，已变为历史的及社会的团体，当居于政党之外，间接以求三民主义之发达。惟历年来既多代表鼎革之功，耗无数心血财力及诸先烈之身家性命，以恢复神洲〔州〕名物，声威不容磨灭。此间诸同志设〔拟〕于上海设立同盟会俱乐部，将保存此种之价值，以昭示来兹。此举不独为吾党历史上之光荣，实足增民国之庄严，歆外人之观听，想诸同志必乐观厥成也。兹附去缘起及启事一束，祈诸同志量力资助，以冀集腋成裘，襄兹盛举，纪念垂诸永久，规模不可不宏也。

文近承政府委任，筹办全国铁道事务，绸缪措置，忙迫异常。一俟部署稍清，即将游历欧美，筹资开办。届时或道经尊处，复将与诸同志握手言欢，倾礼道故也。海天南望，神与墨驰，诸维亮察。

孙文　十月九日

据胡编《总理全集》部三集《民国元年致南洋同志书》

中国之铁路计划与民生主义*

（一九一二年十月十日）

余自此次游历北部，遍访各大都会，并与各界人士接触，益信中国当成为统一、独立与兴盛之国家，确系将来必然之事实。向来持悲观论调者，每臆料中国将由南北分裂而成二国。但余素知南方情形，今又亲莅北部，现信中国仍为整个之单一国家，且将永远如是也。中国自广州北至满洲，自上海西迄国界，确为同一国家与同一民族。此种事实，直至中国学生留学外国之时，始有完全之认识。故首知中国为伟大之单一国者，乃留学外国之学生。彼等发见此种事实，并举以告知国人。国人本其智力与热诚，已完全了解此种意义。现在余游历北部之观察，更给余以铁证，确知此种见解之正确无讹。当余游历各地之时，已努力向人民解释创立民国之理由，与新制度下政府与人民之关系，人民对于已成之事实与将来之希望，皆已认为满意。故余敢断言，将来必有一伟大、统一、永久之中华民国出现，且民国现已存在矣。余乃昭示人民，谓当满清时代，政府与人民皆由专制君主管辖，今则专制君主业已驱逐，政府由人民主持，此乃事理之当然。而人民所表示之同情与热望，实有出余意料之外者。游踪所至，西北及张家口，西达太原，并历山海关与济南，无处不发现人民有同样之态度，即对于新事业之同情的感觉，与对于强大统一之中国的希望是也。

---

* 本文是孙中山为武昌起义周年纪念给英文《大陆报》撰写的，原文为英文。此为译文。

统一将告完成，国人心目中皆知满清之政策，欲使各省自分畛域，以致革命势力涣散，不能反抗满清政府。依当局者之意见，中国在此种情形之下，永无统一之可能。然而中国之统一竟告成功，专制者卒被驱逐。国人已洞悉满清政府之所为，并采取剧烈之手段，以反抗专制政治。迄于今日，国人已知各省间之异见可以完全蠲除矣。当余在山西省向人民提议蠲除省见促进统一之时，该省人民莫不表示极端之热诚，欢欣赞许。及余建议欢迎与他省与他国人士提携之意见，人民亦皆乐从。国人现已确知中国之将来全赖天然之富源，且能竭力以响应国家之宣言，深信吾国家之巩固，所恃于自然宝藏之开发者，实较甚于庞大军备之组织也。余信袁世凯系一有力量之人物，能制驭现局，建设巩固之政府，可邀世界列强之承认。自此次游历北地，与北方人士接触，余益信中国将成为世界上之一等国家矣。余对于中国之经济发展深具热诚，中国物产无不丰富，惟待开发而已。中国亦与各大国发展之情形相同，所急切需要者，乃交通之便。故目前关系吾国前途之最大者，莫如铁路之建筑。因铁路能使人民交接日密，袪除省见，消弭一切地方观念之相嫉妒与反对，使不复阻碍吾人之共同进步，以达到吾人之最终目的。且路线敷设以后，则物产之价值势必增涨数倍。因此种路线不啻将昔日市场与生产者遥远之距离，缩短于咫尺之间也。至地下蕴藏之采掘，金属物产之开发，其利益之丰厚，乃显而易见者，固不待赘言者也。

近袁总统以全国铁路设计，筹措必需路款，并组织中央铁路公司，以督办路政之重任相属。余对于铁路建筑工程，与运用上之复杂情形及经济方面，已加一番研究，知此事关于国家前途之发展者甚大，故敢毅然担任之。但余办理此事之地位，恐不免引起误会。须知余实未受政府之任何职位，不过受命于政府，以代办一定之事业耳。余之地位，乃与包工人相等，承揽一定之工作以完成之。政府因欲兴办一定事业，嘱余完成其事，即与对包工人之嘱托相同。余将努力以实现政府此种嘱托。为完成伟大之工作起见，自非利用外资不可。但余意以为应由投资之私人或公司与吾铁路局直接交涉，而与中央政府不发生关系。此种纯粹商业性质之办法，可使全盘事业脱离国际的与他种的政治范围。盖建筑铁路之经费，如仍依旧例借贷而得，则外交问题即不免牵涉其间。故吾人兹愿摆脱外交上之一切纠辖也。依余之计划，即可避免此种烦恼。中央铁路公司将自行筹措借款，对于中央政府与投资人担负责任，如是则吾人与政府皆不向外国政府负责。吾人将于创办之初划清界限，以杜绝外来之干涉。至于此种路线之应否建筑，与此种关系于全国幸福之计划应否聿观厥成，端赖全国人民之公意，乃为此种纵贯全国的铁路系统之最后决定。若徒事无理之反对，则适足以破坏全盘之计划而已。在今后十年之内，敷设〈二十万里之铁路，乃为完全可能之事。经过数月审慎研究之后，余乃决定此项计划。如国人能尽其应尽之责，予以赞助，则此计划必能实现。国人应知铁路之敷设〉①，其利益实浩大而易睹，此种有效的、安稳的、敏捷的交通建设，岂但有益于商业，亦且有裨于政治前途也。今世界之大国，无一不得到此同样之教训。盖无论何处，铁路常为国家兴盛之先驱，人民幸福之源泉也。

余现拟进行之计划，规定于今后十年之内，敷设二十万里之铁路，此成〔诚〕巨大之企图，但余敢申言其必能实现也。按此次革命事业之本身，即为一巨大之工作。在二十年以前，甚至在五年以前，革命之发难与成功，似乎都不可能。但革命力量培植既洁

① 此处据《国父全集》增补。

〔深〕,吾人卒能奋臂而起,以敏捷之手段,于数月之间,竟即推翻专制,脱离桎梏。故今之计划虽大,乃确可实现者。因中华民族为一伟大之民族,必能完成伟大之事业也。

关于建筑铁路之办法有三:一、利用外资,如京汉、津浦线等是也。二、集中外人之资本,创设铁路公司。三、任外国资本家建筑铁路,但以今后四十年归还该项路线于中国政府为条件。在此种办法之中,以第三种办法为最善。此在中国虽为创见,而在他国则已司空见惯矣。且利用此项办法者,无处不奏伟大之成效也。中国如能利用此项办法,其成功自必伟大。吾人须屏除一种错误之见解,勿以为外人一旦羼入此种事业,则必破坏国家之主权,妨害吾人之自由,盖实际上并不如是也。此同一之办法,曾在各处施行,固皆不曾妨害其国家之主权。譬如美国连贯国疆极端之铁路系统,大部分皆由外资敷设。在美国之富源未开发以前,早期敷设之铁路,事实上亦不得不利用外资也。但美国并未因此受害,且因此获巨利,臻于富强之域。故今日有利于中国之事,亦莫如铁路之敷设。吾人试测想,如美国不敷设铁路,则今日将成如何景象乎?因此吾人须相信,中国如不敷设铁路,则其国家落后之情状,将长此不变也。余所拟敷设铁路之计划,其细目虽未厘定,但就大体言之,则吾人已知进行之头绪矣。今后将敷设无数之干线,以横贯全国各极端,使伊犁与山东恍如毗邻,沈阳与广州语言相通,云南视太原将亲如兄弟焉。迨中国同胞发生强烈之民族意识,并民族能力之自信,则中国之前途可永久适存于世界。盖省区之异见既除,各省间不复时常发生隔阂与冲突,则国人之交际日增密切,各处方言将归消灭,而中国形成民族公同自觉之统一的国语必将出现矣。

从上海至伊犁,将敷设干线一条。另一条由广州至喀什噶尔。又另一条由广州至西藏,取道云南。扬子江流域本为中国最重要之商业中心地，将为此种新路线所横截。且甘肃之兰州，将有十三条铁路汇合于此，形成一极重要之交通中枢，此世人必为惊异者也。

各省之省会均将成为铁路中心，路线将由此种重要之城市向各方分射而出。从每一省会出发之路线，将多至八九条不等。由此观之，似乎中国之铁路过多，但吾人须不忘全国地域之广阔也。即此计划完全实现之后，中国尚有增筑铁路之余地，将来全国商务之发展，必需更多之路线也。完成目前之铁路计划，即所以促进商业之繁盛，增加国富，市场因以改良而扩大，生产得藉奖励而激增。尤其重要者，则为保障统一之真实，盖中国统一方能自存也。一旦统一兴盛，则中国将列于世界大国之林，不复受各国之欺侮与宰割。今时机已至，中国将能自立以抵御外来之侵略矣。

夫人民之幸福，与中国物质上之开发关系如此之巨，令余不敢轻议者已有年矣。在文明世界各国之中，尝见劳资争执不已。此等争执，原由工商界之力图扩张，驱迫使然，迄今依然未已。又尝见弱者之穷迫，强者之奋斗，以求足食。尤可异者，近时贸易联合会之时滋纷扰，出其几类原始时代之野蛮手段，以为工人要求生活费。实则在过去数年中，世界各处已有可惊可愤激之象。工人不分巧拙，咸为境遇所迫，不得不出此以求遂其所欲。余平心思之，资本家所获甚丰，皆由工人之劳力而来，工人争其所应得之权利，亦理所当然也。余等所见各国之罢工，如法之路工，奥之矿工及电工，美之煤矿工、汽车夫、旅馆侍役以及其他各工，英之船工、矿工，德之矿工与他工，盖皆直接受实业主义进步之影响者也。其在中国，则此等罢工之事实未曾见，人民安于农业，贫富之间并无此等互相仇视之纷扰现象。余每自问，此种可怖之情形亦将见于中国乎？夫中国亦将自行投入实业漩涡之中。盖实业主义为中国所必需，文明进步必赖乎此，非人力所能阻遏，故实业主义之行于吾国也必矣。吾人今日务必开发富源，其法维何？须深长思之耳。近世资本主义之天然演进，对于劳动者常与以不平之待遇，故吾人当力避之。间尝熟思深虑以求解决此问题之策，其策维何？民生主义是已。至于此主义未能适用之故，则以其他诸国类皆矫枉过正，不能使劳资间得一调和之点，而收利益平均之效果也。此策行之于新进之吾国，自宜及早图之。随实业主义之进步，努力以避免其恶劣之结果，故余主张民生主义。

惟民生主义之意义维何？吾人所主张者，并非如反动派所言，将产业重新分配之荒谬绝伦。但欲行一方策，使物产之供给，得按公理而互蒙利益耳。此即余所主张之民生主义的定义。余将使劳工得其劳力所获之全部。将来中国之实业，建设于合作的基础之上。政治与实业皆民主化。每一阶级，皆依赖其他阶级，而共同生活于互爱的情形之下。此种思想，固难达到，但吾人当努力以求理想之实现，以改良社会之情状，使臻于完善之域也。依照此种计划，生产将日益增加，以最少限度之穷困与奴役现象，以达到最高限度之生产。对于待开发之产业，人人皆得按其应得之比例，以分沾其利益，享受其劳力结果之全部，获得较优良之工作状态，并有余暇之机会，可以思及其他工作以外之事件。如此，劳工必能知识日进，获得充分之娱乐与幸福。此种娱乐与幸福，本为一切人类所应享。但在他国，劳工与穷苦之人，常无享受之权利耳。故在一个民族之中，须给人民全体以生活之机会，并与以完全之自由。此即余之希望。

余所以主张民生主义制度者，盖欲用一种制度，使国民对于国事发生直接之兴趣，愿全国人民皆享受其生产之结果。余更愿国家对于直接管辖之税源，得到其所产利益之全部。凡铁路、电车、电灯、瓦斯、自来水、运河、森林各业均应收归国有。地产收入与矿产收入为国家收入之渊源。按国家之收入共分三种：第一为地价税（并不作单税征收），此最易施行于中国。简略言之，即使城市之土地，呈报价格，惟声明国家得按价收买之，且即照价课税。第二为铁路收入。据称美国之铁路收入，现有流入私人收入之趋势，其数额达七〇〇，〇〇〇，〇〇〇金元之巨，足以抵付美政府之政费而有余。在中国，吾人亦知铁路之利益。因此种铁路，将由政府直接管辖，故其全额收入，将供政府之使用。第三为矿业收入。上述之三种收入，大抵可以即时征收，且极便利。其他尚待开发之税源，则有各种公共兴办之事业如自来水、电厂、瓦斯、森林等是也。综上述之各种收入，将供给国家政费之需要而有余，然后举其余额，以兴办教育及最要之慈善事业，如养老恩俸、收养残废跛瞎之人。吾人应注意青年之养育与衰老羸弱者之安抚。新中国之人民，今得生存于开明政治之下，解除数百年之专制压迫，而目睹将来愉快之黄金时代矣。当今之所急需者，惟在国人之同心合作而已。

据陆达节编《孙中山先生外集》

在上海寰球中国学生会武昌起义纪念会的演说

（一九一二年十月十日）

去年今日，为武昌举义之日，即中华民国开始之第一日。其时余在美国，同志居正君有电达香港黄克强先生，托余筹款助饷。余阅电文，知革军已得武昌，不胜忻喜。从前在广州、惠州、河口等处革命事业，种种失败，皆因同志过少，未达目的。自广州失败后，乃运动武昌军界，一举而成此大事。所以然者，国民有坚忍心，武昌军界有冒险心、无畏难心之效力。但民国虽成立，而今尚在危险时代，内乱未靖，外患顿闻。譬之建造大厦，基础已定，尚待建筑。愿吾同胞，自今以后，亦须有冒险心、坚忍心，协力赞助政府，以造成地球上头等大国，是鄙人深望于诸君者也。

吾国向来闭塞门户，不与外人往来暨后中外通商，愚民又常行排外主义。继见彼海、陆军之优，器械之精，转而生畏惧心。然排外与畏惧，两端皆非。要知凡事须论公理，放胆而自行公理，不必更有一毫畏惧心。前年英、脱开衅，英有精兵四十万，甲于环球，而脱之全国人数，亦不过四十万，且军士皆以农夫充之。英国何难一举而灭脱，而所以不能即胜者，因脱人有合力坚忍无畏之心，而能恃公理以敌强权也。嗣后各大国渐知强权不敌公理，遂不敢侮慢小国，故地球上各小邦尚能久立而不亡。

中国数千年来，本一强大之国，惟守旧不变，故不及欧美各国之盛强。满人入关后，愈形衰弱，渐渐召列强之侮。近数年间，留学外洋者日多，初则见彼国种种景物，顿生乐观之念，继见彼种种较吾国为强，乃生悲观之念，甚至悔心废学，以求一死者有之。但处于今日，不当有悲观之念，务须坚忍冒险，发愤求进。即士、农、工、商，见吾侪能忍苦如此，亦必愤志图强。如是，则中国前途大有冀望。故“畏惧”两字，自今日起，消灭无有，从兹专心一致，合力以助新造之民国。今年今日为去年今日举行纪念，愿明年今日全球各国为吾中国举行纪念。

据上海《民立报》一九一二年十月十二日《中华民国第一国庆纪》

在上海报界公会欢迎会的演说

（一九一二年十月十二日）

（一）悲观之心理为民国最危险之事

革命成功，全仗报界鼓吹之力。今民国成立，尤赖报界有言责诸君，示政府以建设之方针，促国民一致之进行，而建设始可收美满之效果。故当革命时代，报界鼓吹不可少，当建设时代，报界鼓吹更不可少，是以今日有言责诸君所荷之责任甚重。惟以仆观察社会之心理，多不免抱一种悲观，于报界尤甚。此悲观之由来，则因恐怖而起。以为民国今日外患之日逼，财政之艰困，各省秩序之不恢复，在在陷民国于极危险地位，觉大祸之将至，瓜分之不免。此悲观心理，遂酿成全国悲惨之气象。简单言之，即病在一怕字。余以为人人心理中，这一怕字，当先除去，然后才可有为。盖事事存一怕字观念，则无事能行，而建设之业，必永无进步。故吾以为外患之日逼，财政之艰困，皆不足危险，惟此人心中之悲观，最为危险。若人心中之悲观不去，则即无外患等等之危险，而民国亦必不免于灭亡。然欲全国人人心中无极端悲观之心理，首望我报界诸君先祛此足以致亡之悲观，然后始足及于全国之人心。今余有一不足存悲观心理之论据，即以革命发难、民国成立一事，即足为最强之佐证。

革命起义之时，人人心中有勇猛进取之精神，而无一丝怕念存于其间，故成功得若是之迅且速也。当革命未起之时，人人心中俱抱一极大之悲观，以为一革命，则外人必起而干涉，乘机瓜分，故虽明知满洲政府之腐败，不革命必不足巩固国基而谋自存，然以怕故，而不敢为也。幸有少数不怕者倡始，而多数怕者始恍然知不足惧，大功遂得于数日之间告成，而民国亦纵安然成立。设当时无一人能打破其心中怕之一念，则谓今日仍受制于满清专制政府之下，亦可也。故可知怕字最不足成事，欲谋进行，非去怕不可。盖最危险时期，无过于革命军起义、南京政府未成立之时。今民国已完全成立，危险之量已较曩昔锐减。吾人当革命时，有一副勇猛进取之精神，不畏不惧之气慨，何至于革命底成，民国草创之后，反致消灭此种精神气慨〔概〕之理？故可必其不然。余深望报界诸君，将悲观之心理打除，生出一极大之希望，造成一进取之乐观，唤起国民勇猛真诚之志气，则于民国建设前途实有莫大之利。而使全国俱焕发一种新气象，厥维报界诸君是赖！

（二）建设大业以交通政策为重要

夫人人心中既无无谓之恐慌，则建设各事，庶可依次进行。而建设之大计，当远测于十百年后，始能立国基于永久。建设最要之一件则为交通。以今日之国势，交通最要者则为铁路。无交通，则国家无灵活运动之机械，则建设之事，千端万绪，皆不克举。故国家之有交通，如人之有手足四肢。人有手足始可以行动，始可以作事；国家有交通，始可以收政治运用敏活之效。否则，国家有广大之土地，丰富之物产，高尚思想之人民，而无交通以贯输之、联络之，则亦有等于无。譬之人而无手足，不能行动，不能发挥，即有聪明才力，亦归无用。是以人而无手足，是为废人；国而无交通，是为废国。余现以全力筹划铁道，即为国家谋自存之策，然一言借款筑路，则反对群起，盖非自今日始矣。

人之反对借款筑路者，未必全有理由。而占反对地位者，四万万人中几有三万万五千万人。而大原因，则以未能明了其中利害关系之故。大率以筑铁路，则有碍于风水，或不利于小工。然其所凭据不坚，苟与之详言铁路种种之利益，即[不]可恍然饮悟，而三万万五千万人之反对者，不难尽为赞成。惟于明白事理，知铁路于国有益之人，而亦反对，则其反对为有理由，于此欲使之晓然于利害之真际，颇不易能。然须知国家以交通便利而强者，随在可证。世界最小之国家，其幅圆只及中国一府之大，而强盛愈于吾者，盖以彼有交通机关，而吾无交通机关。故吾人今日亦知铁路之有益矣。知其益而不敢行者，则中于恐慌之心理。以为中国今日果兴筑铁路，必借外国资本，外国必乘以侵略中国，瓜分中国。此实大误。余谓民国苟不兴筑铁路，便利交通，虽有五百万之强兵，数百〈万〉吨斗舰，亦不能立国于此三四十年之内。盖有铁路，则尚足以图存。而其关于国之危亡者，则纯系于兵力强弱问题，初不能与兴筑铁路并为一谈，而谓铁路之不宜筑也。外人果欲瓜分中国，则虽无铁路亦可为；外人果欲保全中国，则虽有铁路亦何害。且使中国于今后不兴筑铁路，而第扩张武备，民智不启，实业不兴，政治不能收敏活之效用，国家精神不备，亦决其难以长久而不敝。一有不幸，亦终归于覆亡之运耳。如中国昔日，亦曾有海军，且有强有力之大战斗舰，过于日本，而甲午日本海一役，乃致败挫。自此而后，益复不振。则可知国家只有强兵利舰，亦不足恃。

余主张筑二十万里铁路，为民国立国永久之计划。而筑铁路以利用外资为宜。盖瓜分之说，列国倡之有年，而未遽实行者，则以各国在中国利益，不忍破弃于一旦之故。今使彼输入中国有六〈十〉万万之大资本，于兴筑铁路之上，彼欲保此资本之安全，则有投鼠忌器之思，而不甘破坏平和，是乃断然之事。反之，若全用本国资本筑路，则一年筹一千万，亦须六十年，始达六〈十〉万万之数，而已精疲力尽。一切流通资本，悉归之铁路建筑之上，金融机关必全停止。则铁路告成之日，即为国家灭亡之时。且不待是，而各国羡吾以巨大之母财将筑铁路，必起而为攘夺之谋，分割之祸，必于此起，是即所谓慢藏诲盗也。盖吾国若有武力，即外资所筑之路，遇紧急时，亦可据为己有。若无兵力，本国资本所筑之路，遇紧急时，外人仍得占据。此关于武力问题，不问其属于本国资本及外国资本也。明乎此，则恐慌之念，亦可以释然矣。

（三）开放门户政策利于保障主权

利用外资，可以得外资之益，故余主张开放门户，吸收外国资本，以筑铁路、开矿山。吾国今日，若以外资筑铁路，反对者尚少，若以外资开矿山，则举国无一不持反对之议者，以为利权为外人所夺。细思之，尚不尽然。譬如外人以一千万资本开掘一矿，则必以五百万购买机器及其他器具，其余五百万必尽分配于工人，则是采矿之成败未可知，而已散其半于中国之工人也。使其开掘亏本，彼必弃其机械而去。盖运费甚巨，彼不愿为，或只出于竞卖。则吾人于斯时，或以数十万金钱而得其值五百万之机器。如是，则吾人承其后，成本既轻，收效自较易。若外人开矿竟至获利，然经种种消费，已复不资，而资本家所净得之赢余，为数未必过巨。若每矿以一千万资本为标准，则十矿即有一万万，而中国工人得占其五千万之巨额。社会上有此五千万之流动资本，金融机关必形活泼，直接有利于民，间接有利于国。此盖较之借款为善者也。今人犹持昔日之闭关主义，实于时势不合。

现世界各国通商，吾人正宜迎此潮流，行开放门户政策，以振兴工商业。如日本即采门户开放主义者。或以为吾国贫弱，不能与日本同日语，则请以弱小于吾国者为例。如暹逻〔罗〕介于英、法两大之间，而能保其独立国之资格，即以行开放门户政策故。而外人以得商业之经营，亦不过事侵略。此可见开放门户足以保障主权。前清以闭关为事，而上海租界及青岛，我无主权，是皆外人强我开放，故有此结果。若济南商场，由我自行开放，即有完全主权。此亦自行开放门户无损主权之一证。亚洲有二完全独立国，强于中国者为日本，弱于中国者为暹逻〔罗〕，而中国则为半独立国，尚不得与完全独立国之列也。盖以中国现在尚未收回领事裁判权也。中国欲收回领事裁判权，若以实行门户开放为交换条件，则庶几得进于完全独立国耳。

（四）借款筑路与批给外人筑路利害之比较

今欲筑路，必用外资，用外资非全无害也。两害相权，当取其轻。故吾人欲用外资，当择一利多害少之方法实行。以愚见则批给外人包办，较之抵押借款为有利。然自余主张批给外人，而报纸反对者，以为此事丧权失利，而以抵押借款筑路办法为然。其实未明于兹二者利害之分量若何耳。余为外人言及批给办法，外人多持反对之说，而无不乐从借款抵押之办法。可见借款抵押之方法，外人所得之利多，批给包办之方法，外人所得之利少也。不利于外人，必利于吾，何以吾人亦如外人之反对乎？今请就借外款自办，与批给外人包办二法，一比较其利害，以供诸君之研究。

中国昔日铁路，多为借外款自办者，如沪宁等路是也。借款自办害处，在受种种亏损，如当借款交付时之回扣，包购种种材料，亦有回扣。而此借款，每年出五厘息。次则如铁路亏耗，则全由政府担任，至期满，其借款全额，尚须清还。故外人视此为绝良之营业。而经手此事者，多为商业性质之洋行。彼于铁路学一无所知，只求得经手回扣及购料回扣及政府担保为已足，而将来铁路之盛衰，皆非所问也。铁路修筑事宜，委之于工程师，工程师之聘定，大率五年期限，或八年期限不等。彼第于职务期中，日作其所应为之事，而不负完全之责任。则欲工事之精良，消费之节省，盖不可能之事也。如沪宁一路，其受害为最著矣。使余铁路政策，而用借款自修方法，则二十万里，须款六十万万，以最轻九五扣计算，当扣去〔为〕六〔五〕十七万万。常年以五厘息计算，则每年三万万，十年则三十万万，四十年则一百二十万万，至期尚须偿还原本六十万万。材料回扣，其数必巨，历年亏折，又复不资。则兴筑铁路，不待十年，而中国已有破产之祸矣。故熟思审虑，惟有批给外人承办一法，为害少而利多。较之借款自办，可免五害：一无交款回扣之害，二无购料回扣之害，三无按年出息之害，四无亏耗津贴之害，五无至期偿还原本之害。既免五害，且有二利焉：即工程坚固，筑建合法是也。

铁路批给外人包办，大约四十年可以收回，时或逾之，然终未有出六十年外者。按中国富庶状况，则四十年期限，即足抵外国六十年期限。此四十年之内，赢亏皆非我责，一俟期满，吾人可不名一钱，得二十万里铁路。盖铁路于十年之内，大概不能获利，且不免有亏赔焉，惟极迟至三十年后，亦必可以获利也。至于批给外人合同，拟由铁路公司出面协定签字。由公司购定地皮，划定路线，交外人修筑。其合同中，尚须附带条件：其一条件，此纯为商业性质，不稍含政治意味；其二条件，公司有随时监察之权；其三条件，中国可不俟期满，得备价赎回。如是，可一一按必要情形，加入条件，则不致过于失利。若路之繁盛，或关于军事重要者，得视国力之何如，付外人以代价，酌量收回，于吾人亦不算吃亏。此两善之法也。总之，批办一法，利多而害少；借款一法，利少而害多。两两相较，盖可择别矣。此愿与诸君一研究而讨论之者也。

(五)圜法之改良

至今日关于国家建设之数事,亦望报界有言责诸君一致鼓吹。而其一则为圜法。中国圜法之不善,不待智者而知。中国之币制,实无可言,金融界之屡屡恐慌,亦多本此原因而起。若银币,非价格之不一,即流通之不普〈遍〉。银币有市价,因地有变迁,因时而亦有变迁。甚至一地而洋价各有不同,且或此省而不能通用于他省,民间遂受种种之亏蚀,而小民蒙其害矣。其次则无汇兑机关。如以银一万,由上海汇至北京,必经外国银行之手,至北京收取此款,已不能如数。若山〔由〕京、沪问〔间〕往返将此款汇兑至十数次,则此款即可耗蚀净尽。此其受害为何如?外国银行在中国获大利者,即操我汇兑机关故也。至于金价、银价之高低,外人复操纵自如,任意抑扬,而吸收我之大利,我之因此为彼所侵蚀者,复不知其几何数矣。有如此次英伦一千万英镑新借款成功,六国银行团大肆破坏,将现银垄断,使麦加利金镑无从购换现银,以供中国急需。若至赔款期限,则又抑勒银价,高抬金价,故中国受金镑亏折,实以圜法不善之所致。则改良圜法,厘订金本位,实为今日不可缓之要图。设不然,则将来六十万万外资输入,何堪复受此无穷之亏耗乎?此盼望报界诸君督促政府进行者也。

(六)地价之厘定

圜法而外,则有地价。中国地价,尚未有划一之厘定,而今日最便实行,过此则难。余对于地价之主张,在北方亦尝发表,而一般多不解其意义,致生疑虑。其实依余主张实行,于有地者绝不受损。平均地价,即厘定地价之高下,为一定准则,地主本之纳税,而国〈家〉得随时照其原价收卖〔买〕。今民国成立,前清土地契约,当然作废,可由政府下令各省及各府州县,令民间更易新契,并令其于易契时，报明该地现时值价若干，一一登记，收什一之税。至地价之高低，则一任民间之所报。若多报于原值，则是先负重税，且不知国家何时收买；若少报于原值，则固可减省税量，然一俟国家收买，则必受亏折。如是，以此两种心理自衡，则必能报一如原值公平之价额。国家既得地价之真数，则收卖〔买〕时不患民间有故意高抬价额之事。可因将来交通之便利，于其集中繁盛之区，一一收土地为国有。则将来市场发达，地租涨高，皆国家共有之利，可免为少数地棍所把持。如纽约一埠，其地租皆为美政府所有，每年收入有八万万元。例之中国，全国岁入不过仅有三万万之数。若将来交通便利，以中国之大，苟能造成如纽约者三四处之繁盛市场，则政府收入，即地租一项，已足供支拨而有余。则民间他项税则，皆可蠲免矣。此非利国福民之大者乎？鄙意所见如是，深望诸君竭力鼓吹，俾底于成，则非第兄弟一人之幸也。

据上海《民立报》一九一二年十月十三——二十日
《孙先生政见之表示(血儿笔述)》

致前同盟会等党员通告*

(一九一二年十月十三日)

前同盟会、统一共和党、国民公党党员公鉴：

三党合并，已开会成立，而职员选举，颇多困难。窃意交通部规则尚未定妥，而目前办事又不可无人。鄙人特依三党代表之请，指定办事人三十员，以谋党事之进行，望即宣布承认。国民党幸

* 此件载于上海《民立报》广告栏，当为筹组上海国民党交通部而发。

甚。此颂

公安

孙文启

居正、温宗尧、姚勇忱、拓鲁生、王一亭、张昭汉、虞汝钧、封德三、戴天仇、邓家彦、于右任、邵元冲、汪洋、章佩乙、陈楚楠、汪幼庵、王汉章、陈鸿璧、潘训初、徐血儿、戴绶章、郑权、武仲英、李怀霜、戴仁、马素、庞青城、周浩、梁重良、王博谦。

据上海《民立报》一九一二年十月十三日《国民党筹办处通告》

复咸马里函

（一九一二年十月十三日）

亲爱的里：

接到你九月十五日来信及尊夫人两周前所写一信，不胜欣慰感谢。望你健康状况继续好转，我们庶可于大约两个月之内在巴黎会面。

米切尔先生(Mr.Mitchell)之电报到达时我适在北京，电报由友人从上海转到北京。我记得此电报系米切尔先生发自上海，故回电约他在上海作一长时间会谈。迨我返抵上海后始发现米切尔先生根本未来上海，尊夫人的信使我明白了一切。

我已仔细注意到你在备忘录中所提之条件，有些条款需要在我们会见时商讨。

我此次北上是一次巨大胜利，你一定已从报刊上得悉此事，此次北上使南北双方取得了好得多的谅解。黄将军其时亦在北京，同样受到热情接待，他现在刚回到上海。

山西有几位银行家在和我接触，探听是否有可能开办一实业银行，他们可望为此筹款五百万元。现在我正为此事与山西阎将军书信来往，交换意见。

特向你和尊夫人致最热烈的问候及最良好的祝愿。

忠实于你的孙逸仙

一九一二年十月十三日

于上海 Avenue Paul

Brunat 路 491 号

据《研究中山先生的史料与史学》中吕芳上《荷马李档案简述》所附英文原函译出

致袁世凯电

（一九一二年十月十三日）

北京袁大总统鉴：奉真电，特授文大勋位，无任惭惶。去岁民军起义，东南十余省已次第光复，文甫归自海外，其时因国内同胞感情尚有隔阂，须急谋统一，组织临时政府，勉从众议，承乏南都。后赖我公以救国决心，力全大局，几经艰苦，乃有今日。文始终因依其间，实无功可述。今承大命，特授殊位，中夜扪心，适以滋愧。且文十余年来，持平民主义，不欲于社会上独占特别阶级。若滥膺勋位，殊与素心相违，务乞鉴兹微忱，收回成命，实深感荷。孙文叩。

据上海《民立报》一九一二年十月十四日《革命伟人之平民主义》

致袁世凯电二件*

（一九一二年十月十四日）

一

北京袁大总统鉴：近闻闽省人心惶惶，秩序甚乱。加以军界与岑使大生恶感，并闻有更动都督一说，军民惊惶尤甚。素闻闽省自光复后，秩序优于他省，兹忽有此现象，心殊恻然。兼之闽省近接强邻，深恐一有风潮，乘机干涉。望公迅速电令孙都督[①]，竭力维持，并令岑使早日离闽，以安人心而维大局。无任感盼。寒。

据《国父全集》第三册（转录史委会所藏原稿）

二

大总统钧鉴：筹划全国铁路机关急待成立。兹遵照前令，暂于上海设立中国铁路总公司，即日开办，谨此电闻。公司章程及其他规定条件，容续呈。孙文。寒。

据黄编《总理全集》下册

---

* 第一件的历史背景是：福建各界反对警务总监彭寿松，因此袁世凯任岑春煊为福建镇抚使。一九一二年十月六日岑乘军舰率师抵闽，迫彭离闽赴香港。

① 孙都督：即福建都督孙道仁。

在上海中国社会党的演说*

（一九一二年十月十四至十六日）

社会主义之名词，发于十九世纪之初，其概说既广，其定义自难。特此种主义，本我人类脑中应具之思想。不满意于现社会种种之组织，而思有以改良，于是乎社会主义之潮流，得应时顺势，而趋向于我人之脑海，种种社会主义之学理，得附社会主义之名词，而供我人之研究讨论矣。尝考欧西最初社会主义之学说，即为“均产派”，主张合贫富各有之资财而均分之。贫富激战之风潮既烈，政府取缔之手续亦严；政府取缔之手续既严，党人反抗之主张益厉。无政府主义之学说得以逞于当时，而真正纯粹之社会主义遂湮没于云雾之中，漂〔缥〕渺而不可以迹。厥后有德国麦克司①者出，苦心孤诣，研究资本问题垂三十年之久，著为《资本论》一书，发阐真理不遗余力，而无条理之学说，遂成为有统系之学理。研究社会主义者，咸知所本，不复专迎合一般粗浅激烈之言论矣。惟现社会主义，尚未若数理、天文等学成为完全科学，故现在进行尚无一定标准，将来苟能成为科学一种，则研究措施更易着手。

社会系对待个人而言，社会主义亦系对待个人主义而言。英国尊重个人，主张极端的自由。德国以国家为本位，个人为国家分子，又宁牺牲而不惜也。此则以其国家政体之不同，故其主义亦因

---

* 孙中山应中国社会党本部之请，发表了这次演讲。据一九一二年十月十四日《民立报》载，该党《特别紧要广告》，演说自“十月十四号至十六号止”。《中山全书》记为十月十一日至十三日，误。

① 麦克司：即马克思。

之而有异。主张个人主义者，莫不反对社会主义；主张社会主义者，又莫不反对个人主义。聚讼纷纷，莫衷一是。然而个人、社会，本大我、小我之不同，其理可互相发明，而未可以是非之也。

社会学与社会主义固自有别，其研究社会之起原及社会之变迁种种之状态现象，皆属于社会学之范围。至若社会主义，一言以蔽之，曰社会生计而已矣。其主张激烈，均分富人之资财者，于事理上既未能行，于主义上亦未尽合。故欲主张平均社会生计，必另作和平完善之解决，以达此社会主义之希望。考诸历史，我国固素主张社会主义者。井田之制，即均产主义之滥觞；而累世同居，又共产主义之嚆矢。足见我国人民之脑际，久蕴蓄社会主义之精神，宜其进行之速，有一日千里之势也。

欧洲社会党系完全政党性质，近年以来尤占政治上之势力，若法、若德、若比，其政府议院中人，社会党员居其多数。英则四五年前，社会党人始占议席，然而同时被选，即有数十人之众，且有位于度支大臣者矣。美之社会党虽未发达，然其党人居政治上重要位置者，实繁有徒。中国社会党发生于民主政体之下。夫民主政体之政治，一人民政治也。社会党既集民主政体下之人民，尤不应无政治上之活动，则今日社会党亟宜组成强有力之政党，握政治上之势力，而实行其社会主义之政策者，实鄙人所深望也。

社会主义不独为国家政策之一种，其影响于人类世界者，既重且大。循进化之理，由天演而至人为，社会主义实为之关键。动物之强弱，植物之荣衰，皆归之于物竞天择、优胜劣败。进化学者遂举此例，以例人类国家，凡国家强弱之战争，人民贫富之悬殊，皆视为天演淘汰之公例。故达尔文之主张，谓世界仅有强权而无公理，后起学者随声附和，绝对以强权为世界唯一之真理。我人诉诸良知，自觉未敢赞同，诚以强权虽合于天演之进化，而公理实难泯于天赋之良知。故天演淘汰为野蛮物质之进化，公理良知实道德文明之进化也。社会组织之不善，虽限于天演，而改良社会之组织，或者人为之力尚可及乎？社会主义所以尽人所能，以挽救天演界之缺憾也。其所主张，原欲推翻弱肉强食、优胜劣败之学说，而以和平慈善，消灭贫富之阶级于无形。其主张均分富人之资财，表面似合于均产之旨，实则一时之均，而非永久之均也。故欲永弭贫富之阶级，似不得不舍此而另作他图矣。社会主义学说，近日发明者至赜且夥，法、德、比各政府多采用而履行之。即反对社会党若日本，亦未尝不采用社会政策。而其反对社会党人者，实以其主张激烈，妨碍秩序，为法律所不许耳。我国社会主义流行伊始，尤望党人持和平之态度，与政府连络，共图进行。缘社会主义本与专制政体极不相能，故不能存于专制政体之下。今我国社会党发生于民主政体成立时，此诚不易得之机也。得此良好之机，而不得循序渐进，造福前途，讵不大可惜乎！此鼓吹运动者不得不稍注意也。

尝考社会主义之派别为：一、共产社会主义，二、集产社会主义，三、国家社会主义，四、无政府社会主义。在英德又有所谓宗教社会主义、世界社会主义。其以宗教、世界而范围社会主义者，皆未适当。自予观之，则所谓社会主义者仅可区为二派：一即集产社会主义，一即共产社会主义。盖以国家社会主义本丽于集产社会主义之中，而无政府社会主义又属于共产社会主义者也。夫所谓集产云者，凡生利各事业，若土地、铁路、邮政、电气、矿产、森林皆为国有。共产云者，即人在社会之中，各尽所能，各取所需。如父子昆弟同处一家，各尽其生利之能，各取其衣食所需，不相妨害，不相竞争，郅治之极，政府遂处于无为之地位，而归于消灭之一途。两相比较，共产主义本为社会主义之上乘。然今日一般国民道德之程度未能达于极端，尽其所能以求所需者尚居少数，任取所需而未尝稍尽所能者，随在皆是。于是尽所能者，其所尽未必充分之能，而取所需者，其所取恐又为过量之需矣。狡猾诚实之不同，其勤惰苦乐亦因之而不同，其与真正之社会主义反相抵触。说者谓可行于道德智识完美之后，然斯时人民，道德智识既较我人为高，自有实行之力，何必我人之穷思竭虑，筹划于数千年之前乎！我人既为今日之人民，则对于今日有应负之责任，似未可放弃今日我人应负之责任，而为数千年后之人民负责任也。故我人处今日之社会，即应改良今日社会之组织，以尽我人之本分。则主张集产社会主义，实为今日唯一之要图。凡属于生利之土地、铁路收归国有，不为一、二资本家所垄断渔利，而失业小民，务使各得其所，自食其力，既可补救天演之缺憾，又深合于公理之平允。斯则社会主义之精神，而和平解决贫富之激战矣。

我人所抱之唯一宗旨，不过平其不平，使不平者底于平而已矣。满清以少数人压制我多数汉人，故种族革命以起；专制政体以一帝王压制我多数人民，故政治革命以起。至社会革命，原起于少数大资本家之压制多数平民耳。在各国贫富之阶级，相差甚远，遂酿成社会革命，有不革不了之势。在我国之大资本家尚未发生，似可无庸言及社会革命。然而物质文明，正企业家纵横筹展之时，将来资本大家之富，必有过于煤油、钢铁大王者。与其至于已成之势而思社会革命，何如防微杜渐而弭此贫富战争之祸于未然乎？譬诸欧西各国，疾已缠身，不得不投以猛剂，我国尚未染疾，尤宜注意于卫生之道。社会主义者，谓为疗疾之药石可也，谓为卫生之方法亦可也。惟我国与各国社会之状态不同，则社会主义施展之政策，遂亦因之而有激烈、和平之不同矣。各国尚多反对社会主义之政府，我国则极赞成采用社会主义者也。然则我国主张社会主义之学子，当如何斟酌国家社会之情形，而鼓吹一种和平完善之学理，以供政府之采择乎。

社会主义者,人道主义也。人道主义,主张博爱、平等、自由,社会主义之真髓,亦不外此三者,实为人类之福音。我国古代若尧、舜之博施济众,孔丘尚仁,墨翟兼爱,有近似博爱也者,然皆狭义之博爱,其爱不能普及于人人。社会主义之博爱,广义之博爱也。社会主义为人类谋幸福,普遍普及,地尽五洲,时历万世,蒸蒸芸芸,莫不被其泽惠。此社会主义之博爱,所以得博爱之精神也。

然为人类谋幸福,其着手之方法将何自乎?自不得〈不〉溯人类致苦之原因。人类之在社会,有疾苦幸福之不同,生计实为其主动力。去〔盖〕人类之生活,亦莫不为生计所限制,是故生计完备始可以存,生计断绝终归于淘汰。社会主义既欲谋人类之幸福,当先谋人类生存;既欲谋人类之生存,当研究社会之经济。故社会主义者,一人类经济主义也。经济学者专从经济一方面着想,其学说已成为完全之科学,社会主义系从社会经济方面着想,欲从经济学之根本解决,以补救社会上之疾苦耳。

按经济学,本滥觞于我国。管子者,经济家也,兴盐鱼之利,治齐而致富强,特当时无经济学之名词,且无条理,故未能成为科学。厥后经济之原理成为有统系之学说,或以富国学名,或以理财学名,皆不足以赅其义,惟经济二字,似稍近之。经济学之概说,千端万绪,分类周详,要不外乎生产、分配二事。生产即物产及人工制品,而分配者即以所产之物,支配而供人之需也。骤视之,其理似不高明深渊,熟审之,则社会之万象,莫不包罗于其中也。

生产之原素三:一土地,二人工,三资本。土地,为人类所依附而存者也,故无土地无人类。经济学所谓之土地,不仅指陆地而言,凡海洋空气,占有空间面积者,莫不为土地也。然以经济学原理言之,仅有土地而无人工、资本,则物产仍不能成,故经济学者累千万言，犹未毕其说也。我人对于土地与人工之界说，尚易明了，惟资本与人工之界说，最难区别。此即社会主义家与经济学者相争之点，至今犹未解决者也。

经济学家谓资本非金钱一项可尽其义，其人工造成之物产，消费之余，以之补助发达物产，无在不为资本。第所余之物产，不以之为生产事业，似与残物无异，则不得谓为资本矣。例如租人以屋，而收其租金。雇人以车，而受其雇资。此屋，此车，皆为资本。屋而自居，车而自乘，则车与屋皆不能谓为资本，以其自居自乘，不能生利故也。

世界文明进步，社会之组织日益复杂，事业之发生日益繁多。凡物产或金钱以之生产者，可皆谓之资本。盖资本既所以生产，而人工者又所以生资本也。我人既知资本为人工之出，则有人工已足，又何再需资本乎？殊不知生产必赖资料，无资料以供给生产者之费用，以待其生产之结果，其生产终无所出矣。鲁滨孙之漂流海岛，苟无斧以供其刈薪营室，无粮以供其果腹充饥，我知其不数日已为荒岛之饿鬼，尚何能待植谷之熟、荒地之辟耶？故斧与粮，供其生产之费用，其作用与资本同，谓之为资本，固未尝不可也。尝考资本之来源，多由于文明祖传，以供吾人今日之生产，欲穷其始，则未易知。综上观之，则资本与人工之关系，可略知其崖岸。而土地、人工、资本之同为生产要素，又缺一而不可也。

分配云者，即以土地、人工、资本所生之产物，按土地、人口、资本之分量配成定例。此定例之原理，为人类以来所固有，得经济学者昌明之，遂成铁案。而各种科学，均根据经济学之原则而定矣。英国斯密亚丹(Adam Smith)[①]氏出，始著经济学，文极有条理，其

① 斯密亚丹：即亚当·斯密。

主脑以自由竞争为前提。其英人之功利派，遂根据此而倡个人主义，求合于达尔文进化之理。

百年前英国社会经一变更，即实业革命是也。曩日工业皆为人工制造，自科学发明，机器以兴，实业革命即以机器代人工也。曩之个人所恃为竞争之具者，至此遂失其作用之效力，于是工人遂受一种之大痛苦矣。盖是时英国航业发达，工商亦随之发达，物产之多，为全世界物品出产所，遂致富强。及世界取需既繁，英国之人工制造品不足以敷其用，故机器得继而代人工之烦，于是生产既多，则国益富裕。虽然人工与人工之比较，其生产力之差，不过二倍乃至十倍，机器与人工之比较，其生产力之差竟有至百倍者。既机器之生产力较人工之生产力为大，则用机器以生产者，亦较用人工以生产者为多，于是工人多失其业。即机器生产所需之人工，又仅寥寥无几，而工人之拥挤求业者鳞次栉比，不特所得之工资与所造之物产，不能成正比例，而殷殷求雇，不惜自贬其工价。其失业者固沦落而受天演之淘汰，即有业者亦以工价之贱，几几不能生存于社会矣！资本家既利用机械而增加产额，又以贱价雇用良工，坐享利益之丰，对于工人饥寒死亡之痛楚，漠然视之，以为天演淘汰之公例应如此者。按斯密亚丹经济学生产之分配，地主占一部分，资本家占一部分，工人占一部分，遂谓其深合于经济学之原理。殊不知此全额之生产，皆为人工血汗所成，地主与资本家坐享其全额三分之二之利，而工人所享三分之一之利，又析与多数之工人，则每一工人所得，较资本家所得者，其相去不亦远乎？宜乎富者愈富，贫者愈贫，[经费]阶级愈趋愈远，平民生计遂尽为资本家所夺矣。慈善家目击心伤，而思有以救济，于是社会主义遂放大光明于世界也。英社会主义家阿浑(Owen)[①]者，深痛工人之困苦，遂出己资，创设一极大之工厂，优待工人，为社会主义之实行试验场。旋以编制未善，底于失败，去而赴美，欲竟其志，又遭失败。其主义遂不果行。同时有佛利耳(Fourier)[②]、卜南克(Blang)[③]者，法之社会主义家也，亦曾开社会主义之工厂，以受现社会习惯之影响，均未能达其苦心孤诣之希望。而反对派遂以成败之见，论社会主义之不善。一般学者，本无定见，亦相率而诟病社会主义矣。

是时英格物家马耳国[④]者，著有《人类物产统计表》一书，其主脑谓物产之产额，有一定之限制，而人类之蕃息，为级数之增加，据二十五年一倍之说，推之将来，必有人多地少之患。生众食寡，天降疫疠，国际战争，皆所以减少人口之众，防止孳生之害，而合于世界演进之原理。于是乎国家殖民政策缘此发生，弱肉强食，劣败优胜，死于刀兵者，固属甚多，其受强族之蹂躏，沦落而至于种族灭绝者，又比比皆是也。

社会主义家又起而反对，主张人道，扶持公理。当时一般政治经济〈学〉者，莫不目之为颠狂。唯下流社会中之工人贫民，因社会主义能救己之疾苦，遂崇之信之，而就社会党之范围。特压制究不能敌反抗，伪说终不能胜真理，曩之经济学、统计学、天演论亦浸浸现其不合公理之破绽，社会主义之学说遂得排经济学、统计学、天演论种种之科学，巍然独标一帜，而受社会之欢迎矣！

社会主义虽为救拯社会疾苦之学说，其希望见诸实行，仍必根

① 阿浑：即欧文。

② 佛利耳：即傅立叶。

③ 卜南克：即路易·布朗。

④ 马耳国：即马尔萨斯。

据经济学之分配问题而研究也。美人有卓尔基亨利(Henry George)[①]者,一商轮水手也,赴旧金山淘金而致富,创一日报,吹鼓其生平所抱之主义,曾著一书,名为《进步与贫困》。其意以为,世界愈文明,人类愈贫困。盖于经济学均分之不当,主张土地公有。其说风行一时,为各国学者所赞同。其发阐地税法之理由,尤为精确,遂发生单税社会主义之一说。

原夫土地公有,实为精确不磨之论。人类发生以前,土地已自然存在,人类消灭以后,土地必长此存留。可见土地实为社会所有,人于其间又恶得而私之耶?或谓地主之有土地,本以资本购来,然试叩其第一占有土地之人,又何自购乎?故卓尔基亨利之学说深合于社会主义之主张,而欲求生产分配之平匀,亦必先将土地收回公有,而后始可谋社会永远之幸福也。

土地公有之说,渐被于英之时,正英人恐慌之日。英国土地本为贵族大资本家所占有,因工商发达,业农者少,致所出谷食不够供给人民之食料,外粮之输入,价值反较本国为贱。英之土地生产力失其效用,其地主有不事耕耘而事畜牧,其佃人颠沛流离,被逐而谋生于美国。一般学者,深痛地主之为富不仁,对于土地公税之说,遂祝〔视〕为救世之福音而欢迎赞同,遂成单税之一派,主张土地之分配归公,国家由地价中抽什之一,他之苛税皆可减轻,而资本家于是不能肆恶也矣。

亨氏与麦氏二家之说,表面上似稍有不同之点,实则互相发明,当并存者也。世界地面本属有限,所有者垄断其租税,取生产三分之一之利,而坐享其成,与工作者同享同等之利益,不平之事,孰有过于此者?人工一分,既劳心力,自应得其报酬。土地本为天

① 卓尔基亨利:即乔治·亨利。

造，并非人工所造，故其分配不应如斯密亚丹之说也。故土地之一部分，据社会主义之经济学理，不应为个人所有，当为公有，盖无疑矣。亨氏之说如是。麦氏之说则专论资本，谓资本亦为人造，亦应属于公有。主张虽各不同，而其为社会大多数谋幸福者一也。

麦克司之《资本论》，主张资本公有。将来之资本为机器，遂有机器公有之说。发明铁道者为司的文生(Stephenson)[①]，发明机器者为华特[②]。经济学者谓铁道、机器既为二氏所发明，则铁道、机器二者之益，应归二氏所专有。殊不知机器虽为个人所发明，然所以能发明者，其智识岂尽出于天赋乎？以受社会种种之教养，始为发明机械之知力，及发明机械之机会。使生司的文生、华特于荒岛僻地，其智慧将何自启乎？即其天资极顶聪明，则耕而食，织而衣，以足供其一生之工作，尚何暇从事于机械之发明哉？由此可知：铁道、机械虽二氏发明，实二氏代社会发明也。社会之教养，原为社会谋幸福之代价，二氏既藉社会之力发明机械，则机械即不能私有其利益，其利益即应公之于社会。社会对于发明机械之人，以其劳心劳力，按社会经济分配之原理，予以相当之报酬可矣。即发明无线电之莫科里(Maconi)[③]，亦不过得劳心之报酬而已，而无线电之生利资本，应归公有。此麦克司学说之所由来也。

综二氏之学说，一则土地归为公有，一则资本归为公有。于是经济学上分配，惟人工所得生产分配之利益，为其私人赡养之需。而土地资本所得一分之利，足供公共之用费，人民皆得享其一份子之利益，而资本不得垄断，以夺平民之利。斯即社会主义本经济分

① 司的文生：即司蒂芬孙。

② 华特：即瓦特(Watt)。

③ 莫科里：即马可尼。

配法之原理，而从根本上以解决也。

所〔现〕之现〔所〕谓经济学者，恒分二派：一、旧经济学派，如斯密亚丹派是；二、新经济学派，如麦克司派是。各国学校教育多应用旧经济学，故一般学者深受旧经济学之影响，反对社会主义，主张斯密亚丹之分配法，纵资本家之垄断而压抑工人。实则误信旧经济学说之过当，其对于新经济之真理，盖未研究之耳。社会主义家则莫不主张亨、麦二氏之学说，而为多数工人谋其生存之幸福也。

诸君既略知经济学之纲领与实业革命之理由，进以审鉴，则旧经济学中所为生产三种之分配，似未得其平允。缘机器未发明以前，工作皆为人工，生产力亦甚薄弱，所谓资本者，不过工人之生活资料已耳。准经济学三种之分配，其未平允之处，尚未易见。实业革命以后，工作所需人工既渐减少，而生产力又较前加增，资本家以机器为资本，垄断利源，工人劳动所生之产，皆为资本家所坐享，不平之迹，遂为一般学者瞩及。于是昌言经济学分配之法，有未尽合于经济学之学理者矣。我国古代学说谓："生之者众，食之者寡，则财恒足。"又谓："工之家一，用器之家六；农之家一，食粟之家六。"则社会经济必起恐慌之现象。诚以人工所成之物产有限，劳动者少而消耗者之多，则所生之产有不足供给之势，财货因之匮乏，经济因之恐慌。欧美旧经济学者亦多主张此说。在实业未革命以前则然耳，社会既经实业革命，机器继以代人工之烦，生产力之大，较人工且至万倍，所生产之物品，销路不广，反有停积之忧。处今日而言社会经济，不患生之者不众，而患食之者不众，曩之主张工多用少，与今之主张工少用多者，适成一反比例矣。此皆旧学说不适用于现社会之证也。

我国未经实业革命，向主张闭关主义。后受外人之挟迫，不得已开海禁，惴惴自恐，以为货物外溢，物价必昂，思有以防范之者，遂有轻入口税重出口税之一法。殊不知外人之意，在畅销该国洋货，不在购买。我国种种防止之手段，反为外人所利用。洋货充塞，土货停滞，经济学上受其莫大之影响，实由于我国人民不知经济学之原理所致也。

我人知社会贫困，当求生产发达，何生产既多而社会反致贫困乎？其中原因，实由于生产分配之不适当耳。工〈人〉之所得不过其一小部分，地主与资本家所得反居多数，复以余利作资本，营业演进，货物充塞，竞销夺利，社会经济受其莫大影响。故根本解决，有不能不从分配上着手也。

当全用人工时代，其生产之结果，按经济学旧说以分配，土地、人工、资本各得一分，尚不觉其弊害。机器发明之后，犹仍按其例，此最不适当之法也。劳动者多，而机器厂所雇之工人少，生产物多，而工人所得之酬报少，人工贱而土地资本贵矣。贫富阶级日趋日远，社会主义学者遂欲研究分配平均之善法以救其害，以为现世界人类贫富苦乐之不同，社会上因之而少安宁之幸福。社会主义之主张，实欲使世界人类同立于平等之地位，富则同富，乐则同乐，不宜与贫富苦乐之不同，而陷社会于竞争悲苦之境。

自实业革命之后，社会主义发生，一般学者始悟旧经济分配之不当，主张人工宜得多数生产之余利，地主、资本家则按其土地、资本生产之应得之利息可矣。其分配人工酬报之多寡，应视其劳心劳力之多寡；其劳动大则酬报多，其劳动小则酬报亦小。余利公之于社会，以兴社会各种之事业。凡为社会之分子，莫不享其余利一分子之利益，斯即分配最平允之方法，而社会主义学者所深主张者也。

欧美近日仍据旧经济学以分配，地主、资本家既占优胜之地位，工人遂处于劣败之地位矣。法律上又保护资本家与地主之专利，故地主益垄断其地权，资本家益垄断其利权，而多数之工人虽尽其劳动之能力，反不能生存于社会。阶级悬殊，固难怪不平者之主张均产主义也。

英国伦敦最富之区也，人口之众约六七百万，每年冬季因工厂停歇，致失业饥民尝达百万之数。以富庶之区，人民尚不免有饥寒，此非生产之不足供应，实分配之未能平允故也。按英国人口有四千四百万之众，统男女老少平均计之，每年每人所入息，应约三千余元。如五口之家，即应得一万五千余元。但实际上则有大不然者，以英国普通佣值计之，每年每人不过五六百元耳。工人五口之家，全赖此数以为活，若在中国经济程度未高之时，尚足赡养，在经济程度既高之英国，实有不能生活之概。又以英国全国入息通算，每人均分年中应有三千余元计之，除女子老少不能工作外，生产工人实不过四分之一，而每人年中生产，实四倍于三千余元——即万余元也——而所得报酬之佣值，不过五六百元，是人工所得不及百分之十，而地租、利息则百分之九十余也。此分配之不当，按以旧经济学之三原素分配亦不符也。故有生利之工人，则恒受饥寒，而分利之大地主及资本家反优游自在，享社会无上之幸福，岂非不平之甚耶！

社会主义学者睹此不平，其激烈派遂倡均产之说。盖最初之思想甚属简单，固未尝为事实上计也。厥后学说精进，方法稳健，咸知根本之解决当在经济问题，有是亨氏之土地公有，麦氏之资本公有，其学说得社会主义之真髓。今日中国地主、资本家眼光尚浅，知保守而不知进取，野山荒地尚多无主之物，一般平民间亦有自由使用之权。即知〔如〕樵采游牧，并无禁止之例。若在欧洲，则山野荒地皆为资本家所领有，他人不能樵采游牧于其间也。社会党因地主、资本家之专横，有支配全国经济之势力，故极端反抗。资本家、地主屹然不稍摇动，以受国家法律之保护，现社会党人之反抗，实不异星火之一扑即灭也。激烈派遂有消极的主张，欲毁去机器厂及铁道，破坏其营业之资本，使无利之可生，然卒受法律之干涉，终不得根本之解决。

资本家与社会党愈接愈厉，首蒙其害者为一般之工人。一般工人莫不赞同社会主义而为社会党人，同心设法抵制资本家之专制。我人处旁观之地位，当知世界一切之产物，莫不为工人血汗所构成，故工人者，不特为发达资本之功臣，亦即人类世界之功臣也。以世界人类之功臣，而受强有力者之蹂躏虐待，我人已为不平，况有功于资本家而反受资本家之戕贼乎？工人受资本家之苛遇而思反抗，此不能为工人咎也。当时工人有工党之组〈织〉，要求增加工价，遂起同盟罢工之风潮。

罢工之事，工人之不得已也，世界上最惨最苦之事也。工人罢工虽欲谋增加工价，此现在工作之资，有不得不牺牲者也。工人非富于资者，其衣食全将恃乎每日之工价，一旦罢工，有甚至日不一餐，其苦状为何如耶？资本家以其无业不能生活，罢工必不能久，泰然处之，不稍为动。工人至饥寒交迫之时，不得不饮恨吞声，重就资本家之范围。资本家虽因一时罢工，稍有损失，然有资本以供养生活之需，究不至若工人困苦，而所损失者又终有补救之一日也。

社会主义学者知罢工要挟，决非根本之解决，当于经济学上求分配平均之法。而分配平均之法，又须先解决资本问题。顾资本之消长，有种种之原因。若美国铁路公司，对于人民输运农产，取费极廉，另设转运公司以贱价就地收买，人民以其可免运费，皆愿贱售与之。转运公司原附于铁路公司而发生者也，输运之费，自较他人为轻，运费既廉，资本亦少，再以贱售与人，以夺商人之业，于是商农皆归失败。小商既受淘汰，公司遂高其价，小商以价高，有利可图，于是复振旧业。公司见小商之又起也，再贱其价，小商以资本之微，不能持久，复归消灭，公司遂独享其利。不特此农产转运公司已也，如煤油、钢铁，皆莫不效尤，故意操纵，肆力吞并。小商知力之不敌，惟有拱手退让，所有生产厚利，皆为大资本垄断。于是托拉斯一出，几几有左右全世界经济之势力，而煤油、钢铁咸有大王之称，兼并多数人民之资财，而成一己之富矣。

实业未革命以前，人皆泰〔奉〕斯密亚丹之说为圭臬，一致主张自由竞争。及机器既出，犹仍旧法演进，其结果卒酿成社会上贫富激战之害。工人在实业未革命以前，勤劳俭朴，逐渐可以致富。自机器发明，利源尽为资本家垄断，工人劳动终身所生之利，尽为资本家所享有，在一己所得之工值，赡养尚不能敷，况储蓄乎？目击欧美近日经济之现状，万无工人可致富之理。在中国今日机器工厂尚未十分发达，利源亦未十分开辟，故贫民犹有致富之机，然再演进，亦将与欧美同一概矣。

社会主义学者尝谓物极必反，专制若达于极点，推翻即易如反掌。将来社会革命，首在美洲。缘美国大资本家擅经济界之特权，牛马农工，奴隶负贩，专制既甚，反抗必力，伏流潜势，有一发而不可抑者。盖资本家之专制与政府之专制一也。政府有推翻之日，资本家亦有推翻之日。

各国社会主义学者鉴于将来社会革命之祸，岌岌提倡麦克司之学说，主张分配平均，求根本和平之解决，以免激烈派之实行均产主义，而肇攘夺变乱之祸。故收回土地、公有资本之二说，为谋国是者所赞许，而劳动应得相当酬报之说，又为全世界学者所赞同也。

我国提倡社会主义，人皆斥为无病之呻吟，此未知社会主义之作用也。处今日中国而言社会主义，即预防大资本家之发生可矣。此非无病之呻吟，正未病之防卫也。不必全法欧满〔美〕之激烈对待，而根本学理，和平防止可矣。欧美以资本家之势已成，土地、资本收归国有之时，社会党之对待资本家，将若革命之对待满清皇室，其手段不得不出诸激烈恐吓，逼之退让。至我国资本家，有资财数千万者，国内实鲜其人。即稍有资本，又大半窖金，守之而已。变乱之际，甚有存储外国银行而纳保险费者。可知我国资本家，固不善利用资本以经营生产者也。至经济极高之时代，我国资本家其至富者，亦不过中人产耳，又奚必其退让哉。

资本原非专指金钱而言，机器、土地莫不皆是。就今日世界现状观之，其资本生资最巨者，莫如铁道。美国铁道之资本金约一百八十万万，每年全国收入总数约十五万万，十二年之收入，即可收回成本，则十二年后之收入，尽为赢余，其利之厚，鲜有过于此者。鄙人对于铁道政策研究有年，今拟筹集资本金六十万万，建筑铁道二十万里，其资本较美仅三分之一，可保四五十年之久，每年可获利六万万。美国铁道全公司所有，即为少数资本家所有，故利皆为私人垄断。我国铁道应提倡归为公有，则公家于铁道一项，每年顿增六万万之收入。再以之兴办生产事业，利仍归公，则大公司大资本尽为公有之社会事业，可免为少数资本家所垄断专制矣。准国家社会主义，公有即为国有，国为民国，国有何异于民有！国家以所生之利，举便民之事，我民即共享其利。易言之，国家之行政经费，地方经费，非出自我民之担负乎？公共之利兴，府库之藏足，我民即间接减轻租税之担负矣。

铁道以及各种生产事业，其利既大，工人之佣值，即可按照社会生活程度渐次增加，务使生计宽裕，享受平均，则工人亦安于工

作,不至再演同盟罢工之苦剧矣。以上所言,即为资本问题之解决。进而解决土地问题,尤属易事。兹为诸君言之:

欲解决土地问题,我国今日正一极佳时期也。趁此资本未发达,地价未加增之时,先行解决,较之欧美,其难易有未可同日以语。然欲解决此项土地问题,须先知土地价值之变迁。就上海土地言之,未开商埠以前,一亩之地不过五两,今则三四十万者有焉。反观内地,则满、蒙、陕、甘、西藏、新疆,其土地之价值,与昔日之上海正相等耳。英大马路自黄浦滩至静安寺一路之地价,与贵州全省地价已相颉颃。由此可知今日之上海,与今日之内地,同一其土地,而不同一其价值。即今日之上海与昔日之上海,亦同一其土地而不同其价值。其价值之所以不同一者,非限于天然,实社会进化有以影响之也。上海地价之贵,此已成之势也。将来工商发达,交通便利,内地地价,亦必有如上海之一日。

社会之进化,土地再经过二三十年后,其值可增至万倍。此万倍之利,将属诸何人乎?地主是矣。外人皆知此理,其出资托名以购地者,不知凡几。我国以广大之土地,若无良法支配,而废弃此社会生产之物,将必为外人所乘,而夺此土地生产之权矣。我人研究土地支配方法,即可得社会主义之神髓。

土地价值之增加,咸知受社会进化之影响,试问社会之进化,果彼地主之力乎?若非地主之力,则随社会及增加之地价,又岂应为地主所享有乎?可知将来增加之地价,应归社会公有,庶合于社会经济之真理,傥不收为社会公有,而归地主私有,则将来大地主必为大资本家,三十年后,又将酿成欧洲革命流血之惨剧。故今日之主张社会主义,实为子孙造福计也。

我国今日而言社会主义,主张土地公有,则规定地价及征收地价税之二法,实为社会主义之政策。即调查地主所有之土地,使定其价，自由呈报，国家按其地价，征收地价百一之税。地主报价欲昂，则纳税不得不重，纳税欲轻，则报价不得不贱。两两相权，所报之价，遂不得不出之于平。国家据其地价，载在户籍，所报之价即为规定之价。此后地价之增加，咸为公家所有，私人不能享有其利，地主虽欲垄断，其将何辞之可藉哉？（此法广东已提出议案交省议会议决）

美国纽约一城，地租收入每年至八万万之巨，惜均为地主所私有，若归公有，则社会经济上必蒙其益，此不过纽约一郡之地也。我国土地之大，物产之富，甲于全球，将来工商发达，交通便利，地租之收入，较纽约不啻几十万倍，则国家之富，可以立致，讵若今日之民穷财尽，非向外人借款不能立国者乎。

鄙人对于社会主义，实欢迎其利国福民之神圣，本社会之真理，集种种生产之物产，归为公有，而收其利。实行社会主义之日，即我民幼有所教，老有所养，分业操作，各得其所。我中华民国之国家，一变而为社会主义之国家矣。予言至此，极抱乐观。理想一社会主义之国家，而以其种种设施，再略言之。

社会主义之国家，一真自由、平等、博爱之境域也。国家有铁路、矿业、森林、航路之收入及人民地租、地税之完纳，府库之充，有取之不竭用之不尽之势。社会主义学者遂可进为经理，以供国家经费之余，以谋社会种种之幸福。

（一）教育　圆颅方趾，同为社会之人，生于富贵之家即能受教育，生于贫贱之家即不能受教育，此不平之甚也。社会主义学者主张教育平等，凡为社会之人，无论贫贱，皆可入公共学校，不特不取学膳等费，即衣履书籍，公家任其费用。尽其聪明才力，各分专科，即资质不能受高等教育者，亦按其性之所近，授以农、工、商技艺，使有独立谋生之材。卒业以后，分送各处服务，以尽所能。庶几教育之惠，不偏为富人所独取，其贫困不能造就者，亦可以免其憾矣。

（二）养老　社会之人，为社会劳心劳力辛苦数十年，而至衮〔衰〕老，筋力残弱，不能事事。社会主义学者谓其有功社会，垂暮之年，社会当有供养之责。遂设公共养老院，收养老人，供给丰美，俾之愉快，而终其天年，则可补贫穷者家庭之缺憾。

（三）病院　人类之尽忠社会，不慎而偶染疾病，富者固有医药之资，贫者以无余资，终不免沦落至死，此亦不平之事也。社会主义学者遂主张设公共病院以医治之，不收医治之费，而待遇与富人纳资者等，则社会可少屈死之人矣。

其他如聋哑残废院，以济大〔天〕造之穷，如公共花园，以供暇时之戏。人民平等，虽有劳心劳力之不同，然其为劳动则同也。即官吏与工人，不过以分业之关系，各执一业，并无尊卑贵贱之差也。社会主义之国家，人民既不存尊卑贵贱之见，则尊卑贵贱之阶级，自无形而归于消灭。农以生之，工以成之，商以通之，士以治之，各尽其事，各执其业，幸福不平而自平，权利不等而自等，自此演进，不难致大同之世。

鄙人演讲三日，发挥社会主义尚未详尽，望诸君共相研究，一致进行，是即鄙人区区之意也。

据吴拯寰编《中山全书》(上海三民图书公司一九二五年版)

在江阴各界欢迎会的演说

（一九一二年十月十九日）

兄弟今天经过江阴地方，查阅炮台，蒙江阴父老兄弟开会欢迎，兄弟非常感激！又承国民党、社会党进我以词，实不敢当。现在我中华民国成立，诸君多知道是全国同胞同心协力，费了许多血汗，所以有这个结果。今天承诸君盛意，招兄弟到此，兄弟有几句话，要同诸君一谈。

今年是民国成立的第一年。我们推翻了专制政府，改建了共和民国，大家就应知道，专制与共和，到底有什么分别？从前的专制国是皇帝的国家，现在的共和国是人民公有的国家。诸君要晓得今日到这个地位，自开国以来所没有的。从前是皇帝在上，人民在下，现在我中华民国人民，已从奴隶的地位变做主人的地位。我们既然到了主人的地位，就应该以主人自居。但是我们做主人翁的，要晓得做主人有主人的资格，有主人的学问，有主人的度量。一国的人民都有一定要尽的义务，大家尽了义务，方能算是主人。

什么是应尽的义务呢？很明白的就是全国人民多应当兵，多应纳税。从浅显的说起来，就是国家所有一切大费用，都要大家担任。现在一国的人民，须有担任国家费用的能力，方能成个国度，方能立国于地球之上。全国人民的身家性命，不能不受国家的保护。国家所以要有兵，全是保护国民起见。一国的兵没有保护的能力，那就不能算个国了。从前专制国的人民，只有义务，没有权利。共和国人民，权利义务，二者是相当的。兄弟有个警〔譬〕方：譬如做买卖，国家是个公司。从前的专制国，是一人的国家，皇帝是老斑〔板〕，我们人民都是伙计，只能赚一吃饭的工钱，没有权利享受的。现在共和国是大家的国家，大家都是股东，大家都有股份，所以就应该竭力的支持，方能算是大公司里的大股东。所以国民能尽义务，方能算得国民，不尽义务，就不能算个国民。

自从革命以后，有些不开通地方，以为民国同从前没有什么不同的地方，甚且以为革命以后可以坐享权利。这就误会了。要晓得现在的国民要尽义务，从前的国民也要尽义务。不过从前尽了义务，是没有权利的，现在是有相当的权利的。诸君都是很明白这个道理的，最好时常同那些不明白的讲讲。倘能常到乡间没有开通的地方，把这种道理宣讲得明明白白，使四万万的同胞都懂得这个道理，大家出力帮助民国，那就是民国前途的幸福。诸君都是先知先觉，赶快把地方风气开通，叫大家明白民国是何意义，做这件事情，是第一要紧的义务。现在民国要做的事情，是很多很多，只要大家同心协力做下去，就可以做地球上第一等强国。

今天兄弟刚到的时候，接了贵邑的一封信，说是从江阴到横林，要想法造条铁路。这个铁路固是要紧，但据兄弟看起来，铁路以外，尚有要紧的事情，并且办法也稍些〔许〕容易一点。这是什么呢？就是要想法造道路。道路的办法既容易，而且最有利于国家，最有利于社会。大家只知道铁道的利益，没有知道道路比铁路更有利益。诸君要晓得这铁路的利益，总要距离几千里的路践〔线〕，方能享受。譬如装运货色，或是重大的物件，才享得到他的利益。况且造铁路的费用很大，没有造道路的便宜而容易。比方上海的大马路、静安寺路、徐家汇，那些路都是很广阔很平正的，不妨就把这些道路当做模范，赶快想出造路的法子。为什么呢？因为铁路的建筑，照沪宁办法，每里须花四万元。马路的建筑，只须几千元。比方江阴要造的路，不过是四五十里，来往的人又不很多。若是通了火车，每天开车两次，那火车公司就要赔本。若是每天开一次，那趁〔乘〕车的人，过了开车的时候，就要等上二十四点钟方能再趁〔乘〕，仍旧不能得火车的利益。照此看来，是造铁路每天只得一回的利益，反不如造了一条很大的马路，每点钟都可以行走。而且可以用东洋车，四十里路，三四点钟就可以到。用马车只须二点钟。或是用自动车，这自动车比火车还快得多，大约五六十里的地方，只要三十分钟的光景。所以造铁路，不如造道路的好。况且有种公共自动车，每座可坐二十四人，一点钟可行二十英里，大约合中国六十里，价钱也很便宜。不象那火车，一个车头，也要一万多块钱。有了车头，还不能中用，一定还要客车货车，每座总要几千银子，这都是很难办得到的。所以火车，只好在全国交通上紧要的地方建筑。象江阴离有火车的地方没有多远，那是很不值得。尽可想法造条很大的马路，设置电车，每天开了十次，这个利益就不小了。并且有一种电车，可以装五十吨以上的货，不过一万多块钱，一点钟可走十多里，从小地方讲起来，同火车也不相上下。

总之，铁路为国家的交通，为几千里路的交通。若在小的地方，为便利人民交通起见，单这道路，已觉可以。即如英国从前，在很近的地方，也都造铁道。现在已知道这铁道的利益很小，所以，特地将近的地方，把铁路多废去，另造一条很大的马路，就是这个意思。江阴如果造了铁路，开行的次数，又不能多，那沪宁铁道的火车，每天来往，虽然开了十二次，江阴的火车不〔若〕若〔不〕按时接头，仍旧不能享其利益。如能造了马路，随时多可赶到，这是很方便的。假使我们全国都知道造路的利益，交通上就便利得多了。因为马路造得多，造得好，可以便利铁路两旁的地方，那干线的火车也就有许多利益。倘若要造铁路，即使造成，亦须加造马路，有了马路，火车方能发达。所以要中国交通上便利，须从造马路做起。

兄弟曾听得外国的一个博士说，一国文明的起点，全在人民知道修路。若到文明大发达的时候，必然全国人民都知道修路，因为道路很利便普通人民。外国人常说中国人很野蛮，他就是从中国没有马路、路政不讲究看出来的。原来铁路的利益不能普及，必要靠马路或运河的帮助方能发达。故我们路〔要〕注意这个道理。倘是没有了马路，就是有了铁路，也不能发达的。世界上铁道最多的国是美国，美国全国有八十万里铁路，现在还嫌不方便。所以，近来有人提倡开两条大路，东西一条，南北一条，东西有三四千里，南北有二三千里。两条大路，可以在全国的中心点交通，阔有一千尺，路上再分出走马车的，走电车的，走自动车的，走货车的，走人的种种界线。所有全国的学校、工厂，那亟〔些〕要紧机关，都依了这两条的大路，分布出来。所有那些电线、煤气管、自来水管，也都依了这两路分布出来。此外再另辟支路，传播全国。大约用自动车，二十四点钟可以走通东西两界。若用电车，只须十二小时，可以走遍全国。现在美国人很赞成这个计划，大约就要实行的，这是新发明的最好的方法。我们中华民国若是取法乎上，自应如此办法。

兄弟得了这个法子，因为贵处的人想造铁路，就把这个道理贡献出来，请诸君研究研究。横林距江阴既没有多远，那就很好照这个办法。因为造一里铁路，照沪宁铁路的样子说起来，每里要化四万多块钱，团〔岂〕不是要一百六十万么？若是造马路，每里至多不过五六千块钱，大概有了三十万元，总可以了。兄弟这回打北京下来，过济南的地方，看见城外也有许多的马路，但是不很长，没有几多里就完了。所以兄弟劝他们，主张在几十里以外的地方扩充出去。但是这笔费用从那里来呢？诸君要知道，关于全国的，自然全国人民担负，关系一块地方的，就要本地人民担负了。着手办法须先招股，设一公司，计划交通所用的本钱，与连接的县分，合设一个交通机关，两边筹划起来，沿路地主，多可入别〔股〕。划定了经费之后，就可以测量路线，雇人开筑。筑完之后，公司里就可以备了几座公共自动车或公共马车，供人租用，或由别的商家出来营业，那入款必定很多，足抵造路的费。东洋车以及农人装载货物的牛车、马车也多可以收捐，作为修路的费用。到了那时，人人都受益不浅，公司并好赚钱。人家知道这造路的利益，自然就肯做了。加上几年的功夫，全国都这样的做起来，那交通的便利更不用说了。诸君既要想法替江阴的交通生色，不如筑一条大马路。做成了全国的一条模范马路，给大家做个榜样，叫全国的文明，从江阴发起。这就是兄弟今天对于诸君最大的希望。

今天因时间很促迫，晚上十句钟就打算开船到镇江去，不能再同诸君多谈，抱歉之至，还望原谅。

据上海《民立报》一九一二年十月二十五日、二十六日《孙中山先生演说词》

致袁世凯电

（一九一二年十月十九日）

民军起议〔义〕达到完全目的，列强从未干预，实驻京英使朱尔典调停之力，请给勋章酬劳。

据上海《民立报》一九一二年十月二十一日

致胡汉民并广州各界电*

（一九一二年十月十九日）

广州胡都督并转各界公鉴：九月初九①，为乙未岁第一次倡共和革命失事之辰。烈士陆皓东殉，然附同赴义者，有临时招募之朱贵全、邱使〔四〕二人，并波累程曜臣、程奎光狱死，故当日有朱、邱、陆、程之称。此役之日，陆君主动，同谋者除生存人外，则有郑弼

* 此件所标时间系《民立报》发表日期。

① 九月初九，当为阴历。

臣、杨衢云二人。第二次惠州起义，郑君身临前敌转战，积劳而殁。杨君在港运筹，被刺而死。又有烈士史坚如殉义于羊城，日本义士山田良介〔政〕阵亡于惠州。今逢武昌起义之辰，全国庆祝，以贺成功，追思木本水源，皆胚胎于乙未、庚子二役。而上述之人皆已亡殁，自民国成立以来，曾未一为之表彰，文实悼之。敢请我粤同胞于九月九日大开追悼会，以表彰幽烈，并捐款分别追恤各烈士之后人。文先捐千元，请都督垫支，续当寄璧。孙文叩。

据上海《民立报》一九一二年十月十九日《纪念日之余谈》

在南京国民党及各界欢迎会的演说

（一九一二年十月二十二日）

兄弟自解职回粤，旋出游历北京及满、蒙、晋、鲁一带，复来南京。游历所得，知我中国大有可为。因南北人心，一致趋于共和，前途必无危险。以我国地方之大，人口之众，物产之丰，人材之众，革命之后，若能一心一德，从事建设，必能为世界第一富强之国。但建设不一端，如政治、实业种种皆是。以政治言，袁总统及国务院与各省都督，皆能胜任愉快。兄弟因此担任铁路一事，愿以十年为期，建造全国念万里铁道，促实业之发达。惟二十万里之铁道，非六十万万元不能成功。以吾国从前已修铁道比较之，费十余年之力，仅成万余里之铁道，则今二十万里之铁道，又非二十余年不能成功。待二十余年而后求国之富强，未免有河清难俟之叹。欲求速效，则惟有借用外国资本，聘请外国人材，故兄弟主张此铁路政策，采取开放门户主义。

现今世界日趋于大同，断非闭关自守所能自立，但开放门户，仍须保持主权。如日本先时，亦不乐与外人交通，近数十年，因开放门户，遂成亚东强国。暹罗，亚洲之贫弱国耳，近数十年，亦因开放门户，遂得独立，收回领事裁判权。可知开放门户，不论强弱，能行此政策，必能收效。我国向多持保守主义，忽聆开放门户之说，必多反对。不知即以修造铁路一事而言，如不恃开放主义，则吾国人必无此财力，虽有政策，亦徒托之空言。甚愿全国一心，不倡反对，使外人信用投资，铁路易底于成，而各项政策，皆得因此而进行，中华民国富强，庶几可待。

且兄弟所主张开放之说，不仅一人之意见，袁总统及各国务员多表赞同。盖人人知美国为世界第一富国，其铁路有八十万里，每年收入较各国为独多。如我国二十万里之铁路告成，收入之数，不独供行政费用有余，而各项政策，亦皆得从此着手，何忧不富？何忧不强？兄弟今日重来南京，与父老兄弟相见，发表政见，甚愿诸父老兄弟同将此图富图强之事，互相担任，则幸甚矣！

据《总理演讲新编》《实现铁路政策须取开放门户主义》

在安徽都督府欢迎会的演说

（一九一二年十月二十三日）

现在中华民国已成立，皆我四万万同胞，应世界革命潮流，同心协力，将数千年专制政体，不数月而推翻，改造共和政体。自武汉起义以至今日，亦不过将近一载，而中华民国俨然完全成立，此世界革命史所未有，可为中华民国革命史上一大特色。但破坏之事虽已告终，而建设之事方始，仍请诸同胞同心协力去做。建设之事可分为两大端：一兴利，一除害。

除害之事很多，最要紧的就是禁烟。禁烟事办理最认真者，要算贵省。如贵都督日前焚毁鸦片土，办理亦颇得法。英领事受奸商唆使，带军舰两艘至贵省，无理干涉，卒能和平结果。虽是贵都督外交手段，然亦是我中国政体改革，人民皆有国家观念，不比前清专制，上下隔阂，始能如此。若不信，请回忆前清时所有外交，有那一件未失败？贵都督初烧鸦片土时，人人都替贵省耽忧。因前清道光年间，林则徐焚毁烟土一案，酿起莫大祸事，此次又烧烟土，惟恐亦酿出事端。不知中华民国官吏与前清官吏不同。前清官吏烧烟土是未根据条约，不知公理之野蛮举动。且人心涣散，政府不顾督抚，官吏不顾人民，人民亦不知国家为何物，所以外交失败。现在是中华民国，人民、官吏、政府皆是痛痒相关。且贵都督之焚毁鸦片又根据条约，所以外交不致失败。贵省禁烟办法实可为各省模范也。

兴利之事亦很多，最要紧的就是修铁路、开矿产、讲求农业、改良工艺数大端。但要想实业发达，非用门户开放主义不可。日前兄弟在北京与袁大总统及各部总长协定政策，就是开放政策。何以名为开放政策？就是让外国人到中国办理工商等事。兄弟说这个话，不知者一定要疑惑，以为我中国土地，何能让外国人随意进来？这等见识，名为闭关主义，为前清所利用。当前满洲政府做专制大皇帝时，最怕人民有国家思想。以为人民若有国家思想，满廷即不能永远存在。所以利用闭关主义，不许外国人来。使人民将一国当作天下，自然没有国家思想，皇帝之位亦即无人干涉。嗣后外国人到中国来通商，定租界，辟商埠，并不是清政府欢迎，是外国人强迫。现在中华民国，人人皆有国家思想，同心协力，保全领土，拥护主权，外国人进来，毫无妨害，有何不可？况开放主义，我中国古时已行之。唐朝最盛时代，外国人遣派数万留学生到中国求学，如意大利、土耳其、波斯、日本等国是。彼时外国人到中国来，我中国人不反对，因中国文明最盛时代，上下皆明白开放主义有利无弊。

现在中华民国已将满清政府推翻，改造共和政体。共和政体在地球上，要算第一最好政体，我们何等幸福！但诸位同胞要知革了命，不能就算事业完了，大家就可享幸福。请看现在游手无业、饥寒交迫诸同胞，遍地皆是，我们能忍心不顾他们？只顾自己享福，岂能长享？我们要永远享文明幸福，必先使全国同胞人人有恒业，不啼饥，不号寒，然后云可。要想达此目的，就要办理铁路、开矿、工商、农林诸伟大事业。办理此等伟大事业，必先有伟大度量，将意见二字消灭尽净。诸君试看日本国，土地不过我中国两省大，人民亦不过我中国两省多，四十年以前，亦是一个最小、最穷、最弱之国，自明治维新以后，四十年间，俨然称为列强。全球上能称为列强者，不过六七国，而日本俨然是六七国中之一国。他是用何种方法，始能如此，亦只是用开放主义。我中华民国土地比日本大二十倍，人民比日本亦多二十倍，要照日本办法，亦采用开放主义，不到三五年后，兄弟可决定，比日本富强十倍。

又，我中国是四千余年文明古国，人民受四千余年道德教育，道德文明比外国人高若干倍，不及外国人者，只是物质文明。物质上文明，就是农工与各种实业，比较起来，实在不及外国多矣。例如军器一门，我们从前所用是弓箭刀枪，试问现在战争，能用不能用？试问现在战争，不用外国枪炮，能胜不能胜？我们既采用西法，即不能不借用外国人才。倘不借用他国人才，我们中国就要先派十万留学生到各国去留学，至少亦要学十年才能回国，办理建设各种事业。试问此十万留学生经费，现在能筹不能筹？试问此建设事业等到十年后再办，能等不能等？款既筹不出，又时等不及，我们就要用此开放主义。凡是我们中国应兴事业，我们无资本，即借外国资本；我们无人才，即用外国人才；我们方法不好，即用外国方法。物质上文明，外国费二三百年功夫，始有今日结果。我们采来就用，诸君看看，便宜不便宜？由此看来，我们物质上文明，只须三五年即可与外国并驾齐驱。我们道德上文明，外国人是万万赶不及我们大。结果岂不比东西各国更加倍文明？彼时我中华民国在地球上，不特要在列强中占一席，驾乎列强之上，亦意中事。彼时我中华民国国民，自然就可永远享真正自由文明幸福。但此种伟大事业，决不是少数人责任，定要我四万万同胞同心协力担负，方可达圆满之目的也。

据上海《民立报》一九一二年十月二十九日
《孙先生长江游——皖都督府演说辞》

在南昌百花洲行辕的谈话*

（一九一二年十月二十五日）

【铁道问题】拟由外人承修，四十年后仍归中国。另附条件，不及四十年，亦得依股票时价，随时收归国有，以防流弊。盖可免回扣之耗失、材料之抬价、工师之要挟。四十年后，不费一钱，坐享其成，利益颇大。况外人修筑之时不能不雇华人，用华材，尤为利中之利。

【借债问题】六国要挟过甚，深可愤慨。现已与外国资本家数人联络，拟开办中西商办银行，中外各出资本千〈万〉镑。将来中国借债，即由该行出名，纯为经济问题，以免国家借债，惹起政治交涉。且可利用该行发行公债票，销售外国市场。

【集权分权问题】中央集权地方分权，本来不成问题，不过反

* 本文节录自《孙先生游赣记》的报道。

对者藉此鼓簧。实则集权、分权，皆由人之成见而生，如外交、海陆军，不容有地方分权，其他利民之事，不容有中央集权。盖须相因而行，不能执一民权为天经地义，专制恶风，断难久存于二十世纪。

【江西城围扩建问题】现有街市可不必再改，惟须择一最大之地段另辟新埠，将衙署、公所及学校、营房迁至其所，则旧有者不期废而自废，改建甚易矣。至于地皮，只可由公家购买。然恐公家无力，或人民不愿，惟有乘此换契之时，任人民自定价值，有二条件：(甲)照价抽税，(乙)照价收买。向来地皮价值，本极不齐。中国旧法，照面积抽税，故贫民乡间之地，往往吃亏，而富人私有城市之地，往往唾手得利。如美国现有一富人，从前收买十亩地时，该富人某日醉后，归途遇人拍买〔卖〕，随意以二百元立约。当时人皆笑其过昂，迄今竟成数十万之富家翁矣。故此种致富，乃非人力经营所致，不过得好机会而已。然彼之好机会，又由国家路政、矿政而致，实非彼有丝毫之力。而乡村力作之农，乃至终身困穷，故此为不平之道。今设以上(甲)(乙)二条件，彼有地皮既不敢昂价以图出售，亦不愿低价以图少税。因昂价则恐税累，低价则恐贱卖，因此不得不自出于平价。既出自平价，则国家收买之固不吃亏，不收买之，亦不妨碍。但税则仅可低定，如十元之地，但收五厘，则穷乡不受恩，而繁市即能出税以裨益公家，此为最公平之道。将来此策如行，则另建成一伟大之新江西，不须多日。而江西能从此扩大，则南昌、九江、吉安、饶州、赣州等地，皆可成为今日之上海。但此事从何入手？须从交通入手。交通之法，铁路为急务，然马路尤不可少，盖马路费较省便。且马路行自动车，自动车费亦较少。如每车坐十二人之自动车，每里只须万元可修，路之平坦者，每里仅五千元或二千元可以修好。有此自动车，然后铁路亦能获利。不然，距铁〈路〉较远之人，即不便搭坐，即修小枝路，亦不十分便利。如冷落之地，每日枝路开车一次，其搭坐者有非常不便。若马车、自动车，即可每日开十余次，此最便之事也。英国从前枝路甚多，现皆拆去，改用马路，此其明证。

据上海《民立报》一九一二年十一月二日《孙先生游赣记》

在南昌军政学联合欢迎会的演说

（一九一二年十月二十六日）

今日在江西南昌蒙军界诸君欢迎，实不敢当。诸君盛意热诚，殊深感谢。去岁民国成立，全赖各省军人之力，武昌起义，各省响应，南方军人提倡共和，北方军人赞成盛业，数个月内，洗数千年之积习，脱数千年之羁勒，推翻满廷，建设中华民国，全赖军人，我为四万万同胞感谢诸君。中国军人及国民，同心协力，造成共和民国，丰功伟业，震惊全球，不独为历史之光荣，即于种族亦增价值。我国前在专制政府，政体腐败，国势积弱，列强虎视眈眈，竞逞野心，群思染指，彼时国家与种族，危险万状。欲救国保种，故提倡革命。共和国家，既赖军人建设，尤愿南北军人一气保障而巩固之。今而后深望诸君发愤为雄，研究军学，使四万万同胞均有尚武之精神，使中华民国富武力之保障。海陆军强盛，则中国在世界上必进于一等国之地位。现在世界各国均从事扩张军备，进步一日千里。处今之世，有武力之国家则隆隆烈烈，进于一等之地位，无武力之国家，必至于灭亡。

今世界文明进化，尚在竞争时代，而非大同时代。处此竞争剧烈之私〔时〕，人人须以爱国保种为前提。内乱不靖，赖军人以维持，外患侵凌，赖军人以御侮。是故中华民国之存亡，全视军人。

军人有拥护国家之责任。江西可敬之军人诸君,须把中国存亡之责任搁在各人双肩上,此则兄弟所希望于各人者。

据《国父全集》第二册(转录上海《中华民报》一九一二年十一月六日《孙中山之快论》)

在芜湖各界欢迎会的演说*

(一九一二年十月三十日)

兄弟此番过芜,诸君特开会欢迎,极为感激。我父老受君主之压制久矣,迄乎今日,才将专制推翻,造成中华民国。此非兄弟一人之力,实四万万同胞齐心协力,万众一德,有以致之也。

我国自有历史以来,人民屈服于专制政府之下,我祖我宗,以至于我之一身,皆为专制之奴隶,受君主之压制,一切不能自由。所谓国家者,亦不过君主一人一姓之私产,非我国民所有也。故人民无国家思想,且无国民资格。现在君主专制既已推翻,凡我同胞,均从奴隶跃处主人翁之地位,则一切可以自由,对于国家一切事件,亦有主权矣。然既处于主人翁之地位,则当把从前之奴隶性质,尽数抛却,各具一种爱国心,将国家一切事件,群策群力,尽心办理,万不能再视国家事为分外事。能如是,中国前途自有莫大之希望。

据《总理演讲新编》《群策群力尽心国事》

---

* 孙中山于一九一二年十月三十日上午抵芜湖,当晚离芜湖赴上海。据三十一日《民立报》报道,孙莅芜即赴欢迎会发表演说。据此,此件当为十月三十日,《总理演说新编》所标十一月三日,误。

附：同题异文*

吾等现由奴隶地位，一跃而居主人地位，实为莫大之幸福。惟既为主人翁，即应尽其应负之责任。方今民国初建，万端待理，民之于国为最大之要素。欲国富民强，即能自立，则凡百艰难事务，吾人都负其全责，望诸君共济时艰为幸。

据黄编《总理全集》下册

通告各省都督议会电**

（一九一二年十月）

各省都督议会公鉴：铁路计划，经纬万端，文也不才，深惧弗克负荷，惟当黾勉从事，力图进行，以期贯彻初终〔衷〕，日夜筹思，不敢稍懈。兹于上海组织铁路总公司，业经成立开办，兹事造端宏大，猥承政府授于全权，尚赖各省声应气求，同心共济，庶几锲而弗已，功在不舍。所有各省支路已办者若何？待办者若何？均希详细见示，以便统筹全局。

现在〈本公司〉规划程序，阶级有三：首宜立法，次乃筹款，终为筑路。循序图之，方有把握。筹款一层，莫不视为最急。顾民国实行开放主义，地大物博，实不难吸收外资，本公司已与外国大资本

---

* 此篇与前篇为同一演说的两种记录。此篇所记是演说大意。

** 与此件通电内容相同仅个别字句稍异的文件，尚有《致福建省议会函》（载上海《民立报》一九一二年十二月二十二日）及《致贵州省议会函》（载《贵州实业杂志》第二期，一九一三年二月出刊），经参照互校，该二函不再收录。

家接洽，自可切实担任。然必须章程规定完备，如对于政府，对于各省，对于外国，各方面均臻妥善，办事始免丛脞。而借款合同尤为得失所关，本公司之宗旨，务期权操自我，而不妨利溥于人，所有条件及抵押，总求较胜于前，断不令启〈彼〉野心，致滋妨害，此则立法之要义也。

居留中国之外人，号称资本家或某公司之代表者，热心办事之家，见其易尔由言，辄为信任，颇有致函本公司求为承诺者。不知借款之途，类非一致，如或先揽利权，然后徐图招股，将来要求条件必甚严酷，亟宜预为审慎。本公司自能与外国殷实资本家直接商议，无须辗转间接，徒多迂折。

〈至〉筑路之时，需用工程专门之人甚多，各省人材均宜广为储备，其有熟悉路事或研究有得者，如有高见，尚望不吝见教，以期集思广益。交通未便之处，犹不免迷信风水之陋习，应请各省剀切劝导，使知铁路为国家及人民莫大之利益，亦即民国自救唯一之政策。人之爱国，谁不如我，必能破除成见，众擎共举，致万里者基于跬步，图终于始，本公司有厚望焉。特此通告，即希鉴察。中国铁路总公司总理孙文。

据史委会编《总理全书》之九《文电》

致袁世凯函*

（一九一二年十一月三日）

慰亭先生钧鉴：

别离以来，自鲁返沪，辄务宣达我公爱国之真意、经邦之大猷。

* 当时，袁世凯为了大权独揽，主张军民分治，反对省长民选。

此次游历扬子流域,历二星期,见人民真爱共和,同谋建设,益为民国前途庆。惟对于省行政长官,则有大多数人民主张公选,谓矢志力争,期于必达。文前旅京时,曾与燕荪谈及,谓若由民选,则无论其人良否,人民不怨中央,且遇有地方冲突,必待中央解决。若由简任,则其人胜任,人民以为固当如是,无所用其感激中央之心;若不胜任,则中央实为怨府。故文意各省行政长官,不若定为民选,使各省人民泯其猜疑,且以示中央政府拥护民权之真意,于统一实大有效力。又据法理言之,谋全国之统一,在法制之确定,而不关于官吏之任命。前清督抚何一非中央任命,而卒至分崩者,法制不统一也。

敬陈鄙见,以待钧裁。即颂

勋绥

孙文 元年十一月三日

据《国父全集》第三册(转录史委会藏影印原函)

致袁世凯周学熙电

(一九一二年十一月四日)

袁大总统、周财政总长鉴:前清沪道存款,日内由比领交出。所有源丰润等户各押产,文在宁时已批准拨充中国公学经费,财政部亦续行批准在案。兹闻此款忽提作别用,果尔,则前案已虚。伏望公等电饬交涉使陈贻范,仍依前案办理,俾公学得以维持,不胜感盼。文虽不愿越俎,惟该校近以董事推许,用敢一言,并希亮察。孙文。支。

据中国第二历史档案馆藏《北洋政府财政部档案》原件

对咸马里将军的赞词*

（一九一二年十一月六日）

咸马里先生的驱体不幸畸形，但他具有非凡的才智，他虽不是军人，却是一位伟大的军事哲学家，对革命问题有卓越的见解。在与革命有关的军事策略问题上，他给了我全面的帮助。他对军事有深远透彻的见解，是两部有关军事战术与战略著作的作者，有好几位杰出的军事学家对他的专著都十分赞赏，罗伯兹将军就是其中最钦佩他的一位。他为人真挚诚恳，为中国革命贡献了全部心力。他的忠厚的举止，富于同情心的谈吐，坦率与果决，赢得了许多中国友人。他在南京协助我直到他去世。

据《研究中山先生的史料与史学》中吕芳上《荷马里档案简述》所附英文原文（转录一九一二年十一月六日英文《大陆报》"*China Press*"）译出

致袁世凯电**

（一九一二年十一月九日）

北京大总统鉴：新密。一、今日弭患要图，非速行迁都，则急宜联日，二者必行其一，方能转危为安。迁都既属困难，则联日不容

* 咸马里于一九一二年四月十五日因病离华，返美国休养，十一月一日去世。孙中山闻讯至为悲痛，除专函咸马里夫人表示哀悼外，还在《大陆报》上发表了这篇赞词。此件所标时间系报纸发表日期。

** 据王耿雄考证，为一九一二年十一月九日，参阅王耿雄：《孙中山史事详录1911—1913》，第四七五页—第四七六页。

或缓。文深维此事,速欲亲行一试。如有意外好果,其联交之度,当至若何,请先示程式,以便文于月底一往东洋,游说彼邦执政,想不致虚行也。二、前议设立中西合股银行,近已蒙法国政府允许,将来可在巴黎市面发行种种债票。顷巴黎业东已决议实行,不日派代表来华,商订合约。惟此方股本尚无着落,倘到时不能交头批二百五十万元,或尚须政府设法也,幸为注意。三、铁路筹划,刻须开始,所许由政府垫拨之费,请从速汇来应需为荷。孙文。

据《国父全集》第三册(转录史委会藏原稿)

致咸马里夫人函

(一九一二年十一月十四日)

亲爱的咸马里夫人:

从报纸上得悉咸马里将军去世的消息,我极为哀伤。我本想致电给你,以表达我深深的同情与吊唁,但是事实上,直到今天,我都不相信报纸上的报导是真实的。

失去李将军,我觉得我失去了一位伟大的和真正的朋友。

宋小姐希望转致她对于你丧夫之痛的深挚的同情。

孙逸仙

一九一二、十一、十四　上海

据《传记文学》第十四卷第四期黄季陆《中国革命之友荷马李将军》

致袁世凯电

(一九一二年十一月十五日)

北京大总统鉴:新密。黄大伟、陈宽沅、喻毓西、唐豸四员,皆法比陆军学校毕业生，长于学术胆略。前在南京充总统府参谋，甚资得力。今其同辈多获陆军中将、少将名位，而此四君因名不在陆军部，遂致遗漏。此皆国家有用之材，不宜弃置，乞加钧察，定其职衔，遇多事之秋，充干城之选，非惟四君之幸也。孙文。删。

据《国父全集》第三册（转录史委会藏《总理来去电文底簿》）

致袁世凯电

（一九一二年十一月十六日）

北京大总统鉴：新密。华日联盟，大有可望，假以半年至一年之时，当可办到。故俄蒙之约万不可承认[①]，当出以最强硬之抗议，使此问题延长时日，则必有良善之结果。目下尽可以不理[理]之，以观俄政府之行动。再，俄蒙之举，不过一二好大喜功之徒，欲乘我之不备，以博功勋，实非俄政府之本意。故对此事，以牵延为第一办法。孙文。铣。

据《国父全集》第三册（转录史委会藏《总理来去电文底簿》）

致梁士诒电

（一九一二年十一月十九日）

北京总统府梁燕荪先生鉴：新密。兹有河南尉氏县刘马氏青霞认缴本处股银二十万元。据称家藏金一千三百两，银九万两，欲

① 十一月三日，俄国密使廓索维慈在库伦与哲布尊丹巴等擅订《俄蒙协约》。七日，北京外交部就《俄蒙协约》向驻京俄使提出抗议，声明俄与外蒙所订任何条约，中国政府概不承认。

设法运出，但路途危险，族人眈视，愿得汴督饬地方官护送。可否由公转恳总统知照豫督，准予保护？此人现在上海，专候复示。又，如北京有河南银两，则此款可就由汴督接而按数由京汇寄敝处，尤为方便。统候示覆。孙文。皓。

据《国父全集》第三册（转录史委会藏《总理来去电文底簿》）

复孙道仁电

（一九一二年十一月二十七日）

福建都督鉴：为密。电悉。分治之事，若万难施行，延缓之法，惟在公毅然持之耳。若将窒碍理由详达中央，想中央必不以为难也。孙文。

据《国父全集》第三册（转录史委会藏孙中山亲笔原件）

致冯自由函

（一九一二年十一月二十八日）

自由仁兄惠鉴：

兹有广东人谢梁氏述称，伊夫谢春生当广东革命之际，制造炸弹失慎毙命，子女孤苦无依等情前来。查尚属实，应请兄函请广东稽勋局查照情形，与以抚恤。

谢梁氏交来呈广东稽勋局文稿，附寄大览。此颂

筹祺

孙文　中华民国元年十一月二十八日

据中国社会科学院近代史研究所藏影印原函

倡议钱币革命对抗沙俄侵略通电*

（一九一二年十二月三日）

北京大总统、国务院、参议院、各省都督、省议会、全国国民暨各报馆鉴：

窃闻遇非常之变，当出非常之方以应之。今者俄人乘我建设未定，金融恐慌，而攫我蒙古。以常情论之，我万无能抵抗之理。在俄人，固知之素而审之熟，故甘冒不韪行之。我国人皆知蒙亡国亡，与其不抗俄屈辱而亡，孰若抗俄而为壮烈之亡，故举国一致，矢死非他也。以文观之，民气如此，实足救亡，惟必出非常之策，事乃有济。非常之策维何？请为我政府、国民言之：

第一，行钱币革命，以解决财政之困难。今日我之不能言战者，无过于财政困难，自南北统一后，则谋借外债，以救我金融之恐慌。然至今六国之借款无成，若一有战事，则更复无望。然则就财政上言之，无论有战无战，财政问题之当解决，必不容缓也。文于谋革命时，已注重于此，定为革命首要之图。乃至武昌起义，各省不约而同，寖而北军赞和，清帝退位，进行之顺适，迥出意表，故所定方略，百未施一。民国大定后，财政虽困，以为皆可以习惯之常理常法以解决之，使〔便〕不欲以非常之事而惊国人也。不图借债无成，而俄祸又起，存亡所关，不能不出非常之策以应之也。

---

* 此通电发于上海。胡编《总理全集》和史委会编《国父全集》等，均标题为《钱币革命》。据一九一二年十二月四日《致梁士诒电》有“昨电救亡策一道”之语，可断此件发于十二月三日。

钱币之革命者何？现在金融恐慌，常人皆以为我国今日必较昔日穷乏，其实不然。我之财力如故，出产有加，其所以成此贫困之象者，则钱币之不足也。钱币维何？不过交换之中准，而货财之代表耳。此代表之物，在工商未发达之国，多以金银为之，其在工商已发达之国，财货溢于金银千百万倍，则多以纸票代之矣。然则纸票者将必尽夺金银之用，而为未来之钱币，如金银之夺往昔之布帛刀贝之用，而为钱币也。此天然之进化，势所必至，理有固然。今欲以人事速其进行，是谓之革命，此钱币革命之理也。其法维何？即以国家法令所制定纸票为钱币，而悉贬金银为货物。国家收支，市廛交易，悉用纸币，严禁金银，其现作钱币之兑金银，只准向纸币发行局兑换纸币，不准在市面流行。如此则纸币一出，必立得信用，畅销无阻，则财用可通矣。

但纸币之行用，无论古今中外，初出时甚形利便，久之则生无穷之流弊，必至归天然淘汰而后止。此其原因，则纸币之本质价廉而易制，不比金银之本质价昂而难得。故纸币之代表百货也，其代表之性质一失，则成为空头票，若仍流行于市面，则弊生矣。而金银之代表百货也，其代表之性质虽失，而本质尚有价值，尚可流行市面而无弊。此两物代表百货之功用同，而性质不同，故流行之结果有别。昔人多不知此理，故无从设法防其流弊。今我人既明此理，则防弊之法无难。其法当设两机关，一专司纸币之发行，一专司纸币之收毁。纸币之功用，既为百货之代表，则发行之时，必得代表之货物或人民之担负，而纸币乃生效力。今如国家中央政府，每年赋税应收三万万元，税务处既得预算之命令，即可如数发债券于纸弊〔币〕发行局，该局如数发给纸币，以应国家度支。至期，税务处当将所收三万万元租项之纸币，缴还纸币消毁局，取消债券。如是，发行局于得税务处之债券，如数而发出纸币，此等纸币以有人民之担负，成为有效力之纸币，名之曰生币。及税务处于所收税项如数缴赎债券之纸币，为失效力之纸币，因代表赋税之功用已完，名之曰死币，故当毁之也。如收税之数溢于预算之数，则赢余之纸币效力尚在，可再流转市面无碍也。以上为国家赋税保证所发之纸币。

至于供社会通融之纸币，则悉由发行局兑换而出。当纸币之存在发行局，为未生效力之币，必需以金银或货物或产业兑换之，乃生效力。如是，纸币之流于市面，悉有代表他物之功用，货物愈多，则钱币因之而多，虽多亦无流弊。发行局发出纸币而得回代价之货物，其货物交入公仓，由公仓就地发售，或转运他方发售，其代价只收纸币，不得收金银。此种由公仓货物易回之纸币，因代表之货物去其效力，立成为死票，凡死票悉当缴交收毁局毁之。如此循环不息，则市面永无金融恐慌之患，而纸币亦永无流弊之忧，一转移间而全国财源可大活动，不必再借外债矣。如国家遇有非常之需，只由国民代表议决预算表，如数责成国民担任，或增加税额，或论口输捐。命令一出，钱币发元〔行〕局便可如数发出纸币，以应国家之用，按期由税务局收回纸币，此款便可抵销。若论口捐输，每人二元，全国之数八万万元，若收金银，则必无此数，若收纸票，则必易行。因政府已将所定额先期发出，行用市面，泉源已加多此数，人民或以工取，或以货易，求之市面，必能左右逢源。非若金银之只有此数，一遇减少，必成恐慌，中国人或更埋之地中，外国人必然输之海外。如此，则紧急正需金银之时，而金银因之愈乏，适成穷上加穷，而各国银业奸商遂从而垄断之。人民虽激于义愤，欲报效国家，然如苦无金钱，爱莫能助，徒唤奈何耳！此吾中国现在之境况也。若行钱币革命，以纸币代金银，则国家财政之困难立可抒〔纾〕，而社会之工商事业，亦必一跃千丈。

由此观之，纸币之行用有方，流弊不生既如彼，而利益之大又如此。况值非常之变，非先解决财政问题，必不能言战。乃有热血之士，徒责政府之无能，而不为设身代想，殊不共谅当局人为难之甚也！当此强邻逼处，实行瓜分之秋，非徒大言壮语所能抵御，非有实力之对待不可。是宜政府与人民同心同德，协力进行钱币革命，以救今日之穷。在政府当速行立法：一、筹备设立铸币局，制出一元、十元、百元、千元四种之纸币；五毫、一毫之银币；伍仙、一仙之铜币以辅之。其本位可仿日本，以金为定制，出若干之时，便可发命令颁行，限期将市面现银之币收换，过期有仍用旧币者，如数没收充公，并严罚其授受之人。二、筹备设立公仓工厂，以便人民以货换币，或以工换币之地。三、筹备设立纸币收毁局。此各种机关立法必臻妥善，方可无弊。在人民当一面遍国设立救穷会，鼓吹其道，以助政府实行钱币革命。此事成功之后，金银既贬为货物，则金银出口毫无影响于经济界。因我不以此物为钱币，纵全国无金银，我之经济事业亦能如常活动。况我既行纸币，则财货必流通，工商必发达，出口货必多于入口货，而外货不能相敌，必有输其金银珠宝以为抵者。金钱〔银〕一物我既不以为钱币，只有作为器血〔皿〕，或贮之外国，以供全〔各〕国之借贷，而我为债主，以享其利子而已。此钱币革命之结果也。总之，一经此次革命之后，我之财政立可活动。

第二，谋不败之战略，以抗强邻而保领土。语曰能战而后能和，惟我今日不能战，故俄敢公然侵我领土。若徒然与之办交涉，与之言仲裁，悉归无效，必也。照第一策先行解决财政问题，然后乃能言战，而战必期于不败，乃能言和。不败之道若何？必备屡战屡败而气卒不挠，乃能求最终之一胜。语有之，知己知彼，百战百胜。今俄有常兵百万，战时兵五百万，我现有练兵五十万，民兵无量数。就俄之现势而观，六个月之内，必难出至五十万之兵，而我则于此期之内，可出五十万于外蒙、北满，六个月之后，又可加新练之兵五十万。然以此而敌俄，在第一年之战，胜负未可知，惟第二年我当出兵二百万，意料中当可逐俄出满蒙之野，而复我黑龙江沿海州之侵地。然万一仍败，则第三年当出兵四百万，若犹不能得利，则第四年当出兵六百万，则未有不胜者也。在此期内俄必有财政之恐慌，革命之起义，与我可乘之隙者甚多。若彼犹不屈服，则期第五年之大举，必出兵至八百万或至千万，必直抵莫斯科、圣彼得堡而后已。或疑此作战之计划，为万不能行之事。不知此乃以常理而言耳，若出以非常之方，则未有不能行者也。近世战斗之力，每以金钱为限，吾先既已行钱币之革命，则不受金钱之限制矣。而以四万万人之人工物力，而供给千万之兵五年之饷，实绰绰有余也。证之以南非杜、柯二国①，以四五十万人口之国，能出兵五六万以抗英，支持三年之久，而谓我不能出千万之兵，作五年之战，有是理乎？又证之以太平天国与满清战，为期至十五六年，而两方前后合计皆出兵千余万。五六十年前中国国内之战，已有三倍之长期，三倍之兵数，而当时人工物力尚能给之，无待取助于外债。而谓今日，则不能乎？无是理也。况今日乃举国一心，生死与共，大尽〔异〕于昔之人心，惟是自相残杀者。

今日民国成立已一年，而列国互相阻难，无一国肯首先公〔正〕式承认。而蒙古一域之独立，俄乃首先承认之，各国不以为难。此非故为瓜分之余地乎？与其俯首而听人之瓜分，何如发奋一战以胜强俄，而固我国基于万代之为愈也。况当此民气正盛，国体方新，战有必胜之道，不战为必亡之阶，孰利孰害不待智者之决也。纵以

① 杜、柯二国：指南非荷兰人移民后裔布尔人建立的奥伦治、德兰士瓦两个共和国。1899—1902年，英国和布尔人进行了为时三年的英布战争。

常理论之,今日战亦亡,不战亦亡,与其屈于霸道强权而亡,不如一殉人道公理而亡。一战不独不亡,而更可扬国光、卫人道、伸公理于世界也。望我政府、我国民,当仁不让,毅然以非常之方,应非常之变,先行钱币革命,而后定作战之计划。民国幸甚。全球幸甚。

孙文叩

据上海《民立报》一九一二年十二月六日、七日《孙中山之救亡策》

在实业银行信成银行欢迎南洋华侨会上的演说*

(一九一二年十二月四日)

吾国政府与六国银行团磋商借款,受种种之挟制,要求非分之权利,其原因亦因国中无极大银行担任借款之能力耳。鄙人调查六国银行团中,出资惟法国为最巨,几几乎占十之七八。鄙意更拟联合多数银行,与法国资本家合资创一极大银行。盖分则魄力小,于全国无甚影响。倘合中外为一家,将国中数〈十〉银〈行〉联合而成一巨大之银行,发行债票,任外资之输入,则全国金融枢纽操之于巳〔己〕,即政府借款亦可担任,不致受非法之要挟,而利益亦不致入外人之手矣。

前沈君缦云等有筹创实业银行之举,曾由鄙人介绍至南洋各岛招集股份,已见溢额,可谓美满之结果。将来矿产、铁路、机厂诸大政,自可次第举行,而吾国富强可与美国相抗衡矣。

据上海《民立报》一九一二年十二月六日《实业银行进行之规划》

---

* 一九一二年十二月四日下午,实业银行、信成银行周舜卿、沈缦云及各执事员在愚园开会,欢迎南洋华侨陆秋杰、沈怿舸、王少文三人。孙中山、陈其美、李平书等人参加了欢迎会。

致梁士诒电

(一九一二年十二月四日)

北京总统府梁燕荪先生鉴:新密。前电托设法保护河南人运金出境事,能否办到?祈早赐示。又,昨电救亡策一道,望竭力提倡,以速进行。幸甚。孙文。支。

据《国父全集》第三册(转录史委会藏《总理来去电文底簿》)

致袁世凯电

(一九一二年十二月五日)

北京大总统鉴:新密。兹得确实消息,法国银行家决意,若六国团借款月内尚无成,则明年正月初一当离开该团,自由行动云。现巴黎联合银行全权代表在上海与文议订中西合股银行章程,彼意民国政府对于六国团,宜假以下台之法。此法莫〔甚〕妙,暂与之借一小款,订以随时可还。此款借后,便可谢绝而解散之,然后向巴黎另议借大款以还之。如此似于外交上面面周到云。是否有当,即希鉴察。昨上救亡策一道,务乞主张进行。再,现派王正庭〔廷〕、徐谦即日北上,面陈铁路总公司条例事宜。并闻。孙文。微。

据《国父全集》第三册(转录史委会藏《总理来去电文底簿》)

致胡汉民电

（一九一二年十二月七日）

广州胡都督鉴：电悉。王亮畴现在铁路总公司，不能当参议员，可以伍朝枢代之。温钦甫[①]问实再复。孙文。虞。

据《国父全集》第三册(转录史委会藏《总理来去电文底簿》)

在杭州五十一团体欢迎会的演说

（一九一二年十二月九日）

兄弟小走武林，薄游六桥三竺，今与诸公一见，不胜欣幸！但中华民国成立，始有今日之一日。

屈指清帝逊位以来，忽一周年，我四万万同胞，虽拨云雾而见青天，要知此后之事正长。破坏容易，建设烦难。去岁推倒满清政府，仿佛撤毁一间腐败房屋，其除旧更新之际，此中端赖得人。今时隔一年，新屋尚未落成，此皆人民不知共和原理之故。有识者因循观望，愚鲁者随波逐流。须知此后国为民有，应人人负担义务。目前之同心协力，即将来同享幸福。现在国基未固，岂可幸图苟安？所以农人野老不明大义，以为革命之后，从此自由，可以不纳税，不完粮。殊不知中央财政从何支出？此事须由就地人民，分别开导。

---

① 温钦甫：即温宗尧。

至于民生主义，有四大纲，即如资本，今民国底定，穷困如故。所幸我国无特别之资本家，若家财数千万万者。故政府以至人民，同一穷困，尚无他虑，否则即要演成不平等之风潮。欧美各国，常有此事。总之，国民须自谋生活，免受富豪者之挟制。

次如土地，为人生最要之事，无土地都〔即〕无立足之所。人非飞鸟鱼鳖，可以借空中水底栖身。英国昔年，人民受土地之苦者一百余年，因富户广收土地，限制贫者。故去岁南京临时政府成立时，兄弟首先〈谋〉解决土地问题，国家收税，不能按亩抽捐。譬如上海英租界之大马路，每地一亩值价约三五十万，而乡间之地每亩值价十元、五元不等，相去是否天渊之别。故估本抽税，最为平等。即此一端，民间受惠如何？

次如实业、铁路问题。今我国铁道，次第推广，营业浩大，此事理当主张国有。不知者以为商办，其权何必操之于国。但不知国为民有之后，国有即民有也。倘或不归国有，譬如一省出一大资本家，将一省铁路买回，大权独揽〔揽〕，垄断商业，彼时国民受其影响，岂不大哉！

如教育问题，吾国虽自号文物之邦，男子教育不及十分之六，女子教育不及十分之三，其中有志无力者，颇不乏人。其故在何？国家教育不能普及也。推原根本，国体未全。但当时种种缺点，责在君主，今日责在人民，吾同胞须于此中三思焉。相见一次，所陈如是，诸君勉之。

据上海《民立报》一九一二年十二月十一日
《孙先生游浙记——欢迎会席上演说辞》

致胡汉民电

（一九一二年十二月十三日）

广州胡都督鉴：温宗尧已承诺当参议员。文。元。

据《国父全集》第三册（转录史委会藏《总理来去电文底簿》）

致袁世凯书*

（一九一二年十二月十七日）

慰亭大总统钧鉴：

顷叶君恭绰自京来沪，携有阁下惠贶之大勋位证书。此件文始终不敢领受，其理由既于前次电文内详之，今尤有不能已于言者。

赏位固国家应行之典，惟当今国家基本未固，尚非国人言功邀赏之时。国家所认以为功者，个人方将认为一己对于祖国所当尽之义务，而无丝毫邀赏希荣之心。文不敏，窃愿以此主义为海内倡。此文不欲受此勋位之故也。文于乙未年始起革命军于广州，庚子、丙午两年继之，三次之事，皆文亲身之所主持，而皆无所成，同志之以此牺牲其身命财产者甚众。此后各处革命之起，大概皆与文有关系，而同志之损失其身命财产者极众。故若因此行赏，则被赏者其数当甚众而不可胜计，文实无一人独受荣异之理。若此次革命之成功，则直全国人心理、南北将士和衷之所成就，文更无

* 此件原无日期，所标时间系《民立报》发表日期。

可褒异之处。若文徒图一己之殊荣，则历年共事之人，死者不计，生者今尚多流离失所者，文将何以对之？此文不敢受此勋位之故也。自文由南京政府解职以来，识与不识，其以公私关系来求金钱之补助者，每月必有百数十起。其有关公益者，文均量力补助；其纯属私人关系者，文均一概拒绝。以中国人民今日之穷困情形，博施济众，尧舜犹病。若文既受勋位及所附年金，是文因革命而得金钱，则曾经从事革命者，以私人之关系前来求助，文将无词以对，而有应接不暇之势。此文不能受此勋位之故也。

若阁下于文个人欲有加惠，则窃有一事奉告：文有一男名科，已入美国大学，一媳陈氏，又有二女名及娫婉，皆在美洲中学。据留学章程，后三人尚无受官费之资格。欲阁下特别待遇，饬有司准许此四人补给官费读书，使有成就，以免文之私累太重，文感且无既矣。

此项勋位证书，一俟有便，将托人送京奉还。先此布达，伏乞鉴谅。即颂

勋祺

孙 文

据上海《民立报》一九一二年十二月十七日《孙中山固辞大勋位书》

致袁世凯等电

（一九一二年十二月十七日）

北京袁大总统、赵国务总理、段陆军总长、许司法总长钧鉴：国民党特派员于德坤，返黔组织国民党，行至玉屏县大鱼塘地方，被人暗杀，分尸数段。凡自黔来者，皆云系黔军务司长刘显世主使。似此野蛮举动，为全世界对于异党人之所无。法纪荡然，舆论骇

怪。应请电饬黔督，澈底根究，公平处决，以示民国官吏维持法律之大公。鄙人忝为国民党理事长，不能含默。伏维钧裁。孙文。

据上海《民立报》一九一二年十二月二十日
《于君德坤横遭惨杀事件汇电》

致唐继尧电

（一九一二年十二月十七日）

贵州唐都督鉴：国民党特派员于德坤，返黔组织国民党，行至玉屏县大鱼塘地方，被人暗杀，分尸数段。凡自黔来者，皆云系刘显世主使。似此野蛮举动，法纪荡然，使人心栗，举国舆论皆为不平。应请贵督澈底根究，务乞水落石出，公平处决，以示民国官吏维持法律之大公。鄙人忝为国民党理事长，不能漠视。翘候钧覆。孙文。

据上海《民立报》一九一二年十二月二十日
《于君德坤横遭惨杀事件汇电》

铁路总公司条例草案*

（一九一二年十二月十九日）

第一条　铁路总公司按照中华民国元年九月初八〔九〕日大总

* 此条例后经参议院修订通过，由袁世凯于一九一三年三月三十一日命令公布。通过的条例名为《中国铁路总公司条例》，共十三条。公布的条例，对铁路总公司的职权有所削弱。如第一条规定："除政府所办已成、未成及经签押或载在草约成案上应筑之路，属交通部直接办理，暨政府已批准他公司承办之路仍归他公司办理外，所有全国各干线，总公司得全权筹办。但指定各干线时，须先协商政府，经其认可。"（《政府公报》一九一三年四月一日）二次革命爆发后，袁世凯于七月三十一日命令该条例内事权，暂由交通部执行。此件所标时间系《民立报》发表日期。

统令，组织为筹办全国铁路总机关。除政府所办已成、未成及经签押应筑各路，属交通部之职掌外，所有贯穿各省及边地各干路铁路，总公司有全权办理。

第二条　铁路总公司除依法律享普通公司权利外，兼有下列各款之权：

（一）规定第一条所指各路线之权。

（二）关于兴办第一条所指各铁路，及附属于各该路所必要之事业筹借或招集华洋股。

（三）行使管理及扩充第一条所指各路之权。

（四）创办附属于第一条所指各铁路所必要之事业之权。

（五）关于兴办第一条所指各铁路，及附属于各该路所必要之事业，收用官地及收买民地之权。

（六）行使以上五款各权所必要之附属权。

第三条　各地方铁路，于铁路总公司所办之路无关碍者，或由中央与地方政府自行筹办，或商请铁路总公司筹办。但路线之规划，必须经铁路总公司协定。如各省已成或现筑之路，适在铁路总公司第一条所指各路之中者，铁路总公司得议价收买之，或协定契约合并办理。

第四条　铁路总公司所办之路，中央及地方政府应尽保护辅助之责。

第五条　关于承办铁路年限，及政府收回办法等项，铁路总公司应遵照政府对于普通商办铁路公司之规定办理，至现在及将来关于铁路之一切法令，除与本条例抵触者外，铁路总公司亦应一律遵守。

第六条　铁路总公司借款招股，不论华洋股款，均应遵照中国现行法律办理，即同享中国法律保护之利益。其关于借款招股等事，须由中国政府担保者，并应将所拟合同报明中国政府批准施行。

第七条　铁路总公司所办之路，政府遇有军事、振灾及交通、行政暨保卫治安各必要情形，得行使优先权，并藉该路为运载兵警、灾民、通邮及转运粮饷、军需之用。除邮政特别免收费外，其余事只给付半价。

第八条　铁路总公司得自行规定本公司各项章程，但应报明政府立案，并不得与本条例抵触。

第九条　本条例自公布之日施行。

据上海《民立报》一九一二年十二月十九日

致周学熙函

（一九一二年十二月十九日）

缉之先生惠鉴：

燕京别后，维令闻日茂、政祺多吉为颂。今春南京政府因急需，向上海广肇公所、潮州会馆商人所借之款，前经贵部担任偿还。现值年终，商人需款甚急，尚望尊处速行设法了结此款。兹经前途向鄙人催索，原函附呈。伏希垂鉴。肃颂

筹绥

孙　文

据中国第二历史档案馆藏《财政部档案》原函

《民意报》周年纪念祝词

（一九一二年十二月二十日）

《民意报》开始迄今一周天也。种种效果，播诸舆论，吻之史

乘，无俟鄙人琐琐。文闻古人之赠言也，不以誉而以规；君子之勉人也，不冀其退而促其进。民生日蹙，何以苏之？边患日棘，何以纾之？外侮日逼，何以锄之？我有财政，纷如乱丝；我有路政，芜蔑不治；我有军政，窳败不支。由前而观，所主张者，廑共和之一事；由后而论，所揭橥者，当综全国而陈词。《民意报》勖乎哉！毋激而过，毋党而偏，以国利民福为前题〔提〕，自历千秋万岁而不崩不骞。

据《总理全书》之五《杂著》

致王正廷徐谦电

（一九一二年十二月二十日）

北京六国饭店王儒堂、徐季龙鉴：篠函悉。滇粤路在公司计划之内，本欲首先开办，可与罗、顾两君①接洽为荷。文。号。

据《国父全集》第三册（转录史委会藏原稿）

《英国政府刊布中国革命蓝皮书》序*

（一九一二年十二月二十一日）

陈君国权译英政府所刊布中国革命蓝皮书既成，谋序于予。序曰：

古之言兵事者，曰知己知彼。不惟兵事，谋国者亦然，未有不知己知彼而能谋国者也。陈君搜集〈外人〉言华事之书极富，方将择其要者译述，以告国人，兹书其一种也。陈君译此，以版权赠诸发行人，无所取偿，尤征其急公好义之高风焉。中华民国元年十二

---

① 罗、顾两君：指云南都督派驻北京代表罗佩金、顾视高。

* 《英国政府刊布中国革命蓝皮书》，英文原书一九一二年五月出版，陈国权译文于一九一三年由上海青蟹堂发行。

月二十一日。孙文。

据上海《民立报》一九一二年十二月二十五日《中国革命蓝皮书》

在上海机器公会成立大会的演说

（一九一二年十二月二十二日）

今日机器公会开成立大会，某得与诸君相见，诚幸事也。我中国在地球上数千年来文明最早，本是富强的国，何以现在退步至不堪言状。现在中国在地球上为一最贫弱之国，皆因教育、实业两不发达以致于此。虽然，亦非中国一无进步，不过进步太迟。各国进步一日千里，不能并驾，如在火车中观行路之人，无不往后倒退。并非路人不进步，火车行得太速之故也，以致中国事事不及各国。即如上海通商口岸，商权几全握于外人之手，皆缘各国机器发达，货物千奇百变，能力不敌，则势力不敌。国际交涉亦是如此。机器可以富国，用机器开矿，矿可发达，以之耕田，禾谷可以多出。无论何种工厂，造何种货物，不用机器必不能发达。我中国开矿屡屡失败，亦因往昔不用机器之故。所以机器可以灌输文明，可以强国，我中国如不速起研究机器，我四万万同胞俱不能生存。今日诸君发起机器公会，乃是强国之预兆。但机器系从思想发生，系一种深湛学理，如无学识，即不能发明新机器，亦不能管理新机器。所以诸君发起此会，第一要研究学理，研究愈深进步愈速，如水气蒸气亦可以代煤力。中国地大物博，矿产丰富，全仗吾人脑力思想，利用此天然之利。今日之会，为中国自古未有之事，尚望诸公努力，自用聪明才力，发明种种机器，庶几驾乎各国之上，方不负今日开会之盛也。

据上海《民立报》一九一二年十二月二十三日《机器公会成立记》

致黄兴电

（一九一二年十二月二十三日）

汉口黄克强先生鉴：缣密。闻兄接办粤汉，喜慰无已。弟所筹路策，现已订立条例，派人往京呈总统交参议院，俟通过后，再定行止。近得北京本部消息，存款将尽。弟处尚无从为力，望兄设法接济，以速进行为荷。孙文。

据《国父全集》第三册（转录史委会藏孙中山亲笔原件）

致王正廷徐谦电*

（一九一二年十二月二十三日）

北京六国饭店王儒堂、徐季龙鉴：条例修改太多。若无特权，即不须有条例。若照修改之条例通过，则总公司无权办事，宁可取消。请商吴连伯争之，余亮函详。又，党费、报费正筹措中。孙文。漾。

据《国父全集》第三册（转录史委会藏原稿）

致王正廷电

（一九一二年十二月二十四日）

北京六国饭店王儒堂鉴：可回沪。孙文。敬。

据《国父全集》第三册（转录史委会藏原稿）

---

* 孙中山前派王正廷、徐谦专送所拟的《铁路总公司条例草案》到北京，请袁世凯交参议院审议。此电告知反对北京政府过多修改条例，著其力争。

在松江清华女校欢迎会的演说

（一九一二年十二月二十七日）

民国未成立时，贵校对于革命事业极有关系，因松部党员常藉贵校为交通机关。兄弟今日到此，躬逢盛会，且见贵校发达情形，心甚喜悦。此次革命，女界亦与有功。现在破坏方终，建设伊始，诸君当思腐败之政府既由吾辈推翻，建设之事亦当由吾辈担任。此后男女两界均应协力同心，以全副精神，组成一伟大之中华民国。此革命之初心，亦贵校诸同志之所同情也。以世界大势论，地球上只有五六强国，比较人口，我中华民国最占多数，所缺乏者教育耳。今在建设之初，吾辈亟当致力于社会，多办学校。贵校于女子教育既有此基础，务望力事推广，成松江女学之模范，中国女学之模范，则兄弟有厚望焉。

据《总理演讲新编》《建设之初亟当推广女子教育》

致梁士诒电

（一九一二年十二月二十七日）

北京总统府梁燕荪先生鉴：新密。前克强先生商拨香港借款转借党用，请向财政部竭力设法，转拨五万两交国民党本部收用为荷。孙文。感。

据《国父全集》第三册（转录史委会藏《总理来去电文底簿》）

复黄兴电

（一九一二年十二月二十七日）

汉口黄克强先生鉴：缣密。有电悉。已电燕荪，请向财政部转拨港款五万两，交国民党本部。请兄另电催之。文。感。

据《国父全集》第三册（转录史委会藏《总理来去电文底簿》）

琼州改设行省理由书

（一九一二年）

为琼州改设行省事：窃琼州一岛，孤悬海外，面积十万方里，人口数百万。其位置在北纬十八度二十二分，东瞰小吕宋，西连东京湾，南接安南，北倚雷州半岛。四面港口，星罗棋布，南有榆林、三亚之险，北有海口、铺前之固，东有清澜、博敖，西有洋浦、英潮。贸易船舶之所辐辏，商贾货物之所云集，山海物产之所鳞屯，此固海疆之要区，南方之屏障也。只以行政区划隶于广东，位为外府，政府轻视之，故居民安陋就简，因循苟且，不能应时势而发达，有形势之险而不知固守，有天然之富源而不知利用。法国垂涎是岛，历有年所，前清时代，尝有海南岛不割让之条约。频年以来，各国政府皆注意此土，故各国学者、政治家、旅行者不绝于道，探险者纷至沓来，而吾国人昧然也。夫以中国之大，仅有台湾及海南二大岛。甲午之役，台湾割让于日，日人经营十年之久，自铁道开设，行政、教育制度整理以来，昔者硗确之区，今变为膏腴之府，旅行台湾者，不胜今昔之感焉。夫同一物也，视管理之才不才，而地位自异。爱惜而保护之，则其势可以参天；轻视而废弃之，则朝不保夕矣。凡物既然，国家之领土，何独不然。今台湾既去，海南之势甚孤，倘一旦为外国所占领，微特该岛人民受蹂躏之祸，恐牵一发而动全身，即神州大陆亦必受其影响。此同人所以有改设行省之议也。

夫琼州宜改设行省，其理由有五，试为诸位先生缕析陈之：

其一，巩固海防，琼州宜改设行省也。夫琼州位置极南，为大西洋舰队所必经之路，南洋之门户也。昔日俄战争之际，巴尔梯克舰队东来，经过该岛，吾国人所共闻而共见矣，而榆林、三亚二港正当其冲。查该港广袤，能容巨舰，可以避风，外有诸小岛环之，为天然之海军根据地，德之基尔、日之佐世保莫是过也。吾国海军诸港如旅顺、威海、胶州湾、广州湾等地，次第借租于外国，其余可为海军根据地者无几，倘再舍此而不顾，恐后患有不可胜言者。自世界大势变迁，国力之盛衰强弱，常在海而不在陆，其海上权力优胜者，其国力常占优胜。德国人口迅速增加以来，昔该国之海军与英国较在一与六之比例，今则骎骎发达，变为一与二之比例矣。英国朝野上下，遑遑焉保其二国标准主义而不怠，其余如美、日、俄诸国海军皆长足进步，争先恐后，观诸国海军表，其国力竞争之消息，可以默喻矣。今我国海军虽不克与列强争胜，然有海军根据地，置而不顾，甚非国家永久之大计、巩固边防之政策也，倘改为行省，则琼州之军港易于建设。其理由一也。

其二，启发天然富源，琼州宜改设行省也。吾国天然富源之地虽多，而琼州富源尤为各地之冠。是地富于矿产，有金、银、铜、铁、铅、锡、煤炭、煤油诸矿。甘蔗蕃茂，取汁可以制糖，森林阴翳，伐木可以为舟，钓鱼之丝，鱼塭〔埕〕之场，胶树、蚕桑、槟榔、椰子、婆萝、龙眼、荔枝、芝麻、番薯、橄榄、茄楠、沉香、橙柑、黄皮、芭蕉诸植物，不能胜举。地广人稀，牛羊成群，牧畜之场在焉；丛林峻岭，麋鹿、猿、豺、猨、兔、狸、獭、山猪栖息其间，狩猎之区存焉。总之，琼州一岛，动、植、矿三界莫不丰富，只以交通不便，一切货财，自生产地以至于市场，其运搬之费不资，其价不足以偿生产费用。人情乐于苟安，故任其天然物产自生自灭而不顾。加以法律行政制度未能完备，保护未周，故投资者视为畏途，是以该岛富源，至今未启发耳。今民国成立，振兴实业，诚为急务，倘不改为行省，则实业之发达无由。其理由二也。

其三，文化政策，琼州宜改设行省也。琼州黎、汉杂处，黎居中心，汉处四围，一切言语、风俗、习惯、宗教、道德、感情、思想与汉族异。虽黎有生、熟之分，生黎犷猂，熟黎驯良，要之皆上古之苗裔，而文化最低之种族也。自古迄今，皆为汉族之患，而生黎尤甚，政治家献平黎之策者，指不胜屈。同人以为宜开道路以通之，熟黎驯良者，则招而抚之，辟其地为州县，与之杂居，十年教育之后，必与我同化矣。熟黎既化，则生黎势孤，久而久之，必就范围。今共和宣布，五族平等，断无有异视上古遗族之理。倘歧而视之，必为子孙之患，使之同化，必收指臂之助。文化政策宜行于黎者此也。且琼州居民，普通教育，尚未普及，又限于一府，故大学及诸种高等学校，不能设备。以海防要地，而人才不足以副之，甚非保卫之策。然则，欲发达该岛文化，非改设行省不为功。其理由三也。

其四，国内移民殖民政策，琼州宜改设行省也。夫殖民、移民有二：外国殖民、移民及国内殖民、移民是也。琼州人口甚稀，而广州等处人口过剧，因生计困难，故近来移往海外者，实繁有徒。国力不振，故各国对我华侨不以同等相视，设诸种条例以苛待之，其惨状有不堪言者。夫我有地利而不自启发，流居异域，使外人牛马视而奴隶贱之，甚非得策也。同人非谓海外移民、殖民为不必要，但吾国今日状态，国内移民、殖民为尤必要。倘改琼州为行省，则人口过多之地，必源源而来，资本亦因之而流入，不久必变为富庶之区。其理由四也。

其五，行政之便宜上，琼州宜改设行省也。琼之地理、风俗、言语与各府不同，由琼至省，必经海道千余里之遥，由省御琼，有鞭长莫及之叹。地方情形，长官不必周知，长官命令，早发不能夕至，其不便一也。且该岛风俗、言语、习惯与广州异，以言语、风俗、习惯不同之人民合为一省，行政区划之分配，甚不得当，不便二也。倘改为行省，则无上述之弊。其理由五也。

琼州之宜改为行省，既如上所述矣。或者曰琼州土地狭小，财力不足，不宜改省者一。且一改为行省，恐各省纷纷效尤，何所底止，不宜改省者二。昔江北改省之议，不能通过，琼州与江北，何异其选，不宜改省者三。是说也似是实非。夫台湾一岛，其幅员与琼州相等，自日本经营之后，每年岁入数千万。倘琼州改为行省，数年经营之后，其收入必有可观，无庸疑也。且欧美诸小国，其面积不如琼州之广，人口不如琼州之多，尚自立为一国，以数百万之住民，十万方里之土地，而不能划为一省直隶中央者，断无是理。是第一之驳议，不足信也。琼州宜改行省，既有上陈五大理由，他省之欲效尤者，无从藉口。是第二之驳议，不足信也。琼州与江北不同，查江苏面积最狭，江北改为行省，则江苏必受其影响，而琼州改省，广东不受其害，反得其益，其不同一也。琼州系海外孤岛，文明各国，其政府皆重视岛地，诚以岛地有特别视之理由在焉。美国诸岛，皆自为一州，若夫落利大、檀香山等岛，其面积不若海南，而自为一州，其故可知。而江北则非岛地，其不同二也。前清时代，张之洞督粤时，尝倡琼州改省之议，后岑春萱督粤，亦有是议。夫以前清因循苟且，尚因琼州地理重要，不能漠视，况民国成立，凡百设施，在发奋有为之时代乎？而江北则不然，其不同三也。由是观之，第三之驳议，亦不足信也。昔唐贞观五年置都督府于琼州，是改省之说，乃所以复古制，非创议也。民国百度维新，行政区划宜亟改良，以固边防而启利源，兴文化而奖殖民，乞诸位先生赞成琼州改设行省。琼州幸甚，民国幸甚。

发起人：孙文、梁士诒、易廷熹、陈治安、梁孝肃、潘敬、陈发檀、吴栋周、徐傅霖、谭学夔、张伯桢、钟毓桂、卢信、吴铁城、冯拔俊、陈定平、陈振先、陈复、林格兰、林瑞琪、司徒颖、陈启辉、吴瀚澂、黄毅、杨永泰、张汝翘、林国光、韩禧丰、郑宪武、金溥崇、黄有益、邢福基、刘元榯、祁耀川、冯裕芳、伍宗珏。

据《国父全集》第四册（转录史委会藏一九四四年《琼崖应改设行省之重要文件》铅印本）

《铁路杂志》题辞*

（一九一二年）

夫铁路者，今日文明富强之利器也。古人有言，工欲善其事，必先利其器。予为转一语曰：民欲兴其国，必先修其路。何以见之？见之于美国。美国今日有一百二十万里之铁路，其铁路为世界至多，而其富强亦为世界第一。若以人数较之，则我国多于美国四倍，如是吾国之铁路应有四百八十万里，而文明程度乃足与美国相等也。然吾国今有铁路不过二万里耳，方之美国，则瞠乎远矣！然则急起直追，赶速筑此四百八十万里铁路，其法当如何而后可？

* 此件写作时间不详。就文中内容看，与一九一二年间孙中山大力宣传筑路的讲话大意雷同。据此推断，本文当作于一九一二年。

曰：当效法美国也。美国之法为何？曰：招待外资，任用外才，政府奖励，人民欢迎，此四者可以助美国铁路之速成也。吾国向来闭关自守，深绝固拒，故当铁路萌芽之始，人民则惊疑，政府则顾虑，遂致买而折〔拆〕卸之，弃其铁轨车头于孤岛，有如韩昌黎之驱鳄鱼焉。此三十年前淞沪铁路之结果也。及后知铁路之不能不筑矣，而犹有拒外资、争路权之事，然以国力不胜，资本缺乏，争之不得，则路权与主权并落于强邻之手，此北满、南满、滇越等路是也。夫吾人所当争者主权也，非路权也；倘主权不失，路权虽授与人，不失其利也；倘主权旁落，路权争回，不能免其害也。乃国人多不知利害得失之分，每争其小而遗其大，良可慨也。深望《铁路杂志》同人发挥此旨，使国人有所觉悟，舍路权而争主权；一旦主权恢复，我便可大开门户，欢迎外资，放任路权，同力合作。夫如是，以今日科学之进步，物质之发达，十数年后，我国铁路必能与美国并驾齐驱，而我国之富强亦必随铁路与俱来矣。此为《铁路杂志》同人文字收功之日，大愿告成之时也，行当拭目以俟之。

孙　文

据胡编《总理全集》第一集

在法教堂欢迎会的演说*

（一九一二年）

仆今日得与贵主教及各教士学生等相见，异常感谢。吾人排万难冒万死而行革命，今日幸得光复祖国。推其远因，皆由有外国

* 原无日期，据内容有“今日幸得光复祖国”、“民国成立”句，应在一九一二年。胡编《总理全集》列为一九一四年，误。

之观感，渐染欧美文明，输入世界新理，以至风气日开，民智日辟，遂以推倒恶劣异族之政府，盖无不由此观感来也。而此观感得力于教会西教士传教者多，此则不独仆一人所当感谢，亦我民国四万万同胞皆所当感谢者也。

民国成立，政纲宣布，信仰自由，则固可以消除昔日满清时代民教之冲突；然凡国家政治所不能及者，均幸得宗教有以扶持之，则民德自臻上理。世上宗教甚夥，有野蛮之宗教，有文明之宗教。我国偶像遍地，异端尚盛，未能一律崇奉一尊之宗教。今幸有西方教士为先觉，以开导吾国。惟愿将来全国皆钦崇至尊全能之宗教，以补民国政令之不逮。愿国政改良，宗教亦渐改良，务使政治与宗教互相提挈，中外人民愈相亲睦。仆今在此与诸君相会，更愿诸君同发爱国心，对于民国各尽其应负之责任，有厚望焉云。

据胡编《总理全集》第二集《宗教与政治》

致萱野长知函*

（一九一二年）

萱野先生鉴：

民国统一成功，弟亦息肩，念我故人，尽瘁民国之事，穷且益坚，百折不懈。而日来适馆授餐，礼犹未备，私意殊未惬，兹特倩溥泉兄赍上三千元，一馈左右，非敢以为报，伏祈惠纳。专候起居。

孙　文

据胡编《总理全集》第四集影印原函

---

* 萱野长知（一八七四——一九四七年），日本高知县人，退职军人。一九〇〇年加入兴中会，一九〇五年参加同盟会。著有《中华民国革命秘笈》一书。此件原无月日。据文中“民国统一成功，弟亦息肩”，又尚能以巨款馈友人等情况判断，当在一九一二年。

致英国国民书*

（一九一二年）

鸦片于中国，乃数十年来一大害也。其流毒之祸，视诸兵战、瘟疫、饥荒，有过之无不及者。方今共和成立，敝国人民无不热心赓续烟禁，急望其速底于成。鄙人解任之后，亦时常耿耿于禁烟问题，而反复深思之，知禁烟之第一要者，固在全国禁种；然如不以禁种之时同时禁卖，则禁种之令，极难施行。盖今日烟价培〔倍〕增，倘复容人售卖，蚩蚩之农，必嗜利种烟。以中国幅员之广大，时局之多艰，不禁卖而禁种，甚非易易。故必禁卖禁运，然后禁种一事，始可望其实行也。奈昨年中英订立鸦片新约，与禁卖禁运大有妨碍，使我国禁烟一政，陷于进退维谷荆天棘地之中，谅非贵国仁人志士之初心也。囊〔曩〕者贵国仁人志士协助敝国禁烟，感激之忱，久已铭诸肺腑。今复掬我仁慈心、公义心，恳求贵国人士于我国更新之始，还我自由禁烟主权，俾吾人能刬除此至酷至烈之毒物，而出我人民于孽海焉。余确信我国如有权以禁卖，其禁种一事，定能速具成功，故不惮代四百兆同胞，向大英国国民作此呼吁之求也。

孙　文

据胡编《总理全集》第三集《要求自由禁烟主权致英国国民书》

---

* 原件无日期，据内容有“鄙人解任之后，亦时常耿耿于禁烟问题”推断，当在一九一二年。

附：致伦敦各报书*

（一九一二年）

鸦片为中国之巨害，其杀吾国民，甚于干戈、疠疫、饥馑之患。吾人今既建筑共和政体，切望扫除此毒，告成全功。予自引退临时总统之任后，对于此事，潜心推考，知今日最要紧之举，即在禁绝中国栽种罂粟。然非同时禁绝售卖，势难停种，故必须将买卖鸦片悬为禁令，则禁种始能收效。兹因与贵国订有条约，碍难照行，予今敢请贵国于吾新国定基之初，更施无上之仁惠，停此不仁之贸易。予切愿以人道与真〔正〕正〔义〕之名义，恳贵国准许吾人在本国境内禁止售卖洋药、土药、害人毒品，并许悬为厉禁，则裁〔栽〕种自能即停，谨为全国同胞乞助于英国国民。

据《总理全书》之十《函札》

---

* 原无时间，据内容“予自引退临时总统之任后”推断，成书应在一九一二年四月之后。此件与上篇内容大体相同，文字较简略，因两件均无头衔和成书时间，此件暂附载于此。

本卷编后说明

《孙中山全集》第二卷的编辑工作由中国社会科学院近代史研究所中华民国史研究室承担，尚明轩主编，潘汝暄、朱宗震、丁贤俊参加编辑。林海对部分孙中山的英文著述作了重译或校译；其他外文译者或校译者姓名均在篇末注出。最后由李新校订。

在编辑工作中，承中国第二历史档案馆、中国历史博物馆、北京图书馆、中山大学历史系孙中山研究室、广东省社会科学院历史研究室、上海社会科学院历史研究所、上海图书馆、北京师范大学图书馆、湖北省博物馆和南京市博物馆等单位及有关同志，积极地提供资料或重要资料线索，给了我们很大帮助和支持；此外，还得到其他不少单位和个人以各种方式给予的热情协助，谨在此一并致以深切的谢意。

本卷出版前，由中华书局编辑部负责审阅全稿。

编　者

一九八一年九月